顾问 / 胡祖才　宋晓梧

中国居民收入分配
年度报告（2019）

ANNUAL REPORT ON
CHINA HOUSEHOLD INCOME DISTRIBUTION
（2019）

国家发展和改革委员会就业收入分配和消费司
北京师范大学中国收入分配研究院 / 编著

社会科学文献出版社
SOCIAL SCIENCES ACADEMIC PRESS (CHINA)

《中国居民收入分配年度报告（2019）》
编写委员会

顾　　　问　胡祖才　宋晓梧

编　委　会　哈增友　常铁威　李　实　张冬佑　方晓丹
孟灿文　张　峰　郭建华　赵志红　王　敏
贾希为　赵　阳　刘兴华　王晓华　来　婷

编委会主任　哈增友

编写小组成员　张新梅　童思蕴　李小亮　曹　易　万海远
魏媛媛　马　佳　闫鲁一　邸建亮　刘洪波
袁　璐　夏　萍　李珏滢　尤笑宇　崔　科
王洪涛　黄志鹏　马　静　余　平　张海阳
潘　黎　熊伊敏　高光耀　文小圣　许　鑫
李庆海　詹　鹏　郁杨成

前　言

收入是民生之源，也是消费之基。党的十九届四中全会将公有制为主体、多种所有制经济共同发展，按劳分配为主体、多种分配方式并存，社会主义市场经济体制三项制度并列，都作为社会主义基本经济制度，对社会主义基本经济制度内涵做出了重要的发展和深化，充分体现了社会主义制度的优越性。中国特色社会主义进入新时代，我国社会主要矛盾已经转化为人民日益增长的美好生活需要和不平衡不充分的发展之间的矛盾。要有效解决新时代主要矛盾，必须坚持以习近平新时代中国特色社会主义思想为指导，深入贯彻落实党的十九大和十九届二中、三中、四中全会精神，坚持以人民为中心的发展思想，坚持和完善“按劳分配为主体、多种分配方式并存”的社会主义基本分配制度，以供给侧结构性改革为主线，促进形成强大的国内市场，通过不断深化改革，统筹协调好增长和分配、资本和劳动、效率和公平的关系，实现收入分配合理、社会公平正义和全体人民共同富裕，确保广大人民群众共享发展成果。

中华人民共和国成立 70 年来，我国经济发展质量效益稳步提升，人民生活持续改善，收入分配格局不断优化。2019 年，我国国内生产总值接近 100 万亿元，人均国内生产总值站上 1 万美元的新台阶，综合国力进一步增强，超大规模市场优势进一步显现，全面建成小康社会的条件更加成熟。但是，也要看到，世界经济仍处在国际金融危机后的深度调整期，贸易保护主义抬头、反全球化倾向加剧；我国经济结构性、体制性、周期性问题相互交织，经济下行压力加大，给改善国民收入分配带来新的挑战。面对内外部的机遇和挑战，收入分配领域会发生哪些主要变化，出现哪些苗头性、倾向性问题，还有哪些潜在性问题？推动收入分配领域重点工作，应当采取什么样的思路、原则和政策举措？基于此，清醒地认识收入分配基本形势尤为重要。《中国居民收入分配年度报告（2019）》的内容涵盖了全国居民收入分配状况以及分城乡、地区、行业、群体的居民收入情况，系统介绍了财政、税收、社会保险、脱贫攻坚、社会救助、工资集体谈判等方面重大政策和重点工作实施进展情况，客观反映了当前我国居民收入分配领域的全貌，既可以为政府部门研究制定调节收入分配的政策举措提供参考依据，也能够为研究机构深化收入分配领域学术研究、企业生产经营决策、个人就业选择等方面提供多角度的信息和资料参考，具有较强的理论和现实意义。

本书的组织编写工作由国家发展改革委与北京师范大学共同完成，参加的部门包括民政部、财政部、人力资源社会保障部、农业农村部、国资委、国家税务总局、国家统计局、国务院扶贫办、证监会、全国总工会等。全书共16章，其中第一章至第五章是居民收入分配的年度统计资料和分析报告，包括按城乡、地区、行业和经济类型的收入分组等情况；第六章至第十章是与居民收入密切相关的个人所得税、社会保险、财政再分配、社会救助、脱贫攻坚等收入分配领域重点工作进展情况；第十一章至第十六章是促进资本市场健康发展拓宽财产性收入渠道、增加农民收入、完善工资集体协商机制、调整优化收入分配格局、个税改革的收入分配效应、高收入人群收入分配状况等收入分配重点、热点问题研究。全书内容紧扣当前收入分配领域实际情况和政策导向，同时也反映了部分新的学术动态和专家观点，提供了收入分配研究的新视角，供读者参考。本书附录是2018年国家出台的有关收入分配的政策性文件及主要收入分配统计资料。由于本书为每年连续编写，因此各年数据可连续观察，便于比较研究、判断发展趋势。

国家发展改革委副主任胡祖才同志非常支持本书的编写工作，担任本书顾问。中国经济改革研究基金会理事长宋晓梧同志对此也积极支持并担任本书顾问。本书的具体编写工作由国家发展改革委就业收入分配和消费司、北京师范大学中国收入分配研究院牵头组织，在国家统计局国民经济核算司、住户调查办公室、人口和就业统计司，国家税务总局所得税司，人力资源社会保障部社会保险事业管理中心，财政部综合司，民政部规划财务司，国务院扶贫办规划财务司，农业农村部政策与改革司，国资委考核分配局，证监会中证金融研究院，全国总工会权益保障部等共同努力下完成，对以上领导和专家同仁以及这些部门机构的合作与支持，我们在此一并表示衷心的感谢！

限于我们的水平，本书在编写中难免会有不足之处，恳请广大读者给予指正，以便我们在今后不断改进，力求全面、准确、及时做好《中国居民收入分配年度报告》的编写工作。

国家发展改革委就业收入分配和消费司

北京师范大学中国收入分配研究院

2019 年 12 月

目　录

第一章

2018年全国居民收入分配状况

2018 年各地区各部门高度重视改善人民生活，始终把提高人民生活水平作为一切工作的出发点和落脚点，深化供给侧结构性改革，深入实施创新驱动发展战略，统筹城乡区域发展，坚持在发展中保障和改善民生，城乡居民收入继续平稳增长，收入分配状况进一步改善。

一　全国居民收入状况

据国家统计局对全国 31 个省（自治区、直辖市）16 万户居民家庭开展的住户收支与生活状况调查①，2018 年全国居民人均可支配收入 28228 元，比上年名义增长 8.7%，扣除价格因素影响，实际增长 6.5%；2018 年国内生产总值增速为 6.6%，考虑人口增长因素，人均国内生产总值增速为 6.1%。全国居民人均可支配收入实际增速略低于国内生产总值总量增速，但仍高于人均国内生产总值增速，居民收入增长与经济增长实现基本同步。

按现价看，2018 年全国居民人均可支配收入 28228 元，是 2010 年的 2.3 倍。按可比价看，2011～2018 年全国居民人均可支配收入实际增速分别为 10.3%、10.6%、8.1%、8.0%、7.4%、6.3%、7.3%和 6.5%，8 年累计实际增长 85.7%。据此测算，在未来两年内，全国居民人均可支配收入

① 从 2013 年起，国家统计局开展了全国住户收支与生活状况调查，2013 年以来的数据来源于此项调查。与 2013 年前的分城镇和农村开展的住户调查的调查范围、调查方法和指标口径有所不同。

年均实际增长3.8%以上，即可实现到2020年居民人均可支配收入实际增长翻番的目标。

二　居民收入增长特点

（一）工资性收入增长[①]8.3%

2018年，全国居民人均工资性收入15829元，增长8.3%，增速比上年回落0.4个百分点，对全国居民人均可支配收入增长的贡献率为53.6%，拉动全国居民人均可支配收入增长4.7个百分点，是全国居民人均可支配收入增长最主要的拉动力量。工资性收入占可支配收入的比重为56.1%，比上年下降0.2个百分点。主要是经济运行总体平稳，全年就业形势保持稳定，农民工就业人数小幅增长，农民工人均月收入增长6.8%，拉动城乡居民工资性收入继续稳步增长。

（二）经营净收入增长7.8%

2018年，全国居民人均经营净收入4852元，增长7.8%，增速比上年加快1.1个百分点，对全国居民人均可支配收入增长的贡献率为15.6%，拉动全国居民人均可支配收入增长1.3个百分点。经营净收入占可支配收入的比重为17.2%，比上年下降0.1个百分点。经营净收入增长的主要原因：一是减税降费政策进一步落实，企业税负降低，营商环境持续优化；二是农业生产保持稳定，粮食产量虽然比上年略降，但仍然是丰收年；玉米、蔬菜、牛、羊、禽蛋等农牧产品价格上涨，对农民经营净收入增长贡献较多。

（三）财产净收入增长12.9%

2018年，全国居民人均财产净收入2379元，增长12.9%，增速比上年

---

① 以下如无特殊说明，增长率均为名义增长率。

加快 1.3 个百分点，对全国居民人均可支配收入增长的贡献率为 12.0%，拉动全国居民人均可支配收入增长 1.0 个百分点。财产净收入占可支配收入的比重为 8.4%，比上年提高 0.3 个百分点。财产净收入增长主要是出租房屋收入和转让承包土地经营权租金净收入增长较快。

（四）转移净收入增长8.9%

2018 年，全国居民人均转移净收入 5168 元，增长 8.9%，增速比上年回落2.5 个百分点，对全国居民人均可支配收入增长的贡献率为 18.8%，拉动全国居民人均可支配收入增长 1.6 个百分点。转移净收入占可支配收入的比重为 18.3%，与上年持平。转移净收入较快增长主要是各地全面落实中央关于改善民生和打赢脱贫攻坚战的要求，进一步加大惠民扶贫政策力度，推进城乡居民基本医疗保险制度整合，带动全国居民转移净收入保持较快增长。

（五）人均可支配收入中位数增长8.6%

2018 年，全国居民人均可支配收入中位数 24336 元，比上年增长 8.6%，增速低于平均数增速 0.1 个百分点。全国居民人均可支配收入中位数相当于平均数的 86.2%，比上年下降 0.1 个百分点。分城乡看，城镇居民人均可支配收入中位数 36413 元，比上年增长 7.6%，增速低于平均数增速 0.2 个百分点，城镇居民人均可支配收入中位数相当于平均数的 92.8%，比上年下降 0.2 个百分点；农村居民人均可支配收入中位数 13066 元，比上年增长 9.2%，增速快于平均数增速 0.4 个百分点，农村居民人均可支配收入中位数相当于平均数的 89.4%，比上年提高 0.3 个百分点。

三 居民收入差距状况

（一）城乡居民收入相对差距继续缩小

2018 年，城镇居民人均可支配收入 39251 元，名义增长 7.8%，实际增长5.6%；农村居民人均可支配收入14617元，名义增长8.8%，实际增长6.6%。农村居民人均可支配收入名义增速和实际增速均快于城镇居民1.0个百分点。城乡居民人均收入绝对差额为24634元，比上年扩大1670元，绝对差距仍在继续扩大；城乡居民人均可支配收入之比为2.69，比上年下降0.02，比2010年下降0.3，城乡居民收入相对差距继续缩小。

从农村内部看，2018年贫困地区①农村居民收入增长快于农村平均水平。据2018年全国农村贫困监测调查，2018年贫困地区农村居民人均可支配收入10371元，比上年增加994元，名义增长10.6%，扣除价格因素，实际增长8.3%，实际增速高于全国农村增速1.7个百分点，中西部22个省份均实现贫困地区农民增收目标。同时，2018年全国农村贫困人口1660万人，比上年减少1386万人，下降45.5%；贫困发生率1.7%，比上年下降1.4个百分点。贫困地区农村居民收入的快速增长有效促进了城乡收入差距的继续缩小。

（二）中间收入群体收入增长放缓，高、低收入组相对差距扩大

2018年按人均可支配收入从低到高进行五等份分组，全国居民高收入组和低收入组收入增速较快，分别为8.8%和8.1%。中间偏上、中间和中间偏下收入组居民收入增速放缓，分别为5.6%、3.1%和3.7%，分别比上年回落2.4个、4.4个和3.6个百分点。2018年全国高、低收入组居民人均可支配收入之比为10.97，比上年上升0.07，相对差距有所扩大（见表1-1）。

（三）西部地区与其他地区收入相对差距缩小

2018年东部、中部、西部和东北地区全体居民人均可支配收入分别为36298元、23798元、21936元和25543元，分别比上年增长8.6%、9.0%、

① 贫困地区包括集中连片特困地区和片区外的国家扶贫开发工作重点县，共832个县。从2017年起，新疆阿克苏地区纳入贫困监测范围。

表 1－1　2017～2018 年全国居民五等份分组人均可支配收入

项目	全国（元）	低收入组（元）	中间偏下收入组（元）	中间收入组（元）	中间偏上收入组（元）	高收入组（元）	高、低收入组收入之比（以低收入组为 1）
2017 年	25974	5958	13843	22495	34547	64934	10.90
2018 年	28228	6440	14361	23189	36471	70640	10.97
2018 年比 2017 年增长（%）	8.7	8.1	3.7	3.1	5.6	8.8	—

9.0%和6.9%。中部和西部地区全体居民人均可支配收入增速高于全国居民人均可支配收入增速，东部地区和东北地区全体居民人均可支配收入增速低于全国居民人均可支配收入增速。中部和西部地区增长最快，东北地区增长最慢。以西部地区为1，东部、中部、东北地区与西部地区全体居民人均可支配收入之比分别为1.65、1.08 和1.16，分别比上年下降0.01、持平和下降0.03，西部地区与其他地区差距缩小（见表1－2）。

表 1－2　2017～2018 年地区间全体居民人均可支配收入

单位：元，%

项目	全国	东部地区	中部地区	西部地区	东北地区
2017 年	25974	33414	21834	20130	23900
2018 年	28228	36298	23798	21936	25543
2018 年比 2017 年增长	8.7	8.6	9.0	9.0	6.9

从地区内各省份间差距来看，东部地区人均可支配收入最高和最低的省份分别为上海市和河北省，收入比为2.74，比上年下降0.01；中部地区人均可支配收入最高和最低的省份分别为湖北省和河南省，收入比为1.18；东北地区人均可支配收入最高和最低的省份分别为辽宁省和黑龙江省，收入比为1.31。中部和东北地区人均可支配收入最高和最低的省份收入比均与上年基本持平。西部地区人均可支配收入最高和最低的省份分别为内蒙古自治区和西藏自治区，收入比为1.64，比上年下降0.06。

从省份间差距看，收入高的省份主要集中在东部地区，收入低的省份主要集中在西部地区。收入最高的7个省份全部在东部地区，排名依次是上海、北京、浙江、天津、江苏、广东、福建。收入最低的7个省份全部在西部地区，排名由后至前依次是西藏、甘肃、贵州、云南、青海、广西、新疆。高低省份间相对收入差距有所缩小。2018年人均可支配收入最高与最低省份仍然分别为上海和西藏，收入比为3.71，比上年下降0.11。

四　政策建议

（一）继续深化收入分配制度改革

完善的收入分配制度是保证收入分配公平的必要条件。因此，要继续深化收入分配制度改革，建立健全保障低收入群体收入水平与合理增长机制，扩大中等收入群体比重，调节高收入者收入。一是激发重点群体增收活力。各级政府应分类施策，完善激励机制，拓宽职业发展通道，降低就业和创业障碍，不断提高七大重点群体的创收增收能力。二是着力提高低收入群体收入水平。一方面，建立有利于稳定低收入群体就业的制度安排，努力拓展低收入群体就业渠道，积极实现稳定就业；另一方面，各级政府要加大政府转移力度，发力精准扶贫，充分发挥社会保障的托底作用，从各方面对低收入群体进行扶持和保障。

（二）加快农业转移人口市民化

农业转移人口市民化是实现城镇化和现代化的必由之路，是推动区域协调发展的有力支撑，也是实现农村居民向城镇居民转变，提高收入和生活水平的重要手段。在以促进人的城镇化为核心、提高质量为导向的新型城镇化战略中，一方面，完善户口迁移政策，建立健全居住证与基本公共服务供给衔接机制，推进城市基本公共服务均等化，保障农业转移人口在居住、就业、社会保障、随迁子女教育等方面依法享有各项权益；另一方面，保障农民工原有“三权”，解决农民工进城落户的后顾之忧。结合土地承包经营权确权登记工作，依规确认农民工对承包土地、宅基地、集体收益分配享有的权益，健全农村产权流转交易市场，赋予农村居民更加充分的财产权利，为农民工进城落户创造有利条件。

（三）积极落实就业优先政策

就业是民生之本、财富之源。一方面，要针对结构性就业矛盾、“招工难”和“就业难”并存的问题，及时调整就业政策的重点和方向，更加重视解决结构性就业矛盾，促进就业向知识型和技能型转变，切实提升劳动者就业素质和技能水平，以更好地适应高质量发展的需求；另一方面，努力拓展就业空间，建立更加公平合理的市场竞争机制，深入开展“大众创业、万众创新”，更加注重以创新创业带动就业，激发全社会参与创业的积极性，提高带动就业的能力。

（国家统计局住户调查办公室　袁璐）

第二章
2018年城镇居民收入分配状况

据国家统计局对全国31个省（自治区、直辖市）16万户居民家庭开展的全国住户收支与生活状况调查①，2018年，全国城镇居民人均可支配收入继续保持平稳增长，经营净收入和财产净收入占比有所提高，工资性收入和财产净收入对收入增长的贡献率有所上升。城镇低收入组收入增长较慢，高、低收入组间收入差距略有扩大；地区间收入差距基本稳定。

一　城镇居民收入状况

2018年，全国城镇居民人均可支配收入39251元，比上年名义增长7.8%，扣除价格因素影响，实际增长5.6%，名义增速和实际增速比上年分别回落0.5个和0.9个百分点，保持稳定增长态势。城镇居民人均可支配收入中位数36413元，比上年增长7.6%。

从城镇居民人均可支配收入增长情况看，2018年城镇居民人均可支配收入名义增速②在8.3%以上的省份有8个，由高到低分别是西藏、北京、安徽、上海、贵州、浙江、江西、重庆；名义增速低于7.3%的省份有7个，由高到低分别是辽宁、天津、吉林、山西、新疆、黑龙江、广西（见表2-1）。

---

① 从2013年起，国家统计局开展了全国住户收支与生活状况调查，2013~2018年数据来源于此项调查。与2013年前分城乡开展的城镇住户调查和农村住户调查在调查范围、调查方法和指标口径上有所不同。

② 以下如无特别说明，均为比上年名义增速。

表 2-1　2018 年全国 31 个省（区、市）城镇居民人均可支配收入和增速

单位：元，%

地　区	城镇居民人均可支配收入	增速	地　区	城镇居民人均可支配收入	增速
全　国	39251	7.8	河　南	31874	7.8
北　京	67990	8.9	湖　北	34455	8.0
天　津	42976	6.7	湖　南	36698	8.1
河　北	32977	8.0	广　东	44341	8.2
山　西	31035	6.5	广　西	32436	6.3
内蒙古	38305	7.4	海　南	33349	8.2
辽　宁	37342	6.7	重　庆	34889	8.4
吉　林	30172	6.5	四　川	33216	8.1
黑龙江	29191	6.4	贵　州	31592	8.6
上　海	68034	8.7	云　南	33488	8.0
江　苏	47200	8.2	西　藏	33797	10.2
浙　江	55574	8.4	陕　西	33319	8.1
安　徽	34393	8.7	甘　肃	29957	7.9
福　建	42121	8.0	青　海	31515	8.0
江　西	33819	8.4	宁　夏	31895	8.2
山　东	39549	7.5	新　疆	32764	6.5

资料来源：根据 2018 年全国住户收支与生活状况调查资料整理。

二　城镇居民收入增长特点

（一）工资性收入增长7.2%

2018 年城镇居民人均工资性收入 23792 元，增长 7.2%，增速比上年回落 0.2 个百分点，占人均可支配收入的比重为 60.6%。主要是就业形势总体平稳，行政事业单位工资改革、最低工资标准和企业工资指导线上调等因素带动了工资性收入稳定增长。

（二）经营净收入增长9.3%

2018 年，全国城镇居民人均经营净收入 4443 元，增长 9.3%，增速比上年加快 1.5 个百分点，占人均可支配收入比重为 11.3%，比上年提高 0.1 个百分点。主要是“放管服”改革不断深化，各项减税降费政策助力小微企业营商环境改善，让居民得到更多实惠。

（三）财产净收入增长11.7%

2018 年，全国城镇居民人均财产净收入 4028 元，增长 11.7%，增速比上年加快 1.4 个百分点，占人均可支配收入的比重继续提高，达 10.3%。城镇居民财产净收入增长加快主要是房租收入增长加快和自有住房居住价值增加所致。

（四）转移净收入增长7.1%

2018 年，全国城镇居民人均转移净收入 6988 元，增长 7.1%，增速比上年回落 3.3 个百分点。基本养老金上调、个人所得税基本减除费用提高和综合税率调整等因素拉动城镇居民转移性收入持续增长，但居民参加社会保险意识不断增强，集中补缴社保费用带动当期转移性支出较快增加，导致城镇居民转移净收入增幅有所回落。

（五）经营净收入和财产净收入占比有所提高

2018 年城镇居民人均可支配收入中，经营净收入和财产净收入比重有所提高，工资性收入和转移净收入占比略有下降。调查数据显示，2018 年城镇居民人均可支配收入中，财产净收入占 10.3%，比上年提高 0.4 个百分点；经营净收入占 11.3%，比上年提高 0.1 个百分点；工资性收入占 60.6%，比上年下降 0.4 个百分点；转移净收入占 17.8%，比上年下降 0.1 个百分点（见表 2-2）。

表 2－2　2017～2018 年城镇居民人均可支配收入来源构成

单位：元，%

指标名称	2017 年		2018 年	
	水平	构成	水平	构成
可支配收入	36396	100.0	39251	100.0
1. 工资性收入	22201	61.0	23792	60.6
2. 经营净收入	4065	11.2	4443	11.3
3. 财产净收入	3607	9.9	4028	10.3
4. 转移净收入	6524	17.9	6988	17.8

资料来源：根据 2018 年全国住户收支与生活状况调查资料整理。

三　各项收入来源对城镇居民增收的贡献情况

（一）工资性收入增长贡献占55.7%

2018 年城镇居民人均可支配收入中，工资性收入人均增加 1591 元，拉动城镇居民人均可支配收入增长 4.4 个百分点，是城镇居民收入增长的主要拉动力量，增收贡献率为 55.7%，与 2017 年相比上升 0.4 个百分点。

（二）经营净收入增长贡献占13.2%

2018 年城镇居民人均可支配收入中，经营净收入人均增加 378 元，拉动城镇居民人均可支配收入增长 1.0 个百分点，对全年城镇居民增收的贡献率为 13.2%，与 2017 年相比上升 2.6 个百分点。

（三）财产净收入增长贡献占14.7%

2018 年城镇居民人均财产净收入增长 421 元，拉动城镇居民人均可支配收入增长 1.2 个百分点，对全年城镇居民增收的贡献率为 14.7%，与 2017 年相比上升 2.6 个百分点。

（四）转移净收入增长贡献占16.3%

2018 年城镇居民人均转移净收入增长 464 元，拉动城镇居民人均可支配收入增长 1.3 个百分点，对全年城镇居民增收的贡献率为 16.3%，与 2017 年相比下降 5.8 个百分点（见表 2－3）。

表 2－3　2017～2018 年城镇居民人均可支配收入分项贡献率

单位：元，%

指标名称	2017 年		2018 年	
	水平	收入增长贡献率	水平	收入增长贡献率
可支配收入	36396	100.0	39251	100.0
1. 工资性收入	22201	55.3	23792	55.7
2. 经营净收入	4065	10.6	4443	13.2
3. 财产净收入	3607	12.1	4028	14.7
4. 转移净收入	6524	22.1	6988	16.3

资料来源：根据 2018 年全国住户收支与生活状况调查资料整理。

四　城镇居民收入差距状况

（一）高低收入组间收入差距有所扩大

从城镇居民收入五等份分组数据看，2018 年城镇居民高收入组和中间偏上收入组收入增速较快，分别为 10.1% 和 8.9%。与此同时，城镇中低收入家庭收入来源相对单一、对养老金等转移性收入依赖程度较高，劳动力负担较重，尽管各级政府高度关注城镇中低收入家庭，不断加大帮扶力度，但中间收入组和低收入组分别增长 4.2% 和 4.8%，增速相对较慢；中间偏下收入组增长 1.2%，比城镇居民平均增速低 6.6 个百分点。全国城镇高、低收入组居民人均可支配收入之比为 5.90，比上年上升 0.28，相对差距有所扩大（见表 2－4）。

表 2-4 2017~2018 年不同收入组城镇居民人均可支配收入差距

项目	全国（元）	低收入组（元）	中间偏下收入组（元）	中间收入组（元）	中间偏上收入组（元）	高收入组（元）	高、低收入组收入比（以低收入组收入为1）
2017 年	36396	13723	24550	33781	45163	77097	5.62
2018 年	39251	14387	24857	35196	49174	84907	5.90
增长(%)	7.8	4.8	1.2	4.2	8.9	10.1	—

资料来源：根据 2018 年全国住户收支与生活状况调查资料整理。

（二）省（区、市）间收入差距略有扩大

1. 省（区、市）间收入相对差距略有扩大

全国住户调查数据显示，2018 年城镇居民收入最高与最低省份人均可支配收入之比为2.33，较上年扩大0.05（见表2-5）。

表 2-5 2017~2018 年最高与最低省份城镇居民人均可支配收入差距

年份	收入最高省份	收入最低省份	收入最高与最低省份的收入之比（以最低省份为1）
2017	上海(62596 元)	黑龙江(27446 元)	2.28
2018	上海(68034 元)	黑龙江(29191 元)	2.33

资料来源：根据 2018 年全国住户收支与生活状况调查资料整理。

2. 高收入省份集中在东部地区，低收入省份集中在西部地区

从 2018 年各地区城镇居民人均可支配收入看，东部 10 省（市）中，除海南、河北排位相对靠后（第 18、21 位）外，其他 8 省（市）均排在最前，依次是上海、北京、浙江、江苏、广东、天津、福建、山东。收入最低的 10 个省（区）中，有 6 个在西部地区，2 个在东北地区，2 个在中部地区，按排名由后至前，依次是黑龙江、甘肃、吉林、山西、青海、贵州、河南、宁夏、广西、新疆。

（三）地区间收入差距基本稳定

1. 东西部地区收入相对差距与上年基本持平

全国住户调查数据显示，2018 年东部、中部、西部和东北地区城镇居民人均可支配收入分别为 46433 元、33803 元、33389 元和 32994 元，分别比上年增长 8.0%、8.0%、7.8% 和 6.6%。东部与西部地区城镇居民人均可支配收入之比为 1.39，与上年持平（见表 2－6）。

表 2－6　2017～2018 年地区间城镇居民人均可支配收入差距

项目	东部地区（元）	中部地区（元）	西部地区（元）	东北地区（元）	东西部地区收入之比（以西部地区收入为 1）
2017 年	42990	31294	30987	30960	1.39
2018 年	46433	33803	33389	32994	1.39
增长（%）	8.0	8.0	7.8	6.6	—

资料来源：根据 2018 年全国住户收支与生活状况调查资料整理。

2. 区域内各省份间收入差距变化不大

2018 年东部地区收入最高的上海市与收入最低的河北省收入比为 2.06，比上年扩大 0.01；中部地区收入最高的湖南省与最低的山西省收入比为 1.18，比上年扩大 0.01；西部地区收入最高的内蒙古自治区与最低的甘肃省收入比为 1.28，与上年持平；东北地区收入最高的辽宁省与最低的黑龙江省收入比为 1.28，比上年扩大 0.01。

五　政策建议

（一）促进就业带动城镇居民收入增长

实现就业是城镇居民获得稳定收入的重要基础，工资性收入和经营净收入等劳动所得在城镇居民人均可支配收入中所占比重超过七成，对城镇居民收入增长起决定性作用。

面对复杂多变的国内外经济环境，要坚持就业优先的政策导向，针对各类人员分类施策，促进城镇居民人均可支配收入稳步提高。一是建立机关事业单位人员工资正常调整机制，落实工资调查比较制度，提高福利待遇水平。二是按照《国务院关于激发重点群体活力带动城乡居民增收的实施意见》要求，瞄准技能人才、科研人员、企业经营管理人员等重点群体，实施差别化增收激励政策。三是关注中美经贸摩擦等外部环境变化对部分地区和行业的就业影响，加强对重点地区、重点行业、重点人群就业失业的形势监测分析，通过调整内需、产业升级、就业引导、失业保障等多重方式稳定就业水平，做好就业风险化解工作。四是营造良好经营环境，着力建设公开、公平、公正的体制机制，继续深化“放管服”改革，破除竞争壁垒，通过减税降费等举措降低企业经营压力，鼓励劳动者通过创业获得经营性收入。

（二）多措并举促进低收入群体增收

城镇低收入群体主要是丧失劳动能力的老年群体，劳动技能单一、稳定就业困难的外来从业人员，家庭负担较重的多人口家庭等，就业竞争能力差，收入稳定增长困难。为切实提高城镇低收入群体收入水平，不断缩小城镇居民内部收入差距，应多措并举，精准施策。一是拓宽就业渠道，帮助具备劳动能力的低收入群体实现稳定就业。加强职业技能培训，提高低收入群体的就业能力；向企业提供就业扶持政策，并通过“减税降费”等方式为小微企业减负，不断提高低收入群体自主就业水平；通过设立公益性岗位等方式购买社会服务，促进部分低收入群体实现稳定就业。二是切实维护低收入群体劳动权益，落实最低工资制度，加大力度推动同工同酬，继续强化整治企业工资拖欠现象，保证低收入群体劳有所得。三是继续完善社会保障制度，加大社会救助力度，加强大病保险保障能力，减少低收入家庭医疗负担；继续实施离退休金年度调整政策，稳步提升城乡居民基础养老金水平，加快完善社区养老配套设施，减轻老年低收入群体生活负担。

（三）综合施策缩小城镇居民地区间收入差距

针对城镇居民地区间收入差距问题，建议采取以下措施。一是加大资源投入，继续加大对中西部地区及东北地区的财政转移支付力度和规模，加大精准扶贫对口帮扶政策实施力度，扶持项目注重发挥本地优势，重点打造有竞争力的局部优势产业。二是鼓励制度创新，结合中西部地区和东北地区自身特色，在有条件的地区先行先试，加大制度创新力度增强优质资本和人才吸引力，通过资源集聚为居民增收提供动力。三是深度挖潜，增强东北地区发展活力。在当前经济发展新旧动能转换时期，东北地区面临着经济形态转型较慢、政府和企业负担较重的特殊困难，城镇居民收入增长显著低于其他地区。应从财政投入、体制优化、社会习惯引导、优势资源开发等多方面着手，制定综合发展策略，加快培育新的优势产业，增强经济增长新动能，带动东北地区城镇居民收入实现稳步增长。

（国家统计局住户调查办公室　邱建亮）

第三章

2018年农村居民收入分配状况

据国家统计局对全国31个省（自治区、直辖市）16万户居民家庭开展的全国住户收支与生活状况调查①和国家农村贫困监测调查，2018年全国农村居民人均可支配收入保持较快增长，增速快于城镇居民，城乡居民收入差距有所缩小。贫困地区农村居民收入增速快于全国农村居民平均水平。

一　农村居民收入状况

2018年农村居民人均可支配收入14617元，比上年名义增长8.8%，扣除价格因素影响，实际增长6.6%，名义增速比上年加快0.2个百分点，实际增速比上年回落0.7个百分点。农村居民人均可支配收入中位数13066元，比上年增长9.2%②，增速快于平均数增速0.4个百分点。农村居民人均可支配收入中位数相当于平均数的89.4%，比上年提高0.3个百分点。

从各省（自治区、直辖市）农村居民收入增长情况看，增速较快的省份中，位于西部地区的较多。增速处于前10位的省份由高到低分别是西藏、青海、广西、安徽、内蒙古、贵州、浙江、北京、陕西和江西。增速处于后10位的省份由高到低分别是江苏、广东、河南、湖北、海南、新疆、山东、辽宁、吉林和天津（见表3-1）。

---

① 从2013年起，国家统计局开展了全国住户收支与生活状况调查，2013~2018年数据来源于此项调查。与2013年前的分城镇和农村住户调查的调查范围、调查方法、指标口径有所不同。

② 如无特别说明，以下分析中的增长速度均为未扣除价格因素影响的名义增长率。

表3－1　2018年全国及31个省（区、市）农村居民人均可支配收入和名义增长率

单位：元，%

地区	人均可支配收入	名义增长率	地区	人均可支配收入	名义增长率
全　国	14617	8.8	河　南	13831	8.7
北　京	26490	9.3	湖　北	14978	8.4
天　津	23065	6.0	湖　南	14093	8.9
河　北	14031	8.9	广　东	17168	8.8
山　西	11750	8.9	广　西	12435	9.8
内蒙古	13803	9.7	海　南	13989	8.4
辽　宁	14656	6.6	重　庆	13781	9.0
吉　林	13748	6.2	四　川	13331	9.0
黑龙江	13804	9.0	贵　州	9716	9.6
上　海	30375	9.2	云　南	10768	9.2
江　苏	20845	8.8	西　藏	11450	10.8
浙　江	27302	9.4	陕　西	11213	9.2
安　徽	13996	9.7	甘　肃	8804	9.0
福　建	17821	9.1	青　海	10393	9.8
江　西	14460	9.2	宁　夏	11708	9.0
山　东	16297	7.8	新　疆	11975	8.4

资料来源：根据2018年全国住户收支与生活状况调查资料整理。

二　农村居民收入增长特点

2018年农村居民收入增长的主要特点：一是经营净收入、财产净收入和转移净收入增速快于上年，特别是财产净收入增速加快较多；二是工资性收入增速比上年有所回落，但增长较为稳定；三是贫困地区农村居民收入首过万元，增速快于全国农村居民平均水平。

（一）工资性收入增长9.1%

2018年农村居民人均工资性收入5996元，增长9.1%，增速比上年回落0.4个百分点。主要是本地农民工就业人数增长0.9%，增速比上年回落1.1个百分点。

（二）经营净收入增长6.6%

2018 年农村居民人均经营净收入 5358 元，增长 6.6%，增速比上年加快 0.6 个百分点。第一产业经营净收入增速有所回落。农村居民人均第一产业经营净收入 3489 元，增长 2.9%，增速比上年回落 0.8 个百分点。其中，人均牧业净收入下降 1.9%，主要是生猪价格同比下降较多，但牛、羊、禽蛋等牧业产品价格同比上升，部分冲抵了猪价下跌的损失。人均种植业收入增长 3.3%，主要是全年粮食小幅减产，但玉米、蔬菜等农产品价格上升，使农村居民种植业收入继续保持稳定增长。第二、第三产业经营净收入加快增长。农村居民人均第二、第三产业经营净收入 1869 元，增长 14.2%，增速比上年加快 3.0 个百分点。

（三）财产净收入增长12.9%

2018 年农村居民人均财产净收入 342 元，增长 12.9%，增速比上年加快 1.5 个百分点。主要是转让承包土地经营权租金净收入和出租房屋净收入增长较快，分别增长 13.6% 和 19.4%。

（四）转移净收入增长12.2%

2018 年农村居民人均转移净收入 2920 元，增长 12.2%，增速比上年加快 0.4 个百分点。主要是各地继续加大精准扶贫和社会救助力度，人均社会救济和补助收入增长 39.6%；城乡居民医保并轨继续推进，人均报销医疗费增长 26.1%。

（五）贫困地区农村居民收入增长快于全国农村居民平均水平

据全国农村贫困监测调查，2018 年，贫困地区农村居民人均可支配收入 10371 元，按可比口径计算，比上年增加 994 元，名义增长 10.6%，扣除价格因素，实际增长 8.3%，实际增速比上年慢 0.8 个百分点，比全国农村平均水平快 1.7 个百分点，中西部 22 个省（区、市）均完成增长幅度高于全国增速的年度目标任务。其中，深度贫困地区农村居民人均可支配收入9668元，比上年增加935元，名义增长10.7%，比全国农村增速快1.9个百分点，比贫困地区增速快0.1个百分点。全国14个集中连片特困地区农村居民人均可支配收入10260元，比上年增加996元，名义增长10.7%，比全国农村增速快1.9个百分点，14个集中连片特困地区农村居民人均可支配收入增速均快于全国农村增速。

三 各项收入来源对农村居民收入增长的贡献情况

（一）工资性收入增长贡献占42.0%

2018年农村居民人均可支配收入中，工资性收入增加497.7元，对全年农民增收的贡献率为42.0%，拉动收入增长3.7个百分点。工资性收入占农村居民收入的比重为41.0%。

（二）经营净收入增长贡献占27.9%

2018年农村居民人均可支配收入中，经营净收入增加330.6元，对全年农民增收的贡献率为27.9%，拉动收入增长2.5个百分点。经营净收入占农村居民收入的比重为36.7%。

（三）财产净收入增长贡献占3.3%

2018年农村居民人均可支配收入中，财产净收入增加39.1元，对全年农民增收的贡献率为3.3%，拉动收入增长0.3个百分点。财产净收入占农村居民收入的比重为2.3%。

（四）转移净收入增长贡献占26.8%

2018年农村居民人均可支配收入中，转移净收入增加317.2元，对全年农民增收的贡献率为26.8%，拉动收入增长2.4个百分点。转移净收入占农村居民收入的比重为20.0%（见表3-2）。

表3－2　2018年农村居民人均可支配收入来源及增长贡献情况

单位：元，%

指标	水平	名义增长率	分项收入贡献率	收入构成
人均可支配收入	14617	8.8	100.0	100.0
其中：工资性收入	5996	9.1	42.0	41.0
经营净收入	5358	6.6	27.9	36.7
财产净收入	342	12.9	3.3	2.3
转移净收入	2920	12.2	26.8	20.0

资料来源：根据2018年全国住户收支与生活状况调查资料整理。

四　农村居民收入差距状况

2018年农村居民人均可支配收入名义增速快于城镇居民1.0个百分点，西部地区农村居民收入增长最快，城乡居民收入差距、东西部地区间农村居民收入差距比上年有所缩小，农村居民内部收入差距有所缩小。

（一）城乡居民相对收入差距进一步缩小

2018年城镇居民人均可支配收入39251元，增长7.8%；农村居民人均可支配收入14617元，增长8.8%。农村居民人均可支配收入增速比城镇居民人均收入增速快1.0个百分点。城乡居民人均收入之比为2.69，比上年下降0.02，相对收入差距进一步缩小。

（二）东西部地区间农村居民相对收入差距继续缩小

分区域①看，2018年东部、中部、西部、东北地区农村居民人均可支配

① 这里的东部、中部、西部、东北地区是按照《中国统计年鉴》发布的四个地区的划分标准。其中，东部地区包括北京、天津、河北、上海、江苏、浙江、福建、山东、广东、海南10省份；中部地区包括山西、安徽、江西、河南、湖北、湖南6省；西部地区包括内蒙古、广西、重庆、四川、贵州、云南、西藏、陕西、甘肃、青海、宁夏、新疆12省份；东北地区包括辽宁、吉林、黑龙江3省。

收入分别为18286元、13954元、11831元、14080元，分别比上年增长8.7%、9.0%、9.3%、7.4%，西部地区农村居民收入增长最快，其次是中部、东部和东北地区。东西部地区间农村居民收入差距略有缩小（见表3－3）。

表3－3　2017～2018年按东部、中部、西部和东北地区分组的农村居民人均可支配收入

项目	东部地区（元）	中部地区（元）	西部地区（元）	东北地区（元）	东西部地区收入之比（西部＝1）
2017年	16822	12806	10829	13116	1.553
2018年	18286	13954	11831	14080	1.546
2018年比2017年名义增长（%）	8.7	9.0	9.3	7.4	—

资料来源：根据2018年全国住户收支与生活状况调查资料整理。

（三）农村居民高、低收入组相对收入差距有所缩小

按人均可支配收入从低到高进行五等份分组，2018年低收入组农村居民人均可支配收入增长最快，中间偏下组农村居民人均可支配收入增长最慢。低收入组人均可支配收入为3666元，增长11.0%；中间偏下组人均可支配收入为8508元，增长1.9%；中间收入组人均可支配收入为12530元，增长4.6%；中间偏上组人均可支配收入为18051元，增长6.5%；高收入组人均可支配收入为34043元，增长8.8%。高低收入组人均收入之比由上年的9.48缩小为9.29（见表3－4）。

表3－4　2017～2018年农村居民不同收入组人均收入差距

项目	人均可支配收入（元）	低收入组（元）	中间偏下组（元）	中间收入组（元）	中间偏上组（元）	高收入组（元）	高低收入组人均收入之比（低收入组＝1）
2017年	13432	3302	8349	11978	16944	31299	9.48
2018年	14617	3666	8508	12530	18051	34043	9.29
2018年比2017年名义增长（%）	8.8	11.0	1.9	4.6	6.5	8.8	—

资料来源：根据2018年全国住户收支与生活状况调查资料整理。

（四）中部地区和东北地区内省间相对收入差距有所缩小，东部地区和西部地区内省份间相对收入差距有所扩大

2018 年东部地区农村居民人均收入最高的上海市与最低的海南省之间的人均收入之比为 2.17，与上年最高（上海）和最低（河北）之比扩大 0.01；中部地区农村居民人均收入最高的湖北省与最低的山西省之间的人均收入之比为 1.27，比上年缩小 0.01；西部地区农村居民人均收入最高的内蒙古自治区与最低的甘肃省之间的人均收入之比为 1.57，与上年最高（重庆）和最低（甘肃）之比扩大 0.01；东北地区农村居民人均收入最高的辽宁省与最低的吉林省之间的人均收入之比为 1.07，比上年最高（辽宁）和最低（黑龙江）之比缩小 0.02。

五　政策建议

（一）全面打赢脱贫攻坚战

提高农村地区低收入居民收入水平，促进贫困人口全面脱贫，是改善农村居民收入分配状况的重要途径。经过数年的脱贫攻坚，农村贫困人口已经大幅减少，但余下的都是贫中之贫、困中之困，脱贫攻坚战已经进入攻城拔寨的关键阶段，必须坚持目标不变、靶心不散，一鼓作气，确保如期全面完成脱贫攻坚任务。下大力气解决“两不愁三保障”面临的突出问题；强化产业扶贫，促进贫困群众稳定脱贫；着力提高脱贫质量和成效。

（二）稳步实施乡村振兴战略

乡村振兴战略是新时代推动农业全面升级、农村全面进步、农民全面发展的重大战略。必须在实施乡村振兴战略的背景下，促进农村居民收入稳定增长，生活水平持续提高，收入分配状况进一步改善，走上共同富裕的道路。推动农村产业发展，提升农业发展质量，夯实农业生产能力基础，构建

农村一二三产业融合发展体系。加强农村社会保障体系建设，提高农村民生保障水平。推动农村基础设施提档升级，持续改善农村人居环境。

（三）提升农民科学文化素质和技能水平

提高农村居民人力资本水平，增强农民内生动力是改善农村居民收入分配状况，普遍提高生活水平，走向共同富裕的根本途径和必备条件。优先发展农村教育事业，使绝大多数农村新增劳动力接受高中阶段教育、更多接受高等教育，持续提高农民教育水平和科学文化素质。大规模开展职业技能培训，提高农民职业技能水平，增强农村劳动力转移就业能力，拓宽农民增收渠道。大力培育新型职业农民，加强农村专业人才队伍建设，为乡村振兴提供人才支撑。

（国家统计局住户调查办公室　刘洪波）

第四章
2018年地区间居民收入分配状况

2018 年，各地区各部门以习近平新时代中国特色社会主义思想为指引，凝心聚力，攻坚克难，坚持把促进经济增长与扩大就业、改善民生紧密结合起来，让人民群众共享改革发展的成果，把提高人民生活水平作为一切工作的出发点和落脚点。各地区城乡居民生活水平显著提高，居民收入实现稳步增长，与经济增长基本同步，为实现居民收入翻番目标打下了更加坚实的基础。

一 2018年各地区居民收入分配状况

（一）各地区城镇居民收入差距状况

1. 绝对差距及其变化

2018 年，各地区城镇居民人均可支配收入绝对差距有所扩大。2018 年，城镇居民人均可支配收入最高的地区仍然是上海，最低的地区仍为黑龙江。上海人均可支配收入为 68033.6 元，比 2017 年增加 5437.9 元，增长 8.7%；黑龙江人均可支配收入为 29191.3 元，比 2017 年增加 1745.3 元，增长 6.4%。2018 年，最高的和最低的省份收入绝对差距为 38842.3 元，比 2017 年增加 3692.6 元。从最高的和最低的省份收入之比看，2018 年为 2.33，比 2017 年的 2.28 增加了 0.05。从各地区的增长速度看，增速最快的为北京，增速为 8.9%；增速最慢的为广西，增速为 6.3%；增速快慢之比为 1.41，比 2017 年的 1.40 微微上升。从各地区的增加额看，最高的北京为 5583.6 元，最低的黑龙江为 1745.3 元，增加额高低相差 3838.3 元（见表 4 - 1）。

表 4－1　2017～2018 年城镇居民人均可支配收入及排序

地区	2018 年城镇居民人均可支配收入(元)	2017 年城镇居民人均可支配收入(元)	增加额（元）	增长速度（%）	2018 年位次	2017 年位次	趋势
上　海	68033.6	62595.7	5437.9	8.7	1	1	→
北　京	67989.9	62406.3	5583.6	8.9	2	2	→
浙　江	55574.3	51260.7	4313.6	8.4	3	3	→
江　苏	47200.0	43621.8	3578.2	8.2	4	4	→
广　东	44341.0	40975.1	3365.9	8.2	5	5	→
天　津	42976.3	40277.5	2698.8	6.7	6	6	→
福　建	42121.3	39001.4	3119.9	8.0	7	7	→
山　东	39549.4	36789.4	2760.0	7.5	8	8	→
内蒙古	38304.7	35670.0	2634.7	7.4	9	9	→
辽　宁	37341.9	34993.4	2348.5	6.7	10	10	→
湖　南	36698.3	33947.9	2750.4	8.1	11	11	→
重　庆	34889.3	32193.2	2696.1	8.4	12	12	→
湖　北	34454.6	31889.4	2565.2	8.0	13	13	→
安　徽	34393.1	31640.3	2752.8	8.7	14	14	→
江　西	33819.4	31198.1	2621.3	8.4	15	15	→
云　南	33487.9	30995.9	2492.0	8.0	16	16	→
海　南	33348.7	30817.4	2531.3	8.2	17	17	→
陕　西	33319.3	30810.3	2509.0	8.1	18	18	→
四　川	33215.9	30726.9	2489.0	8.1	19	20	↑1
河　北	32977.2	30547.8	2429.4	8.0	20	21	↑1
新　疆	32763.5	30774.8	1988.7	6.5	21	19	↓2
广　西	32436.1	30502.1	1934.0	6.3	22	22	→
宁　夏	31895.2	29472.3	2422.9	8.2	23	24	↑1
河　南	31874.2	29557.9	2316.3	7.8	24	23	↓1
贵　州	31591.9	29079.8	2512.1	8.6	25	27	↑2
青　海	31514.5	29168.9	2345.6	8.0	26	25	↓1
山　西	31034.8	29131.8	1903.0	6.5	27	26	↓1
吉　林	30171.9	28318.7	1853.2	6.5	28	28	→
甘　肃	29957	27763.4	2193.6	7.9	29	29	→
黑龙江	29191.3	27446.0	1745.3	6.4	30	30	→

注：1. 从 2013 年起，国家统计局开展了城乡一体化住户收支与生活状况调查，本表数据来源于此调查，与 2013 年前的分城镇和农村住户调查的调查范围、调查方法、指标口径有所不同。

2. 本表不含西藏。

3. 箭头后的数字表示上升或下降的位次。

资料来源：《中国统计年鉴 2019》，中国统计出版社，2019。

2. 相对差距及其变化

通过各地区收入的离散系数[①]变化可以看出，地区间城镇居民人均可支配收入的离散系数在经历了 2003～2005 年不断攀升的阶段后，呈逐步下降趋势，一直到 2012 年达到 2003 年以来的最低点。2013 年开始，由于统计口径变化，离散系数趋于稳定，保持在较低水平，表明最近几年，在城镇居民人均可支配收入快速增长的同时，地区间的相对差异程度趋于稳定。但 2015 年后离散系数呈逐年上升趋势，2018 年达到 2013 年城乡一体化住户收支与生活状况调查以来的最高点（见图 4－1）。

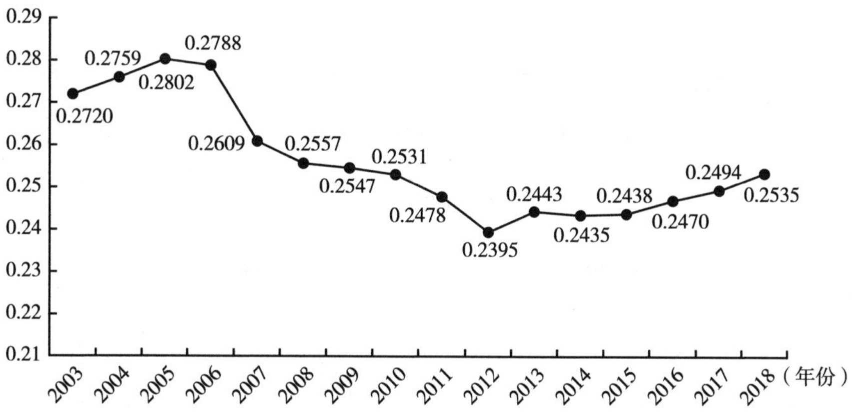

图 4－1　2003～2018 年地区间城镇居民人均可支配收入的离散系数变化状况

3. 各地区城镇居民收入位次及其变化

与 2017 年相比，2018 年各地区城镇居民人均可支配收入的位次产生了一定变化，22 个地区位次与 2017 年持平，6 个地区位次变化了一位，2 个地区的位次变化了两位，分别是新疆由 2017 年的第 19 位下降到第 21 位，贵州由 2017 年的第 27 位上升到第 25 位（参见表 4－1）。

① 离散系数描述了各地区相对于全国平均水平的分散程度，是标准差与平均数之比，离散系数越高，说明地区间的收入差距越大，反之说明地区间的收入差距越小。

（二）各地区农村居民收入差距状况

1. 绝对差距及其变化

2018 年，各地区农村居民人均可支配收入绝对差距进一步扩大。农村居民人均可支配收入最高的是上海，人均可支配收入为 30374.7 元，比 2017 年增加 2549.7 元，增长 9.2%，增速比上年加快 0.2 个百分点；最低的是甘肃，人均可支配收入为 8804.1 元，比 2017 年增加 728.0 元，增长 9.0%，增速加快 0.7 个百分点。2018 年，最高的和最低的省份收入绝对差距为 21570.6 元，比 2017 年增加 1821.7 元。从各地区的增长速度看，2018 年有 17 个地区增速超过 9.0%，其中最快的为广西和青海，增速均为 9.8%；有 3 个地区增速低于或等于 7.0%，其中最慢的为天津，增速为 6.0%，增速快慢之比为 1.63。从各地区的增加额看，最高的上海为 2549.7 元，最低的甘肃为 728.0 元，增加额高低相差 1821.7 元，比 2017 年减少 136.3 元（见表 4－2）。

表 4－2　2017～2018 年农村居民人均可支配收入及排序

地区	2018 年农村居民人均可支配收入（元）	2017 年农村居民人均可支配收入（元）	增加额（元）	增长速度（%）	2018 年位次	2017 年位次	趋势
上　海	30374.7	27825.0	2549.7	9.2	1	1	→
浙　江	27302.4	24955.8	2346.6	9.4	2	2	→
北　京	26490.3	24240.5	2249.8	9.3	3	3	→
天　津	23065.2	21753.7	1311.5	6.0	4	4	→
江　苏	20845.1	19158.0	1687.1	8.8	5	5	→
福　建	17821.2	16334.8	1486.4	9.1	6	6	→
广　东	17167.7	15779.7	1388.0	8.8	7	7	→
山　东	16297.0	15117.5	1179.5	7.8	8	8	→
湖　北	14977.8	13812.1	1165.7	8.4	9	9	→
辽　宁	14656.3	13746.8	909.5	6.6	10	10	→
江　西	14459.9	13241.8	1218.1	9.2	11	11	→
湖　南	14092.5	12935.8	1156.7	8.9	12	13	↑1
河　北	14030.9	12880.9	1150.0	8.9	13	15	↑2
安　徽	13996.0	12758.2	1237.8	9.7	14	16	↑2

续表

地区	2018 年农村居民人均可支配收入(元)	2017 年农村居民人均可支配收入(元)	增加额(元)	增长速度(%)	2018 年位次	2017 年位次	趋势
海　南	13988.9	12901.8	1087.1	8.4	15	14	↓1
河　南	13830.7	12719.2	1111.5	8.7	16	17	↑1
黑龙江	13803.7	12664.8	1138.9	9.0	17	18	↑1
内蒙古	13802.6	12584.3	1218.3	9.7	18	20	↑2
重　庆	13781.2	12637.9	1143.3	9.0	19	19	→
吉　林	13748.2	12950.4	797.8	6.2	20	12	↓8
四　川	13331.4	12226.9	1104.5	9.0	21	21	→
广　西	12434.8	11325.5	1109.3	9.8	22	22	→
新　疆	11974.5	11045.3	929.2	8.4	23	23	→
山　西	11750.0	10787.5	962.5	8.9	24	24	→
宁　夏	11707.6	10737.9	969.7	9.0	25	25	→
陕　西	11212.8	10264.5	948.3	9.2	26	26	→
云　南	10767.9	9862.2	905.7	9.2	27	27	→
青　海	10393.3	9462.3	931.0	9.8	28	28	→
贵　州	9716.1	8869.1	847.0	9.6	29	29	→
甘　肃	8804.1	8076.1	728.0	9.0	30	30	→

注：1. 从 2013 年起，国家统计局开展了城乡一体化住户收支与生活状况调查，本表数据来源于此调查，与 2013 年前的分城镇和农村住户调查的调查范围、调查方法、指标口径有所不同。

2. 本表不含西藏。

3. 箭头后的数字表示上升或下降的位次。

资料来源：《中国统计年鉴 2019》，中国统计出版社，2019。

2. 相对差距及其变化

从地区间农村居民人均可支配收入的离散系数看，近五年来地区间农村居民人均可支配收入的相对差距基本稳定在 0.35 ~ 0.36 区间内。2006 年的离散系数达到近年的最高值，经过 2009 年的小幅波动后，逐年下降，2014 年达到近年来的最低值，2018 年与 2017 年基本持平（见图 4 - 2）。

3. 各地区农村居民收入位次及其变化

与 2017 年相比，2018 年各地区农村居民人均可支配收入的位次产生了一定变化，22 个地区位次与 2017 年持平，8 个地区的位次发生了变化，其

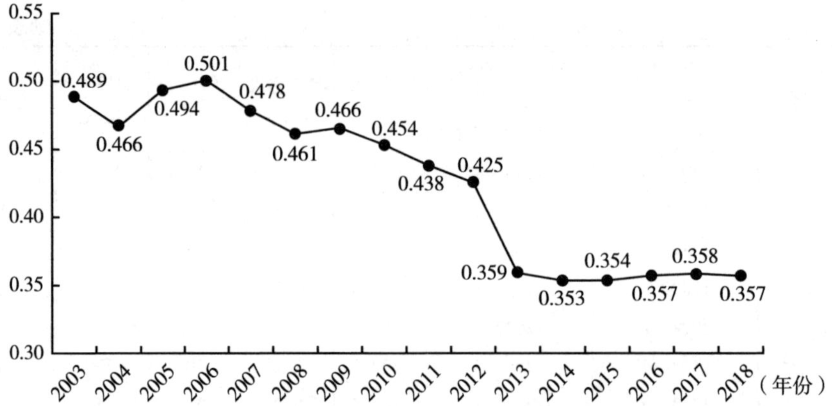

图 4－2　2003～2018 年地区间农村居民人均可支配收入的离散系数变化状况

中有 3 个地区位次提升了一位，3 个地区位次提升了两位，1 个地区下降了一位，而吉林下降了八位，为下降位次最多的地区（参见表 4－2）。

（三）各地区城乡收入差距比较

1. 绝对差距继续扩大

2018 年，城乡收入差距最高的为北京，达 41499.6 元；收入差距最小的为黑龙江，为 15387.6 元。二者之间的绝对差距为 26112.0 元，比 2017 年扩大了 2727.4 元（见图 4－3）。

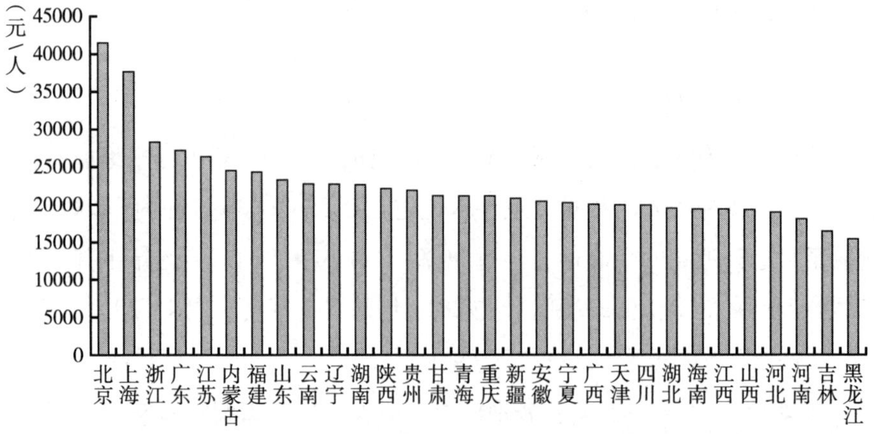

图 4－3　2018 年各地区城乡居民收入差距

2. 相对差距与收入水平负相关

与2017年相比，2018年的城镇居民人均可支配收入与农村居民人均可支配收入的比率除天津、辽宁和吉林略有上升外，27个地区均有所降低，表明各地区城乡收入差距有缩小趋势。2018年城乡之间收入比率最高的甘肃为3.403，比率最低的天津为1.863；比率最高的5个地区依次为甘肃、贵州、云南、青海、陕西；比率最低的5个地区为上海、吉林、黑龙江、浙江、天津（见表4－3）。

表4－3　2017～2018年城镇居民人均可支配收入与农村居民人均可支配收入的比率

地　区	城镇居民人均可支配收入(元)		农村居民人均可支配收入(元)		城乡收入比率		城乡收入比率的变化
	2018年	2017年	2018年	2017年	2018年	2017年	
北　京	67989.9	62406.3	26490.3	24240.5	2.567	2.574	↓
天　津	42976.3	40277.5	23065.2	21753.7	1.863	1.852	↑
河　北	32977.2	30547.8	14030.9	12880.9	2.350	2.372	↓
山　西	31034.8	29131.8	11750.0	10787.5	2.641	2.701	↓
内蒙古	38304.7	35670.0	13802.6	12584.3	2.775	2.834	↓
辽　宁	37341.9	34993.4	14656.3	13746.8	2.548	2.546	↑
吉　林	30171.9	28318.7	13748.2	12950.4	2.195	2.187	↑
黑龙江	29191.3	27446.0	13803.7	12664.8	2.115	2.167	↓
上　海	68033.6	62595.7	30374.7	27825.0	2.240	2.250	↓
江　苏	47200.0	43621.8	20845.1	19158.0	2.264	2.277	↓
浙　江	55574.3	51260.7	27302.4	24955.8	2.036	2.054	↓
安　徽	34393.1	31640.3	13996.0	12758.2	2.457	2.480	↓
福　建	42121.3	39001.4	17821.2	16334.8	2.364	2.388	↓
江　西	33819.4	31198.1	14459.9	13241.8	2.339	2.356	↓
山　东	39549.4	36789.4	16297.0	15117.5	2.427	2.434	↓
河　南	31874.2	29557.9	13830.7	12719.2	2.305	2.324	↓
湖　北	34454.6	31889.4	14977.8	13812.1	2.300	2.309	↓
湖　南	36698.3	33947.9	14092.5	12935.8	2.604	2.624	↓
广　东	44341.0	40975.1	17167.7	15779.7	2.583	2.597	↓
广　西	32436.1	30502.1	12434.8	11325.5	2.608	2.693	↓
海　南	33348.7	30817.4	13988.9	12901.8	2.384	2.389	↓
重　庆	34889.3	32193.2	13781.2	12637.9	2.532	2.547	↓

续表

地 区	城镇居民人均可支配收入（元）		农村居民人均可支配收入（元）		城乡收入比率		城乡收入比率的变化
	2018 年	2017 年	2018 年	2017 年	2018 年	2017 年	
四 川	33215.9	30726.9	13331.4	12226.9	2.492	2.513	↓
贵 州	31591.9	29079.8	9716.1	8869.1	3.252	3.279	↓
云 南	33487.9	30995.9	10767.9	9862.2	3.110	3.143	↓
陕 西	33319.3	30810.3	11212.8	10264.5	2.972	3.002	↓
甘 肃	29957.0	27763.4	8804.1	8076.1	3.403	3.438	↓
青 海	31514.5	29168.9	10393.3	9462.3	3.032	3.083	↓
宁 夏	31895.2	29472.3	11707.6	10737.9	2.724	2.745	↓
新 疆	32763.5	30774.8	11974.5	11045.3	2.736	2.786	↓

注：1. 从 2013 年起，国家统计局开展了城乡一体化住户收支与生活状况调查，本表数据来源于此调查，与 2013 年前的分城镇和农村住户调查的调查范围、调查方法、指标口径有所不同。

2. 本表不含西藏。

资料来源：《中国统计年鉴 2019》，中国统计出版社，2019。

比较分析城乡人均收入差距与城镇居民人均可支配收入和农村居民人均可支配收入的关系，可以看到，北京、上海、浙江和天津 4 个经济发达地区农村居民人均可支配收入与城乡收入差距之间的关系与其他省份有较明显不同。分析结果显示，各地区城镇居民人均可支配收入与城乡收入差距之间的线性相关系数为 -0.34，剔除上述 4 个省份后为 -0.25；而各地区农村居民人均可支配收入与城乡收入差距之间存在较显著的负相关关系，相关系数达到 -0.63，剔除北京、上海、浙江和天津 4 个地区后，相关系数达到 -0.74，明显高于城镇居民（见图 4-4、图 4-5）。

图 4-1 显示近年来地区间城镇居民人均可支配收入的离散系数在 0.23 ~ 0.28 区间，图 4-2 显示近年来地区间农村居民人均可支配收入的离散系数在 0.35 ~ 0.51 区间，这表明地区间城镇居民人均可支配收入的差距明显小于地区间农村居民人均可支配收入的差距。

3. 城乡排位差异较大

比较各地区城镇和农村收入水平的排序情况，可以看出，大部分地区的

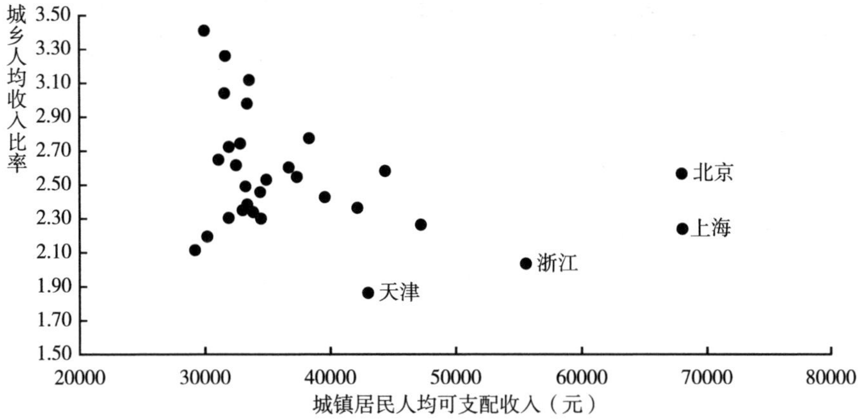

图 4－4　2018 年城乡收入差距与城镇居民人均可支配收入的关系

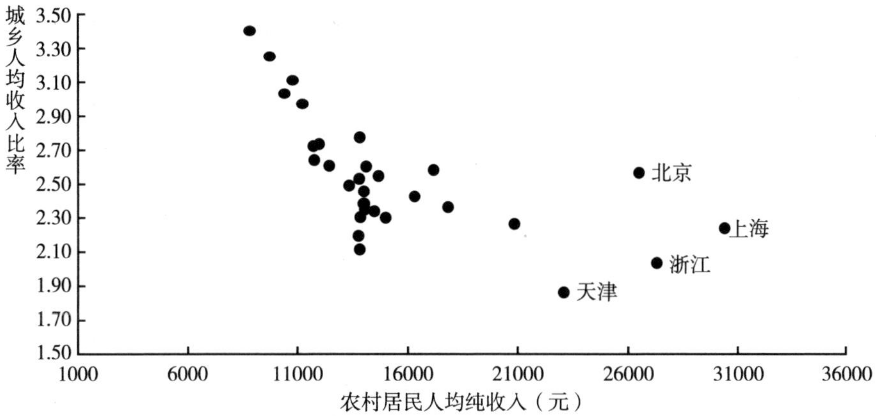

图 4－5　2018 年城乡收入差距与农村居民人均可支配收入的关系

城镇和农村居民收入排位存在差异。城镇和农村居民收入排位均相同的地区有 5 个，分别是第 1 位的上海，第 8 位的山东、第 10 位的辽宁、第 14 位的安徽和第 22 位的广西。城镇和农村居民收入排位差距超过 10 个位次的地区有 2 个，分别是云南（城镇排位比农村排位高 11 位）和黑龙江（城镇排位比农村排位低 13 位）；其余 23 个地区的排位变化均在 1～9 个位次（见表 4－4）。

表4－4　2018年城乡居民收入水平排序比较

地　区	城镇居民收入水平排序	农村居民收入水平排序	城乡收入排位差
上　海	1	1	0
北　京	2	3	－1
浙　江	3	2	1
江　苏	4	5	－1
广　东	5	7	－2
天　津	6	4	2
福　建	7	6	1
山　东	8	8	0
内蒙古	9	18	－9
辽　宁	10	10	0
湖　南	11	12	－1
重　庆	12	19	－7
湖　北	13	9	4
安　徽	14	14	0
江　西	15	11	4
云　南	16	27	－11
海　南	17	15	2
陕　西	18	26	－8
四　川	19	21	－2
河　北	20	13	7
新　疆	21	23	－2
广　西	22	22	0
宁　夏	23	25	－2
河　南	24	16	8
贵　州	25	29	－4
青　海	26	28	－2
山　西	27	24	3
吉　林	28	20	8
甘　肃	29	30	－1
黑龙江	30	17	13

注：1. 从2013年起，国家统计局开展了城乡一体化住户收支与生活状况调查，本表数据来源于此调查，与2013年前的分城镇和农村住户调查的调查范围、调查方法、指标口径有所不同。

2. 本表不含西藏。

比较分析各地区城镇居民人均可支配收入与农村居民人均可支配收入的关系，结果显示各地区城乡之间的收入高度相关，近年来的相关系数稳定在0.92以上，在2007年和2008年连续两年各地区城乡收入的相关系数达到0.958，为近年的最高值，2009年基本上与前两年持平，从2010年起呈下降趋势，2015年略有回升，2018年继续回升到0.932（见图4－6）。表明各地区城镇居民人均可支配收入与农村居民人均可支配收入的密切程度较高，地区因素对居民收入的影响较明显。

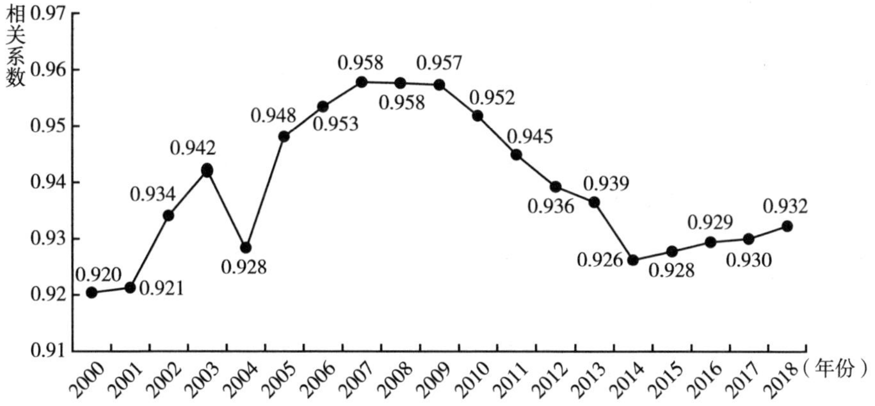

图4－6　2000～2018年地区间城乡居民收入相关系数的变化状况

二　东、中、西部及东北地区四大区域①之间居民收入比较

（一）四大区域间城镇居民收入差距

2018年，东部地区城镇居民人均可支配收入为47411.2元，比上年增加3581.9元，增长8.2%；中部地区城镇居民人均可支配收入为33712.4

① 东部地区包括北京、天津、河北、上海、江苏、浙江、福建、山东、广东、海南，中部地区包括山西、安徽、江西、河南、湖北、湖南，西部地区包括内蒙古、广西、重庆、四川、贵州、云南、西藏、陕西、甘肃、青海、宁夏、新疆，东北地区包括辽宁、吉林、黑龙江。

元，比上年增加2484.8元，增长8.0%；西部地区城镇居民人均可支配收入为33034.1元，比上年增加2383.4元，增长7.8%；东北地区城镇居民人均可支配收入为32235.0元，比上年增加1982.3元，增长6.6%。从绝对差距看，东部地区与中部地区的收入差距为13698.8元，比2017年扩大了1097.0元；东部地区与西部地区的收入差距为14377.1元，比2017年扩大了1198.4元；东部地区与东北地区的收入差距最大，为15176.1元，比2017年扩大了1599.5元。从相对差距看，2018年东部、中部、东北和西部地区城镇居民人均可支配收入比为1.44∶1.02∶0.98∶1（以西部地区为1，下同）。数据表明，2018年东部地区城镇居民收入远高于其他三个区域，中部、西部和东北地区收入水平相仿，中部略高。从增长速度看，东部和中部地区增速均低于2017年，分别为8.2%和8.0%；西部和东北地区增速分别比2017年高0.7个和2.4个百分点。东北地区增速为6.6%，虽比2017年高，但仍是四个地区中增速最慢的地区（见表4-5）。

表4-5　2017～2018年四大区域城镇居民人均可支配收入比较

单位：元，%

地　区	2018年	2017年	增加额	2018年增速
东部地区	47411.17	43829.31	3581.9	8.2
中部地区	33712.40	31227.57	2484.8	8.0
西部地区	33034.12	30650.69	2383.4	7.8
东北地区	32235.03	30252.70	1982.3	6.6

资料来源：《中国统计年鉴2019》，中国统计出版社，2019。

（二）四大区域间农村居民收入差距

2018年东部地区农村居民收入仍然高于其他三个区域。东部地区农村居民人均可支配收入为20738.3元，比2017年增加1643.6元，增长8.6%；中部地区农村居民人均可支配收入为13851.2元，比2017年增加1142.1元，增长9.0%；西部地区农村居民人均可支配收入为11629.7元，比2017年增加984.9元，增长9.3%；东北地区农村居民人均可支配收入为14069.4元，比

2017 年增加 948.7 元，增长 7.2%。从绝对差距看，东部地区与中部地区的收入差距为 6887.2 元，比 2017 年扩大了 501.5 元；东部地区与西部地区的收入差距为 9108.7 元，比 2017 年扩大了 658.6 元；东部地区与东北地区的收入差距为 6668.9 元，比 2017 年扩大了 694.8 元。从相对差距看，2018 年东部、中部、东北和西部地区农村居民人均收入比为 1.78∶1.19∶1.21∶1（以西部地区为 1），与 2017 年的比 1.79∶1.19∶1.23∶1 相比略有缩小，可以看出东部与其他三大地区农村收入差距有所缩小（见表 4－6）。

从增长速度看，2018 年西部地区农村居民收入增速最高，东北地区增速仍然最低。其中，东部地区增速同比有较大回落，比 2017 年低 14.6 个百分点；中部、西部和东北地区增速同比均有所上升。

表 4－6　2017～2018 年四大区域农村居民人均可支配收入比较

单位：元，%

地　区	2018 年	2017 年	增加额	2018 年增速
东部地区	20738.3	19094.8	1643.6	8.6
中部地区	13851.2	12709.1	1142.1	9.0
西部地区	11629.7	10644.7	984.9	9.3
东北地区	14069.4	13120.7	948.7	7.2

资料来源：《中国统计年鉴 2019》，中国统计出版社，2019。

三　按产业结构分组的城乡居民收入①比较

为分析产业结构对地区居民收入的影响，将各地区按经济规模和产业结构的近似性进行分组，测算和比较各组的城乡居民收入及其差距。

（一）按产业结构分组的结果

首先，选取各地区生产总值绝对量和三次产业比重四个指标，其中，地

① 分组的居民收入按各地区居民收入及人口数加权平均测算。

区生产总值及三次产业比重为2000～2018年的平均值。然后，根据地区生产总值和三次产业比重，采用统计聚类分析方法，把全国30个地区按经济规模和产业结构特征划分为五组（分组结果见表4－7）。

第一组：包括北京、上海和天津三个直辖市。这组的特点是，第一产业比重很低，且逐年降低，2018年平均为0.9%；第三产业比重很高，平均为64.4%。

第二组：包括江苏、浙江、山东、广东四个工业大省。这组的特点是，经济总量很大，第一产业比重较低，平均仅为6.2%；第二产业比重较高，平均为48.5%，工业比较发达；第三产业比重平均为45.3%。

第三组：包括山西、辽宁、福建、重庆、宁夏、陕西、青海。这组的特点是，第一产业比重略高于第二组（平均为8.6%），第二产业比重也略高于第二组（平均为49.4%），第三产业比重低于第二组（平均为42.0%）。

第四组：包括河北、内蒙古、吉林、黑龙江、安徽、江西、河南、湖北、湖南、广西、四川、贵州、云南、甘肃、新疆15个地区。这组的特点是，第一产业比重高于前三组（平均为13.3%），第二产业和第三产业比重都低于前三组（平均分别为46.4%和40.4%）。

第五组：只包括海南。海南的经济规模很小，产业结构特殊，海南第一产业比重最高，2000～2018年平均值达到25.4%，第二产业比重仅为25.0%，第三产业为49.6%。

表4－7　2018年各地区按经济规模和产业结构分组的结果

单位：亿元，%

分组	地区	地区生产总值			比重		
		第一产业	第二产业	第三产业	第一产业	第二产业	第三产业
一	北　京	118.4	3092.7	10414.8	0.9	22.7	76.4
	上　海	105.3	6103.3	9958.4	0.7	37.8	61.6
	天　津	140.0	4411.2	4562.1	1.5	48.4	50.1
二	江　苏	2491.2	20164.4	18469.3	6.1	49.0	44.9
	浙　江	1291.1	12800.0	12431.9	4.9	48.3	46.9
	山　东	3220.7	18898.8	15588.5	8.5	50.1	41.3
	广　东	2239.2	20794.1	21326.7	5.0	46.9	48.1

续表

分组	地区	地区生产总值			比重		
		第一产业	第二产业	第三产业	第一产业	第二产业	第三产业
三	山　西	478.4	4141.0	3590.1	5.8	50.4	43.7
	辽　宁	1449.2	7806.3	6835.3	9.0	48.5	42.5
	福　建	1383.0	7594.1	6171.6	9.1	50.1	40.7
	重　庆	730.1	3978.5	3820.1	8.6	46.6	44.8
	宁　夏	145.1	785.8	703.5	8.9	48.1	43.0
	陕　西	956.8	5314.8	3937.4	9.4	52.1	38.6
	青　海	131.0	686.6	528.1	9.7	51.0	39.2
四	河　北	2279.0	9579.7	7215.1	11.9	50.2	37.8
	内蒙古	1030.3	4895.7	3951.2	10.4	49.6	40.0
	吉　林	969.4	3986.4	3211.6	11.9	48.8	39.3
	黑龙江	1494.5	4018.9	4203.4	15.4	41.4	43.3
	安　徽	1628.2	6348.9	4901.3	12.6	49.3	38.1
	江　西	1168.7	4804.3	3635.7	12.2	50.0	37.8
	河　南	2833.8	11550.8	8007.5	12.7	51.6	35.8
	湖　北	2049.6	7786.8	7004.8	12.2	46.2	41.6
	湖　南	2107.7	7105.0	7090.1	12.9	43.6	43.5
	广　西	1640.5	4162.2	3716.8	17.2	43.7	39.0
	四　川	2485.1	7940.1	7260.7	14.1	44.9	41.1
	贵　州	841.8	2220.0	2489.1	15.2	40.0	44.8
	云　南	1260.9	3220.3	3381.9	16.0	41.0	43.0
	甘　肃	562.0	1686.4	1811.7	13.8	41.5	44.6
	新　疆	939.9	2393.5	2370.9	16.5	42.0	41.6
五	海　南	542.5	533.2	1057.2	25.4	25.0	49.6

注：1. 从2013年起，国家统计局开展了城乡一体化住户收支与生活状况调查，本表数据来源于此调查，与2013年前的分城镇和农村住户调查的调查范围、调查方法、指标口径有所不同。

2. 本表不含西藏。

资料来源：《中国统计年鉴2019》，中国统计出版社，2019。

（二）不同产业结构地区的居民收入差距

分组测算的城乡居民收入（如图4－7和图4－8所示）结果显示：2018年，第三产业比重最高的第一组，其城镇居民人均可支配收入为61881.6元，比2017年增加4799.8元；农村居民人均可支配收入为26749.1元，比

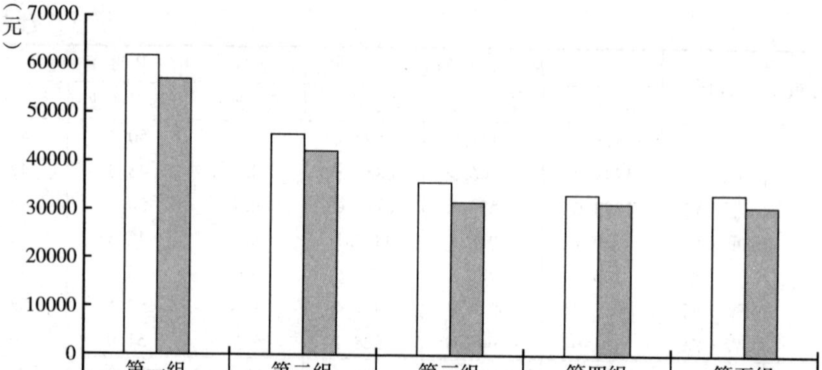

	第一组	第二组	第三组	第四组	第五组
□2018年	61881.6	45646.4	35816.8	33247.5	33348.7
■2017年	57081.8	42215.1	31709.8	31383.3	30817.4

图 4-7　2017～2018 年按产业结构分组的城镇居民人均可支配收入变化

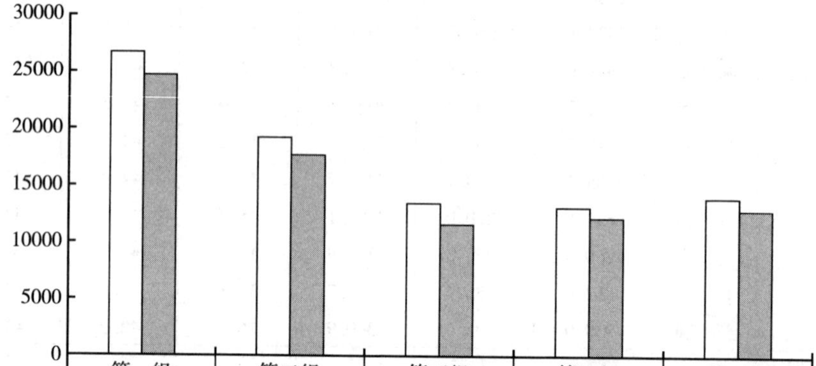

	第一组	第二组	第三组	第四组	第五组
□2018年	26749.1	19235.2	13495.0	13140.0	13988.9
■2017年	24711.4	17711.9	11590.9	12182.7	12901.8

图 4-8　2017～2018 年按产业结构分组的农村居民人均可支配收入变化

2017 年增加 2037.7 元，该组的城乡居民收入均是五组中最高的。经济规模很大，工业较发达的第二组，其城乡居民收入仅次于第一组，该组的城镇居民人均可支配收入为 45646.4 元，比第一组少 16235.2 元；农村居民人均可支配收入为 19235.2 元，比第一组少 7513.9 元。第三组城镇居民收入排在第 3 位，为 35816.8 元，比第二组少 9829.6 元，比第一组少 26064.8 元；

农村居民收入也排在第3位，为13495.0元。第四组城镇居民收入略低于第三组，该组的城镇居民人均可支配收入为33247.5元，仅为第一组的53.7%；农村居民收入为五组中最低，仅为13140.0元，为第一组的49.1%。由于海南产业结构的特殊性，由海南构成的第五组的城乡居民收入也较低，2018年，海南的城镇居民收入为33348.7元，比第四组高101.2元；该省的农村居民人均可支配收入为13988.9元，比第四组高848.9元。

上述结果表明，各组的居民收入与经济规模和产业结构密切相关。第三产业越发达的地区，其经济发展水平越高，城镇居民收入也就越高；经济规模越大的地区，农村居民收入越高，但海南由于经济规模和结构的特殊性，不符合上述规律。

四　各地区城乡居民收入与经济增长同步情况

2018年，国民经济运行保持在合理区间，总体平稳、稳中有进态势持续显现，而各地区居民收入增长和经济发展同步的形势较严峻。

（一）城镇居民人均可支配收入[①]与人均GDP同步增长情况

2018年，有10个地区城镇居民人均可支配收入增长快于或等于人均GDP增长，实现了收入与经济同步增长目标，其余20个地区城镇居民人均可支配收入增长慢于人均GDP的增长，没有实现二者同步增长。计算城镇居民人均可支配收入增长率与人均GDP增长率之比，最高的是天津，人均收入增速为4.6%，人均GDP增速为3.5%，二者之比为1.32；最低的是广西，人均收入增速为3.9%，人均GDP增速为5.8%，二者之比为0.68（见表4-8）。

---

① 分析各地区城乡居民收入与经济增长同步情况，需要将居民收入实际增长率与GDP增长率相比。居民收入实际增长率需将居民收入增长剔除价格因素的影响，计算公式为：居民收入实际增长率 $= \frac{\text{本年居民收入}}{\text{上年居民收入}} \div \text{居民消费价格指数} - 100\%$

表4－8　2018年居民收入与经济增长同步情况

地区	人均GDP不变价增速(%)	全体居民人均收入不变价增速(%)	城镇人均可支配收入不变价增速(%)	农村居民可支配收入不变价增速(%)	全体居民同步率	城镇同步率	农村同步率
北　京	7.2	6.3	6.3	6.6	0.88	0.87	0.92
天　津	3.5	4.6	4.6	3.9	1.32	1.32	1.13
河　北	5.9	6.6	5.4	6.4	1.11	0.92	1.08
山　西	6.1	5.8	4.6	7.0	0.95	0.76	1.15
内蒙古	5.0	6.3	5.5	7.7	1.27	1.10	1.55
辽　宁	5.8	4.1	4.1	4.0	0.71	0.71	0.69
吉　林	5.0	4.5	4.4	4.0	0.90	0.87	0.80
黑龙江	4.8	5.1	4.3	6.9	1.06	0.89	1.43
上　海	6.7	7.1	7.0	7.4	1.06	1.04	1.11
江　苏	6.4	6.3	5.8	6.4	0.99	0.90	0.99
浙　江	5.8	6.6	6.0	6.9	1.13	1.03	1.20
安　徽	6.9	7.5	6.6	7.6	1.09	0.95	1.09
福　建	7.4	7.0	6.4	7.5	0.95	0.87	1.01
江　西	8.0	7.0	6.2	7.0	0.88	0.77	0.87
山　东	5.8	5.8	4.9	5.2	1.00	0.84	0.89
河　南	7.3	6.4	5.4	6.3	0.88	0.74	0.86
湖　北	7.6	6.6	6.0	6.4	0.87	0.79	0.84
湖　南	7.2	7.1	6.0	6.8	0.99	0.83	0.95
广　东	5.2	6.2	5.9	6.5	1.19	1.13	1.24
广　西	5.8	5.5	3.9	7.3	0.95	0.68	1.26
海　南	4.8	6.3	5.6	5.8	1.32	1.16	1.20
重　庆	5.1	7.1	6.2	6.9	1.39	1.23	1.35
四　川	7.5	7.3	6.3	7.2	0.98	0.84	0.96
贵　州	8.4	8.4	6.7	7.6	1.00	0.80	0.91
云　南	8.3	7.7	6.3	7.5	0.93	0.76	0.90
陕　西	7.4	6.9	5.9	7.0	0.94	0.80	0.94
甘　肃	5.6	7.1	5.8	6.9	1.27	1.03	1.23
青　海	6.3	6.6	5.4	7.2	1.04	0.86	1.14
宁　夏	5.8	6.5	5.8	6.6	1.12	1.00	1.13
新　疆	4.2	5.5	4.4	6.3	1.32	1.04	1.50

注：1. 从2013年起，国家统计局开展了城乡一体化住户收支与生活状况调查，本表数据来源于此调查，与2013年前的分城镇和农村住户调查的调查范围、调查方法、指标口径有所不同。

2. 本表不含西藏。

资料来源：《中国统计年鉴2019》，中国统计出版社，2019。

（二）农村居民人均可支配收入增长与人均 GDP 增长的同步情况

从表4－8可以看出，2018年，17个地区农村居民人均可支配收入增长快于人均GDP增长，实现了同步增长，其余13个地区农村居民人均可支配收入增长慢于人均GDP增长，没有实现二者同步增长。计算农村居民人均可支配收入增长率与人均GDP增长率之比，最高的是内蒙古，人均收入增速为7.7%，与人均GDP增速之比为1.55；最低的是辽宁，人均收入增速为4.0%，与人均GDP增速之比只有0.69。

综合考察各地区城乡居民收入增长与GDP增长同步情况，无论是城镇，还是农村，都实现居民收入与GDP同步增长的地区有天津、内蒙古、上海、浙江、广东、海南、重庆、甘肃、宁夏和新疆10个省份；都没有实现居民收入与GDP同步增长的地区有北京、辽宁、吉林、江苏、江西、山东、河南、湖北、湖南、四川、贵州、云南和陕西，共13个省份，比上年多了3个。

五　政策建议

按照党的十九大的要求“我们在继续推动发展的基础上，着力解决好发展不平衡不充分问题，大力提升发展质量和效益，更好满足人民在经济、政治、文化、社会、生态等方面日益增长的需要，更好推动人的全面发展、社会全面进步”，要想破解各地区居民收入不平衡不充分发展问题，实现各地区城乡居民收入高质量发展，应着重做好以下四个方面的工作。

（一）保持经济高质量稳定增长，优化居民收入结构

城乡居民收入的快速增长，需要依靠经济增长的引擎拉动，增加就业渠道，调低国民税负，完善社会保障体系建设是关键。各地方政府应顺势而为，发展壮大特色旅游业，带动交通运输、住宿、餐饮业的发展；以市场需求为导向，拓宽发展社区服务业、快递服务业、家政服务业，在稳定经济增长的

同时，实现更多更好的就业，促进居民收入快速增长。实施中小企业结构性减税政策，让企业腾挪空间给员工加薪，进而从源头上提高居民收入水平。

（二）探索农村城镇化的发展模式，拓宽农民增收渠道

各地区要大力加快乡村振兴发展进程，加速推进农业农村现代化，以农业龙头企业为牵引，以农民合作社为平台，积极推行土地流转，以土地入股推进现代农业开发。加快转变农业生产方式，切实提高农业供给质量和竞争力，推进农业与乡村旅游、电子商务等多种业态深度融合。打造独具特色小镇承载产业与人口，逐步转变农民生产、生活方式，实现农民就地就近城镇化。

（三）多措并举，着眼于就业向高质量发展

一是积极创造就业岗位，加大招商引资、产业发展、基础设施和社会民生保障力度，提高服务水平。二是要强化文化教育培训和就业技能培训双轨并行，鼓励更多企业与职业院校进行联合培训教育，企业职工到大专院校进行学习深造、院校学生到企业进行工作体验，建立一个良性工学循环，为就业质量向高精尖发展提供有力的保障。三是在继续努力扩大就业的同时，想方设法提升务工者的工作技能，为建筑工、家政工等就业群体专门开设技能提高培训班，发挥高质量就业对经济向高质量发展的支撑作用，提高工资性收入对可支配收入增长的贡献率。

（四）加大多方扶持保障，完善服务体系

各地区政府应继续加大对实体经济支持服务的力度，积极鼓励实施创业富民政策，加大政策倾斜，提高优惠、补贴力度，鼓励本地企业做大做强，为“大众创业、万众创新”营造良好环境，把创业带动就业作为促进居民增收的关键举措。注重人才培养，以满足企业人才需求为目的聚集人才、发现人才、培养人才、选拔人才。加大企业融资帮助，优化金融服务体系。

（国家统计局国民经济核算司　马佳）

第五章
2018年就业人员工资水平分析

2018 年，我国经济保持平稳运行，改革和政策红利充分释放，全国城镇单位就业人员平均工资继续稳步增长，工资增幅略有提高。本章对 2018 年我国城镇单位就业人员工资水平基本情况、工资差距变化情况及主要影响因素进行深入分析，并提出相关政策建议。

一 就业人员工资水平基本情况

2018 年，全国城镇非私营单位全部就业人员平均工资为 82413 元，与 2017 年的 74318 元相比，增加 8095 元，同比名义增长 10.9%，增幅比上年扩大 0.9 个百分点。扣除物价因素，城镇非私营单位平均工资实际增长 8.6%，与 2017 年的 8.2% 相比，增加了 0.4 个百分点。

2018 年全国城镇私营单位就业人员平均工资为 49575 元，与 2017 年的 45761 元相比，增加 3814 元，同比名义增长 8.3%，增速比上年提高 1.5 个百分点。扣除物价因素，城镇私营单位平均工资实际增长 6.1%，较上年的 5.1% 提高了 1 个百分点。

图 5－1 显示了城镇非私营单位就业人员工资水平变化与经济发展的关系。可以看出，过去十年间，城镇非私营单位就业人员实际工资水平变化与 GDP 增长轨迹较为相似，表明经济增长是平均工资增长的重要基础。2013 年、2014 年非私营单位就业人员实际工资增长速度低于经济增长率，2015 年受政策调资的影响，实际工资增长率高于 GDP 增长率，2016 年政策性增资力度减弱，实际工资增长率与经济增长率基本持平。2017 年以来，激发

重点群体活力和支持人才创新等收入分配政策落地见效，拉动了就业人员工资水平，近两年实际工资增长率超过 GDP 增长率，且二者差距逐渐扩大。

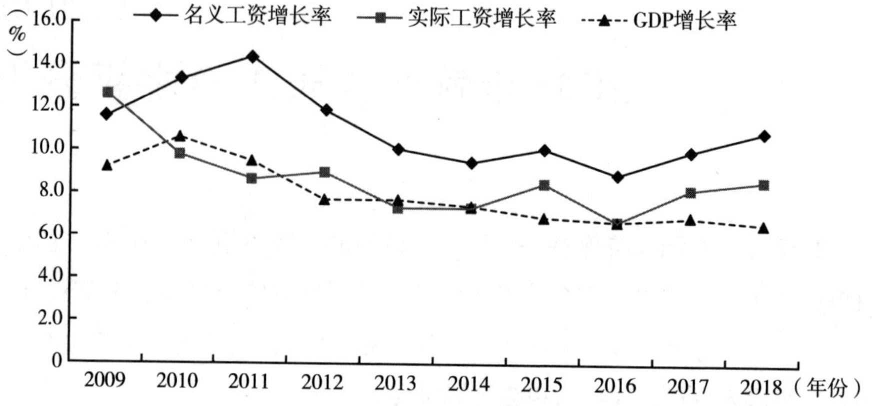

图 5－1　2009～2018 年城镇非私营单位平均工资与经济增长变化情况

二　分行业、分地区、分登记注册类型工资状况分析

（一）信息传输软件和信息技术服务业平均工资继续排名行业门类首位，行业间工资差距扩大

1. 城镇非私营单位平均工资变化体现了经济结构变化特点

2018 年，以城镇非私营单位为例，工资增长呈现三大变化。一是随着供给侧结构性改革的深化，“破、立、降”力度加大，“三去一降一补”取得明显成果，经济结构不断优化，产业结构转型升级，企业兼并重组与产业整合有机结合，优胜劣汰稳步推进，相关行业工资加快增长。采矿业由上年增长 14.8% 提高到 17.2%，增幅扩大 2.4 个百分点，黑色金属冶炼和压延加工业由上年增长 15.7% 提高到 18.5%，增幅扩大了 2.8 个百分点。

二是信息技术产业蓬勃发展，相关行业工资增幅多处于较高水平。随着国家对信息技术等重点领域的重视程度加大，配套支持政策不断完善，信息技术产业持续发展。2018 年，信息传输、软件和信息技术服务业平均工资得以快速增长，平均工资为 147678 元，连续三年居各行业门类首位，比上年增长 10.9%，增速提高 2.2 个百分点。

三是以体现知识价值为导向的分配政策得到落实，带动相关行业工资水平的较快增长。由于科技领域的"放管服"改革持续深化，科技支撑能力持续提升，企业技术创新主体地位更加落实，人才激励政策和机制进一步完善，2018 年，城镇非私营单位科学研究和技术服务业平均工资增长 14.4%，增速比上年提高 2.8 个百分点，高于全国平均工资增幅 3.5 个百分点。该行业下的所有行业大类工资增幅都高于全国平均增幅，科技推广和应用服务业、研究和试验发展及专业技术服务业平均工资分别增长 15.9%、15.7% 和 13.2%，比上年分别提高 2.3 个、3.9 个和 2.2 个百分点。

2. 分行业门类平均工资位次变化不大

表 5－1 列示了按行业门类分组的城镇非私营单位就业人员平均工资状况，可以看出，行业间的绝对差距进一步扩大。平均工资最高的信息传输、软件和信息技术服务业（147678 元）与平均工资最低的农林牧渔业（36466 元）相差 111212 元，相比 2017 年的 96646 元，增加 14566 元。二者高低收入倍数为 4.05 倍，比 2017 年的 3.65 倍有所增加。按行业门类计算的工资水平变异系数（即单位平均数对应的标准差）为 0.24，比 2017 年减少 0.01。

表 5－1　2017～2018 年分行业门类城镇非私营单位平均工资

行业名称	2018 年			2017 年			2018 年增长率（%）	2017 年增长率（%）
	平均工资（元）	与全行业平均工资的比率（%）	排名	平均工资（元）	与全行业平均工资的比率（%）	排名		
信息传输、软件和信息技术服务业	147678	1.79	1	133150	1.79	1	10.9	8.7
金融业	129837	1.58	2	122851	1.65	2	5.7	4.6
科学研究和技术服务业	123343	1.50	3	107815	1.45	3	14.4	11.6
电力、热力、燃气及水生产和供应业	100162	1.22	4	90348	1.22	4	10.9	7.7

续表

行业名称	2018 年			2017 年			2018 年增长率（%）	2017 年增长率（%）
	平均工资（元）	与全行业平均工资的比率（%）	排名	平均工资（元）	与全行业平均工资的比率（%）	排名		
文化、体育和娱乐业	98621	1.20	5	87803	1.18	6	12.3	9.9
卫生和社会工作	98118	1.19	6	89648	1.21	5	9.4	12.0
教育	92383	1.12	7	83412	1.12	7	10.8	12.0
交通运输、仓储和邮政业	88508	1.07	8	80225	1.08	10	10.3	8.9
公共管理、社会保障和社会组织	87932	1.07	9	80372	1.08	9	9.4	13.3
租赁和商务服务业	85147	1.03	10	81393	1.10	8	4.6	6.0
采矿业	81429	0.99	11	69500	0.94	12	17.2	14.8
批发和零售业	80551	0.98	12	71201	0.96	11	13.1	9.4
房地产业	75281	0.91	13	69277	0.93	13	8.7	5.8
制造业	72088	0.87	14	64452	0.87	14	11.8	8.4
建筑业	60501	0.73	15	55568	0.75	15	8.9	6.7
水利、环境和公共设施管理业	56670	0.69	16	52229	0.70	16	8.5	9.4
居民服务、修理和其他服务业	55343	0.67	17	50552	0.68	17	9.5	6.3
住宿和餐饮业	48260	0.59	18	45751	0.62	18	5.5	5.5
农、林、牧、渔业	36466	0.44	19	36504	0.49	19	-0.1	8.6
全行业平均工资	82413	—	—	74318	—	—	10.9	10.0

与 2017 年相比，2018 年行业门类排名情况变动不大，信息传输、软件和信息技术服务业仍排名第一，农、林、牧、渔业仍处于最后一位，文化、体育和娱乐业等 3 个行业排名提高，卫生和社会工作等 3 个行业排名降低，其他行业与上年位次相同。

3. 分行业大类平均工资差距扩大

表 5－2 和表 5－3 分别列示了平均工资最高和最低的十个行业大类。2018 年，其他金融业平均工资达到 335835 元（见表 5－2），排名位居第 1，与处于最后一位的农业（29775 元）（见表 5－3）相比，极差达到 306060

元，高低倍数达到 11.3 倍。与 2017 年（极差 240361 元、高低倍数 8.42 倍）相比，绝对差距和相对差距都在扩大。

表 5－2 显示了平均工资行业大类排名前十位的情况。与 2017 年相比，2018 年行业类别不变，排名顺序略有变化。其他金融业超过资本市场服务，平均工资在行业大类中位居第 1，资本市场服务位居第 2，互联网和相关服务、烟草制品业、软件和信息技术服务业、货币金融服务、航空运输业、研究和试验发展排名与上年一致，仍居 3～8 位，体育超过管道运输业排名上升 1 位，位列第 9，管道运输业排名第 10。对这十个行业进行整体观察，其中属于竞争不充分行业的有其他金融业、资本市场服务业、烟草制品业、货币金融服务、航空运输业、管道运输业，其余行业即互联网和相关服务、软件和信息技术服务业、研究和试验发展、体育，都对就业人员的受教育水平和专业水平有较高要求。由此可以看出，竞争越不充分、就业人员受教育水平和专业水平越高，该行业就业人员平均工资水平越高。

表 5－2　2017～2018 年城镇非私营单位平均工资最高的十个行业大类

排名	2018 年			2017 年		
	行业	平均工资（元）	与全行业平均工资比率	行业	平均工资（元）	与全行业平均工资比率
1	其他金融业	335835	4.52	资本市场服务	272750	3.67
2	资本市场服务	275679	3.71	其他金融业	190607	2.56
3	互联网和相关服务	184158	2.48	互联网和相关服务	178492	2.40
4	烟草制品业	183722	2.47	烟草制品业	155392	2.09
5	软件和信息技术服务业	167878	2.26	软件和信息技术服务业	155019	2.09
6	货币金融服务	165948	2.23	货币金融服务	151736	2.04
7	航空运输业	149657	2.01	航空运输业	145643	1.96
8	研究和试验发展	145589	1.96	研究和试验发展	125886	1.69
9	体育	136377	1.84	管道运输业	110339	1.48
10	管道运输业	133399	1.79	体育	106981	1.44

表 5－3 中列示了平均工资排名在最后十位的大类行业。与 2017 年相比，排名后十位的行业有所变化，渔业和农、林、牧、渔专业及辅助性活动

排名分列第8和第9，其他服务业和住宿业退出后十位。工资最低的是农业、畜牧业、林业、餐饮业，排位与上年相同；木材加工和木、竹、藤、棕、草制品业以及公共设施管理业工资水平排名有所提高，其余行业工资水平排名不变。从整体上看，排名后十位行业的共同特征是都属于劳动密集型行业，市场竞争非常充分，对从业人员专业水平要求也比较低，进一步说明了竞争越充分、就业人员受教育水平和专业水平越低，该行业就业人员平均工资水平越低。

表5－3　2017～2018年城镇非私营单位平均工资最低的十个行业大类

	2018年			2017年		
排名	行业	平均工资（元）	与全行业平均工资比率	行业	平均工资（元）	与全行业平均工资比率
1	农业	29775	0.40	农业	32389	0.44
2	畜牧业	34178	0.46	畜牧业	35266	0.47
3	林业	41918	0.56	林业	38544	0.52
4	餐饮业	43293	0.58	餐饮业	42528	0.57
5	木材加工和木、竹、藤、棕、草制品业	49655	0.67	其他服务业	43741	0.59
6	公共设施管理业	50548	0.68	木材加工和木、竹、藤、棕、草制品业	45305	0.61
7	皮革、毛皮、羽毛及其制品和制鞋业	51576	0.69	皮革、毛皮、羽毛及其制品和制鞋业	46222	0.62
8	渔业	52345	0.70	公共设施管理业	47669	0.64
9	农、林、牧、渔专业及辅助性活动	53261	0.72	住宿业	48932	0.66
10	农副食品加工业	53429	0.72	农副食品加工业	48970	0.66

（二）地区间工资绝对差距扩大，相对差距缩小

1. 中部地区平均工资增长速度最快

分四大区域看，2018年城镇非私营单位就业人员年平均工资由高到低依次是东部、西部、中部和东北地区，与上年位次相同，平均工资分别为

93178 元、75755 元、68969 元和 65411 元，比上年分别增加 8369 元、7432 元、7776 元和 5897 元，东部地区平均工资明显高于其他地区。同比名义增长率由高到低依次为中部（12.71%）、西部（10.88%）、东北（9.91%）、东部（9.87%），其中，仅中部地区平均工资增幅高于全国平均水平，其余区域均低于全国平均水平，东部地区增长率最低，增速低于全国平均水平 1.02 个百分点（见表 5－4）。

表 5－4　2017～2018 年分区域非私营单位平均工资

地　区	2017 年(元)	2018 年(元)	增长率(%)
东部地区	84809	93178	9.87
中部地区	61193	68969	12.71
西部地区	68323	75755	10.88
东北地区	59514	65411	9.91
地区间比率			
东部/中部	1.39	1.35	
东部/西部	1.24	1.23	
东部/东北	1.43	1.42	
合　计	74318	82413	10.89

2. 北京、上海、西藏平均工资排名全国前三位

如图 5－2 所示，2018 年，按工资水平对各个地区排序后可以看出，地区间平均工资绝对差异在扩大。7 个地区处于 6 万～7 万元范围内，16 个地区位于 7 万～8 万元范围内，4 个地区处于 8 万～10 万元范围内，4 个地区处于 10 万元以上范围内。

其中，西藏由于 2016 年的工资改革政策力度大，机关事业单位人员的工资大幅度上涨，截至 2018 年，平均工资水平依旧保持在第 3 位，北京、上海位次不变，仍位居工资排名前 2 位，但整体来看，这两个直辖市已经偏离相邻的组，以高于 140000 元的水平远离其他地区，这种分布状态反映了当前工资水平地区差异较大的状况。

2018 年多数地区工资水平增长速度与上年相比有所加快。从表 5－5 数

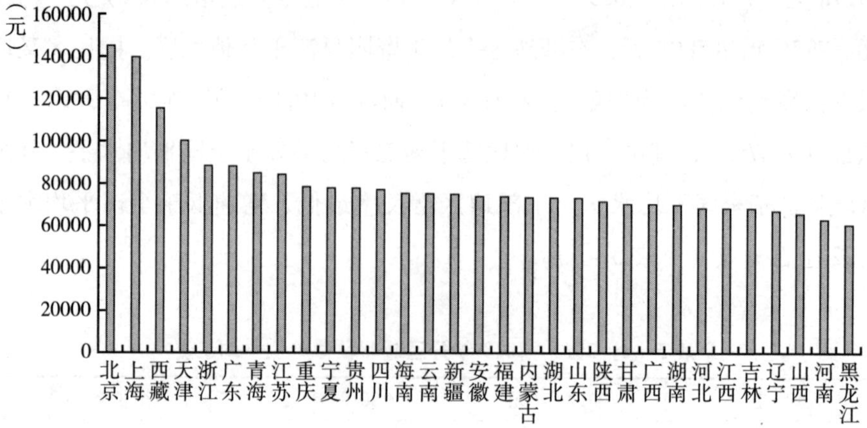

图 5－2　2018 年各地区平均工资排列情况

据可知，8 个地区平均工资排名上升，9 个地区排名下降。平均工资增长速度最高的是安徽，为 14.16%，排名上升 5 位，最低的是天津，增长 6.56%。其中，高于全国平均增长速度的有 13 个地区，增长速度均在 11%以上。低于全国平均增长速度的有 18 个地区，增长速度均在 11%以下。

表 5－5　2017～2018 年城镇非私营单位平均工资地区排序

地区	2018 年平均工资(元)	2017 年平均工资(元)	2018 年较 2017 年增加额(元)	2018 年较 2017 年增长速度(%)	2017 年位次	2018 年位次	位次变化
北京	145766	131700	14066	10.68	1	1	不变
上海	140400	129795	10605	8.17	2	2	不变
西藏	116015	108817	7198	6.61	3	3	不变
天津	100731	94534	6197	6.56	4	4	不变
浙江	88883	80750	8133	10.07	5	5	不变
广东	88636	79183	9453	11.94	6	6	不变
青海	85379	75701	9678	12.78	8	7	升 1
江苏	84688	78267	6421	8.20	7	8	降 1
重庆	78928	70889	8039	11.34	10	9	升 1
宁夏	78384	70298	8086	11.50	11	10	升 1
贵州	78316	71795	6521	9.08	9	11	降 2
四川	77686	69419	8267	11.91	12	12	不变

续表

地区	2018 年平均工资(元)	2017 年平均工资(元)	2018 年较 2017 年增加额(元)	2018 年较 2017 年增长速度(%)	2017 年位次	2018 年位次	位次变化
海南	75885	67727	8158	12.05	16	13	升 3
云南	75701	69106	6595	9.54	13	14	降 1
新疆	75457	67932	7525	11.08	15	15	不变
安徽	74378	65150	9228	14.16	21	16	升 5
福建	74316	67420	6896	10.23	17	17	不变
内蒙古	73835	66679	7156	10.73	18	18	不变
湖北	73777	65912	7865	11.93	19	19	不变
山东	73593	68081	5512	8.10	14	20	降 6
陕西	71983	65181	6802	10.44	20	21	降 1
甘肃	70695	63374	7321	11.55	24	22	升 2
广西	70606	63821	6785	10.63	22	23	降 1
湖南	70221	63690	6531	10.25	23	24	降 1
河北	68717	63036	5681	9.01	25	25	不变
江西	68573	61429	7144	11.63	27	26	升 1
吉林	68533	61451	7082	11.52	26	27	降 1
辽宁	67324	61153	6171	10.09	28	28	不变
山西	65917	60061	5856	9.75	29	29	不变
河南	63174	55495	7679	13.84	31	30	升 1
黑龙江	60780	56067	4713	8.41	30	31	降 1

3. 分省平均工资相对差距缩小

2018 年，北京市、上海市、西藏自治区平均工资排名依然保持前 3 位。平均工资最高的北京市（145766 元）与最低的黑龙江省（60780 元）相比，极差达到 84986 元，高低倍数达到 2.40 倍，各地区的总体变异系数为 0.254。与 2017 年（极差 76205 元，高低倍数 2.37 倍，各地区总体变异系数 0.256）相比，绝对差距在扩大，相对差距在缩小。图 5－3 显示的是 2009～2018 年地区平均工资的变异系数，总体呈下降趋势，说明地区之间的平均工资的相对差异在逐渐减小；近几年，变异系数波动较小且逐渐下降，说明近几年平均工资的相对差异渐趋稳定且逐渐缩小。

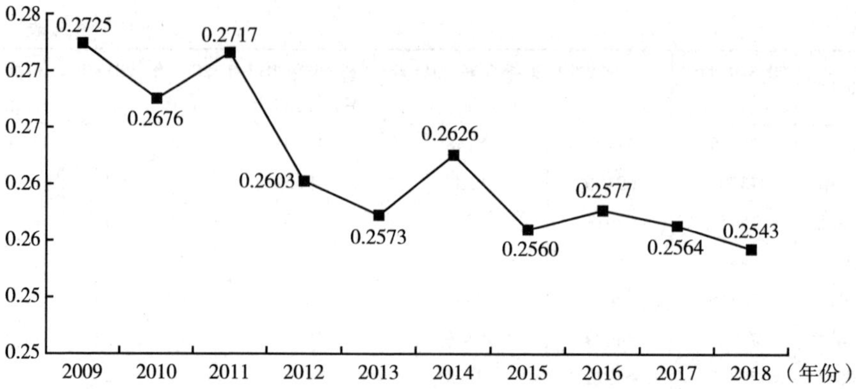

图 5－3　2009～2018 年分地区平均工资变异系数

（三）联营单位和有限责任公司平均工资增速较快，各登记注册类型单位间工资差异小于行业和地区差异

1. 联营单位平均工资增长最快，增速达17.3%

按登记注册类型划分的各单位平均工资情况如表 5－6 所示。可以看到，年平均工资最高的三种单位类型分别是外商投资企业（99367 元）、股份有限公司（93316 元）、国有单位（89474 元），分别为全国平均水平的 1.21 倍、1.13 倍和 1.09 倍。年平均工资最低的是集体单位（60664 元），为全国平均水平的 74%。

表 5－6　2017～2018 年分登记注册类型城镇单位平均工资

登记注册类型	单位从业人员平均工资(元)		名义增长率(%)	水平比较(以国有单位为基准)	
	2017 年	2018 年		2017 年	2018 年
国有	81114	89474	10.31	100.00	100.00
集体	55243	60664	9.81	68.11	67.80
股份合作	71871	77751	8.18	88.60	86.90
联营	61467	72107	17.31	75.78	80.59
有限责任公司	63895	72114	12.86	78.77	80.60
股份有限公司	85028	93316	9.75	104.83	104.29
港澳台商投资	73016	82027	12.34	90.02	91.68
外商投资	90064	99367	10.33	111.03	111.06
合　计	74318	82413	10.89	—	—

2018 年，各登记注册类型单位平均工资较 2017 年都有增长，但增长速度有较大差别。除联营单位、有限责任公司和港澳台商投资企业以外，其余类型单位的平均工资增速均低于全国平均水平。其中，联营单位增速最高，同比增长 17.3%。股份合作单位增速最低，同比增长 8.2%。外商投资企业仍是工资水平最高的类型（99367 元），集体单位仍是工资水平最低的类型（60664 元），与其他类型单位之间的差距略有扩大，两者相比，前者是后者的 1.64 倍，比上年微增 0.1。

2. 分登记注册类型单位平均工资差异呈缩小趋势

各登记注册类型单位之间的工资水平差异不像行业和地区间那样大。2018 年，不同登记注册类型单位高低工资倍数只有 1.64 倍，远低于行业、地区间的倍数。如果考虑不同登记注册类型单位就业分布状况，剔除就业人数占比很小的集体单位、股份合作单位、联营单位，其余类型之间的差异会进一步缩小。

图 5－4 显示了不同登记注册类型单位近十年数据的变化情况，从中可以看到，外商投资企业与股份有限公司工资水平近几年呈相对下降趋势，与国有单位间的差距逐渐缩小，但仍都高于国有单位。联营单位工资水平持续

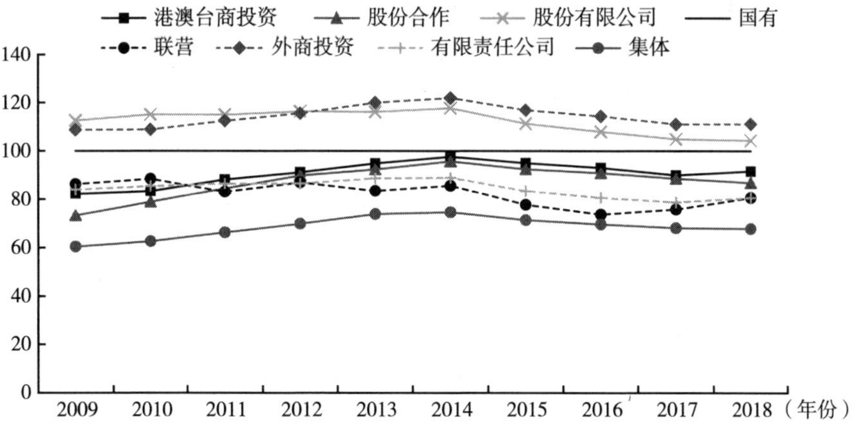

图 5－4　2009～2018 年各登记注册类型城镇单位平均工资相对变化趋势

注：以国有单位为 100。

提高，与其他登记注册类型单位的平均工资差异进一步缩小，集体单位平均工资与国有单位平均工资差距有所增加。

（四）不同单位类型工资差异较小，机关事业单位工资高于企业

按照经济活动性质可以将单位划分为企业、事业、机关、民间非营利组织和其他五类。由于民间非营利组织和其他单位的从业人员人数较少，所以重点分析企业、事业和机关单位的工资状况。

从表5－7中可以看出，企业、事业、机关单位的平均工资水平一直处于上升阶段，总体相差不大，基本在全行业平均工资边缘徘徊。从单位间比例来看，机关和事业单位的平均工资要高于企业的平均工资，2012年以来，事业单位的平均工资高于机关单位的平均工资，近两年基本持平。2018年，机关、事业单位对企业的比例与上年基本持平。

表5－7　2009～2018年全国企业、事业、机关单位平均工资及单位间平均工资比例

单位：元

年份	平均工资			机关、企业、事业单位间比率		
	企业	事业	机关	机关/企业	机关/事业	事业/企业
2009	31302	33352	36468	1.17	1.09	1.07
2010	35837	37521	39440	1.10	1.05	1.05
2011	41545	42265	43137	1.04	1.02	1.02
2012	46637	47238	47146	1.01	0.99	1.01
2013	51533	51916	50409	0.98	0.97	1.01
2014	56557	56546	54291	0.96	0.96	1.00
2015	60993	65814	63691	1.04	0.97	1.08
2016	65515	73881	72716	1.11	0.98	1.13
2017	71305	82740	82393	1.16	1.00	1.16
2018	79144	91542	90791	1.15	0.99	1.16

（五）城镇非私营单位与城镇私营单位平均工资绝对差距和相对差距都在扩大

1. 城镇非私营单位与私营单位平均工资水平差距扩大

表5－8显示了城镇私营单位与非私营单位各年平均工资及其名义增速。可以看到，2018年私营单位就业人员工资水平与非私营单位差距进一步扩大，二者绝对差距达到32838元，较上年的28557元扩大了4281元。2018年城镇私营单位平均工资相当于城镇非私营单位平均工资的60.2%。与此同时，受到工资政策的影响，近几年私营单位平均工资增长速度略低于非私营单位，二者的相对差距有所拉大。2018年非私营单位平均工资与私营单位平均工资之比由上一年的1.62倍扩大到1.66倍。

表5－8　2009～2018年城镇私营单位与非私营单位平均工资对比

年份	非私营单位		私营单位		非私营单位/私营单位
	平均工资(元)	名义增速(%)	平均工资(元)	名义增速(%)	
2009	32244	11.6	18199	6.6	1.77
2010	36539	13.3	20759	14.1	1.76
2011	41799	14.4	24556	18.3	1.70
2012	46769	11.9	28752	17.1	1.63
2013	51483	10.1	32706	13.8	1.57
2014	56360	9.5	36390	11.3	1.55
2015	62029	10.1	39589	8.8	1.57
2016	67569	8.9	42833	8.2	1.58
2017	74318	10.0	45761	6.8	1.62
2018	82413	10.9	49575	8.3	1.66

2. 私营单位就业人员平均工资低于非私营单位

进一步分析这两类单位在不同行业间的平均工资差异情况，因私营单位中不包含公共管理、社会保障和社会组织，排除该行业后，如图5－5所示，2018年其余18个行业门类中，私营单位就业人员平均工资普遍低于非私营单位。差距较小的是农、林、牧、渔业，建筑业，住宿餐饮业，水利、环境和公共设施管理业以及居民服务、修理和其他服务业等，这些基本都属于传统劳动密集型行业；差距较大的则是电力、热力、燃气及水生产和供应业，文化、体育和娱乐业，金融业，信息传输软件和信息技术服务业，这些行业具有较高垄断性或属于对专业技术水平要求较高的行业。需要注意的是，私营单位工资水平在行业间的差距远远小于非私营单位，由此可以看出，当前城镇就业人员行业间工资水平差异主要来自非私营单位，仅仅以非私营单位为对象进行行业分析，可能夸大了行业间的工资差距。

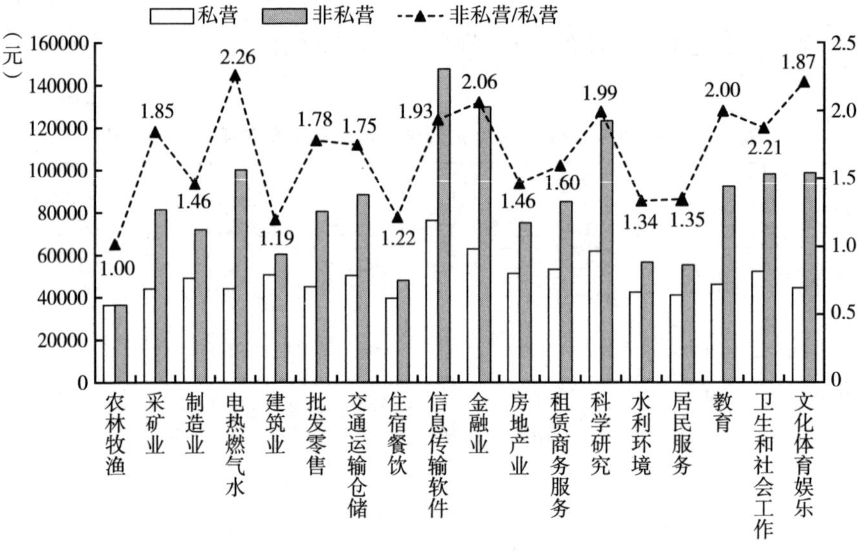

图 5－5　2018 年分行业城镇私营单位和非私营单位平均工资对比

3. 非私营单位和私营单位区域间平均工资差距扩大

分区域来看，一方面，无论在哪个区域，私营单位与非私营单位之间的工资水平差距都比较显著；如果从近三年动态观察，由于私营单位工资水平增长速度低于非私营单位，二者之间的差距有所扩大，2018 年的相对差距要大于 2017 年（见表 5－9）。

表5－9　2017～2018年分地区城镇私营单位和非私营单位平均工资对比

地区	私营单位平均工资			非私营单位平均工资			非私营单位/私营单位	
	2017年（元）	2018年（元）	名义增长率（%）	2017年（元）	2018年（元）	名义增长率（%）	2017年	2018年
东部	50592	55230	9.2	84809	93178	9.9	1.68	1.69
中部	37723	41047	8.8	61193	68969	12.7	1.62	1.68
西部	41242	43842	6.3	68323	75755	10.9	1.66	1.73
东北	34694	37071	6.9	59514	65411	9.9	1.72	1.76
合计	45761	49575	8.3	74318	82413	10.9	1.62	1.66

（六）不同岗位之间工资差异显著，行业和地区特征尤为明显

1. 分岗位平均工资位次不变

下面主要就各单位就业人员岗位分组的工资水平及其差异状况进行分析，分析范围仅限于目前统计中的“四上单位”，即规模以上工业、有资质的建筑业，限额以上批发和零售业、限额以上住宿和餐饮业，有开发经营活动的全部房地产开发经营业，规模以上服务业法人单位。

表5－10列示了2018年“四上单位”不同岗位平均工资水平及其对应的就业人员分布情况。第一，岗位平均工资水平从高到低依次为：中层及以上管理人员（145109元）、专业技术人员（96703元）、办事人员、有关人员（63755元）、生产制造及有关人员（55148元）、社会生产服务和生活服务人员（54372元）。第二，此排序与各个岗位就业人员数量的分布正好相反：工资水平最高的中层及以上管理人员占全部就业人员的比重只有6.89%，而工资水平最低两组的就业者占比则接近2/3。第三，中层及以上管理人员工资水平比其他各类岗位明显高出一个“台阶”，生产制造及有关人员、社会生产服务和生活服务人员的工资水平仅达到其1/3左右，专业技术人员的工资水平也只达到其67%。

表 5－10　2018 年各类岗位平均工资及人员分布情况

岗位	平均工资(元)	岗位平均工资比	单位从业人员平均人数占比(%)
中层及以上管理人员	145109	1.00	6.89
专业技术人员	96703	0.67	13.90
办事人员和有关人员	63755	0.44	15.07
社会生产服务和生活服务人员	54372	0.37	12.17
生产制造及有关人员	55148	0.38	51.98
合计/平均	83017	—	100

2. 岗位平均工资越高，该岗位内部行业间工资差距越大

表 5－11 列示了“四上单位”分行业门类分岗位平均工资数据。通过这些数据，不仅可以分析每一行业内部不同岗位人员之间的工资水平差异，还可以分析每个岗位工资水平在各个行业之间的差异。分析表明，不同岗位在各行业间的平均工资具有如下特征。

表 5－11　2018 年“四上单位”分行业各类岗位平均工资情况

单位：元

行　业	就业人员	中层及以上管理人员	专业技术人员	办事人员和有关人员	社会生产服务和生活服务人员	生产制造及有关人员
采矿业	76556	147377	97228	82671	53978	69789
制造业	64643	135643	93779	67192	65202	53927
电力、热力、燃气及水生产和供应业	100404	178098	119791	76634	73594	91663
建筑业	56743	105936	68760	48389	47197	51901
批发和零售业	71595	146750	93076	66207	51991	51188
交通运输、仓储和邮政业	81853	156714	123794	69360	74982	71319
住宿和餐饮业	45305	91708	56237	42955	38847	40014
信息传输、软件和信息技术服务业	141962	297189	167915	99850	86603	72231
房地产业	70428	151098	90881	59814	45206	47110
租赁和商务服务业	76196	236783	130274	70002	51147	52389
科学研究和技术服务业	122040	237704	131522	80704	65229	66378
水利、环境和公共设施管理业	52198	125610	86656	52653	37758	48183
居民服务、修理和其他服务业	46727	102699	64274	51411	38693	43306
教育	76207	142513	79955	65099	63724	48270
卫生和社会工作	76454	126480	79572	53631	49218	51632
文化、体育和娱乐业	92624	169071	140727	78284	47225	53439
合　计	68321	145109	96703	63755	54372	55148

注：不包括农、林、牧、渔业，金融业及公共管理、社会保障和社会组织三个行业门类。

第一，不同岗位平均工资的行业差异具有工资越高、差距越大的特点。比如中层及以上管理人员在行业间的平均工资从91708元到297189元，相差超过3倍；而社会生产服务和生活服务人员平均工资从37758元到86603元，工资倍数仅为2.3倍。表5－12列示了2018年基于行业数据计算的差异程度及离散程度指标，可以看出，无论按极差、变异系数还是高低倍数衡量，都显示出统一的结果：中层及以上管理人员平均工资行业差距最大，专业技术人员次之。可以判断，岗位工资的行业差异一定程度上可能与人力资本积累、岗位竞争程度、可替代性大小有关。

表5－12　2018年行业门类间各岗位平均工资统计特征描述

	中层及以上管理人员	专业技术人员	办事人员和有关人员	社会生产服务和生活服务人员	生产制造及有关人员
平均值(元)	159460.81	101527.56	66553.50	55662.13	57046.19
标准差(元)	53420.45	30045.72	14474.27	13967.22	13109.65
变异系数	0.34	0.30	0.22	0.25	0.23
按就业人员数加权的变异系数	0.28	0.32	0.22	0.27	0.15
极差(元)	205481	111678	56895	48845	51649
高低倍数	3.24	2.99	2.32	2.29	2.29

注：不包括农、林、牧、渔业，金融业及公共管理、社会保障和社会组织三个行业门类。

第二，每一行业内部也基本呈现出行业平均工资水平越高，各类岗位之间的工资差异越大的特点。信息传输、软件和信息技术服务业，科学研究和技术服务业以及租赁和商务服务业属于平均工资较高的行业，这三个行业中层及以上管理人员平均工资分别为297189元、237704元和236783元，在所有行业中排名前三，而三个行业内部岗位工资的差距分别达到4.11倍、3.64倍和4.63倍。

3. 东部地区岗位间平均工资差距最大，东北地区差距最小

分四大区域看，东部地区岗位间平均工资差距最大，岗位平均工资最高与最低之比为2.95，比上年上升0.05；东北地区岗位工资差距最小，最高与最低之比为2.21，比上年下降0.39（见表5－13）。

表 5－13　2018 年分地区分岗位就业人员年平均工资

单位：元

地区	就业人员	中层及以上管理人员	专业技术人员	办事人员和有关人员	社会生产服务和生活服务人员	生产制造及有关人员
东部	74662	168479	109651	71556	59517	57202
中部	56605	104652	72660	50708	44959	50466
西部	62227	121718	84099	55169	48269	54241
东北	61801	116748	73683	57039	52813	54024
合计	68321	145109	96703	63755	54372	55148

各地区不同岗位间工资差距情况与行业特点相类似。表 5－14 是“四上单位”分地区的各类岗位平均工资数据，表 5－15 反映了各类岗位地区间的差异。与行业分析的结果相类似，各类岗位的地区差异程度有所不同，各项指标都显示出，中层及以上管理人员工资的地区差异远大于其他岗位，专业技术人员次之，其排列顺序与岗位工资水平排列顺序完全一致。可以看出：第一，岗位工资的地区差异水平与岗位工资的高低有关。第二，不同地区岗位间工资差异程度有所不同，北京、上海两地不同岗位间平均工资极差分别达到 245507 元和 257494 元，远远超过其他地区，天津、广东、海南、西藏等省（区、市）次之，不同岗位间平均工资极差也超过了 10 万元。总体来说，各个省份的岗位间工资差异程度与地区总体工资水平具有一定关联，但更与中层及以上管理人员岗位工资的巨大差异有关。

表 5－14　2018 年“四上单位”分地区各类岗位平均工资情况

单位：元

地　区	从业人员平均工资	按职业类型分				
		中层及以上管理人员	专业技术人员	办事人员和有关人员	社会生产服务和生活服务人员	生产制造及有关人员
北　京	126476	319343	175614	100722	73836	82620
天　津	80130	193903	109167	74897	49847	63997
河　北	56319	104829	74082	52709	43258	49507
山　西	58768	106783	66699	46621	40428	57982
内蒙古	66532	128272	80660	56220	46880	63998
辽　宁	62629	126388	73481	54949	54436	54010

续表

地　区	从业人员平均工资	按职业类型分				
		中层及以上管理人员	专业技术人员	办事人员和有关人员	社会生产服务和生活服务人员	生产制造及有关人员
吉　林	59461	109560	77260	50412	39057	54394
黑龙江	62425	101337	69879	67851	58863	53604
上　海	123017	333092	164874	119000	79325	75598
江　苏	69653	142352	92135	65844	53056	60134
浙　江	63703	134572	87102	62825	51890	52980
安　徽	60802	106697	76097	55530	46284	54733
福　建	62484	126154	85254	55733	48570	56060
江　西	55417	102940	69490	48846	43376	49994
山　东	59177	106981	79003	54471	46436	52191
河　南	51836	94098	64606	46656	42103	47429
湖　北	61375	117049	84578	54777	51866	51477
湖　南	54294	103520	71822	49774	42137	46305
广　东	75845	165060	116003	72620	58483	57499
广　西	54366	108763	76102	49350	44373	47448
海　南	70686	155987	101912	62307	51622	52501
重　庆	61565	131261	85005	54903	45066	52920
四　川	61119	124573	88040	55580	45899	51392
贵　州	62008	115568	82248	53740	44978	56261
云　南	59751	116810	77521	54021	43248	51673
西　藏	72308	154090	99610	67844	41251	58060
陕　西	65362	119883	88747	56787	53329	55275
甘　肃	60584	103194	71371	49599	55305	55779
青　海	71591	127579	82532	57810	52247	69557
宁　夏	64170	113394	74236	53400	44248	63198
新　疆	74391	135808	93312	67183	64271	66894
合　计	68321	145109	96703	63755	54372	55148

表 5－15　2018 年地区间各岗位平均工资统计特征描述

	中层及以上管理人员	专业技术人员	办事人员和有关人员	社会生产服务和生活服务人员	生产制造及有关人员
平均值(元)	136446.45	88336.84	60418.74	50192.52	56950.65
标准差(元)	54167.4	24579.2	15032.2	9123.9	8059.3
变异系数	0.40	0.28	0.25	0.18	0.14
按就业人员数加权的变异系数	0.49	0.46	0.34	0.33	0.15
极差(元)	238994	111008	72379	40268	36315
高低倍数	3.54	2.72	2.55	2.03	1.78

4. 分登记注册类型岗位间平均工资相对差距扩大

分登记注册类型看，外商投资企业岗位工资差距最大，岗位平均工资最高与最低之比为4.46，比上年扩大0.09；其次是港澳台商投资企业，最高与最低之比为3.74，比上年扩大0.2；再次是联营单位，最高与最低之比是3.0，比上年扩大0.22；集体单位和股份合作单位工资差距最小，最高与最低之比均为2.26（见表5－16）。

表5－16　2018年分登记注册类型分岗位就业人员年平均工资

单位：元

登记注册类型	就业人员	中层及以上管理人员	专业技术人员	办事人员和有关人员	社会生产服务和生活服务人员	生产制造及有关人员
国有	82364	164841	105971	73248	64002	70629
集体	48053	88394	59327	44086	39187	44223
股份合作	54978	97863	67360	48774	43324	48796
联营	59677	132293	81348	52424	50055	44104
有限责任公司	71479	150848	101039	64104	55680	58356
股份有限公司	81413	185016	110540	74425	63716	64406
私营	54554	100978	71392	50097	43652	47743
其他内资	66781	114831	75214	57182	44534	51881
港澳台商投资	80847	214303	141585	87652	64357	57241
外商投资	97083	292481	149516	108175	78520	65541
合　计	68321	145109	96703	63755	54372	55148

三　影响工资差距变化的因素分析

影响平均工资差距的因素有多方面，既包括2018年15个省（区、市）上调最低工资标准等相关政策因素，也包括各种经济和文化因素。由以上分析可以看到，工资水平以行业间差异最为显著，远大于地区和登记注册类型间的差异（以高低工资倍数衡量，各行业门类为4.05倍，各地区为2.40倍，各登记注册类型为1.64倍）。因此，以下主要以行业为对象，对产生工资差距的原因进行多方面分析，并利用泰尔指数分解方法对各个因素的影响程度进行量化分析。

（一）劳动生产率对行业间工资水平影响仍然较大

图 5 –6 显示了 2018 年各个行业劳动生产率分布状况，从中可以看到，劳动生产率呈现较明显的阶梯状分布，大体可以分为四组。第一组是处于阶梯最高层的金融业、房地产业以及居民服务修理和其他服务业，尤其是金融业，劳动生产率显著高于其他行业；第二组包括从信息传输软件和信息技术服务业，电力、热力、燃气及水生产和供应业，采矿业，交通运输、仓储和邮政业到批发和零售业，其中多为生产性服务业；文化、体育和娱乐业，制造业，科学研究和技术服务业，住宿和餐饮业，卫生和社会工作及公共管理、社会保障和社会组织几个行业又下降一个“台阶”，归入第三组；第四组中公共服务业行业较为集中，包括租赁和商务服务业，教育，水利、环境和公共设施管理业及建筑业等。

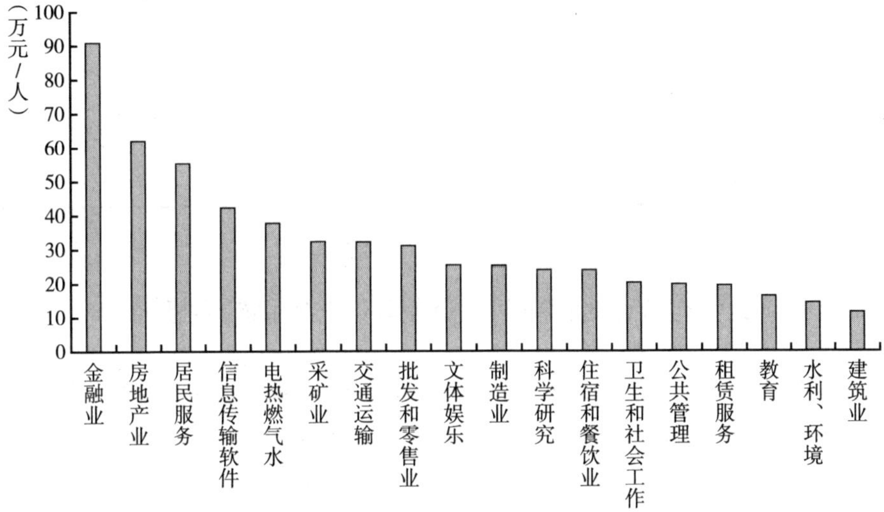

图 5 –6　2018 年各行业劳动生产率情况

可以明显看出，各行业劳动生产率呈现台阶式分布，根据此分布可以对各行业进行分组，进一步计算 2018 年按劳动生产率分组的行业平均工资组内与组间的泰尔指数，以解释劳动生产率差异对工资水平差异的影响，即根据劳动生产率高低对行业的分组，就平均工资分别计算组内差异和组间差异，以组间差异测度劳动生产率因素对行业间平均工资差距的影响。

表 5－17 列示了 2017 年和 2018 年的泰尔指数计算结果。可以看到，第一，两年的组间贡献率均在 20% 以上，说明劳动生产率对于工资差距的影响仍然较大；第二，组间泰尔指数和组间贡献率均呈上升趋势，说明劳动生产率对于各行业分组之间工资差距的解释力逐渐增强。

表 5－17　2017～2018 年不同劳动生产率的行业门类泰尔指数分解

	2017 年泰尔指数	2018 年泰尔指数
全部行业	0.0278	0.0279
高劳动生产率行业	0.0436	0.0400
中上劳动生产率行业	0.0261	0.0252
中下劳动生产率行业	0.0190	0.0166
低劳动生产率行业	0.0178	0.0214
组内泰尔指数	0.0221	0.0217
组间泰尔指数	0.0056	0.0062
组内贡献率(%)	79.74	77.75
组间贡献率(%)	20.26	22.25

（二）竞争充分性对行业间工资差异的影响仍较为显著

表 5－18 列示了竞争不充分的 18 个行业大类 2017 年和 2018 年的平均工资状况。可以看到，除水的生产和供应业、保险业低于全行业平均工资水平外，其他行业均高于全行业平均水平。其中其他金融业、资本市场服务、烟草制品业、货币金融服务和航空运输业高出行业平均水平较高，表明竞争不充分对行业间平均工资差异的影响十分显著。

表 5－19 对竞争充分行业和竞争不充分行业平均工资进行了比较，可以看出，近十年间，竞争不充分行业的平均工资水平始终高于竞争充分行业，但 2012 年以来，二者间的相对差距在逐渐缩小。

表 5－18 2017～2018 年竞争不充分行业大类平均工资

行业门类	2017 年		2018 年		2018 年增长速度（%）
	平均工资（元）	与行业平均工资之比	平均工资（元）	与行业平均工资之比	
石油和天然气开采业	96986	1.31	115007	1.40	18.58
烟草制品业	155392	2.09	183722	2.23	18.23
石油、煤炭及其他燃料加工业	80668	1.09	94552	1.15	17.21
电力、热力生产和供应业	96814	1.30	107823	1.31	11.37
燃气生产和供应业	76823	1.03	83638	1.01	8.87
水的生产和供应业	64700	0.87	71351	0.87	10.28
铁路运输业	99308	1.34	109993	1.33	10.76
水上运输业	97888	1.32	114381	1.39	16.85
航空运输业	145643	1.96	149657	1.82	2.76
管道运输业	110339	1.48	133399	1.62	20.90
邮政业	78466	1.06	86283	1.05	9.96
电信、广播电视和卫星传输服务	100491	1.35	112290	1.36	11.74
货币金融服务	151736	2.04	165948	2.01	9.37
资本市场服务	272750	3.67	275679	3.35	1.07
保险业	68416	0.92	70375	0.85	2.86
其他金融业	190607	2.56	335835	4.08	76.19
新闻和出版业	104803	1.41	117468	1.43	12.08
广播、电视、电影和录音制作业	92359	1.24	100787	1.22	9.13

注：从 2018 年起，因开始使用新的国民经济行业分类标准（GB/T 4754－2017），个别行业名称分类有所调整，如石油加工炼焦和核燃料加工业调整为石油、煤炭及其他燃料加工业。

表 5－19 2009～2018 年竞争不充分行业与竞争充分行业平均工资对比

年份	竞争不充分行业（元）	竞争充分行业（元）	两者之比
2009	49585	30009	1.65
2010	56998	33978	1.68
2011	65349	38960	1.68
2012	76986	43674	1.76
2013	80058	48424	1.65
2014	87096	53046	1.64
2015	93483	58533	1.60
2016	98913	63970	1.55
2017	106520	70529	1.51
2018	116244	78375	1.48

利用泰尔指数分解方法分析竞争因素对行业间平均工资差距的影响，从表5-20可以看到，第一，竞争不充分因素对行业间工资差异的贡献率从20.48%降至18.27%，组间泰尔指数从0.010降至0.009，这表明竞争不充分因素虽然对于行业工资差异依然有所影响，但是影响程度在逐渐减小，说明破除竞争不充分性以降低工资差异取得一定成效。第二，2018年的竞争充分行业和竞争不充分行业泰尔指数均高于2017年的泰尔指数，且组内泰尔指数和组内贡献率有所上升，说明竞争充分行业和竞争不充分行业的内部工资水平差距均有所扩大。

表5-20　2017~2018年竞争不充分行业和竞争充分行业泰尔指数分解

	2017年泰尔指数	2018年泰尔指数
全部行业泰尔指数	0.0486	0.0493
竞争不充分行业泰尔指数	0.0510	0.0542
竞争充分行业泰尔指数	0.0364	0.0378
组内泰尔指数	0.0387	0.0403
组间泰尔指数	0.0100	0.0090
组内贡献率(%)	79.52	81.73
组间贡献率(%)	20.48	18.27

（三）人力资本对行业间工资差异的解释力依然较强

如前所述，各行业不同的人力资本水平对工资水平具有重要影响。以下采用各行业大专及以上学历的就业人员比重作为表征指标，据此分析人力资本对于行业工资水平差异的影响。图5-7是按照2018年《中国劳动统计年鉴》中给出的城镇就业人员中大学专科以上学历者所占比例进行排序的结果。可以看出该结果有两个分段点：一是从教育到公共管理，二是从租赁和商务服务业到交通运输业。由此将所有行业分为以下三组：高于70%的行业有6个，视为高人力资本行业，其中，教育行业最高（78.84%），金融业和信息传输软件业排名与上年相反，其他行业排名没有变化；低于20%的行业有4个，为低人力资本行业，农林牧渔业为最低（2.48%），居民服务业、建筑业、住宿和餐饮业等吸纳就业较大的传统产业位于该组；其他9个行业均处于20%～60%区间，视为中等人力资本行业。

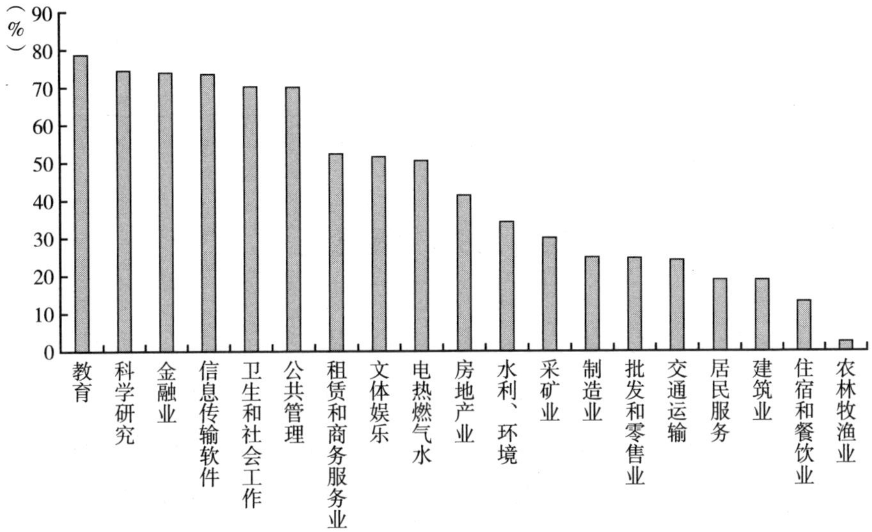

图5－7　2018年各行业门类大专及以上学历人数占就业人员比重

基于上述分组计算泰尔指数，结果如表5－21所示。可以看到，第一，2018年组间泰尔指数和组间贡献率与2017年相比均有所增加，说明人力资本对于行业间工资差距的解释力增加。第二，2018年，组内泰尔指数和组内贡献率均比2017年降低，说明人力资本对高中低人力资本行业内部工资水平差距的解释力有所降低。第三，高人力资本行业的泰尔指数下降，中低人力资本行业的泰尔指数微增，说明高人力资本行业内部的工资差距在缩小，而中低人力资本行业内部的工资差距在扩大。

表5－21　2017～2018年不同人力资本行业门类泰尔指数分解

	2017年泰尔指数	2018年泰尔指数
全部单位	0.0300	0.0300
高人力资本行业	0.0164	0.0160
中人力资本行业	0.0065	0.0066
低人力资本行业	0.0064	0.0071

续表

	2017 年泰尔指数	2018 年泰尔指数
组内泰尔指数	0.0108	0.0106
组间泰尔指数	0.0192	0.0194
组内贡献率(%)	35.93	35.44
组间贡献率(%)	64.07	64.56

四　相关政策建议

通过对2018年城镇单位就业人员工资状况进行分析，可以得出以下基本结论。第一，随着经济发展质量和效益的不断提高，城镇单位就业人员工资水平继续保持较快增长，城镇非私营单位和城镇私营单位的增长速度与上年相比均有所上升。第二，工资水平在行业和地区层面依然存在较大差距，其中以行业差距最为显著。第三，不同岗位的工资差异在各行业、地区间具有相似特点，工资水平越高的岗位在行业和地区间差异特征越明显。第四，劳动生产率、行业竞争是否充分和人力资本等因素对行业工资水平差异依然有着较为显著的影响。根据上述结论，提出如下相关政策建议。

（一）继续坚持“两同步”原则，提高收入增长动能

2018年，单位就业人员平均工资继续稳步增长，与GDP增长基本保持同步，绝大多数行业的劳动生产率均有所提高，劳动生产率对行业工资水平差异的影响依然显著，体现了“居民收入增长和经济发展同步、劳动报酬增长和劳动生产率提高同步”原则的有效落实。为促进收入分配更合理、更有序，首先应该提高收入增长动能，只有经济总量不断增加，经济增长保持稳定，才能有更多的资源用于提升劳动者的收入。其次应该继续深化收入分配制度改革，完善劳动、资本、技术、管理等要素按贡献参与分配的初次分配机制，强化以税收、社会保障、转移支付为主要手段的再分配调节职能，缩小收入分配差距，使改革发展成果更多、更公平地惠及全体人民。

（二）加快优化产业结构，持续区域统筹协调，缩小行业和地区之间的工资差距

从行业间和地区间差异系数来看，近几年就业人员工资水平处于相对稳定的状态，表明收入分配政策的实施对缩小行业和地区间工资差距起到了积极作用，但在这方面仍需加大调控力度。一是面对行业间较大的工资差异，应深化国有企业内部收入分配制度改革，强化工资的激励作用，坚持工资性收入在收入分配中的主体地位；优化民营企业发展环境，提高市场化分配程度，规范分配秩序，健全监管体制，完善工资与效益联动机制，破除行业垄断；加快产业结构优化，及时将受到产业结构调整、经贸摩擦等影响的人员纳入公共就业服务范围，从而减少行业间的工资水平差距。二是对于地区间工资差异仍然较大的情况，需要坚持推动区域协调发展，增强地区经济发展动力和活力，各地政府应加大对国民收入再分配的调节力度，完善再分配调节机制，提高居民最低生活保障标准，提高劳动者收入，使普通劳动者在再分配中获得应有的收益。

（三）促进高质量就业，继续提高人力资本对工资水平的影响力

党的十九大明确提出要坚持实施就业优先战略和更加积极的就业政策，实现更高质量的就业。2018 年，国家出台的一系列收入分配领域配套改革政策得到落实，在高质量就业的导向下，人力资本对工资水平的影响逐步增强。第一，要继续提高教育对经济社会发展的服务能力，推进人力资源供给结构优化，推进工资结构合理调整优化，引导优质教育资源向急需地区和产业投入，提高各行各业、各个岗位就业人员的劳动生产率和人力资本水平。第二，要继续加快技能人才队伍建设，加强职业技能培训。人才是创新的基础，应该坚持需求导向，强化各方政策支持，保障资金和各类资源倾斜，大规模开展职业技能培训，提高技能人才的素质能力和收入水平。

（国家统计局人口和就业统计司　夏萍）

第六章
2018年个人所得税的征收与管理

2018 年，《中华人民共和国个人所得税法》进行了第七次修正。本次个人所得税改革，聚焦民生领域，紧扣百姓诉求，直面民生所盼，回应民生所需，含金量高，针对性强，让广大纳税人实实在在地享受到了改革减税的红利。按照党中央和国务院的部署，各级税务机关全面贯彻落实各项改革和优惠政策，不断夯实征管基础，加强与第三方部门合作，扎实推进信息化建设，狠抓风险管理，个人所得税各项减税政策平稳落地，调节收入分配的职能作用得到进一步增强。

一　个人所得税收入总体情况

2018 年，全国共征收个人所得税 13871.9 亿元，比 2017 年增收 1910.6 亿元，增长 16.0%，受第四季度个人所得税改革减税效应影响，全年增速有所放缓，比 2017 年下降 2.5 个百分点。从 1980 年 9 月 10 日新中国首部《个人所得税法》公布实施以来，个人所得税实现了大幅增长，收入已经从 1980 年的 16 万元左右增长至 2018 年的 13871.9 亿元，占税收总收入的比重增至 8.2%，比 2017 年提高了 0.5 个百分点，占国内 GDP 的比重为 1.5%（见表 6－1）。

二　个人所得税收入主要特点

（一）收入增速呈稳中趋缓态势

从各主体税种增速看，2018 年个人所得税收入增速高于国内增值税

表 6－1　2009～2018 年个人所得税收入情况

单位：亿元，%

年份	税额	增长额	增幅	税收总收入	占税收总收入比重	占 GDP 比重
2009	3944	219	6	63104	6.25	1.18
2010	4837	893	23	77390	6.25	1.21
2011	6054	1216	25	95729	6.32	1.28
2012	5820	－234	－4	110740	5.26	1.12
2013	6532	711	12	119960	5.44	1.15
2014	7377	845	13	129541	5.69	1.16
2015	8617	1240	17	136022	6.34	1.27
2016	10094	1473	17	140499	7.18	1.36
2017	11961	1867	19	155739	7.68	1.45
2018	13872	1911	16	169957	8.16	1.54

资料来源：税收数据引自《中国税务年鉴数据》；GDP 数据引自《中华人民共和国 2018 年国民经济和社会发展统计公报》，国家统计局网站。

（9.5%）、企业所得税（9.7%）、国内消费税（3.9%）。从增长趋势来看，2018 年各月累计增速分别为 20.0%、0.9%、20.9%、21.0%、20.7%、20.4%、20.6%、21.1%、21.2%、19.9%、17.1%和 16.0%。整体来看，1～9 月个人所得税收入延续了 2016 年下半年以来较快增长的态势，除 2 月受全年一次性奖金因素影响波动较大外，其他各月均保持了 20%以上的增速。10 月以后，受税改各项减税政策影响，累计增速逐月放缓（见图 6－1）。

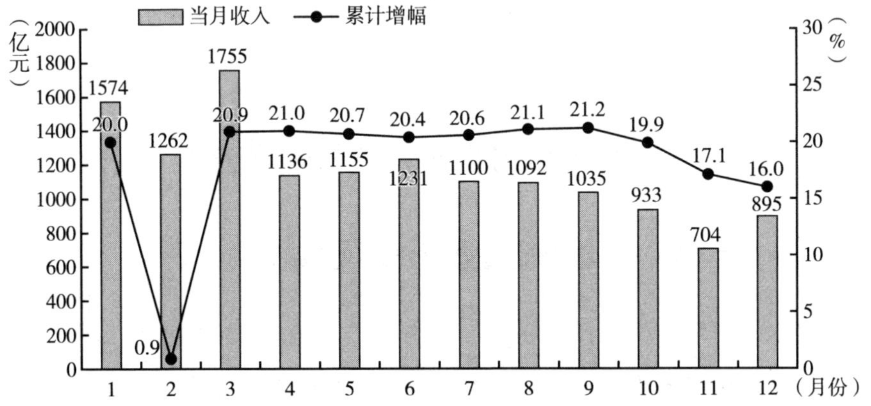

图 6－1　2018 年个人所得税收入变化情况

（二）主要所得项目收入全部保持正增长

分所得项目来看，2018 年工资薪金所得、个体工商户生产经营所得、劳务报酬所得、利息股息红利所得和财产转让所得个人所得税收入分别为 9332.5 亿元、792.1 亿元、625.4 亿元、1154.7 亿元和 1525.9 亿元，分别比上年增长 15.3%、31.6%、29.2%、14.3%和 10.7%，全部保持了正增长。但受 2018 年 10 月 1 日以来个人所得税改革的影响，工资薪金所得增速有所放缓，比上年下降 5.4 个百分点。从比重上看，这五个所得项目合计占个人所得税总收入的 96.8%，是个人所得税主要收入来源（见表 6－2）。

表 6－2　2018 年个人所得税主要所得项目收入情况

单位：亿元，%

项　目	收入额	增幅
工资薪金所得	9332.5	15.3
个体工商户生产经营所得	792.1	31.6
劳务报酬所得	625.4	29.2
利息股息红利所得	1154.7	14.3
财产转让所得	1525.9	10.7
其中：房屋转让所得	509.6	22.2
限售股转让所得	222.4	6.5

资料来源：《税收月度快报》。

三　个人所得税收入增长因素分析

（一）国民经济平稳健康发展奠定增长基础

国家统计局数据显示，2018 年国内生产总值 900309 亿元，同比增长 6.6%。全国居民人均可支配收入 28228 元，比上年名义增长 8.7%。其中，城镇居民人均可支配收入 39251 元，增长 7.8%；农村居民人均可支配收入

14617 元，增长 8.8%。国民经济健康稳定发展，质量和效益的提高，为个人所得税收入增长奠定了稳定基础。

（二）中高收入者带动工资薪金所得收入快速增长

个人所得税持续发挥在收入分配中的调节作用，中高收入者成为带动工资薪金所得收入增长的主要动力。2018 年，全国工资薪金所得项目收入继续快速增长，同比增收 1239.4 亿元，增长 15.3%，拉动个人所得税收入增长 10.4%。从结构上看，工资薪金所得项目收入占个人所得税总收入的 67.3%，对个人所得税收入增长的贡献率达到 64.9%，仍是个人所得税的第一大所得项目，其中适用 20% 以上税率的纳税人对工资薪金所得项目收入增长贡献率超过八成，是工资薪金所得项目收入快速增长的核心动力。

（三）财产转让所得增长平稳

2018 年，财产转让所得项目同比增收 148.1 亿元，增长 10.7%，增速比上年上升了 2.6 个百分点。2017 年度受房地产调控因素影响财产转让所得项目增速放缓，2018 年调控逐渐趋稳，加之股权转让收入上升使得财产转让所得平稳增长。近五年，财产转让所得项目收入增长较快，年均增速 18%。2018 年，财产转让所得收入占个人所得税收入的比重为 11%，是个人所得税第二大所得项目。

四　各地区个人所得税收入情况

（一）各地区个人所得税收入差距情况

2018 年，各省、自治区、直辖市和计划单列市中，个人所得税收入超过 100 亿元的有 30 个地区，超过 500 亿元的有 6 个地区，分别为上海（1925.5 亿元）、北京（1824.2 亿元）、广东（1236.5 亿元）、江苏（1171.0 亿元）、深圳（933.7 亿元）、浙江（893.1 亿元）。有 2 个地区个人所得税收入不足50亿元，分别为宁夏（33.5亿元）、青海（27.9亿元）。2018年，个税收入最高地区是最低地区的69倍，地区间个人所得税收入绝对差距明显（见表6-3）。

表6-3 2018年全国个人所得税收入情况

地区	2018年个税收入额(亿元)	2017年个税收入额(亿元)	收入增加额(亿元)	增长速度(%)	2018年收入排名	比2017年排名变化
北京	1824.2	1610.3	213.9	13.3	2	→
天津	324.4	291.3	33.2	11.4	10	→
河北	264.0	230.7	33.3	14.4	13	↓1
山西	139.6	119.7	19.8	16.5	27	→
内蒙古	158.1	140.6	17.5	12.5	24	↓2
辽宁	151.3	139.5	11.8	8.5	26	↓3
大连	96.7	86.5	10.2	11.8	31	→
吉林	125.9	115.9	10.1	8.7	28	→
黑龙江	118.2	103.6	14.5	14.1	30	→
上海	1925.5	1731.1	194.4	11.2	1	→
江苏	1171.0	967.1	203.9	21.1	4	→
浙江	893.1	785.5	107.6	13.7	6	→
宁波	271.6	202.6	69.0	34.1	11	↑4
安徽	230.9	198.5	32.4	16.3	17	↓1
福建	263.6	242.2	21.4	8.8	14	↓3
厦门	181.5	129.1	52.5	40.6	22	↑2
江西	222.6	174.1	48.5	27.8	19	→
山东	416.3	360.9	55.4	15.3	8	→
青岛	121.9	105.9	16.0	15.1	29	→
河南	256.9	215.8	41.1	19.0	15	↓1
湖北	339.6	304.8	34.7	11.4	9	→
湖南	269.8	225.5	44.3	19.6	12	↑1
广东	1236.5	1053.9	182.5	17.3	3	→
深圳	933.7	835.8	97.9	11.7	5	→
广西	152.1	125.5	26.6	21.2	25	→
海南	79.4	72.4	7.0	9.7	32	→
重庆	222.6	181.8	40.8	22.4	18	→
四川	446.5	381.9	64.6	16.9	7	→
贵州	173.3	121.4	51.9	42.8	23	↑3

续表

地　区	2018 年个税收入额(亿元)	2017 年个税收入额(亿元)	收入增加额(亿元)	增长速度(%)	2018 年收入排名	比 2017 年排名变化
云　南	218.6	172.9	45.7	26.5	20	→
西　藏	63.0	46.6	16.4	35.3	34	→
陕　西	256.4	197.6	58.8	29.8	16	↑1
甘　肃	76.3	68.3	8.0	11.7	33	→
青　海	27.9	22.4	5.5	24.6	36	→
宁　夏	33.5	37.6	-4.1	-11.0	35	→
新　疆	185.5	162.0	23.5	14.5	21	→
全国合计	13871.9	11961.3	1910.6	16.0		

资料来源：《税收月度快报》。

（二）各地区个人所得税收入增长情况

2018 年，全国 31 个省、自治区、直辖市以及计划单列市中，个人所得税增收额超过 10 亿元的有 32 个地区，其中增收额超过 100 亿元的有 4 个地区，分别为北京（214.0 亿元）、江苏（204.0 亿元）、上海（194.4 亿元）、广东（182.5 亿元），全部分布在东部地区。从增速来看，有 17 个地区超过全国平均增速，其中增速超过 20% 的有 11 个地区，分别为贵州（42.8%）、厦门（40.6%）、西藏（35.3%）、宁波（34.0%）、陕西（29.8%）、江西（27.8%）、云南（26.5%）、青海（24.6%）、重庆（22.4%）、广西（21.2%）、江苏（21.1%），主要集中在中西部地区。

（三）东部、中部、西部及东北四大区域个人所得税收入情况

2018 年不同地区个人所得税收入均实现正增长。东部、中部、西部和东北地区个人所得税收入分别为 9906.8 亿元、1459.2 亿元、2013.7 亿元和 492.1 亿元，比上年分别增长 14.9%、17.8%、21.4% 和 10.5%。中部、西部地区增速高于东部，东北地区收入增速低于全国平均水平 5.5 个百分点，与上年相比差距有所放大（见表 6-4）。

表 6－4　2018 年各地区个人所得税收入情况

单位：亿元，%

地　区	2018 年个税收入额	2017 年个税收入额	收入增加额	增长速度
东部	9906.8	8618.8	1288.0	14.9
中部	1459.2	1238.5	220.7	17.8
西部	2013.7	1658.4	355.3	21.4
东北	492.1	445.5	46.6	10.5
全国	13871.9	11961.3	1910.6	16.0

资料来源：《税收月度快报》。

五　个人所得税制改革情况

（一）本次个人所得税改革的主要亮点

2018 年 8 月 31 日，十三届全国人大常委会第五次会议表决通过了关于修改《中华人民共和国个人所得税法》的决定。此次个人所得税税制改革在价值导向上注重公平兼顾效率，使个人所得税的调节作用更为有效。一方面，注重统筹横向公平与纵向公平，坚持让中低收入劳动者获益更多的导向，大幅拉大了综合所得 20% 以下各档次税率级距和经营所得税率级距，进一步降低中低收入劳动者的税负。同时保持对高收入者的调节力度，维持 45% 的最高边际税率不变，符合我国“调高、扩中、提低”的收入分配基本方针。另一方面，兼顾增长效率的需要，统筹劳动所得与资本所得、经营所得与境外所得的税负平衡，保持我国税制的国际竞争力。参考多数国家对资本所得采用比例税率的惯例，保持对股息红利、财产转让等资本所得 20% 的比例税率不变，使我国对资本所得的征税水平与世界各主要国家基本相当，释放稳定投资预期的积极信号。此次改革，突出呈现出以下亮点。

一是建立了综合与分类相结合的税制。此次改革，将工资薪金、劳务报酬、稿酬和特许权使用费 4 项劳动性所得纳入综合征税范围，实行按月按次分月预缴、按年汇总计算。经营所得、利息股息红利所得、财产租赁所得、财产转让所得、偶然所得继续采用分类征税方式，按照规定分别计算个人所得税。实行综合与分类相结合的税制，一方面，解决了原分类税制下个人收入不均衡、不同所得项目税负有差异的问题；另一方面，此次改革纳入综合征税范围的4项所得，涵盖了绝大多数纳税人及其主要所得，对其适用统一的超额累进税率，更好地体现量能负担原则。

二是提高基本减除费用标准。综合考虑居民基本生活消费支出的变化，兼顾一定前瞻性，将综合所得的基本减除费用从原来的3500元/月提高至5000元/月（每年6万元），使新税制更好地体现以人民为中心的理念。

三是调整优化部分税率级距。综合所得方面，以改革前工资薪金所得3%～45%七级超额累进税率为基础，扩大3%、10%、20%三档低税率的级距，缩小25%税率的级距，30%、35%、45%三档较高税率级距不变；经营所得方面，在维持5%～35%的超额累进税率不变的情况下，大幅度调整各档次的税率级距。改革后，广大纳税人都能够不同程度享受到减税的红利，特别是中等以下收入群体获益更大。

四是设立专项附加扣除。在提高基本减除费用的基础上，增加子女教育、继续教育、大病医疗、住房贷款利息或住房租金、赡养老人等支出作为专项附加扣除，进一步增强税制的公平性。

五是增加反避税条款。为维护国家税收权益，根据自然人避税的特点，借鉴企业所得税法反避税的经验，增设了反避税条款。对个人不按独立交易原则而减少本人或者其关联方应纳税额且无正当理由的、实施不具有合理商业目的的安排而获取不当税收利益等行为的，税务机关有权按合理方法进行纳税调整，营造公平、透明、有序的税收环境。

六是健全征管制度。实行“代扣代缴、自行申报，汇算清缴、多退少补，优化服务、事后抽查”的新征管模式，使个人所得税制更加适应以按劳分配为主、多种收入分配为辅的收入分配方式，加强了个人所得税调节收入分配的作用。

（二）个人所得税改革实施效果

2018 年第四季度，工资薪金所得、个体工商户生产经营所得和对企事业单位承包承租经营所得的减除费用和适用税率进行了调整，各项改革措施累计减税达 1247.1 亿元，约占 2018 年第四季度个人所得税总收入的 49.2%。累计受益人数近 2 亿人，其中，工资薪金所得累计受益人数（税改后不缴税或少缴税）达 1.89 亿人，约 7000 万纳税人改革后无须再缴纳个人所得税，充分呈现出受惠群体“广”、涉及层面“全”、减税力度“大”、改革感受“好”的特点。税制对收入分配的调节作用进一步增强，有利于保持社会大局稳定；普通工薪阶层和个体经营者税负大幅降低，实际收入增加，消费能力提升；企业用工成本下降，发展内生动力增强，“供给”“消费”双端发力，增添了经济发展新动能，改革取得了社会、经济多重良好效应。

六　2018年度个人所得税主要文件

（一）完善相关政策规定

（1）为进一步支持国家“大众创业、万众创新”战略的实施，促进科技成果转化，2018 年 5 月 29 日财政部、税务总局、科技部联合制发了《关于科技人员取得职务科技成果转化现金奖励有关个人所得税政策的通知》（财税〔2018〕58 号），规定自 2018 年 7 月 1 日起，依法批准设立的非营利性研究开发机构和高等学校根据《中华人民共和国促进科技成果转化法》规定，从职务科技成果转化收入中给予科技人员的现金奖励，可减按 50% 计入科技人员当月“工资、薪金所得”，依法缴纳个人所得税。

（2）为进一步支持创业投资发展，2018 年 5 月 14 日财政部、税务总局联合制发了《关于创业投资企业和天使投资个人有关税收政策的通知》（财税〔2018〕55 号），将之前试点政策推广至全国，明确了有关创业投资企业与天使投资个人投资种子期、初创期科技型企业（以下简称“初创科技型企业”）投资抵扣的税收优惠政策。个人合伙人可以按照对初创科技型企业投资额的70%抵扣个人合伙人从合伙创投企业分得的经营所得；当年不足抵扣的，可以在以后纳税年度结转抵扣。天使投资个人采取股权投资方式直接投资于初创科技型企业满2年的，可以按照投资额的70%抵扣转让该初创科技型企业股权取得的应纳税所得额；当期不足抵扣的，可以在以后取得转让该初创科技型企业股权的应纳税所得额时结转抵扣。

（3）为促进全国中小企业股份转让系统（以下简称“新三板”）长期稳定发展，2018年11月30日财政部、税务总局、证监会联合制发了《关于个人转让全国中小企业股份转让系统挂牌公司股票有关个人所得税政策的通知》（财税〔2018〕137号），规定自2018年11月1日（含）起，对个人转让新三板挂牌公司非原始股取得的所得，暂免征收个人所得税，对个人转让新三板挂牌公司原始股取得的所得，按照“财产转让所得”，适用20%的比例税率征收个人所得税。

（4）为贯彻落实党的十九大精神，推进多层次养老保险体系建设，对养老保险第三支柱进行有益探索，财政部、税务总局、人力资源社会保障部、中国银行保险监督管理委员会、证监会于2018年4月2日联合发布《关于开展个人税收递延型商业养老保险试点的通知》（财税〔2018〕22号）。自2018年5月1日起，在上海市、福建省（含厦门市）和苏州工业园区实施个人税收递延型商业养老保险试点，规定对试点地区个人通过个人商业养老资金账户购买符合规定的商业养老保险产品的支出，允许在一定标准内税前扣除；计入个人商业养老资金账户的投资收益，暂不征收个人所得税；个人领取商业养老金时再征收个人所得税。

（二）进一步加强征收管理

（1）为贯彻落实《关于科技人员取得职务科技成果转化现金奖励有关个人所得税政策的通知》（财税〔2018〕58号），2018年6月11日税务总局发布了《关于科技人员取得职务科技成果转化现金奖励有关个人所得税征管问题的公告》。公告明确了税收优惠备案的办理、资料的留存备查、扣缴申报时的填报方法等税收征管问题，保证相关税收优惠政策能够顺利开展实施。

（2）为贯彻落实《财政部　税务总局关于创业投资企业和天使投资个人有关税收政策的通知》（财税〔2018〕55 号），2018 年 7 月 30 日国家税务总局发布了《关于创业投资企业和天使投资个人税收政策有关问题的公告》，明确了相关政策执行口径、税收优惠备案的办理、合伙创投企业个人合伙人的申报抵扣、天使投资个人的申报抵扣、天使投资个人投资的初创科技型企业注销清算的税务处理等税收征管问题，保证相关税收优惠政策能够顺利开展。

（3）为贯彻落实《财政部　税务总局　人力资源社会保障部　中国银行保险监督管理委员会　证监会关于开展个人税收递延型商业养老保险试点的通知》，2018 年 4 月 28 日国家税务总局发布了《关于开展个人税收递延型商业养老保险试点有关征管问题的公告》，明确了个人税收递延型商业养老保险试点政策有关征管问题，就缴费税前扣除环节和领取商业养老金征税环节办理程序和资料分别进行了详细说明。

（三）发布个人所得税制改革相关文件

（1）2018 年 8 月 31 日，第十三届全国人民代表大会常务委员会第五次会议《关于修改〈中华人民共和国个人所得税法〉的决定》，《中华人民共和国个人所得税法》第七次修正并发布实施，新个税法对我国的个税体系进行了新的全面的基本解释，为进一步开展个税改革奠定了良好的法律基础。

（2）2018 年 12 月 18 日，国务院发布了第四次修订后的《中华人民共和国个人所得税法实施条例》（中华人民共和国国务院令第 707 号），自 2019 年 1 月 1 日起施行。该条例是根据《中华人民共和国个人所得税法》制定，对综合与分类相结合的个人所得税制进行了进一步完善和细化。

（3）根据第十三届全国人大常委会第五次会议审议通过的《关于修改

〈中华人民共和国个人所得税法〉的决定》，财政部、国家税务总局联合发布了《关于2018年第四季度个人所得税减除费用和税率适用问题的通知》（财税〔2018〕98号），明确了2018年第四季度工资、薪金所得适用减除费用和税率问题和个体工商户业主、个人独资企业和合伙企业自然人投资者、企事业单位承包承租经营者的生产经营所得计税方法问题。

（4）根据《中华人民共和国个人所得税法》规定，国务院于2018年12月13日发布了《国务院关于印发个人所得税专项附加扣除暂行办法的通知》，明确了个人所得税法规定的子女教育、继续教育、大病医疗、住房贷款利息或者住房租金、赡养老人6项专项附加扣除的范围和标准。

（5）为贯彻落实新修改的《中华人民共和国个人所得税法》，2018年12月19日国家税务总局发布了《关于全面实施新个人所得税法若干征管衔接问题的公告》（国家税务总局公告2018年第56号），就全面实施新个人所得税法后扣缴义务人对居民个人工资、薪金所得，劳务报酬所得，稿酬所得，特许权使用费所得预扣预缴个人所得税的计算方法和对非居民个人上述四项所得扣缴个人所得税的计算方法进行了详细规定。

（6）为贯彻落实新修改的《中华人民共和国个人所得税法》及其实施条例，规范个人所得税扣缴申报行为，维护纳税人和扣缴义务人合法权益，2018年12月21日国家税务总局发布了《关于发布〈个人所得税扣缴申报管理办法（试行）〉的公告》（国家税务总局公告2018年第61号），明确了个人所得税扣缴申报的具体规定。

（7）根据新修改的《中华人民共和国个人所得税法》及其实施条例，国家税务总局于2018年12月21日发布了《关于个人所得税自行纳税申报有关问题的公告》，明确了个人所得税纳税人需自行纳税申报的相关情形和申报方法等问题。

（8）为贯彻落实新修改的《中华人民共和国个人所得税法》和《国务院关于印发个人所得税专项附加扣除暂行办法的通知》（国发〔2018〕41号），国家税务总局制定了《个人所得税专项附加扣除操作办法（试行）》，于2018年12月21日发布，自2019年1月1日起施行。操作办法明确了六项专项附加扣除的享受条件、办理时间、报送信息、报送方式及后续管理等事项。

（9）为贯彻落实修改后的《中华人民共和国个人所得税法》，更好地衔接个人所得税的优惠政策，2018 年 12 月 27 日财政部、国家税务总局联合制发了《关于个人所得税法修改后有关优惠政策衔接问题的通知》（财税〔2018〕164 号），该通知自 2019 年 1 月 1 日起执行，进一步明确了全年一次性奖金、中央企业负责人年度绩效薪金延期兑现收入和任期奖励的政策，上市公司股权激励的政策，保险营销员、证券经纪人佣金收入的政策，个人领取企业年金、职业年金的政策，解除劳动关系、提前退休、内部退养的一次性补偿收入的政策，单位低价向职工售房的政策，外籍个人有关津补贴的政策等。

七　下一阶段重点任务

（一）继续做好个人所得税减税降费贯彻落实工作

按照党中央、国务院部署，全面贯彻落实个人所得税减税政策，加强纳税服务，持续优化营商环境。进一步做好个人所得税减税政策宣传工作，采取更具有针对性的方法开展宣传辅导。加大个人所得税减税政策培训辅导力度，对纳税人进行有针对性的培训，确保各级税务机关和纳税人准确把握优惠政策内涵和申报节点。同时，不断优化信息系统功能，提高纳税服务水平，保证纳税人方便快捷地享受各项优惠政策。

（二）持续推进个人所得税制改革

坚定不移地贯彻落实各项个人所得税改革措施，立足于现阶段我国居民收入的特点和税收征收管理的实际，建立科学合理、操作简便的综合所得汇算清缴制度。在落实好个人所得税两步税改的基础上，要紧扣纳税人诉求，回应纳税人关切，化解纳税人疑虑，确保改革红利及时惠及每一个纳税人，扎扎实实做好改革实施工作。同时，紧扣我国社会主要矛盾变化，着眼于解决个人所得税制中存在的突出问题，在促进社会公平方面实现更多的突破性进展，并研究和借鉴其他国家个人所得税制度，进一步完善综合与分类相结合的个人所得税制。

（三）全面提高个人所得税征管质效

结合税制改革和自然人税收征管需要，加强个人所得税全员全额扣缴明细申报工作，从扣缴申报率和准确率两方面提升自然人税收管理基础。下大力气整治申报质量，加快与公安等相关部门合作，积极推进纳税人身份校验及专项附加扣除核验，提升数据质量。加强对高收入、高净值自然人的管理，建立“双高”人群风险管理体系，定期开展重点纳税人、重点行业的对比分析和评估。扎实推进信息化建设，强化征管基础工作，稳步提升征管质效。

（四）持续完善自然人税收管理体系

结合个人所得税制改革、征管体制改革、“放管服”改革、自然人税收管理体系建设方向，切实强化信息化建设资源配置，加快推动自然人数据库建设，提升自然人涉税数据分析应用能力。进一步开展个人所得税风险分析，加强对高收入人群的管理，依托风险管理和自然人数据库，对重点行业、重点地区、重点人群收入情况进行跟踪，及时掌握变动情况，有针对性地把控个人所得税征管目标。

（国家税务总局所得税司　尤笑宇）

第七章

2018年度社会保险基金收入与支出状况

2018年是全面贯彻党的十九大精神的开局之年。在以习近平同志为核心的党中央坚强领导下，我们以习近平新时代中国特色社会主义思想为指导，坚持稳中求进工作总基调，按照高质量发展要求，坚守底线、突出重点、完善制度、引导预期，推进社会保障各项改革措施落地见效，不断健全更加公平、更可持续的社会保障制度，使改革发展成果更多更公平惠及人民群众。

社会保险事业持续发展，制度体系不断完善，建立企业职工基本养老保险基金中央调剂制度、城乡居民基本养老保险待遇确定和基础养老金正常调整机制，失业保险条例修订工作取得积极进展，工伤保险省级统筹稳步推进；社保覆盖范围不断扩大，社会保险基金①平稳运行；保障水平稳步提高，经办管理服务进一步加强，阶段性降低社会保险费率工作继续推进，为促进经济发展和维护社会稳定发挥了重要作用。

社保基金保持平稳运行，基金收入稳定增长，基金收支规模不断扩大，继续保持当期收大于支，累计结余持续增长。2018年，基本养老（含城乡居民基本养老，下同）、失业、工伤保险基金总收入57089亿元，同比增长17.5%，基金总支出49208亿元，同比增长17.2%，基金总收入增长率高于总支出增长率0.3个百分点。社保待遇水平继续提高，2018年企业职工基本养老保险退休人员月人均养老金达到2597元，比上年增长107元，企

---

① 本章社会保险基金包含基本养老保险基金、失业保险基金、工伤保险基金，不含医疗保险基金、生育保险基金。

业职工退休人员养老金占城镇居民人均可支配收入的79%以上。继续积极稳妥推进基本养老保险基金投资运营，委托投资省份和基金委托规模进一步扩大，基金保值增值能力不断加强。截至2018年底，各项社保基金总资产74470亿元，总负债8717亿元，累计结余65753亿元。

一　社会保险基金运行的总体情况

（一）基金收入继续增长，收支保持总体平衡

2018年，基本养老、失业、工伤保险基金总收入57089亿元，比上年增加8509亿元，增长17.5%，基金征缴收入41670亿元，比上年增加5689亿元，增长15.8%，基金总支出49208亿元，比上年增加7228亿元，增长17.2%，累计结余65753亿元，增加8392亿元，增长14.6%（见图7－1）。

从基金收支同比增长率情况看，2018年基金总收入同比增长17.5%，较上年增幅下降4.1个百分点；基金总支出同比增长17.2%，较上年增幅下降0.7个百分点。基金总收入增长率高于总支出增长率0.3个百分点。基金累计结余同比增长14.6%，较上年增幅增长1.5个百分点，同比增幅回升（见图7－2）。

从近五年平均增幅情况看，基金收入平均增长16.5%，基金结余平均增长12.8%，均低于“十五”“十一五”“十二五”时期的平均水平；基金支出平均增长18.8%，高于“十五”时期5.0个百分点，分别低于“十一五”“十二五”时期2.7个、2.1个百分点（见表7－1）。

（二）基金收支规模快速增长，创历年新高

2018年基本养老、失业、工伤保险基金收支规模达106297亿元，占同期一般公共预算收支规模的26.3%（其中一般公共预算收支中不包括社保基金，为便于比对，暂忽略基金收入中各级财政对基金补助，不影响总体比率），比上年增加2.2个百分点，首次突破10万亿元（见图7－3）。

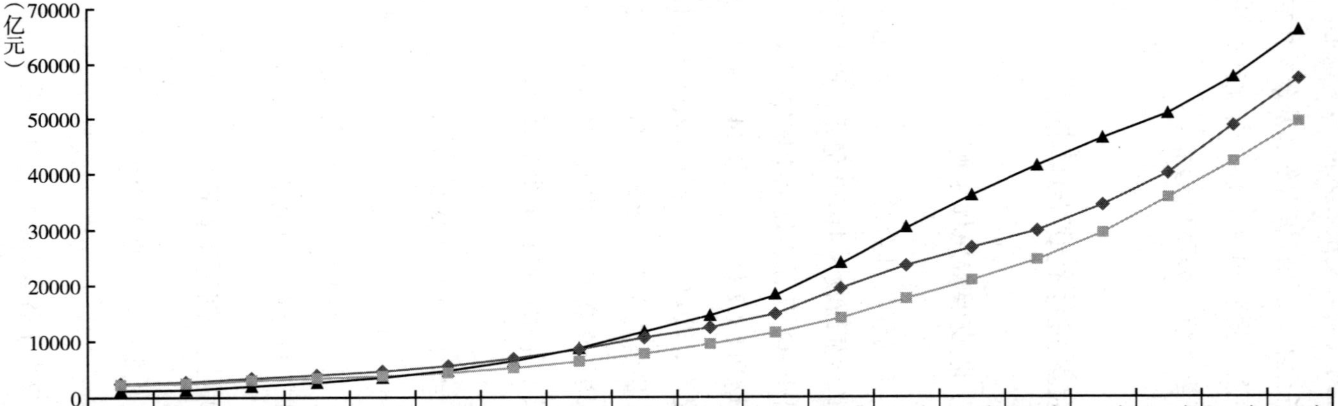

	2000年	2001年	2002年	2003年	2004年	2005年	2006年	2007年	2008年	2009年	2010年	2011年	2012年	2013年	2014年	2015年	2016年	2017年	2018年
收入	2463	2704	3419	3967	4607	5526	6834	8471	10542	12311	14808	19394	23496	26636	29694	34317	39957	48580	57089
支出	2253	2494	3049	3349	3747	4295	5163	6271	7770	9417	11371	14082	17568	20832	24501	29265	35591	41980	49208
结余	1201	1347	1943	2601	3479	4724	6431	8666	11626	14518	18099	23711	30034	35957	41225	46305	50709	57361	65753

图 7－1　2000～2018 年社会保险基金收入、支出和结余情况

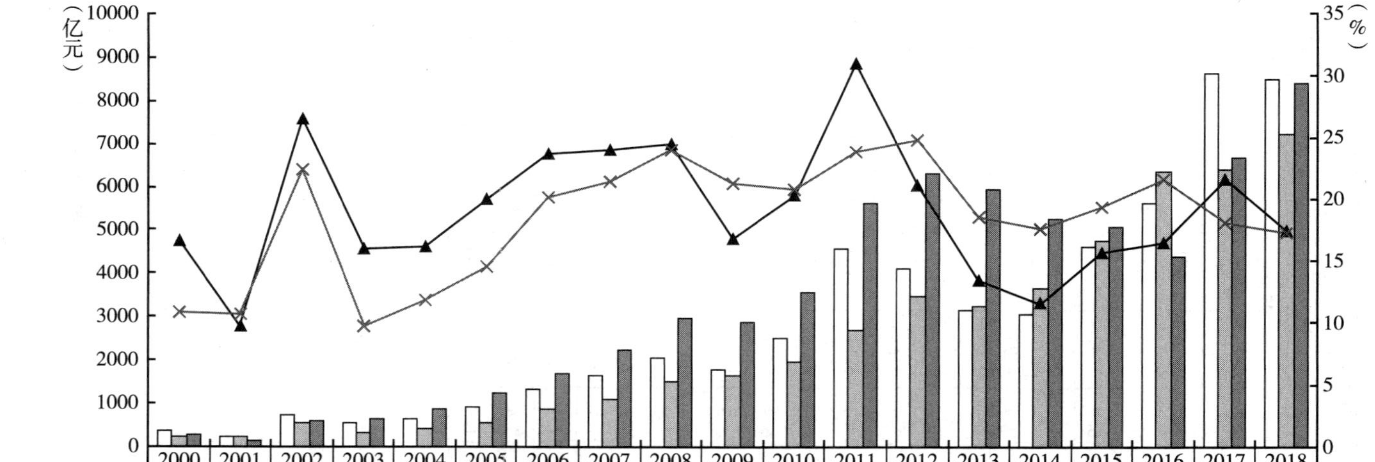

	2000年	2001年	2002年	2003年	2004年	2005年	2006年	2007年	2008年	2009年	2010年	2011年	2012年	2013年	2014年	2015年	2016年	2017年	2018年
收入增量	352	240	715	548	640	919	1308	1637	2071	1769	2496	4587	4102	3140	3058	4623	5639	8624	8509
支出增量	221	241	555	300	398	548	868	1107	1499	1647	1954	2711	3486	3264	3669	4764	6326	6389	7228
结余增量	263	146	596	658	878	1244	1707	2235	2960	2893	3581	5612	6324	5923	5268	5081	4404	6652	8392
收入环比	16.7	9.8	26.5	16.0	16.1	19.9	23.7	24.0	24.4	16.8	20.3	31.0	21.1	13.4	11.5	15.6	16.4	21.6	17.5
支出环比	10.9	10.7	22.3	9.8	11.9	14.6	20.2	21.4	23.9	21.2	20.8	23.8	24.8	18.6	17.6	19.4	21.6	18.0	17.2

图 7－2　2000～2018 年基金同比增速及增量情况

表 7－1　2001～2018 年基金收入、支出、结余情况

单位：亿元，%

年份	基金收入			基金支出			基金累计结余		
	合计	增加额	增长率	合计	增加额	增长率	合计	增加额	增长率
2001	2704	240	9.8	2494	241	10.7	1347	146	12.2
2002	3419	715	26.5	3049	555	22.3	1943	596	44.2
2003	3967	548	16.0	3349	300	9.8	2601	658	33.9
2004	4607	640	16.1	3747	398	11.9	3479	878	33.8
2005	5526	919	19.9	4295	548	14.6	4724	1244	35.8
“十五”平均增长率及增长总量	17.5	3063	—	13.8	2042	—	31.5	3523	—
2006	6834	1308	23.7	5163	868	20.2	6431	1707	36.1
2007	8471	1637	24.0	6271	1107	21.4	8666	2235	34.8
2008	10542	2071	24.4	7770	1499	23.9	11626	2960	34.2
2009	12311	1769	16.8	9417	1647	21.2	14518	2893	24.9
2010	14808	2496	20.3	11371	1954	20.8	18099	3581	24.7
“十一五”平均增长率及增长总量	21.8	9282	—	21.5	7076	—	30.8	13375	—
2011	19394	4587	31.0	14082	2711	23.8	23711	5612	31.0
2012	23496	4102	21.1	17568	3486	24.8	30034	6324	26.7
2013	26636	3140	13.4	20832	3264	18.6	35957	5923	19.7
2014	29694	3058	11.5	24501	3669	17.6	41225	5268	14.7
2015	34317	4623	15.6	29265	4764	19.4	46305	5081	12.3
“十二五”平均增长率及增长总量	18.3	19510	—	20.8	17894	—	20.7	28206	—
2016	39957	5639	16.4	35591	6326	21.6	50709	4404	9.5
2017	48580	8624	21.6	41980	6389	18.0	57361	6652	13.1
2018	57089	8509	17.5	49208	7228	17.2	65753	8392	14.6
近五年平均增长率及增长总量	16.5	30453	—	18.8	28375	—	12.8	29797	—

注：部分数据因四舍五入原因，分项合计与合计项可能存在尾差，增量及增长率根据四舍五入前数据计算，本章下同。

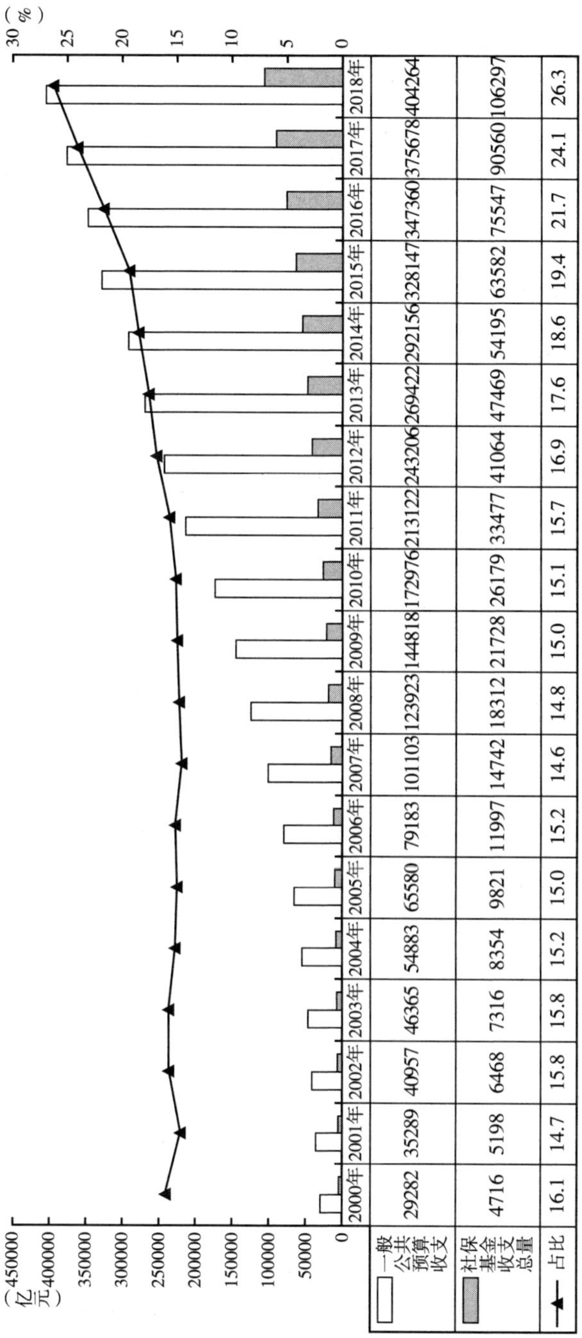

	2000年	2001年	2002年	2003年	2004年	2005年	2006年	2007年	2008年	2009年	2010年	2011年	2012年	2013年	2014年	2015年	2016年	2017年	2018年
一般公共预算收支	29282	35289	40957	46365	54883	65580	79183	101103	123923	144818	172976	213122	243206	269422	292156	328147	347360	375678	404264
社保基金收支总量	4716	5198	6468	7316	8354	9821	11997	14742	18312	21728	26179	33477	41064	47469	54195	63582	75547	90560	106297
占比	16.1	14.7	15.8	15.8	15.2	15.0	15.2	14.6	14.8	15.0	15.1	15.7	16.9	17.6	18.6	19.4	21.7	24.1	26.3

图7-3　2000~2018年社保基金收支与一般公共预算收支同期占比情况

二　社会保险基金资产负债情况

（一）社保基金资产平稳较快增长

截至2018年底，基本养老、失业、工伤保险基金资产总额74470亿元，其中财政专户存款58296亿元，各级社保经办机构支出户存款2174亿元；总负债8717亿元；累计结余65753亿元，其中职工养老保险基金资产、负债、结余额分别占各项基金总额的79%、91%和77%。

（二）基金流动性资产占比仍然偏高

2018年末，基金流动性资产（包括财政专户存款、支出户存款和收入户存款）为60470亿元，占资产总额的81.2%，其中财政专户存款为58296亿元，占资产总额的78.3%；基金投资运营资产（包括委托投资、债券投资）占比10.8%（见图7－4）。

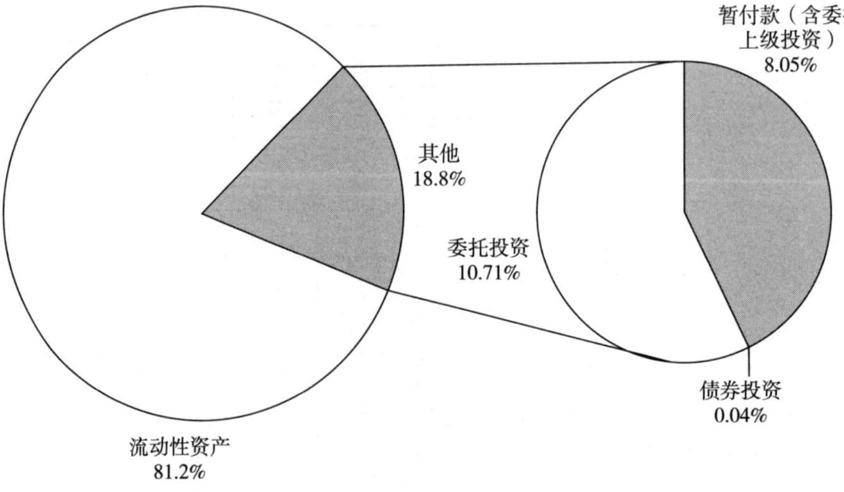

图7－4　2018年末社保基金资产中非流动资产占比

三　社会保险基金收入发展情况

（一）基金收入增幅总体企稳

2018 年，基金总收入和征缴收入同比分别增长 17.5% 和 15.8%，增量分别为 8509 亿元和 5689 亿元。基金总收入增量同比减少 1.3%，基金征缴收入增量 5689 亿元（2012 ~ 2017 年增量分别为 2992 亿元、2406 亿元、1982 亿元、2641 亿元、3612 亿元和 6696 亿元）。表 7 - 2 为 2000 ~ 2018 年社会保险基金收入情况。

表 7 - 2　2000 ~ 2018 年社会保险基金收入情况

单位：亿元，%

项目	年份	合计	同比	增量	企业养老	机关养老	居民养老	失业	工伤
	2000	2463	16.7	352	2088	190		160	25
“十五”时期	2001	2704	9.8	240	2235	253		187	28
	2002	3419	26.5	715	2784	388		216	32
	2003	3967	16.0	548	3209	471		250	38
	2004	4607	16.1	640	3728	530		291	58
	2005	5526	19.9	919	4492	602		340	93
	5 年平均	17.5	—	21.1	16.6	25.9		16.2	30.2
“十一五”时期	2006	6834	23.7	1308	5633	677		402	122
	2007	8471	24.0	1637	7011	824		472	166
	2008	10542	24.4	2071	8800	940		585	217
	2009	12311	16.8	1769	10421	1070		580	240
	2010	14808	20.3	2496	12218	1201	453	650	285
	5 年平均	21.8	—	22.1	22.2	14.8	—	13.8	25.2
“十二五”时期	2011	19394	31.0	4587	15485	1410	1110	923	466
	2012	23496	21.1	4102	18363	1638	1829	1139	527
	2013	26636	13.4	3140	20849	1832	2052	1289	615
	2014	29694	11.5	3058	23305	2004	2310	1380	695
	2015	34317	15.6	4623	26613	2728	2855	1368	754
	5 年平均	18.3	—	13.1	16.8	17.8	44.5	16.1	21.5
“十三五”时期	2016	39957	16.4	5639	28693	6365	2933	1229	737
	2017	48580	21.6	8624	32930	10380	3304	1113	854
	2018	57089	17.5	8509	37392	13775	3838	1171	913

（1）从各险种发展趋势看，基本养老、失业、工伤保险基金总收入同比增长率均为正增长。城镇职工基本养老保险基金总收入增长18.1%，城乡居民基本养老保险基金总收入增长16.1%，失业保险基金总收入增长5.3%，工伤保险基金总收入增长6.9%。除居民基本养老、失业保险外，其他险种总收入增幅较上年增幅均下降，其中城镇职工基本养老保险同比增长率比上年减少5.4个百分点，工伤保险比上年减少8.9个百分点。除失业保险外，其他险种总收入同比增长率均高于征缴收入同比增长率。2000~2018年基金征缴收入增速情况见图7－5。

（2）从各月环比情况看，出现降幅较大的月份分别是2月、4月和10月，多数险种呈负增长趋势，11月、12月增长幅度较大，对拉动全年基金征缴收入增长起到较大作用（见图7－6）。

（二）宏观经济环境对基金征缴影响较大

近年来，从跟踪宏观经济形势与基金运行的情况看，宏观经济主要指标的发展情况与基金征缴收入多呈正相关。2018年，基本养老、失业、工伤保险基金征缴收入增长率为15.8%，低于上年7.1个百分点，高于GDP增速9.2个百分点，高于同期一般公共预算收入增速9.6个百分点（见图7－7）。

（三）各级财政补助逐年增加

2018年，各级财政补助社会保险基金1.22万亿元，同比增长18.9%，占基金总收入的21%。

（1）从历年各级财政对社保基金补助情况看，对基金补助占财政收支呈逐年上升趋势，2018年财政补助对基金补助增速略有下降，主要原因是随着机关事业单位基本养老保险准备期资金结算的推进，财政补助增速放缓。2018年，各级财政对社保基金补助占当期财政收入的6.7%，占当年财政支出的5.5%，分别增长1.1个和0.9个百分点。

（2）从历年中央和地方财政对社保基金补助比例的情况看，中央财政要

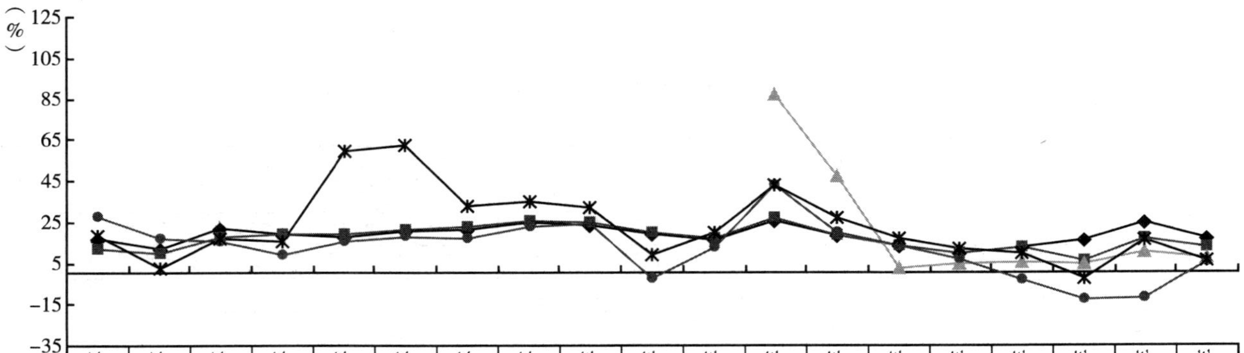

	2000年	2001年	2002年	2003年	2004年	2005年	2006年	2007年	2008年	2009年	2010年	2011年	2012年	2013年	2014年	2015年	2016年	2017年	2018年
城镇职工养老	17.2	11.9	21.9	19.3	17.8	20.3	20.9	24.5	23.4	18.9	16.5	25.6	18.0	13.2	9.7	12.6	16.3	24.8	16.6
企业职工养老	11.5	9.5	17.4	19.1	19.0	21.3	22.3	25.3	25.1	19.8	17.1	26.7	18.3	13.0	9.8	12.7	5.9	17.0	12.6
城乡居民养老												87.1	47.5	2.4	4.7	5.2	4.5	10.7	7.2
失业	27.8	17.1	15.3	8.8	15.3	17.3	16.7	22.4	24.2	−2.5	12.7	42.7	19.9	13.3	6.9	−3.0	−12.4	−11.8	5.4
工伤	18.0	2.2	17.2	15.5	59.4	62.4	32.6	34.8	31.7	9.1	19.7	42.5	27.0	16.8	12.0	9.9	−2.4	16.2	6.1

图 7－5　2000～2018 年基金征缴收入增速情况

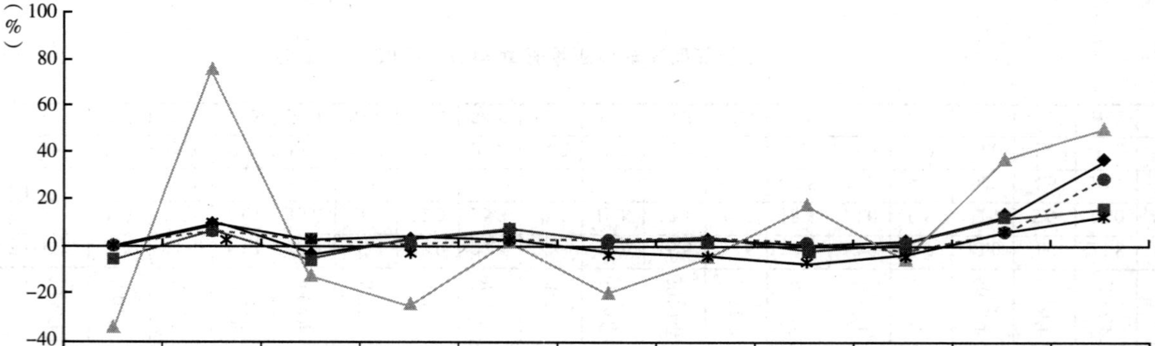

	2月	3月	4月	5月	6月	7月	8月	9月	10月	11月	12月
城镇职工养老	-3.8	10.3	-2.7	4.2	6.8	1.6	3.4	1.2	2.5	13.5	37.3
企业职工养老	-4.9	7.7	-4.6	3.2	8.2	2.3	4.3	-0.3	1.3	11.7	16.7
城乡居民养老	-33.9	76.4	-11.4	-25.0	2.5	-19.0	-3.8	18.0	-4.5	37.6	51.2
失业	0.5	6.9	2.8	0.7	3.6	3.7	3.7	2.1	-2.0	6.6	28.7
工伤	0.4	10.4	2.7	5.0	3.0	-2.1	-3.4	-6.9	-2.8	6.7	12.6

图 7－6　2018 年基金征缴收入各月环比情况

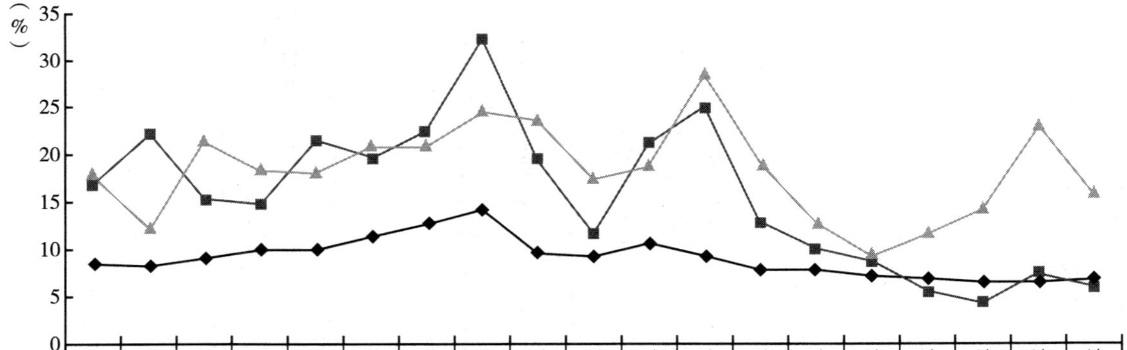

	2000年	2001年	2002年	2003年	2004年	2005年	2006年	2007年	2008年	2009年	2010年	2011年	2012年	2013年	2014年	2015年	2016年	2017年	2018年
GDP	8.5	8.3	9.1	10.0	10.1	11.4	12.7	14.2	9.7	9.4	10.6	9.6	7.9	7.8	7.3	6.9	6.7	6.8	6.6
一般公共预算收入	17.0	22.3	15.4	14.9	21.6	19.9	22.5	32.4	19.5	11.7	21.3	25.0	12.9	10.2	8.6	5.8	4.5	7.4	6.2
基金征缴收入	18.0	12.2	21.4	18.5	18.0	20.7	20.9	24.6	23.7	17.3	18.6	28.0	19.1	12.9	9.4	11.5	14.1	22.9	15.8

图 7－7　2000～2018 年一般公共预算收入、GDP、基金征缴收入名义同比增长

好于地方财政。2018 年中央财政对社保基金补助占中央财政收入的 7.6%，而地方财政对社保基金补助仅占地方财政收入的 5.9%，中央和地方财政对社保基金补助比上年均有所增长。

四 社会保险基金支出发展情况

（一）基金支出增幅低于收入增幅

2018 年，基金总支出 49208 亿元，比上年增加 7228 亿元，同比增长 17.2%，近五年平均增长 18.8%，高于“十五”（13.8%）时期平均增长率 5.0 个百分点，低于“十一五”（21.5%）时期平均增长率 2.7 个百分点（见表 7－3、图 7－8），2009～2016 年基金总支出增幅一直高于总收入增幅，分别高出 4.4 个、0.5 个、－7.1 个（政策因素例外）、3.6 个、5.2 个、6.1 个、3.9 个、5.2 个百分点，2017 年、2018 年基金总支出增幅低于总收入增幅 3.6 个和 0.3 个百分点。

表 7－3　2000～2018 年社会保险基金支出情况

单位：亿元，%

项目	年份	合计	同比	增量	企业养老	机关养老	居民养老	失业	工伤
	2000	2253	10.9	221	1970	145		123	14
“十五”时期	2001	2494	10.7	241	2117	204		157	16
	2002	3049	22.3	555	2503	340		187	20
	2003	3349	9.8	300	2716	406		200	27
	2004	3747	11.9	398	3031	471		211	33
	2005	4295	14.6	548	3495	545		207	48
	5 年平均	13.8	—	19.9	12.2	30.2		10.9	28.1
“十一五”时期	2006	5163	20.2	868	4287	609		198	68
	2007	6271	21.4	1107	5154	811		218	88
	2008	7770	23.9	1499	6508	882		254	127
	2009	9417	21.2	1647	7887	1008		367	156
	2010	11371	20.8	1954	9410	1145	200	423	192
	5 年平均	21.5	—	29.0	21.9	16.0	—	15.4	32.3

续表

项目	年份	合计	同比	增量	企业养老	机关养老	居民养老	失业	工伤
“十二五”时期	2011	14082	23.8	2711	11426	1339	598	433	286
	2012	17568	24.8	3486	14009	1553	1150	451	406
	2013	20832	18.6	3264	16741	1729	1348	532	482
	2014	24501	17.6	3669	19847	1907	1571	615	560
	2015	29265	19.4	4764	23141	2672	2117	736	599
	5 年平均	20.8	—	19.5	19.7	18.5	60.2	11.7	25.5
“十三五”时期	2016	35591	21.6	6326	25865	5989	2150	976	610
	2017	41980	18.0	6389	28541	9510	2372	894	662
	2018	49208	17.2	7228	31501	13144	2906	915	742

一是从各险种情况看，企业职工基本养老、机关事业单位基本养老、居民基本养老、失业和工伤保险基金支出分别增长 10.4%、38.2%、22.5%、2.4%和 12.0%，其中企业职工基本养老、居民基本养老、失业和工伤保险基金支出增幅同比分别增加 0.02 个、12.2 个、10.8 个和 3.5 个百分点，机关事业单位基本养老保险增幅下降 20.6 个百分点（见图 7－9）。

二是从各月环比增长情况看，基金支出高峰基本在 7 月、11 月和 12 月（见图 7－10）。

（二）社保待遇水平稳步提高

随着各项社会保险待遇的稳步提高，特别是企业养老保险待遇从 2005 年起连续 14 年调整，参保人员待遇水平显著提高。以企业养老保险为例，2006～2015 年同比增幅均在 10%左右，2016～2018 年养老金水平增幅分别为 5.4%、5.3%、4.3%。各年度增幅接近或超过城镇居民人均可支配收入①增幅（见图 7－11）。

① 资料来源于国家统计局统计公报。

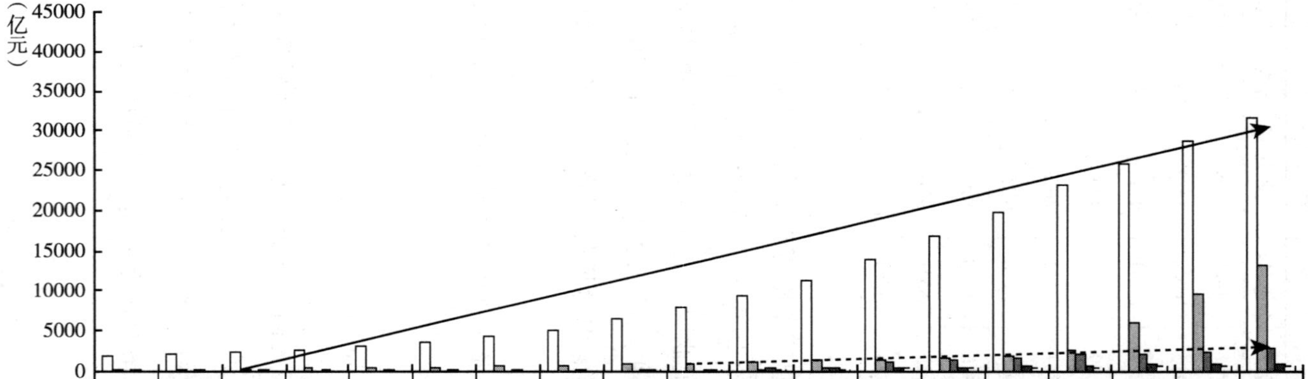

	2000年	2001年	2002年	2003年	2004年	2005年	2006年	2007年	2008年	2009年	2010年	2011年	2012年	2013年	2014年	2015年	2016年	2017年	2018年
□ 企业养老	1970	2117	2503	2716	3031	3495	4287	5154	6508	7887	9410	11426	14009	16741	19847	23141	25865	28541	31501
■ 机关养老	145	204	340	406	471	545	609	811	882	1008	1145	1339	1553	1729	1907	2672	5989	9510	13144
■ 居民养老											200	598	1150	1348	1571	2117	2150	2372	2906
■ 失业	123	157	187	200	211	207	198	218	254	367	423	433	451	532	615	736	976	894	915
⌐ 工伤	14	16	20	27	33	48	68	88	127	156	192	286	406	482	560	599	610	662	742

图 7－8　2000～2018 年基金支出增长情况

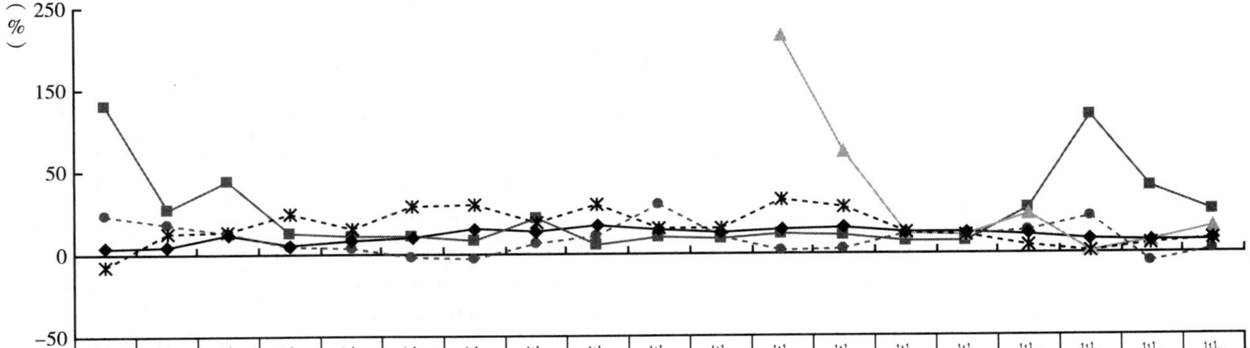

	2000年	2001年	2002年	2003年	2004年	2005年	2006年	2007年	2008年	2009年	2010年	2011年	2012年	2013年	2014年	2015年	2016年	2017年	2018年
企业养老	5.7	7.4	18.2	8.5	11.6	15.3	22.7	20.2	26.3	21.2	19.3	21.4	22.6	19.5	18.6	16.6	11.8	10.3	10.4
机关养老	135.5	40.5	66.4	19.3	16.0	15.8	11.8	33.1	8.7	14.3	13.6	17.0	16.0	11.3	10.3	40.1	124.1	58.8	38.2
居民养老												198.5	92.2	17.3	16.5	34.7	1.6	10.3	22.5
失业	34.7	26.9	19.2	7.1	5.8	-2.1	-4.3	9.9	16.4	44.7	15.4	2.2	4.1	18.0	15.6	19.8	32.6	-8.4	2.4
工伤	-10.5	19.5	20.6	36.4	22.7	42.7	44.2	28.4	44.3	22.7	23.6	48.8	41.9	18.7	16.3	6.8	1.9	8.5	12.0

图7-9　2000~2018年各险种基金支出同比增长情况

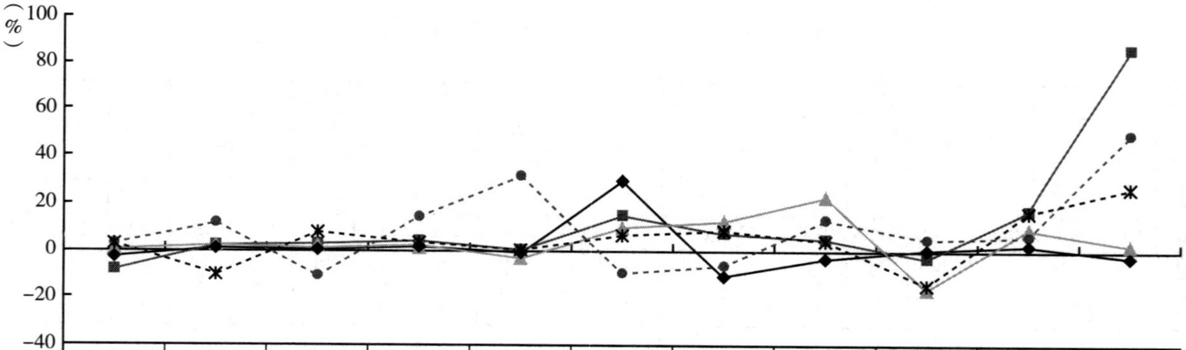

	2月	3月	4月	5月	6月	7月	8月	9月	10月	11月	12月
企业养老	−3.0	0.8	0.1	1.6	−0.9	29.6	−10.8	−3.3	0.3	2.3	−2.7
机关养老	−8.4	2.2	3.0	4.2	0.4	14.9	7.5	4.6	−3.6	16.7	85.3
居民养老	0.5	2.4	0.9	2.4	−3.2	9.8	12.3	22.5	−16.7	9.2	2.0
失业	2.8	11.5	−11.2	14.4	31.2	−9.6	−6.8	13.0	4.9	6.0	49.1
工伤	3.0	−10.4	8.0	3.2	0.2	6.8	8.8	4.1	−14.9	16.2	26.3

图 7－10　2018 年各险种基金支出月份环比情况

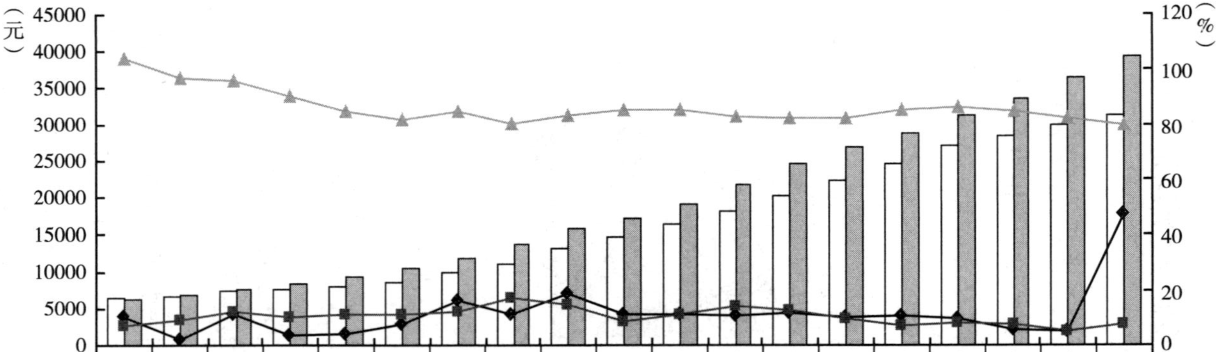

	2000年	2001年	2002年	2003年	2004年	2005年	2006年	2007年	2008年	2009年	2010年	2011年	2012年	2013年	2014年	2015年	2016年	2017年	2018年
年企业养老金（退休）	6532	6672	7416	7680	7992	8592	9984	11100	13200	14700	16344	18132	20232	22272	24600	27012	28476	29997	31285
年城镇居民可支配收入	6280	6860	7702	8472	9421	10493	11759	13786	15781	17175	19109	21810	24565	26955	28844	31195	33616	36396	39251
年企业养老金（退休）增长率	10.1	2.1	11.2	3.6	4.1	7.5	16.2	11.2	18.9	11.4	11.2	10.9	11.6	10.1	10.5	9.8	5.4	5.3	4.3
城镇居民可支配收入增长率	7.3	9.2	12.3	10.0	11.2	11.4	12.1	17.2	14.5	8.8	11.3	14.1	12.6	9.7	7.0	8.2	7.8	5.3	7.8
年养老金/居民可支配收入	104.0	97.3	96.3	90.7	84.8	81.9	84.9	80.5	83.6	85.6	85.5	83.1	82.4	82.6	85.3	86.6	84.7	82.4	79.7

图 7－11　2000～2018 年企业养老金支出与城镇居民收入发展情况

五　社会保险基金结余情况

截至2018年底，基本养老、工伤、失业保险基金累计结余65753亿元，其中企业养老、机关养老、居民养老、失业和工伤保险分别为47761亿元、3140亿元、7250亿元、5817亿元和1785亿元。其中基本养老占全部结余基金的88.4%（见图7-12）。

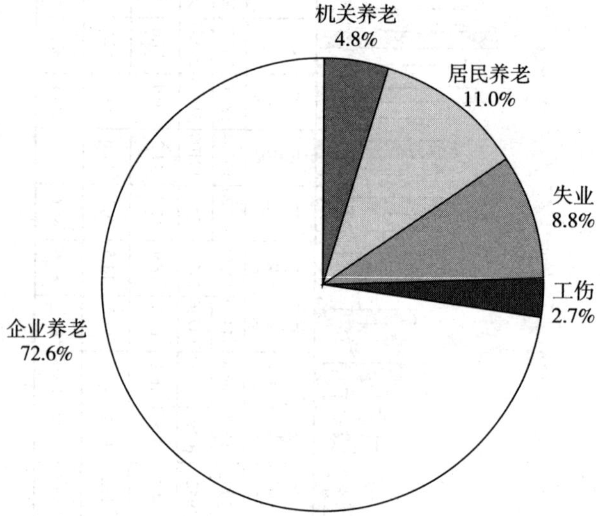

图7-12　2018年末各项社会保险基金累计结余占比情况

2018年，企业养老、机关养老、居民养老、失业和工伤保险基金累计结余分别增长15.4%、25.6%、14.8%、4.8%和11.1%，企业养老和失业保险基金累计结余增幅较上年分别增加3.5个和0.7个百分点，机关养老、居民养老和工伤保险基金累计结余增幅较上年分别减少29.6个、2.5个和2.8个百分点（见图7-13）。

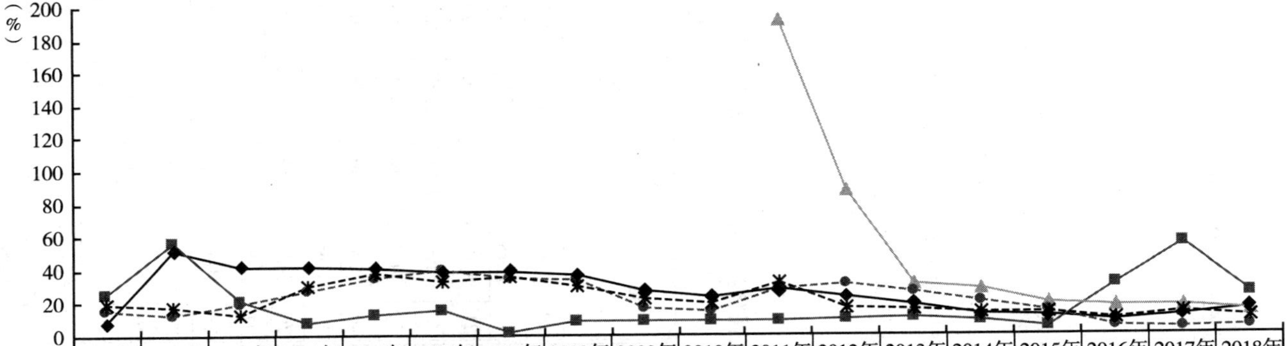

	2001年	2002年	2003年	2004年	2005年	2006年	2007年	2008年	2009年	2010年	2011年	2012年	2013年	2014年	2015年	2016年	2017年	2018年
企业养老	7.6	51.9	41.9	41.6	40.3	38.9	38.8	36.7	27.4	23.6	27.9	23.4	18.4	12.6	11.4	8.4	11.9	15.4
机关养老	25.3	56.3	21.2	7.7	12.3	16.0	2.2	9.0	8.9	8.8	8.6	9.5	10.6	9.0	4.8	30.9	55.3	25.6
居民养老											191.4	87.0	30.6	27.9	19.4	17.3	17.3	14.8
失业	15.5	12.2	19.6	27.1	34.5	39.7	35.1	33.8	16.3	14.8	28.0	30.7	25.8	20.8	14.2	4.9	4.1	4.8
工伤	19.1	17.7	12.5	30.0	37.9	32.7	36.0	30.2	21.9	19.8	32.3	16.1	15.6	13.3	13.9	9.8	13.9	11.1

图 7－13　2001～2018 年基金结余同比增长情况

六　2018年社会保险基金分省（区、市）情况

（一）城镇职工基本养老保险

如表7－4所示，2018年末全国参加城镇职工基本养老保险人数为41902万人，比上年末增加1608万人。其中，参保职工30104万人，参保离退休人员11798万人，分别比上年末增加836万人和772万人。2018年末城镇职工基本养老保险执行企业制度参保人数为36483万人，比上年末增加1166万人。

表7－4　2018年职工基本养老保险参保人数和基金收支情况

单位：万人，亿元

地区		参保人数	基金收入	基金支出	累计结余	地区		参保人数	基金收入	基金支出	累计结余
1	北京	1686	2554	1519	5298	18	湖南	1402	2129	1610	1657
2	天津	683	1120	1060	530	19	广东	4920	4571	2451	11129
3	河北	1586	2126	2020	870	20	广西	826	1249	1127	693
4	山西	838	1223	1139	1560	21	海南	258	326	268	235
5	内蒙古	734	1095	1074	656	22	重庆	1051	1202	1093	1026
6	辽宁	1995	2344	2715	310	23	四川	2544	2884	2532	3687
7	吉林	862	1055	940	504	24	贵州	640	799	637	782
8	黑龙江	1308	1630	1793	-557	25	云南	616	878	690	1138
9	上海	1573	2809	2584	2242	26	西藏	46	111	95	139
10	江苏	3226	3923	3401	4696	27	陕西	992	1173	1045	693
11	浙江	2883	3012	2871	3797	28	甘肃	455	553	508	458
12	安徽	1142	2006	1733	1681	29	青海	145	218	222	54
13	福建	1074	886	725	939	30	宁夏	216	269	240	250
14	江西	1053	1170	1004	820	31	新疆	523	756	644	1115
15	山东	2763	2728	2617	2387	32	新疆生产建设兵团	172	286	276	88
16	河南	2007	1902	1816	1197						
17	湖北	1602	1942	1996	743	33	全国	41902	51168	44645	50901

资料来源：《中国统计年鉴2019》，中国统计出版社，2019。

全年城镇职工基本养老保险基金总收入 51168 亿元，比上年增长 18.1%，其中征缴收入 38933 亿元，比上年增长 16.6%。全年基金总支出 44645 亿元，比上年增长 17.3%。年末城镇职工基本养老保险基金累计结存 50901 亿元。

（二）城乡居民基本养老保险

如表 7－5 所示，2018 年末城乡居民基本养老保险参保人数 52392 万人，比上年末增加 1137 万人。其中实际领取待遇人数 15898 万人。全年城乡居民基本养老保险基金收入 3838 亿元，比上年增长 16.1%。基金支出 2906 亿元，比上年增长 22.5%。基金累计结存 7250 亿元。

表 7－5　2018 年城乡居民养老保险参保人数和基金收支情况

单位：万人，亿元

地区		参保人数	基金收入	基金支出	累计结余	地区		参保人数	基金收入	基金支出	累计结余
1	北京	209	56	47	156	18	湖南	3405	176	136	312
2	天津	161	61	41	264	19	广东	2661	216	202	417
3	河北	3512	195	146	339	20	广西	1890	106	85	159
4	山西	1579	87	61	202	21	海南	298	35	18	83
5	内蒙古	750	59	54	94	22	重庆	1120	77	62	133
6	辽宁	1041	72	68	74	23	四川	3222	247	200	488
7	吉林	684	42	34	62	24	贵州	1803	70	56	124
8	黑龙江	897	53	42	81	25	云南	2361	105	74	262
9	上海	79	75	70	81	26	西藏	166	8	5	25
10	江苏	2325	349	277	638	27	陕西	1742	116	86	223
11	浙江	1198	177	172	157	28	甘肃	1317	74	45	167
12	安徽	3488	216	139	398	29	青海	246	17	11	39
13	福建	1526	104	82	166	30	宁夏	181	15	10	32
14	江西	1884	110	66	219	31	新疆	713	34	21	84
15	山东	4552	438	274	986	32	新疆生产建设兵团	18	1.1	0.3	4.8
16	河南	5082	266	194	476						
17	湖北	2283	182	125	306	33	全国	52392	3838	2906	7250

（三）失业保险

如表 7－6 所示，2018 年末全国参加失业保险人数为 19643 万人，比上年末增加 859 万人。2018 年末全国领取失业保险金人数为 223 万人，比上年末增加 3 万人。全年失业保险基金收入 1171 亿元，比上年增长 5.3%，支出 915 亿元，比上年增长 2.4%。2018 年末失业保险基金累计结存 5817 亿元。

表 7－6　2018 年失业保险参保人数和基金收支情况

单位：万人，亿元

地区		参保人数	基金收入	基金支出	累计结余	地区		参保人数	基金收入	基金支出	累计结余
1	北京	1241	105	72	270	18	湖南	584	25	15	143
2	天津	323	27	36	82	19	广东	3362	122	73	732
3	河北	546	32	20	171	20	广西	324	23	16	141
4	山西	431	27	12	193	21	海南	173	7	6	37
5	内蒙古	256	21	10	140	22	重庆	490	20	15	118
6	辽宁	680	38	35	285	23	四川	875	104	81	439
7	吉林	269	19	11	134	24	贵州	257	16	11	85
8	黑龙江	318	18	14	172	25	云南	273	18	11	140
9	上海	977	97	123	143	26	西藏	18	3	0	20
10	江苏	1671	100	102	438	27	陕西	372	23	14	168
11	浙江	1478	82	59	434	28	甘肃	168	11	6	88
12	安徽	506	29	23	122	29	青海	42	4	4	30
13	福建	570	23	16	178	30	宁夏	92	5	3	39
14	江西	288	13	4	87	31	新疆	262	16	14	68
15	山东	1319	74	64	310	32	新疆生产建设兵团	67	3	2	17
16	河南	820	36	21	204						
17	湖北	591	31	21	189	33	全国	19643	1171	915	5817

（四）工伤保险

如表 7－7 所示，2018 年末全国参加工伤保险人数为 23874 万人，比上年末增加1151万人。享受工伤保险待遇人数为199万人，比上年增加6万人。全年工伤保险基金收入913亿元，支出742亿元，分别比上年增长6.9%和12.0%。年末工伤保险基金累计结存1785亿元（含工伤储备金294亿元）。

表7－7　2018年工伤保险参保人数和基金收支情况

单位：万人，亿元

项目		参保人数	基金收入	基金支出	累计结余	地区		参保人数	基金收入	基金支出	累计结余
1	北京	1187	40	36	52	18	湖南	794	56	35	89
2	天津	399	14	12	17	19	广东	3592	73	60	288
3	河北	880	54	44	45	20	广西	413	16	7	49
4	山西	597	38	39	61	21	海南	153	3	2	18
5	内蒙古	326	15	11	46	22	重庆	577	22	20	8
6	辽宁	841	38	33	46	23	四川	1013	42	30	79
7	吉林	441	13	12	40	24	贵州	356	16	15	24
8	黑龙江	520	25	26	31	25	云南	403	18	13	32
9	上海	973	32	35	65	26	西藏	36	2	1	6
10	江苏	1777	81	67	164	27	陕西	528	22	14	41
11	浙江	2088	66	56	104	28	甘肃	219	12	8	18
12	安徽	604	24	21	52	29	青海	69	5	3	10
13	福建	854	20	19	64	30	宁夏	93	6	5	12
14	江西	535	25	16	52	31	新疆	292	12	11	23
15	山东	1633	64	48	117	32	新疆生产建设兵团	80	3	2	6
16	河南	926	30	25	70						
17	湖北	676	27	17	56	33	全国	23874	913	742	1785

注：累计结余中包含工伤储备金。

七　下一步工作计划

（一）全面推进“全民参保计划”，提高社保覆盖率

继续巩固参保登记成果，坚持把灵活就业、新业态就业、中小企业人员

等作为参保扩面的重点，深化部门协作，加强数据比对，制定精准扩面措施，持续推动登记成果转化为扩面资源。积极通过各种媒介加强社保政策宣传，不断强化参保意识，努力实现法定人群依法参保，灵活就业主动参保，不断提高社保覆盖率。

（二）落实好降低社会保险费率各项措施，进一步加强社保基金预算管理

贯彻落实党中央、国务院决策部署，落实好降低社会保险费率各项措施，降低企业用工成本。按照职责分析研判降费率政策实施效果，加强政策宣传解读，保障社保降费政策落实到位。强化预算编制和审核工作，完善预算分析制度，加强预算执行动态监测，增强预算管理激励约束机制，促进基金收支平衡。

（三）落实中央调剂基金制度，完善养老保险省级统筹

全面贯彻党的十九大报告提出的“尽快实现养老保险全国统筹”要求，按照企业职工基本养老保险基金中央调剂制度规定，严格做好中央调剂基金的筹集、拨付、管理工作，逐步提高上解比例，确保基金中央调剂制度顺利实施。在统一基本养老保险制度、缴费政策、待遇政策等基础上，推进养老保险基金统收统支，稳步推进企业职工基本养老保险省级统筹。

（四）加强基金收支管理，拓宽资金筹集渠道

建立健全基金运行监控机制，充分利用大数据开展运行监测。健全基本养老金合理调整机制，落实好各项社会保险待遇调整政策。继续加快推进委托投资工作，实现基金保值增值。积极推进划转部分国有资本充实社保基金工作，拓宽资金筹集渠道。完善多层次养老保险体系，满足不同群体的养老保障需求。

（人力资源社会保障部社会保险事业管理中心　崔科）

第八章
2018年财政政策收入再分配状况

2018 年，财政部门坚决贯彻党中央、国务院决策部署，继续完善财政再分配调节机制，个人所得税改革迈出关键步伐，大力支持脱贫攻坚和农民增收，加大对重点领域和关键环节投入力度，强化基本民生保障，推动区域均衡发展，着力发挥财政政策对收入分配的托底和引领作用，人民群众获得感不断增强。

一　加大税收政策支持力度

（一）推动落实个人所得税改革

为贯彻落实党中央、国务院决策部署，财政部会同有关部门积极推进个人所得税改革和修法工作。2018 年 8 月 31 日，全国人大常委会通过《关于修改〈中华人民共和国个人所得税法〉的决定》，修改后的个人所得税法自 2019 年 1 月 1 日起全面实施，其中部分减税政策先行自 2018 年 10 月 1 日起施行。根据修改后的个人所得税法，国务院修订个人所得税法实施条例，制定《个人所得税专项附加扣除暂行办法》，自 2019 年 1 月 1 日起施行。

此次个人所得税改革多措并举，将基本减除费用标准由 3500 元/月提高至 5000 元/月，设立子女教育、继续教育、大病医疗、住房贷款利息、住房租金、赡养老人 6 项专项附加扣除项目，调整优化税率结构等，广大纳税人税负普遍降低。将工资薪金、劳务报酬、稿酬和特许权使用费 4 项所得纳入综合征税范围，实行按年汇总计算征税，标志着我国个人所得税朝着建立综合与分类相结合的个人所得税制方向迈出关键一步。

自 2018 年 10 月 1 日起，基本减除费用标准提高到 5000 元/月，适用新的税率表，减税效果明显。月工薪收入 2 万元以下的纳税人，税负降幅超过 50%。2019 年 1 月 1 日 6 项专项附加扣除落地实施后，在 5000 元/月的基本减除费用之上，纳税人享受更大幅度扣除，税负进一步减轻。

（二）大力支持脱贫攻坚

财政部会同国家税务总局印发《关于易地扶贫搬迁税收优惠政策的通知》（财税〔2018〕135 号），规定自 2018 年 1 月 1 日至 2020 年 12 月 31 日，对易地扶贫搬迁贫困人口按规定取得的住房建设补助资金、拆旧复垦奖励资金等与易地扶贫搬迁相关的货币化补偿和易地扶贫搬迁安置住房，免征个人所得税和相关的契税；对易地扶贫搬迁安置住房建设运营免征相关的契税、城镇土地使用税和印花税。

（三）支持社会保障体系建设

为推进多层次养老保险体系建设，对养老保险第三支柱进行有益探索，自 2018 年 5 月 1 日起，在上海市、福建省（含厦门市）和苏州工业园区开展税延养老试点。试点地区个人购买符合规定的商业养老保险产品支出，允许在一定标准内税前扣除；计入个人商业养老资金账户的投资收益，暂不征收个人所得税；个人领取商业养老金时征税。试点实施情况总体较为平稳，效果良好。

（四）进一步支持中小微企业发展

自 2018 年 5 月 1 日起，统一增值税小规模纳税人标准，将工业企业和商业企业小规模纳税人的年销售额标准由 50 万元和 80 万元上调至 500 万元，让更多企业享受按较低征收率计税优惠。自 2019 年 1 月 1 日起，大幅放宽享受企业所得税优惠的小型微利企业标准，加大所得税优惠力度。对小型微利企业年应纳税所得额不超过 100 万元、100 万元到 300 万元的部分，分别减按 25% 、50% 计入应纳税所得额，按 20% 税率计算缴纳企业所得税，实际税负低于 10% 。

二　支持教育事业发展

（一）确保财政投入优先保障教育

《国务院办公厅关于进一步调整优化结构提高教育经费使用效益的意见》（国办发〔2018〕82 号）明确，“保证国家财政性教育经费支出占国内生产总值比例一般不低于 4% ，确保一般公共预算教育支出逐年只增不减，确保按在校学生数平均的一般公共预算教育支出逐年只增不减”。初步统计，2018 年，国家财政性教育经费支出 36990 亿元，占国内生产总值的 4. 1% ，自 2012 年以来连续 7 年均保持在 4% 以上；全国一般公共预算教育支出占一般公共预算财政支出的 14. 6% ，是一般公共预算第一大支出。

（二）支持办好各级各类教育

一是推动城乡义务教育一体化发展。坚持“保基本”，巩固城乡统一、重在农村的义务教育经费保障机制。中央财政安排城乡义务教育经费保障机制预算 1191 亿元，全国约 1. 45 亿城乡义务教育学生获得免费教科书，1392 万家庭经济困难寄宿生获得生活费补助，约 1400 万进城务工农民工随迁子女实现“两免一补”和生均公用经费基准定额资金可携带。坚持“补短板”，着力解决义务教育突出问题。安排 360. 5 亿元，引导和支持地方全面改善贫困地区义务教育薄弱学校基本办学条件，稳步推进乡村小规模学校和乡镇寄宿制学校建设，着力解决县镇学校“大班额”问题；安排 201 亿元，继续实施农村义务教育学生营养改善计划，惠及学生约 3700 万名。

二是支持办好学前教育。中央财政安排支持学前教育发展资金 149 亿元。支持地方实施好第三期学前教育行动计划，坚持公办民办并举扩大普惠性学前教育资源，健全幼儿资助制度。

三是支持职业教育改革发展。继续支持实施现代职业教育质量提升计划，深化职业教育改革发展。2018 年，中央财政安排资金 187 亿元，比 2017 年增加约 10 亿元。积极引导各地建立完善职业教育生均拨款制度。截至 2018 年底，各省均已建立中、高职院校生均拨款制度，高职生均财政拨款达到 1.2 万元。

四是支持高等教育内涵式发展。中央财政持续优化支出结构，加大重点支出保障力度。全面落实党的十九大关于“加快一流大学和一流学科建设”要求，安排中央高校“双一流”建设资金 205 亿元，比上年增长 12%。大幅增加基本科研业务费和教育教学改革专项资金，安排 76 亿元，比上年增长 25%，重点支持高校基础研究和本科教育。会同教育部加强和规范高校思想政治工作专项资金管理，支持提升高校思想政治工作质量。安排“支持地方高校改革发展资金”367 亿元，向中西部等困难地区和薄弱环节倾斜，向“部省合建”和“双一流”建设高校倾斜，中西部地区占比 80% 以上，支持中西部建设有特色、高水平大学。

五是支持高中教育、特殊教育、民办教育等加快发展。推进《高中阶段教育普及攻坚计划（2017～2020 年）》，加快普及高中阶段教育。支持特殊教育发展，保障特殊群体受教育权利，2018 年安排 4.1 亿元，支持特殊教育学校配备教学康复设备、设立特殊教育资源（中心）教室、开展“医教结合”试点等。研究完善支持民办教育发展的财税政策措施，推进民办教育加快发展。

六是落实完善学生资助政策体系。落实完善各阶段全覆盖的学生资助政策体系，进一步向贫困地区特别是深度贫困地区倾斜，对建档立卡等贫困家庭学生实施全程全部资助。全年约 860 万人次高校学生、约 490 万人次普通高中学生和约 1377 万人次中职学生得到资助。

三　支持文化旅游体育事业

（一）支持加快公共文化服务体系建设

2018 年中央财政安排资金 208 亿元，一是统筹支持地方 5 万余个博物馆、纪念馆、公共图书馆、美术馆、文化馆（站）公共文化设施免费开放，提供基本公共文化服务项目，增强公共文化服务能力。二是支持地方统筹落实国家基本公共文化服务指导标准和地方实施标准，推动基层公共文化设施设备维修购置和基层文化人才队伍建设，实施公共数字文化建设、广播电视户户通、流动文化服务、贫困地区戏曲进乡村、深度贫困县应急广播体系建设设备购置等项目。三是支持为边远贫困地区、边疆民族地区和革命老区培养、选派文化工作者约1.9万名。四是支持少数民族地区文化事业发展。

（二）支持社会主义文艺繁荣发展

2018年中央财政安排资金35亿元，一是支持文化和旅游部直属文艺院团改革发展，为社会提供优质低价的公益性惠民文化演出，通过国家艺术基金资助国内文艺机构或单位开展艺术创作生产、传播交流推广等活动。二是支持影视业发展，支持电影、电视剧等剧本创作、拍摄制作、宣传推广，资助影院建设、设备更新改造和重点制片基地建设发展，为群众打造优秀国产电影、电视剧和舒适的观影环境。三是支持出版业发展。通过国家出版基金资助实施公益性出版项目，为群众提供丰富的图书、音像制品和电子出版物。

（三）支持体育事业发展

2018年，安排中央彩票公益金支持体育事业转移支付21.1亿元，一是通过支持建设一批社区健身中心、体育公园、健身步道等体育健身设施，更好满足广大群众的体育健身需求。二是支持普及科学健身知识和健身方法，推动全民健身生活化；组织社会体育指导员广泛开展全民健身指导服务；加强社会体育指导员队伍建设，以实现到2030年每千人拥有社会体育指导员2.3名的目标。三是支持广泛开展全民健身活动，调动广大群众参与全民健身活动的积极性，普及群众冰雪运动。四是支持开展第5次国民体质监测数据采集工作。五是支持持续推动增加冬、夏令营营地数量，多办、办好青少年体育冬、夏令营。举办冬、夏阳光体育大会。六是支持构建新的全国青少年U系列竞赛体系；落实全国各级各类体校教练员人才教育培训规划（2018～2022年），加强教练员队伍建设。七是支持落实奥运争光计划，完成2020东京奥运会、2022北京冬奥会备战任务。

（四）支持旅游业发展

2018年，中央财政通过旅游发展基金安排17亿元，积极推进旅游厕所革命、全域旅游和红色旅游发展，加强旅游标识指引体系建设，改善旅游公共服务设施条件，促进旅游业转型升级融合发展。将旅游发展基金补助地方项目纳入试点贫困县资金统筹整合使用范围，实行切块下达，推动地方政府将财政支持旅游发展方面的资金和其他涉农资金统筹使用，释放旅游扶贫富民效能。

四　大力支持脱贫攻坚

（一）加大财政扶贫投入力度

2018年，安排补助地方财政专项扶贫资金1061亿元，在2017年净增200亿元的基础上再增加200亿元。安排专项彩票公益金20亿元支持贫困革命老区县加快推进脱贫攻坚工作。指导督促有关省份优化债务资金使用结构，继续安排地方政府债券资金1091亿元支持脱贫攻坚。进一步加大专项扶贫资金投入力度，明确将新增资金重点用于深度贫困地区脱贫攻坚。

（二）扎实推进财政支持脱贫攻坚重点工作

一是深入推进贫困县涉农资金整合试点。截至2018年12月31日，全国832个重点县和片区县计划整合资金规模3320亿元，已实际整合3277亿元，完成支出2973亿元。二是调整规范易地扶贫搬迁融资方式。会同相关部门印发《关于调整规范易地扶贫搬迁融资方式的通知》（财农〔2018〕46号），以2017年7月14日为时间节点，明确此前的融资由各地按“老办法”执行，此后已完成的融资有序归还偿还，尚未完成的融资按照“新办法”发债筹集。2018 年，中央财政安排专项扶贫资金 108 亿元，用于补助各地易地扶贫搬迁贷款贴息。

（三）切实加强扶贫资金监管

一是全面加强扶贫资金监管。牵头制发《财政部关于全面加强脱贫攻坚期内各级各类扶贫资金管理的意见》（财办〔2018〕24 号），推动建立“1 +4”的扶贫资金管理机制。二是切实抓好各类考核、审计问题整改。会同国务院扶贫办组织中西部 22 省区市对考核中发现的问题进行归纳整理，提出进一步加强扶贫资金监管、完善制度建设等方面的意见建议。三是全面清理盘活闲置扶贫资金。结合巡视和审计发现的问题、省级党委政府扶贫开发工作成效考核等，向国务院呈报《国务院扶贫办、农业农村部、财政部关于切实解决扶贫资金闲置问题情况的报告》，有效督促各地重视扶贫资金监管，切实提高扶贫资金使用效率和效益。四是用好用足资金绩效评价指挥棒。在对各省 2017 年专项扶贫资金绩效评价中，首次采取第三方机构抽查的方式，掌握各地资金精准使用情况。

五　支持社会保障和就业

（一）加大财政投入力度，支持社会保障体系建设和促进就业

2018 年，全国一般公共预算社会保障和就业支出 27012. 1 亿元，同比增长 9. 4%。其中，中央本级一般公共预算社会保障和就业支出 1184. 6 亿元，同比增长 18. 7%。同时，中央财政通过对地方转移支付积极支持社会保障和就业发展。一是安排基本养老金转移支付 6664. 4 亿元，主要用于确保机关事业单位、企业离退休人员基本养老金和符合待遇领取条件的城乡居民基础养老金按时足额发放，以及落实国家出台的机关事业单位和企业退休人员基本养老金调整政策。从 2018 年 7 月 1 日起，国家建立企业职工基本

养老保险基金中央调剂制度。2018 年上半年，中央调剂基金总规模为 2422.3 亿元，受益省份受益规模达到 610.3 亿元。通过实施养老保险基金中央调剂制度，对缓解中西部地区和老工业基地省份基金收支压力、确保养老金按时足额发放发挥积极作用。二是安排就业补助资金 468.8 亿元，主要由各地统筹用于职业培训补贴、职业技能鉴定补贴、社会保险补贴、公益性岗位补贴、创业补贴、就业见习补贴、求职创业补贴、就业创业服务补助和高技能人才培养补助等支出。三是安排优抚对象补助经费 439.3 亿元，退役安置补助经费 453.8 亿元，主要用于优抚对象等人员抚恤和生活补助，移交政府安置的军队离休退休人员和退役士兵等方面。四是安排困难群众救助补助资金 1400.9 亿元，支持各地统筹开展低保、特困人员救助供养、临时救助、流浪乞讨人员救助、孤儿基本生活保障等工作。五是安排残疾人事业发展补助资金 31.7 亿元，支持各地统筹开展残疾人康复、托养、助学、机动轮椅车燃油补贴和家庭无障碍改造等工作。此外，大力支持养老服务业发展。安排中央专项彩票公益金 10 亿元、福利彩票公益金 19.4 亿元，支持开展居家和社区养老服务改革试点、城乡社区养老服务设施扩建及更新改造。

（二）加大医疗卫生领域支持力度，提高医疗卫生服务水平

2018 年，全国一般公共预算医疗卫生与计划生育支出 15623.6 亿元，同比增长 7.9%。其中，中央本级一般公共预算医疗卫生与计划生育支出 210.7 亿元，同比增长 55.1%。同时，中央财政通过对地方转移支付积极支持医疗卫生事业发展。一是安排城乡居民基本医疗保险补助资金 2724.7 亿元，各级财政对新农合和城镇居民医保的补助标准从每人每年 450 元提高到 490 元，中央财政对西部地区补助标准由每人每年 324 元提高到 356 元，对中部地区的补助标准由每人每年 258 元提高到 282 元，对东部地区的补助标准也相应提高。为提高大病保障水平，2018 年城乡居民医保财政补助人均新增 40 元中的一半用于大病保险。二是安排医疗服务能力提升补助资金 194.3 亿元，主要用于支持公立医院综合改革、卫生健康人才培养、临床服

务能力建设等；基本药物制度补助资金91.0亿元，主要用于支持基层医疗卫生机构实施国家基本药物制度，推进基层医疗卫生机构体制机制综合改革；公共卫生服务补助资金629.3亿元，主要用于向城乡居民提供基本公共卫生服务和重大公共卫生服务，基本公共卫生服务人均经费标准从50元提高到55元；计划生育服务转移支付资金89.0亿元，主要用于支持提供各项计划生育服务。三是安排医疗救助补助资金261.1亿元，用于支持符合条件的困难群众参保（合），对难以负担的自负医疗费用给予补助，开展疾病应急救助，支持深度贫困地区提高农村贫困人口医疗保障水平等。其中，为强化贫困群众基本医疗保障，缓解因病致贫问题，从2018年起，中央财政通过医疗救助渠道增加安排补助资金40亿元，用于支持深度贫困地区提高农村贫困人口医疗保障水平，实现医疗保障托底。

六　支持农民增收

（一）完善农业补贴政策，促进增加农民转移性收入

一是稳步推进以绿色生态为导向的农业补贴制度改革。安排1204.9亿元推进落实农业“三项补贴”改革，在保持政策连续性、稳定性的同时，坚持绿色生态为导向，鼓励地方探索建立补贴发放与耕地保护责任落实挂钩的机制，加强相关政策统筹整合，多措并举提升耕地质量，促进农业增产、农民增收，实现农业可持续发展。二是完善农机购置补贴政策。安排农机购置补贴186亿元，进一步完善农业补贴政策，引导农业机械化全程全面高质高效发展。积极采取有效措施，不断扩大购机农民选择空间，减轻购机农民负担，增加购机农民获得感。三是继续实施草原生态保护补助奖励政策。安排187.6亿元支持继续实施新一轮草原生态保护补助奖励政策，通过实施禁牧补助、草畜平衡奖励和绩效评价奖励，引导牧民禁牧限牧，支持各地加强草原保护建设，为推动牧区经济与生态环境协调发展、增加牧民收入提供有力支撑。

（二）加快现代农业建设，促进增加农民经营性收入

一是支持特色优势产业。安排12亿元，支持各地创建21个现代农业产业园，引领农业现代化发展，带动当地农业产业升级，成为农民增收致富的平台。安排30亿元，采取以奖代补方式，实施产业兴村强县示范行动，建设一批乡土经济活跃、乡村产业特色明显的农业产业强镇。二是支持优化农业产业结构。安排58.4亿元支持开展轮作任务面积2400万亩、休耕任务面积400万亩、大豆轮作试点面积500万亩，着力探索可复制可推广的组织方式、技术模式和政策框架，加快构建轮作休耕制度体系。三是支持构建现代农业经营体系。安排国家农担公司注资30亿元，支持为省级农担公司提供再担保和业务指导服务，不断做大农业信贷担保规模。安排165亿元，用于地方农担公司注资以及财政担保费率补助等方面。支持农村集体经济组织、专业化农业服务组织、服务型农民合作社等主体为农户提供社会化服务，把小农户生产引入现代农业发展轨道。四是夯实农业生产建设基础。安排556.9亿元，支持大规模推进高标准农田建设，开展重点中型灌区节水配套改造，实施土地整治重大工程，加强耕地数量、质量、生态“三位一体”保护。支持新增2158万亩高效节水灌溉面积。五是支持提升农业防灾减灾救灾能力。及时拨付资金，支持各地做好农业生产救灾及特大防汛抗旱工作。支持加强灾后水利薄弱环节建设，建立健全农业气象服务体系和农村气象灾害防御体系。

（三）着力深化机制改革，促进增加农民财产性收入

一是扎实做好扶持村级集体经济试点。安排56亿元，将扶持村集体经济发展试点范围由上年的23个省份扩大到28个省份和4个计划单列市。中央组织部、财政部印发《关于坚持和加强农村基层党组织领导　扶持壮大村级集体经济的通知》（中组发〔2018〕18号），进一步发挥基层党组织在发展壮大村级集体经济中的领导作用，巩固党在农村的执政基础。二是推进资产收益扶贫规范有序开展。指导地方开展资产收益扶贫，抓好项目组织实

施，加强贫困群众利益保障和风险防控。总结资产收益扶贫典型模式，印发财政支农资金支持资产收益扶贫案例，通过示范带动推动各地资产收益扶贫规范有序开展。

（四）支持做好服务保障，促进增加农民工资性收入

为加快构建新型职业农民队伍，安排74亿元，支持深入实施新型职业农民培育工程，扩大农村实用人才培训试点，加强农民合作社示范社及联合社建设等。积极配合有关部门做好农民进城务工就业管理和服务等相关工作。

七 支持保障性安居工程

2018年全国保障性安居工程财政支出7372亿元，支持棚户区改造开工626万套，完成30万套公租房配套基础设施建设，发放租赁补贴近300万户，完成农村危房改造190万户。

（一）加大保障性安居工程资金筹措力度

一是各级财政积极支持保障性安居工程建设。2018年，全国保障性安居工程财政支出7372亿元，同比增长46.4%。其中，一般公共预算安排支出3468亿元，占47%；土地出让收益安排支出3904亿元，占53%。二是中央补助城镇保障性安居工程力度不减。2018年，中央财政一般公共预算安排用于保障性安居工程的补助资金达2442亿元。其中，补助城镇保障性安居工程2176亿元，占89.1%；补助农村危房改造266亿元，占10.9%。中央财政一般公共预算补助资金重点向各类棚户区改造倾斜，补助各类棚户区改造及配套基础设施建设1998亿元，约占城镇保障性安居工程中央补助资金的91.8%。

（二）推进政府购买公租房运营管理服务试点

为进一步完善公租房运营管理机制，更好地吸引企业和其他机构参与公

租房运营管理，2018 年，明确在浙江、安徽、山东、湖北、广西、四川、云南、陕西 8 个省（区），开展政府购买公租房运营管理服务试点工作，凡适合市场化方式提供的公租房运营管理服务事项，包括公租房入住和退出管理、租金收缴和房屋使用管理、维修养护和综合管理等事项，可通过政府购买服务方式实施。对不属于政府职责范围，或者应当由政府直接提供、不适合市场化方式提供的服务事项，不得实施政府购买服务。

（三）加强棚户区改造债务管理

一是有序推进试点发行地方政府棚改专项债券。制定《试点发行地方政府棚户区改造专项债券管理办法》（财预〔2018〕28 号），探索建立棚改专项债券与项目资产、收益相对应的制度，发挥政府规范适度举债改善群众住房条件的积极作用。2018 年发行棚改专项债券 3156 亿元。二是规范棚户区改造融资行为。督促各地贯彻落实党中央、国务院关于坚决遏制隐性债务增量的决策部署，按照“开前门、堵后门”要求，将棚改融资纳入地方政府债务监管，严禁借棚改之名盲目举债和其他违法违规行为，谨防棚改成为地方隐性债务“黑洞”。

（四）开展保障性安居工程财政资金绩效评价

为进一步提高保障性安居工程财政资金使用效益，更好实现保障性安居工程建设目标，财政部认真组织开展保障性安居工程财政资金使用情况绩效评价，将评价结果列为中央财政补助资金和任务分配的重要参考因素。积极配合审计署等部门，对全国保障性安居工程工作开展情况进行跟踪审计，加强核查问责。

（五）落实农村危房改造脱贫攻坚行动要求

贯彻精准扶贫精准脱贫基本方略，配合住房城乡建设部印发《农村危房改造脱贫攻坚三年行动方案》（建村〔2018〕115 号），聚焦支持重点，在集中支持建档立卡贫困户等四类重点对象危房改造的基础上，进一步加大对深度贫困地区的支持力度，优先安排“三区三州”等深度贫困地区危房改造任务，提高对深度贫困地区省份的户均补助。

八　完善机关事业单位收入分配政策

（一）落实机关事业单位基本工资正常增长机制

按照党的十八届三中全会关于建立机关事业单位基本工资正常增长机制的有关精神，2018 年 7 月，经国务院批准，将基本工资标准提高 300 元，中小学教师、护士高定 10%，义务教育教师增资额按高 16% 掌握。相应提高飞行员、潜水员、体育运动员等特殊行业工作人员基本工资标准。

（二）调整艰苦边远地区津贴标准

按照落实艰苦边远地区津贴正常增长机制要求，从 2017 年 1 月起，调整艰苦边远地区津贴标准，津贴月人均水平从一类区 210 元到六类区 3200 元不等，提高艰苦边远地区干部职工工资水平，缩小了地区工资差距。

（三）推进扩大公立医院薪酬制度改革试点工作

根据《关于扩大公立医院薪酬制度改革试点的通知》（人社部发〔2017〕92 号），配合有关部门积极稳步推进扩大公立医院薪酬制度改革试点工作，除《关于开展公立医院薪酬制度改革试点工作的指导意见》（人社部发〔2017〕10 号）明确的试点城市外，其他城市至少选择 1 家公立医院开展试点，试点时间再延长 1 年。

（四）继续落实以增加知识价值为导向的分配政策

一是配合有关部门报请国务院印发《关于优化科研管理提升科研绩效若干措施的通知》（国发〔2018〕25 号），加大对承担国家关键领域核心技术攻关任务科研人员的薪酬激励力度。二是配合出台《关于抓好赋予科研机构和人员更大自主权有关文件贯彻落实工作的通知》（国办发〔2018〕127号），明确科研人员兼职及科研人员获得科技成果转化收益等具体操作办法。

九　加大中央财政对地方转移支付力度

（一）持续扩大中央对地方转移支付规模

2018年中央对地方转移支付已达到61649亿元，增长8.1%，占中央一般公共预算支出的60.2%。其中，对中西部地区转移支付52583亿元，较2017年增加3818亿元，增长7.8%，积极支持中西部地区切实提高财政保障能力。

（二）不断优化转移支付支出结构

大幅扩大一般性转移支付规模，2018年一般性转移支付达到38722亿元，增长10.2%，占全部转移支付比重的62.8%，较2017年提高1.2个百分点，显著增加地区可统筹使用财力。优化专项转移支付内部结构，将更多资金投向教育、科技、文化、医疗卫生、社会保障、节能环保、农林水等重点民生领域。

（三）加大向财力薄弱和贫困地区的倾斜力度

2018年均衡性转移支付24442亿元，增长9.2%，通过发挥其内在“自动调控”作用，缩小地区间财力差距。老少边穷地区转移支付2133亿元，增长15.7%，支持革命老区、民族地区、边境地区、贫困地区加快发展。县级财力保障机制奖补资金2463亿元，增长10%，提高县级财力保障水平，支持地方基层政府做好“保工资、保运转、保民生”工作。

（财政部综合司　王洪涛　黄志鹏）

第九章
2018年特殊群体保障状况

2018 年，社会救助制度在脱贫攻坚中的兜底保障作用发挥更加充分，养老服务和老年人福利事业稳步发展，儿童福利事业取得新突破，慈善事业和社会工作加快发展，困难群众、老年人、残疾人、孤儿等特殊群体保障水平稳步提升。

一　特殊群体保障基本情况

（一）老年人福利与养老服务

1. 困难老年人基本生活得到有效保障

截至 2018 年底，全国各省份均建立了 80 周岁以上高龄老年人津贴制度，30 个省份建立了生活困难老年人养老服务补贴制度，29 个省份建立了失能老年人护理补贴制度。截至 2018 年底，高龄老年人津贴制度共惠及全国 2972.3 万老年人，养老服务补贴制度惠及 521.7 万老年人，护理补贴制度惠及 74.8 万老年人。同时，全国有 1493.2 万老年人纳入最低生活保障制度，400 万老年人纳入特困人员救助供养，贫困老年人基本生活得到有效保障。全国各级支出老年人福利经费 370.1 亿元，比上年增长 25.9%（见图 9－1）。

2. 养老服务供给总量和服务质量不断提升

2018 年，民政部安排 31 亿元中央补助地方投资和 13 亿元民政部本级彩票公益金支持地方老年福利设施建设。截至 2018 年底，全国各类养老机构和设施达 16.8 万个，养老床位合计达到 727.1 万张（见图 9－2）。其中：

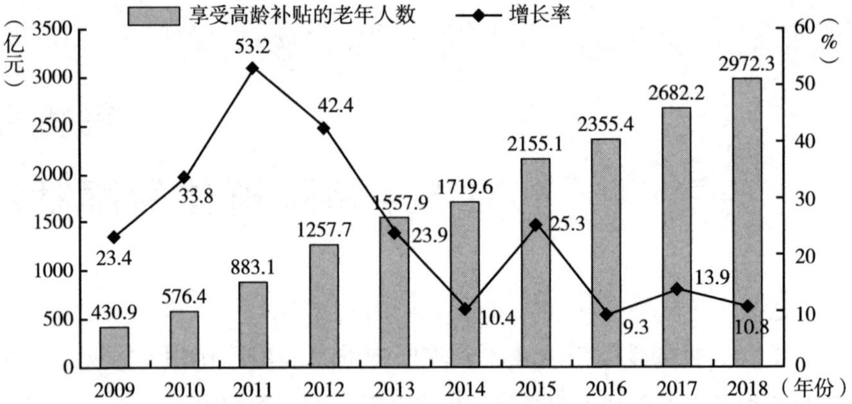

图 9-1　2009～2018 年享受高龄补贴的老年人数及增长率

注册登记的养老机构 2.9 万个，比上年增长 5.6%，床位 379.4 万张，比上年增长 3.9%；社区养老照料机构和设施 4.5 万个，社区互助型养老设施 9.1 万个，社区留宿和日间照料床位 347.8 万张，比上年增长 2.7%。全国养老院在 2017 年整治 19.7 万处服务隐患的基础上，新整治 16.3 万处服务隐患，养老服务质量继续提升。全国统一的养老服务质量标准和评价体系正在加快建立。市场监管总局监测的养老服务质量满意度达到 77.87，较往年持续上升。

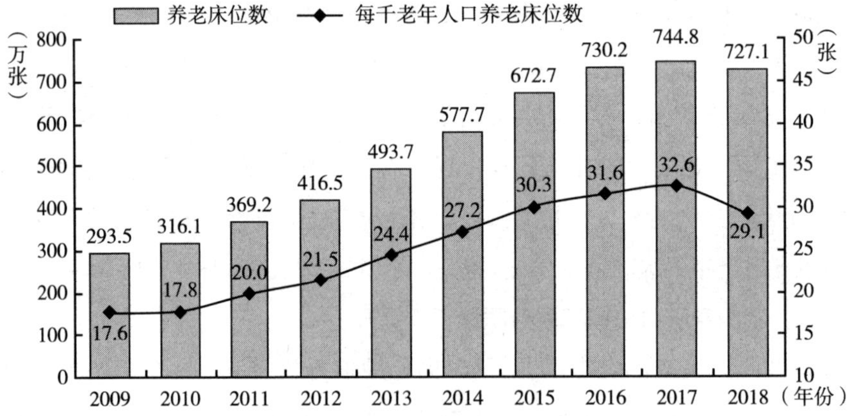

图 9-2　2009～2018 年全国养老床位数

3. 农村养老服务发展取得新突破

一是民政部指导督促各地落实《关于加强农村留守老年人关爱服务工作的意见》（民发〔2017〕193 号），加快建立农村留守老年人关爱服务体系，开展关爱服务。二是深度贫困地区农村供养服务设施建设改造提速。民政部联合国家发展改革委、国务院扶贫办印发《深度贫困地区农村供养服务设施建设改造行动计划》（民发〔2018〕127 号），全面改善深度贫困地区供养服务设施条件，提高集中供养服务能力，更好保障特困人员基本生活。三是深化农村居家养老服务改革试点。2018 年，全国 90 个居家和社区养老服务改革试点覆盖 11 个集中连片特困地区和 21 个深度贫困县。全国初步形成以家庭赡养为基础、养老机构和互助幸福院为依托、农村老年协会参与、乡镇敬老院托底的农村养老体系。

4. 广泛宣传防范化解养老服务领域非法集资风险

2018 年，民政部认真贯彻落实国务院有关要求，将养老服务领域非法集资监管作为防范化解重大风险的重要内容，印发了《关于进一步做好养老服务领域防范和处置非法集资有关工作的通知》（民办函〔2018〕116 号），指导各地全面做好养老服务领域防范和处置非法集资工作。各地民政部门按照《处置非法集资部际联席会议办公室关于印发防范非法集资有关宣传材料的函》（处非联办函〔2018〕61 号）要求，将投资理财公益广告片在行政区域内的养老机构、社区服务设施、老年大学等老年人聚集场所持续滚动播放，切实提高社会公众风险防范和责任意识，从源头上防范老年人卷入非法集资。

（二）儿童福利

1. 孤儿基本生活保障标准继续提高

截至 2018 年底，全国共有孤儿 30.5 万，其中社会散居孤儿 23.5 万，占 77%；集中养育孤儿 7 万，占 23%。全国散居孤儿基本生活保障平均标准为 924 元/（人·月），比上年增长 7.7%，全国集中养育孤儿基本生活保障平均标准为 1344 元/（人·月），比上年增长 3.5%（见表 9－1、

表 9－2）。全国各级支出儿童福利经费 49.6 亿元，其中孤儿基本生活保障经费 39.5 亿元。全国共有独立的儿童福利机构 475 家，床位 8.9 万张，儿童督导员 4.5 万余名，村（居）儿童主任 62 万余名。

表 9－1　2018 年 31 个省区市集中养育孤儿平均标准和保障人数

单位：元/（人·月），人

地区	平均标准	保障人数	地区	平均标准	保障人数
北京	2000.0	1473	湖北	1957.7	1963
天津	1991.3	491	湖南	1247.8	4325
河北	1170.0	1912	广东	1733.0	8146
山西	1033.2	3037	广西	1049.2	2168
内蒙古	1666.4	1061	海南	1247.4	288
辽宁	1559.6	2870	重庆	1327.2	1062
吉林	1301.4	1564	四川	1314.0	3687
黑龙江	1120.6	1097	贵州	1181.2	2528
上海	2000.0	1492	云南	1758.8	1878
江苏	2047.7	2604	西藏	1220.0	5214
浙江	1651.3	1812	陕西	1000.9	2415
安徽	1326.0	2443	甘肃	954.0	2215
福建	1522.0	1416	青海	1043.3	1545
江西	1165.1	2241	宁夏	886.1	423
山东	1274.9	2220	新疆	914.3	9766
河南	1137.4	4951	全国	1344.0	69760

表 9－2　2018 年 31 个省区市社会散居孤儿平均标准和保障人数

单位：元/（人·月），人

地区	平均标准	保障人数	地区	平均标准	保障人数
北京	1800.0	665	上海	1806.3	90
天津	2480.0	196	江苏	1441.9	7001
河北	759.8	14329	浙江	1238.3	1503
山西	658.1	7191	安徽	894.8	23506
内蒙古	1336.6	3121	福建	968.6	2311
辽宁	1115.7	3559	江西	802.4	7033
吉林	914.8	2688	山东	808.5	8598
黑龙江	763.5	3763	河南	743.7	14461

续表

地区	平均标准	保障人数	地区	平均标准	保障人数
湖北	1218.7	6390	云南	1082.1	21303
湖南	823.6	19421	西藏	984.6	424
广东	1222.6	16572	陕西	808.8	5130
广西	643.2	13316	甘肃	686.5	7613
海南	871.4	705	青海	661.1	3495
重庆	1145.5	2677	宁夏	740.0	5313
四川	835.5	20495	新疆	625.4	2125
贵州	767.2	10356	全国	924.0	235350

2. “明天计划”持续惠及更多孤残儿童

2018年3月，民政部制定下发《“孤儿医疗康复明天计划”项目实施办法》（民办发〔2018〕30号），拓展了“明天计划”项目报销范围和受益群体范围，优化了项目实施工作流程，进一步规范了项目资金使用。2018年10月，民政部印发《关于贯彻落实〈国务院关于建立残疾儿童康复救助制度的意见〉的通知》（民函〔2018〕154号），首次将儿童福利机构抚养的0～6岁儿童和社会散居孤儿全部纳入残疾儿童康复救助体系中，享受到国家康复制度保障。

（三）残障人福利

1. 残疾人福利补贴制度进一步完善

2018年12月，民政部与中国残疾人联合会联合印发《关于做好全国残疾人两项补贴信息系统全面上线运行有关工作的通知》（民办函〔2018〕169号），并召开残疾人两项补贴信息系统全国上线运行视频会议，部署信息系统全国上线工作。民政部会同中国残疾人联合会共同研究起草建立残疾人两项补贴标准动态调整机制的政策，推动残疾人两项补贴制度发展。截至2018年底，1005.8万残疾人纳入困难残疾人生活补贴，1193.0万残疾人纳入重度残疾人护理补贴。

2. 残疾人服务机构建设和管理继续加强

一是民政部会同人力资源社会保障部、原卫生计生委（现卫生健康委）、中国残疾人联合会联合印发《残疾人服务机构管理办法》（民发〔2018〕31号），明确残疾人服务机构对象范围、相关部门和单位管理责任，以及残疾人服务机构服务提供、内部管理和监督管理要求。二是民政部就探索建立贫困重度残疾人集中或社会化照料护理服务政策进行调研论证，研究起草了《关于在脱贫攻坚中做好贫困重度残疾人照护服务工作的通知》，旨在指导地方通过政府购买服务、采用托养等多种方式为贫困重度残疾人提供集中或社会化照料护理服务。截至2018年底，全国民政部门管理的精神疾病服务机构——社会福利医院145个，床位6.3万张。

3. 精神障碍社区康复服务发展稳步推进

2018年1月，民政部联合中央综治办、财政部、原卫生计生委、中国残疾人联合会召开了关于加快发展精神障碍社区康复服务视频会议，贯彻落实关于加快发展精神障碍社区康复服务政策精神，部署工作任务。2018年4月，民政部印发《关于推荐全国精神障碍社区康复专家库专家候选人的通知》（民办函〔2018〕80号），筹建全国精神障碍社区康复专家库，为精神障碍社区康复服务提供智力和技术支撑。

4. 康复辅助器具产业发展环境进一步优化

2018年6月，民政部组织召开了加快发展康复辅助器具产业部际联席会议第二次全体会议，向12个国家康复辅助器具产业综合创新试点地区授牌。截至2018年底，北京、天津、河北等29个省份出台了加快发展康复辅助器具产业的实施意见，进一步明确产业发展目标、落实举措、进度安排和保障机制等。民政部印发《关于实施2018年“福康工程”项目的通知》（民办函〔2018〕127号），将实施省份由全国19个省份调整为全国25个省份的深度贫困地区，将所有的深度贫困地区和罗霄山片区纳入实施范围。

（四）社会救助

1. 社会救助政策在脱贫攻坚中充分发挥兜底保障作用

2018年7月，民政部会同财政部、国务院扶贫办印发《关于在脱贫攻坚三年行动中切实做好社会救助兜底保障工作的实施意见》（民发〔2018〕

90 号），指导各地完善农村低保、特困人员救助供养、临时救助政策，为脱贫攻坚提供兜底保障措施。文件规定将未脱贫建档立卡贫困户中靠家庭供养且无法单独立户的重度残疾人、重病患者等完全丧失劳动能力和部分丧失劳动能力的贫困人口，参照单人户纳入农村低保范围；对于家庭成员因残疾、患重病等增加的刚性支出、必要的就业成本等，在核算家庭收入时可按规定适当扣减。2018 年 10 月，民政部会同国家发展改革委、国务院扶贫办印发《深度贫困地区特困人员供养服务设施（敬老院）建设改造行动计划》（民发〔2018〕127 号），通过加大中央层面投入，引导和带动地方各级财政加大投入力度，改善特困人员供养服务设施条件，稳步提升特困人员集中供养服务能力，逐步提高生活不能自理特困人员集中供养率。

截至 2018 年底，全国共有农村低保对象 3519.1 万人（见图 9－3），其中建档立卡贫困人口 1677 万人；全国共有城乡特困人员 482.3 万人，其中建档立卡贫困人口 136 万人。

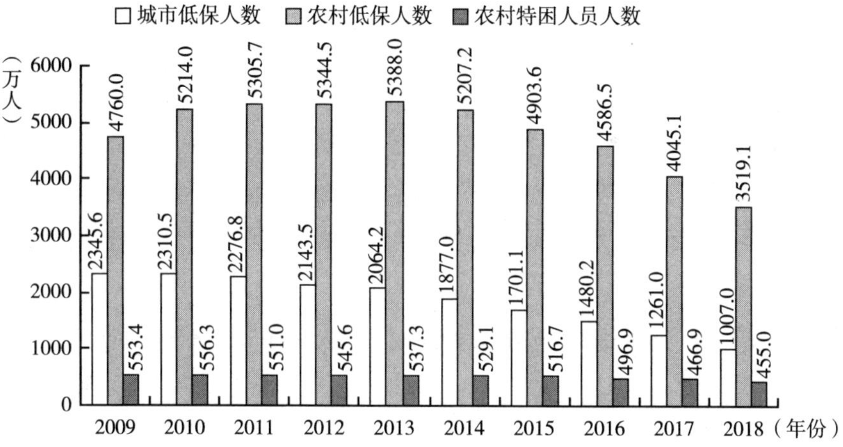

图 9－3　2009～2018 年城乡低保对象、农村特困人员人数

2. 社会救助保障标准稳步提升

截至 2018 年底，全国共有城市低保对象 1007.0 万人，全国城市低保平均标准达到 580 元/（人・月），较上年同期增长 7.2%；农村低保对象

3519.1万人，全国农村低保平均标准达到4833元/（人·年），较上年同期增长12.4%。2018年全国共支出城乡低保资金1632.1亿元，全国所有涉农县（市、区）农村低保标准动态保持达到或超过国家扶贫标准（见表9-3、表9-4）。

表9-3　2018年31个省区市城市最低生活保障平均标准和保障人数

单位：元/（人·月），人

地区	平均标准	保障人数	地区	平均标准	保障人数
北京	1000.0	67325	湖北	605.0	378059
天津	920.0	80373	湖南	468.8	596721
河北	601.3	236550	广东	748.6	173417
山西	495.8	357999	广西	589.6	119902
内蒙古	640.5	388421	海南	485.6	48345
辽宁	590.2	455285	重庆	546.0	311400
吉林	506.9	509322	四川	507.2	937070
黑龙江	564.8	740715	贵州	591.7	340920
上海	1070.0	154122	云南	566.8	483427
江苏	682.4	144737	西藏	805.0	28991
浙江	762.6	219770	陕西	568.1	259387
安徽	569.7	426828	甘肃	489.1	496705
福建	605.6	60851	青海	503.2	76572
江西	577.4	689558	宁夏	570.0	97383
山东	532.4	159119	新疆	433.5	530224
河南	492.9	500633	全国	579.7	10070131

表9-4　2018年31个省区市农村最低生活保障平均标准和保障人数

单位：元/（人·年），人

地区	平均标准	保障人数	地区	平均标准	保障人数
北京	12000.0	37691	黑龙江	3974.1	892972
天津	11040.0	62178	上海	12840.0	35012
河北	4321.7	1221638	江苏	7777.1	748075
山西	4072.6	1005439	浙江	9083.3	506113
内蒙古	5453.8	1251522	安徽	5891.8	1806379
辽宁	4629.7	599435	福建	7127.3	378088
吉林	3881.1	593931	江西	4111.7	1677864

续表

地区	平均标准	保障人数	地区	平均标准	保障人数
山东	4482.0	1171327	贵州	4191.3	2267631
河南	3617.4	2577942	云南	3651.9	2549460
湖北	5275.2	1337592	西藏	4005.7	173361
湖南	4097.9	1267571	陕西	4221.0	856647
广东	7114.5	1237512	甘肃	3978.8	2336428
广西	3812.3	1822053	青海	3713.1	308911
海南	4310.4	146704	宁夏	3965.5	365539
重庆	4984.9	580926	新疆	3842.3	1975694
四川	4009.1	3399154	全国	4833.4	35190789

3. 临时救助制度效能进一步增强

2018 年 1 月，民政部会同财政部印发《关于进一步加强和改进临时救助工作的意见》（民发〔2018〕23 号），指导各地进一步细化明确对象范围类别，优化审核审批程序，科学制定救助标准，全面落实“分级审批”“先行救助”等政策规定，增强临时救助制度的可及性和救助时效性，切实解决困难群众的突发性、紧迫性、临时性基本生活困难。2018 年，全国共实施临时救助 1108 万人次，其中非本地户籍救助 9.4 万人次，累计支出救助资金 130.6 亿元，平均救助水平为 1179 元/人次。

（五）慈善事业

1. 慈善事业发展环境和氛围持续优化

2018 年，民政部出台《慈善组织信息公开办法》（民政部令第 61 号）、《慈善组织保值增值投资活动管理暂行办法》（民政部令第 62 号）两项慈善法配套政策，慈善法体系日益完善。2018 年，全国社会组织捐赠收入超过 900 亿元（见图 9－4）。

2018 年 3 月，民政部印发《关于做好志愿服务组织身份标识工作的通知》。截至 2018 年底，全国标识志愿服务组织超过 1.2 万家。全国志愿服务信息系统中汇集的注册志愿者达 1.12 亿人，注册志愿服务团体超过 58 万个，发布志愿服务项目 200 万个，记录志愿服务时间 12.8 亿小时。截至 2018 年底，全国共有社会捐赠接收站、点和慈善超市 12445 个。

2018 年 9 月，民政部举办第十届“中华慈善奖”表彰大会，对在我国慈善事业特别是扶贫济困领域作出突出贡献的个人、企业和优秀慈善项目（慈善信托）进行表彰。浙江、江苏、山东、江西等省份也相继设立了省级慈善表彰奖项，我国的慈善表彰体系正在日益完善。

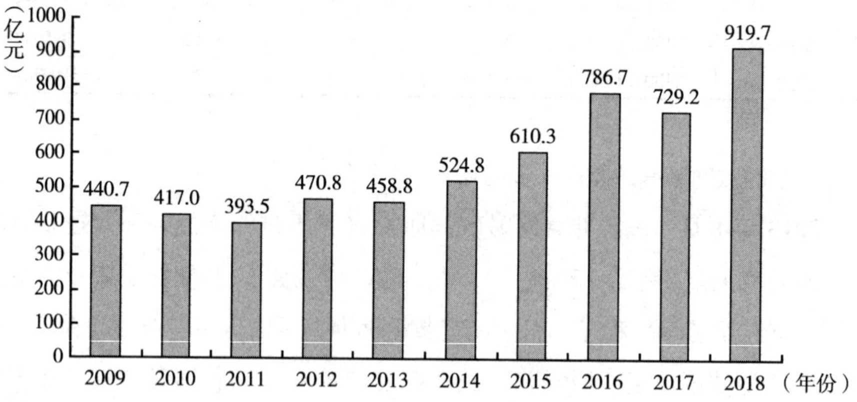

图 9－4　2009～2018 年我国社会组织捐赠收入

2. 慈善信托和慈善信息平台稳步发展

据“慈善中国”网络平台数据，截至 2018 年底，我国共备案慈善信托 120 笔，合同金额达 16.7 亿元，内容涵盖扶贫、教育、留守儿童等多个领域。2018 年，由民政部指定的 20 家互联网募捐信息平台，为全国 1400 余家公募慈善组织发布募捐信息 2.1 万余条，累计获得 84.6 亿人次的点击、关注和参与，募集善款总额超过 31.7 亿元，同比 2017 年增长 26.8%。

3. 福利彩票销售平稳增长

注重利用各种渠道、方式、内容宣传福利彩票的公益性、公平公正性，提升形象，坚持“扶老、助残、救孤、济困”的发行宗旨，中国福利彩票 2018 年销售额达到 2245.6 亿元，同比增加 75.8 亿元，增长 3.5%；全年筹集彩票公益金643.6亿元，比上年增长3.5%，为我国公益事业发展提供了重要的资金来源（见图9－5）。

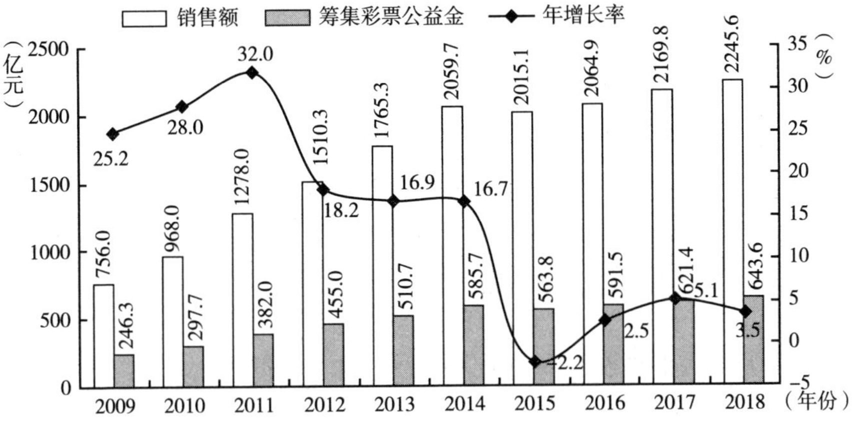

图9－5　2009～2018年我国福利彩票销售情况

二　特殊群体保障领域存在的困难和问题

（一）养老服务方面

截至2018年底，全国60周岁及以上老年人口24949万人，占总人口的17.9%，其中65周岁及以上老年人口16658万人，占总人口的11.9%（国家统计局发布数据），老龄化形势愈加严峻，养老服务发展面临较大压力。

一是养老服务供给结构不合理。随着城镇化推进，城市养老机构床位趋于紧张，农村养老机构空置率偏高，形成供需错位。同时，部分养老机构由于服务设施简陋、功能单一，照料护理、医疗康复、精神慰藉等服务供给能力不足。居家社区养老服务在区域之间、城乡之间发展不平衡，农村居家社区养老服务亟待发展。

二是养老服务质量不高。医养结合还处于起步阶段，养老机构医护能力尚需培养，内设医疗设施功能较简单，护理床位供给不足，发展居家社区养老也迫切需要促进医疗资源向社区和家庭延伸。养老服务人才队伍存在数量短缺、流动性快、流失严重等问题。现有养老服务标准数量少、宣传贯彻力度不够，规范引领作用还未充分发挥。安全不达标、缺乏消防设施等养老院安全隐患还需要持续加强监管。

三是养老产业加快发展的动力不足。养老产业前期投入大、回收周期长、风险高、利润低，社会资本进入积极性不高，同时部分扶持政策含金量虽高，但涉及部门多，环节手续繁，推动落实难，导致养老机构增加缓慢，高质量养老服务更是价格高、供给少。

（二）儿童福利和残障人福利方面

一是基层民政服务力量不足。基层民政工作力量相比民政服务对象和民政服务范围严重匮乏，县级民政部门有民政人员 10 人左右，大多数乡镇（街道）仅有 1 ~ 2 名民政工作人员，村（居）儿童主任大多为兼职，且无薪酬或津补贴。县级未成年人救助保护机构覆盖率低，工作基础薄弱，未成年人救助保护机构依托救助管理站存在，主要工作仍面向流浪儿童。社会组织发展不平衡，越是农村留守儿童、困境儿童数量多的中西部地区，发展水平越落后，难以通过政府购买社会组织服务弥补工作力量不足。

二是经费投入还需加大。农村留守儿童集中的中西部地区地方财力紧张，难以加大投入。近两年，卫生健康委、医保局等部门连续出台了一些利好政策，但一些特殊、重大疾病患病儿童，如自闭症儿童，面临着康复周期长、家庭支持政策少等难题，家庭负担较重，重病儿童“看病贵、病不起”的问题依然突出。

三是残疾人两项补贴已经全面建立，但各地补贴标准普遍偏低且动态调整机制普遍没有建立，全国统一的残疾人两项补贴信息系统还需要进一步完善推广；国家层面支持康复辅助器具产业发展的政策措施较少，现有政策推动落实难度大；精神卫生社会福利机构建设还需加强，精神障碍社区康复服务供给总体不足。

（三）社会救助和慈善事业方面

一是社会救助统筹发展不够。一些城市特殊困难人员的脱贫解困工作还需加强，相关社会救助制度存在发展不平衡等问题。二是社会救助兜底保障能力有待进一步强化。能力保障、服务保障等需要进一步加强，社会救助程序有待进一步优化。三是社会救助制度衔接不畅。社会救助制度之间尚未形成高效联动，救助资源相对分散，存在重复救助和遗漏救助的可能。四是社会公众的慈善意识有待进一步提高，慈善事业的税费减免、金融支持等优惠政策需要进一步完善，慈善信息平台需要进一步推广，慈善机构监管需要进一步加强，慈善机构行为需要进一步透明。

三　政策建议

（一）养老服务方面

1. 加快建立完善以居家为基础、社区为依托、机构为补充、医养相结合的养老服务体系

结合社区公共服务设施功能，推广社区养老服务信息网络平台建设，鼓励社区嵌入式小微养老机构发展，将专业化、定制化服务引入社区、家庭，提高社区居家养老服务能力。促进医养结合发展，引导鼓励社会力量兴办医养结合机构，推动医疗资源进家庭、进社区、进机构。

2. 深化养老服务供给侧结构性改革

总结推广民办养老机构稳健运营的模式经验，继续加大养老服务业供给侧结构性改革力度，进一步提高社会资本进入养老服务业的积极性，鼓励挖掘闲置社会资源建设养老服务设施，以需求为导向增加养老服务供给。促进养老服务与医疗、家政、保险、教育、旅游等相关领域融合发展，繁荣养老服务消费市场。加强养老机构监管，提升养老服务质量，提高老年人满意度。

3. 加快推进农村养老服务发展

推动农村养老服务与脱贫攻坚、乡村振兴战略、农村危房改造等衔接。在规划布局、政策扶持、项目分配、资金投入等方面向农村养老服务倾斜，引导城市养老服务资源参与农村养老服务发展。实施农村敬老院升级改造项目，加快建立以农村空巢、留守老年人为重点的定期探访制度，推广农村留守老年人关爱制度，积极发展农村互助幸福院等互助养老模式，推进城乡养老服务协调发展。

（二）儿童福利方面

一是确保孤儿基本生活保障标准随经济社会发展同步提高，更好保障孤儿教育、医疗需求。二是抓紧做好事实无人抚养儿童排查核实、数据收集等前期工作，为全面开展事实无人抚养儿童保障工作奠定基础。三是进一步完善儿童救助保护机制。会同教育、卫生健康等部门联合发力，加大对七类强制报告主体的指导和培训力度，强化主动报告责任；加强与教育、卫生健康、妇联等部门对接，研究农村留守儿童假期安全工作措施。四是提升专业儿童福利服务水平。加大乡镇（街道）儿童督导员、村（居）儿童主任业务培训力度，有效打通关爱服务“最后一公里”。积极培育支持儿童类社会组织发展，提升服务能力。

（三）残障人福利方面

一是加大财政投入，支持精神卫生社会福利机构建设和精神障碍社区康复服务发展，鼓励地方探索通过政府购买服务等方式委托社会组织开展康复工作，增加精神卫生康复服务供给。二是深化康复辅助器具行业“放管服”改革，加强研究制定更有力度和吸引力的扶持政策，助力产业宣传推广，吸引更多社会活动主体进入康复辅具产业，带动康复辅助器具产业加快发展。

（四）社会救助方面

一是坚决推进社会救助兜底脱贫攻坚。贯彻落实党中央、国务院关于打赢脱贫攻坚战三年行动的指导意见，更加充分发挥社会救助兜底保障作用。二是完善社会救助制度。推动社会救助综合改革，优化低保审核审批程序，落实临时救助“分级审批”“先行救助”等政策规定。进一步健全低保对象认定方法，规范特困人员认定工作。三是加强社会救助规范管理。完善社会救助部门协调机制，发挥好县级困难群众基本生活保障工作协调机制的作用。

（五）慈善事业方面

一是加大慈善宣传力度，进一步激发社会各界参与慈善事业的积极性，动员社会广泛参与慈善活动。二是加强慈善领域信用体系建设，落实慈善捐赠领域联合激励和惩戒。三是完善全国慈善信息公开平台建设，推进慈善组织信息公开。四是加强与有关部门的沟通和协调，促进互联网慈善规范有序发展。

（民政部规划财务司　马静）

第十章
中国贫困地区农村居民收入分配研究

一　贫困地区贫困状况及其动态变化

（一）贫困人口的总体规模

1. 贫困规模不断缩小

长期以来，让农村贫困人口摆脱贫困状态、共同分享经济发展成果，成为我国社会经济发展的重要目标和内容。改革开放以来的经济发展，为我国脱贫减贫奠定了重要基础。在我国经济发展的不同时期，都对贫困人口的脱贫减贫做出过重要规划，并采取一系列有力措施推动脱贫减贫目标的实现，从而在一段较长时期内，我国贫困人口的绝对数量和贫困发生率都出现了持续、大幅度的下降。[①] 这些脱贫成绩，对于全世界的减贫进程都具有重要的影响。

进入 21 世纪以来，中国经济发展进入新阶段，脱贫减贫的重要性并未随之而递减，相反被赋予了更为重要的意义，扶贫工作力度也被空前强化，[②] 这也使得我国脱贫减贫进程依然不断被快速推进。贫困人口绝对规模和发生率

---

① 按照现行贫困标准来衡量，改革开放以来中国农村贫困人口减少超过 7 亿，年均减贫人口规模 1945 万人。

② 进一步提出了精准扶贫方略，并将之视为全面建成小康社会进程中“一个都不能少”这一理念的具体体现。并且在这一时期，对扶贫工作的动员程度、政策支持力度、工作督促强度等都是前所未有的。

仍快速、持续下降。根据国家统计局的推算，按照现行贫困标准①，2010 年全国农村贫困人口为 16567 万人，2018 年降至 1660 万人，大约相当于前者的 1/10；贫困发生率从 2010 年的 17.2% 下降至 2018 年的 1.7%，下降了 16.5 个百分点（见图 10－1）。因此，在最近一段时期，贫困人口下降的幅度依然十分明显。就统计指标而言，无论是绝对数量还是相对规模，农村贫困已经成为一个“小概率”事件，即绝大多数人群已经摆脱贫困状态，实现了脱贫目标。

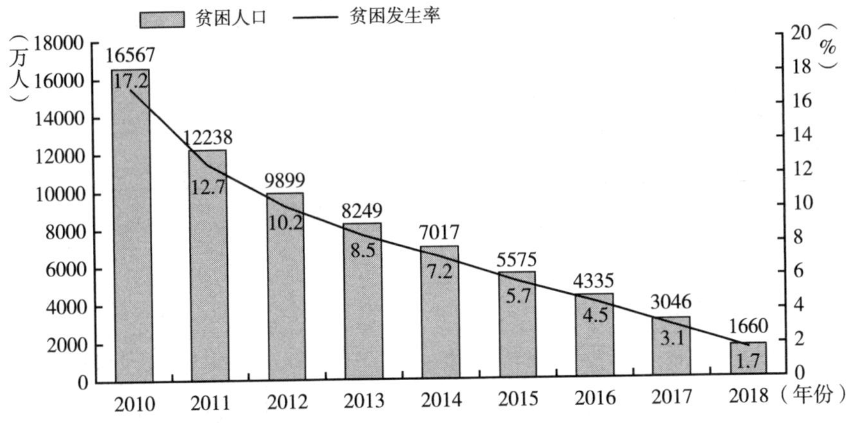

图 10－1　2010～2018 年我国减贫状况

资料来源：根据历年《中国贫困监测报告》全国农村贫困状况绘制。

贫困人口数量和贫困发生率的大幅度下降，既发生在全国范围内，也发生在特定区域。2013～2018 年，贫困地区贫困人口数量从 5070 万人下降至 1115 万人，减少 3955 万人；连片特困地区贫困人口数量从 4141 万人下降至 935 万人，减少 3206 万人；扶贫重点县贫困人口数量从 4179 万人下降至 915 万人，减少 3264 万人。三类特殊区域贫困发生率也从 20% 左右下降至 4% 左右，下降了将近 16 个百分点，贫困发生率下降幅度明显高于全国农村

① 我国多次调整贫困标准。目前使用的贫困标准为按 2010 年价格水平每人每年 2300 元，国家统计局每年根据农村贫困人口面对的物价对此进行调整更新。

总体水平。但三类特殊区域贫困发生率仍为全国农村总体贫困发生率的2倍以上（见表10－1）。

表10－1　2013～2018年我国不同地区贫困状况

单位：万人，%

年份	贫困人口数量				贫困发生率			
	全国农村	贫困地区	连片特困地区	扶贫重点县	全国农村	贫困地区	连片特困地区	扶贫重点县
2013	8249	5070	4141	4179	8.5	19.3	20.0	20.2
2014	7017	4317	3518	3649	7.2	16.6	17.1	17.5
2015	5575	3490	2875	2893	5.7	13.3	13.9	13.7
2016	4335	2654	2182	2219	4.5	10.1	10.5	10.5
2017	3046	1900	1540	1603	3.1	7.2	7.4	7.6
2018	1660	1115	935	915	1.7	4.2	4.5	4.3

资料来源：根据历年《中国贫困监测报告》整理计算而得。

2.收入增长的减贫效应

贫困人口脱贫、贫困发生率下降，归根结底取决于低收入人群的收入增长。这既取决于经济增长的总体外部环境，也取决于经济增长成果在多大程度上惠及低收入人群。图10－2给出了我国31个省（区、市）农村居民人均收入（名义）增长率与贫困发生率下降幅度之间的关系。从中可以看出，在农村居民收入增长率较高的省份，贫困发生率下降的幅度通常也会更大一些。另外，减贫效应也具有递减倾向，剩余的贫困人口通常具有更强的减贫难度。这也表现在图10－3中，历年减贫与前一年贫困状况之间的关系表明，贫困发生率高的地区减贫幅度通常也会更大。

为了反映收入增长的减贫效应，本部分以省级为单位，估计下列回归方程：

$$\text{贫困发生率下降幅度}(\%)=\alpha+\beta\times\text{收入增长率}(\%)$$

由此所得到的估计系数β，衡量收入增长1个百分点，贫困发生率将下降β个百分点。数据基础既包括全部农村地区，反映农村收入整体增长的

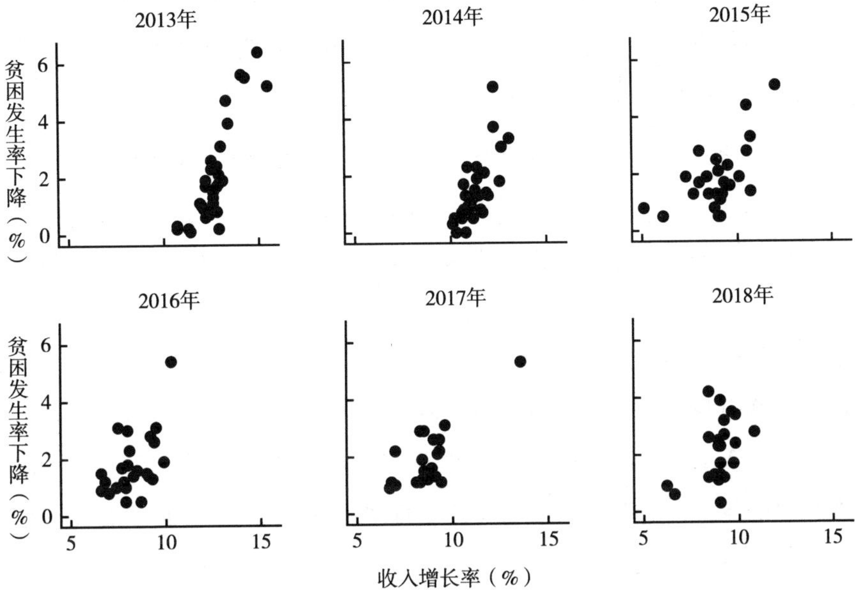

图 10－2　全国 31 个省（区、市）收入增长率与贫困发生率下降的关系

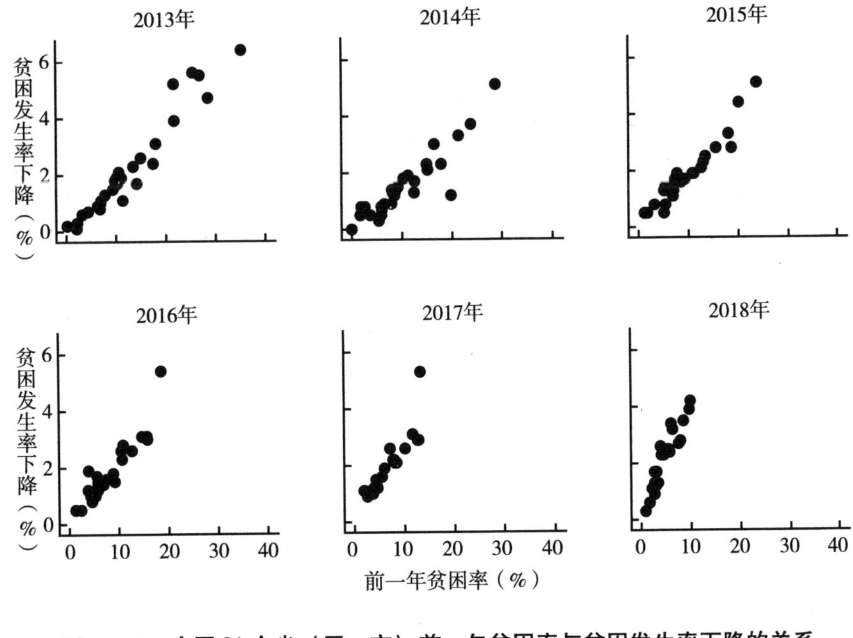

图 10－3　全国 31 个省（区、市）前一年贫困率与贫困发生率下降的关系

脱贫效应，也分别针对贫困地区和扶贫重点县分别回归，以反映经济更为不发达的农村地区收入增长的脱贫效应。为了体现图 10－3 所描述的减贫过程与前期贫困之间的关系，本部分同时也估计了如下回归方程：

$$贫困发生率下降幅度(\%) = \alpha + \beta \times 收入增长率(\%) + \delta \times 前一年度贫困率(\%)$$

表 10－2 给出了逐年回归相应系数的估计结果，其中最后一行将所有年份合并构造成面板数据，给出了相应的固定效应模型系数估计值。表 10－2 第一列的结果显示，农村居民收入增长对于贫困发生率下降总体上具有显著影响。如 2013 年的估计结果表明，农村居民收入每增长 1 个百分点，农村贫困发生率下降 1.45 个百分点，这种效应具有统计意义的显著性。在所列出的 2013～2018 年各年份中，农村居民收入增长对于贫困发生率的下降都具有显著的效应，表明收入增长总体上有助于贫困发生率下降，是减贫的重要途径。

表 10－2　2013～2018 年减贫与收入增长、前期贫困状况的关系

单位：%

	全国农村			贫困地区			扶贫重点县		
	不控制前一年贫困	控制前一年贫困		不控制前一年贫困	控制前一年贫困		不控制前一年贫困	控制前一年贫困	
	收入增长率	收入增长率	前一年贫困率	收入增长率	收入增长率	前一年贫困率	收入增长率	收入增长率	前一年贫困率
2013 年	1.452***	0.399***	0.156***	－0.062	－0.004	0.236***	0.048	－0.015	0.301***
2014 年	1.105***	0.357***	0.121***	0.667***	0.527***	0.162***	0.463**	0.365*	0.147
2015 年	0.470***	0.156***	0.168***	0.196	0.041	0.227***	－0.194	－0.264**	0.272***
2016 年	0.565***	0.263***	0.198***	0.429**	0.483***	0.170***	0.328**	0.299***	0.142**
2017 年	0.546***	0.284***	0.201***	0.520***	0.377***	0.181***	0.189*	0.087	0.207***
2018 年	0.447*	0.088	0.376***	0.124	0.164	0.334***	0.115	0.074	0.367***

注：***、**、* 分别表示估计系数在 1%、5%、10% 的水平上显著。

但表 10－2 的结果表明，收入增长的减贫效应在 2013～2018 年表现出下降倾向。特别是在 2015～2018 年，收入增长的减贫效应大幅度下降。2015 年，收入每增长 1 个百分点，贫困发生率仅下降 0.47 个百分点。随后两年虽略有回升，但也仍然明显低于2013年和2014年。这意味着，收入增长对剩余的贫困人口脱贫效应在逐渐下降，这些贫困人口仅依靠收入增长难以实现脱贫。

表10-2显示的另一个特征是，贫困地区和扶贫重点县，收入增长的脱贫效应要弱一些，某些年份甚至可能不具有统计显著的脱贫效应；即便收入增长具有脱贫效应，估计系数所反映的效应幅度也要明显低于第一列的结果。这意味着，经济发展程度更低的地区中，其脱贫目标可能难以仅仅依靠当地的收入增长来实现。

一般而言，前期贫困发生率越高的省份中，贫困发生率下降幅度也更大一些。在控制了前期贫困发生率的回归结果中，收入增长率对于减贫的影响有大幅度下降，甚至可能不显著。这一方面是因为在贫困程度较深地区，减贫工作力度通常会更大一些，从而降低了收入增长的自发减贫效应；另一方面也意味着，随着减贫的推进，进一步的减贫效应将存在递减的可能。

（二）贫困人口的地区结构

从贫困人口的地区结构来看，贫困地区、连片特困区和扶贫重点县的贫困人口在全部贫困人口中所占比重通常都是比较高的（如图10-4所示）。贫困地区贫困人口占全国贫困人口比重通常在62%左右；连片特困区和扶贫重点县的贫困人口占全国贫困人口比重通常略高于50%。近年来，贫困地区、连片特困地区和扶贫重点县的贫困人口比重有所上升，特别是在2018年，这些地区贫困人口占全国贫困人口的比重有较大幅度的上升。贫困地区贫困人口占全国贫困人口的比重与2017年相比上升了将近5个百分点，达到67%；连片特困地区贫困人口占全部贫困人口的比重上升了将近6个百分点，达到56%；扶贫重点县贫困人口占全部贫困人口的比重上升了2.5个百分点，达到55%。因此，特殊区域减贫成效明显，但贫困状况在这些特殊区域依然相对集中。这意味着，贫困地区、连片特困地区和扶贫重点县依然是脱贫攻坚的重要对象区域。

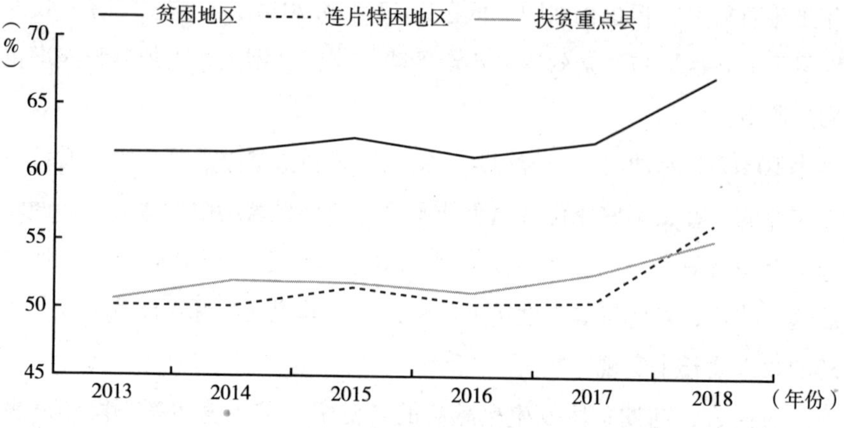

图 10－4　2013～2018 年贫困地区的贫困人口份额

资料来源：根据历年《中国贫困监测报告》全国农村贫困状况绘制。

从地区分布来看，贫困人口向贫困发生率高的省份集聚的倾向有所加剧。图 10－5 选择了历年贫困发生率最高的 6 个省份计算贫困人口集聚指数。[①] 2013

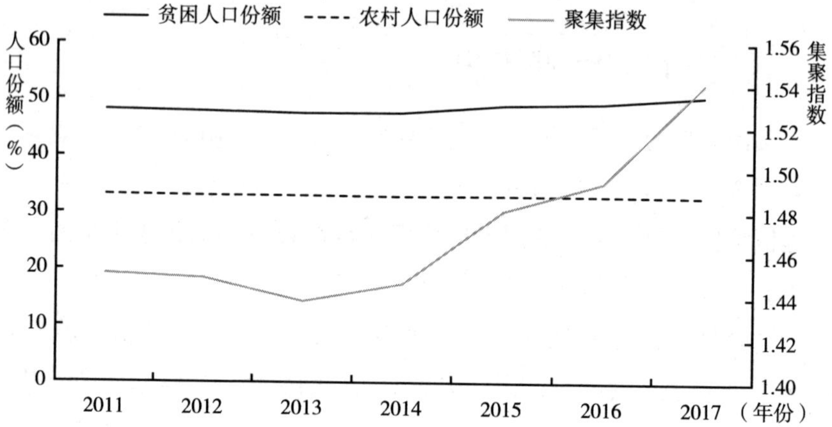

图 10－5　2011～2017 年贫困人口的省份聚集（贫困人口最多的 6 个省份）

资料来源：根据历年《中国贫困监测报告》整理计算得到。

① 集聚指数的计算方式为相应地区贫困人口在全部贫困人口中所占份额与该地区农村人口在全部农村人口中所占份额的比率。如果该集聚指数大于 1，表明贫困人口向这些地区过度集聚。

年以来，贫困集聚指数表现出非常明显的上升倾向，尽管图 10 - 5 显示出这些地区的贫困人口份额没有明显变化。表 10 - 3 进一步表明，贫困发生率高于全国水平的省份集中了全国大部分贫困人口。2017 年，贫困发生率高于全国水平的 14 个省份，其贫困人口比重高达 73.57%。其中 11 省份贫困发生率一直高于全国水平，其他省份则在不同年份中有所增减。因此，贫困发生率较高的地区依然是扶贫工作的重点，对于总体脱贫具有重要意义。

表 10 - 3　2011 ~ 2017 年贫困发生率高于全国水平的省份分布

单位：个，%

年份	省份数量	贫困人口份额	具体省份(固定)	增加省份
2011	14	66.46	山西、湖南、广西、贵州、云南、西藏、陕西、甘肃、青海、宁夏、新疆	安徽、海南、四川
2012	14	65.01		内蒙古、江西、四川
2013	14	64.04		江西、海南、四川
2014	15	65.67		内蒙古、江西、海南、四川
2015	16	79.43		安徽、江西、河南、海南、四川
2016	13	64.08		河南、海南
2017	14	73.57		河南、海南、四川

资料来源：根据历年《中国贫困监测报告》整理计算得到。

（三）贫困人口的年龄结构

关于贫困人口的年龄结构，由于缺乏全国性的统计资料，因此以本次课题组调研资料为例做一说明。总体而言，贫困人口年龄构成中，中老年人群占比较高。这一方面是由于这一人群处于特定的生命周期阶段，如中年人群通常面临着“上有老下有小”的状况，从而子女教育、老人赡养以及医疗支出等都将对家庭贫困产生重要影响；而老年人群则面临着收入来源减少、收入数量下降这一基本的“自然法则”。另一方面，这种年龄结构也与劳动力流动相关。年轻人群大多外出务工，因而在农村常住人口中占比较低。特别是在扶贫实践中，外出人口通常不包含在当地贫困人口中①，因而在劳动力外出比较集中的年龄段中，也是农村贫困人口构成中较少的人群。根据课题组访谈调研地区的信息，贫困人口年龄较多集中在40岁以上人群，山西省岢岚县和汇总后的贫困人口年龄结构数据显示，60岁以上贫困人口比重最高。

表10－4给出了山西省岢岚县、河南省范县和2个县汇总情况的贫困人口年龄分布。图10－6是调研地区年龄结构的核密度分布。在此次调研中，岢岚县包括了宋家沟乡宋家沟村、岚漪镇第三沟村、高家会乡五里水村和三井镇张义庄村，共248个贫困户621个贫困人口。范县包括了濮城镇葛楼村、王楼镇大赵村、王楼镇孙刘黄村、颜村铺乡孙庄村，共344个贫困户1330个贫困人口。

表10－4　岢岚县、范县贫困人口的年龄结构

单位：%

贫困人口年龄结构	岢岚	范县	合计
0～6岁	2.09	5.56	4.46
7～15岁	5.80	13.16	10.81
16～18岁	3.38	5.64	4.92
19～22岁	6.92	6.99	6.97
23～25岁	4.03	3.91	3.95
26～30岁	5.80	8.35	7.53
31～40岁	7.89	12.33	10.92
41～50岁	18.68	17.52	17.89
51～60岁	16.10	12.26	13.48
60岁以上	29.31	14.29	19.07
合计	100	100	100

资料来源：根据岢岚县、范县扶贫办提供的贫困户信息计算而得。

① 我们认为这种做法一方面有一定的合理性。按照目前通常的农民工工资和收入水平，农村劳动力外出将具有非常明显的脱贫效应。当然，外出人口的收入、生活支出等经济状况难以核算，可能也是一个非常重要的客观考量。但另一方面这种做法也会带来一定的问题。一是外出地的扶贫、低保等社会救助措施通常并不覆盖外出人群，这就导致如果这些外出人口陷入贫困状态将缺乏救助手段，从而成为新的贫困人口，特别是城市地区通常面临着更大的生活成本压力。二是一些年龄较大的返乡农民工缺乏生活积蓄，如果在扶贫实践中刻意排斥这一部分人群，也可能加剧这部分人群的生活贫困状态。

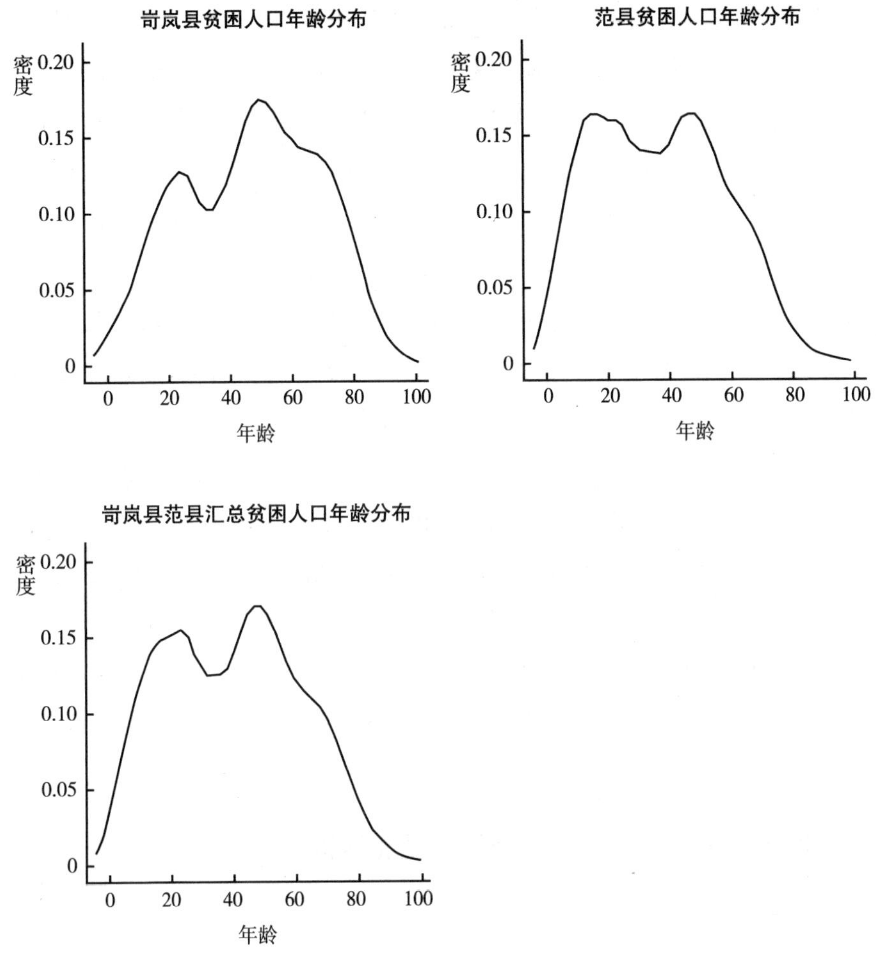

图 10－6　调研地区贫困人口的年龄分布

从岢岚县贫困人口的年龄结构来看①，15 岁及以下的少儿贫困人口占比为7.89%，60 岁以上老年贫困人口占比为29.31%，而劳动力年龄人口占比为62.80%。从细分的劳动人口年龄结构来看，41～50 岁贫困人口占比最高，达到18.68%，其次是51～60 岁贫困人口，占比为16.1%。结合图10－6 可以发

① 岢岚全县的贫困人口年龄结构为，16 周岁以下的占 8.9%，16～60 周岁的占 61.45%，60 岁以上的占 29.65%。这一年龄结构分布与本列数据基本吻合。

现，岢岚县贫困人口的年龄较多集中在15~25岁和40~75岁区间的人群。从整个贫困人口年龄结构可以发现，这一地区的老年贫困人口问题比较突出。

从范县贫困人口的年龄结构来看，15岁及以下的少儿贫困人口占比为18.72%，60岁以上老年贫困人口占比为14.29%，而劳动力年龄人口占比为66.99%。从细分的劳动人口年龄结构来看，41~50岁贫困人口占比最高，达到17.52%，51~60岁贫困人口比例为12.26%。结合图10-6可以发现，范县贫困人口的年龄较多集中在10~35岁和40~60岁区间的人群。从整个贫困人口年龄结构可以发现，范县41~50岁的贫困人口可能是面临着少儿和老年抚养的双重压力，因而比例最高。

从岢岚县和范县两地贫困人口简单汇总来看，15岁及以下的少儿贫困人口占比为15.27%，60岁以上老年贫困人口占比为19.07%，而劳动力年龄人口占比为65.66%。从细分的劳动人口年龄结构来看，41~50岁贫困人口占比依然最高，达到17.89%，51~60岁贫困人口比例为13.48%。结合图10-6可以发现，汇总后的贫困人口年龄较多集中在10~30岁和40~60岁区间的人群。从整个贫困人口年龄结构可以发现，贫困人口较多集中在40岁以上人群。

（四）贫困人口的劳动力结构与就业结构

1. 劳动力技能结构

贫困人口中普通劳动力（非技术劳动力）比例最高，无劳动力比例也达到了30%左右，因此缺乏劳动力和技术是贫困人口劳动力结构中的突出问题。从表10-5可以发现，贫困人口中普通劳动力占比最高，其次是无劳动力，比例最低的是技能劳动力，岢岚县、范县两个县调研乡村的技能劳动力比例分别只有0.48%和0.45%。从岢岚县来看，贫困人口中普通劳动力占比为59.1%，无劳动力占比为31.88%，而技能劳动力只有0.48%；从范县来看，贫困人口中普通劳动力占比为66.24%，无劳动力占比为26.02%，而技能劳动力只有0.45%。从两个县汇总的贫困人口来看，普通劳动力占比为63.97%，无劳动力占比为27.88%，而技能劳动力只有0.46%。

表 10-5　岢岚县、范县贫困人口的劳动技能结构

单位：%

劳动技能结构	岢岚(县统计)	岢岚(调研)	范县(调研)	合计
无劳动力	29.66	31.88	26.02	27.88
丧失劳动力	4.23	3.06	4.36	3.95
弱劳动力或半劳动力	9.04	5.48	2.93	3.74
普通劳动力	54.26	59.10	66.24	63.97
技能劳动力	2.81	0.48	0.45	0.46
合　计	100	100	100	100

资料来源：根据调研访谈和岢岚县、范县扶贫办提供的贫困户信息计算而得。

2. 务工状况

不同地区的务工状况有一定的差异性，如岢岚县贫困人口在县内务工的比例最高，范县更多集中于县外务工。表 10-6 是调研县贫困人口的务工状况。从岢岚县和范县汇总的贫困人口来看，在省外务工的贫困人口比例最高，为 36.30%，其次是在乡（镇）内务工，比例为 31.85%，最低的是在乡（镇）外县内务工，比例为 12.69%。从岢岚县的贫困人口来看，在乡（镇）内务工的贫困人口比例最高，为 43.72%，其次是在乡（镇）外县内务工，比例为 25.68%，最低的是在县外省内务工，比例为 13.66%。从范县的贫困人口来看，在省外务工的贫困人口比例最高，为 42.65%，其次是在乡（镇）内务工，比例为 27.96%，最低的是在乡（镇）外县内务工，比例为 8.42%。

表 10-6　岢岚县、范县贫困人口的务工状况

单位：%

务工状况	岢岚	范县	合计
乡(镇)内务工	43.72	27.96	31.85
乡(镇)外县内务工	25.68	8.42	12.69
县外省内务工	13.66	20.97	19.16
省外务工	16.94	42.65	36.30
合　计	100	100	100

资料来源：根据岢岚县、范县扶贫办提供的贫困户信息计算而得。

岢岚县在乡（镇）内务工比例最高的原因可能是贫困人口中年龄较大的比例较高，也可能是外出的交通条件不方便，也可能是贫困人口自身不愿意外出。范县在省外务工比例最高的原因可能是地处平原，交通比较便捷，离东部地区也比较近，贫困人口的年龄相对较小。此外，也可能与两地扶贫政策实践中对外出人口的不同处理方式有关。①

贫困人口中普通劳动力和技能劳动力的务工比率仍有待提高，并且存在比较明显的地区差异。表 10－7 是贫困人口中弱劳动力或半劳动力、普通劳动力和技能劳动力的务工比率。可以看出，贫困人口的务工比率并不高。从岢岚县和范县汇总数据来看，贫困人口中普通劳动力和技能劳动力的务工比率为 56.32%，弱劳动力或半劳动力的务工比率为 30.14%。与范县相比，岢岚县贫困人口中的务工比率更低一些，普通劳动力和技能劳动力的务工比率只有 45.41%，弱劳动力或半劳动力的务工比率为 11.76%；范县贫困人口中的普通劳动力和技能劳动力的务工比率为 60.88%，弱劳动力或半劳动力的务工比率为 46.15%。

表 10－7　岢岚县、范县贫困人口的务工比率

单位：%

	岢岚县	范县	合计
普通劳动力和技能劳动力的务工比率	45.41	60.88	56.32
弱劳动力或半劳动力的务工比率	11.76	46.15	30.14

资料来源：根据岢岚县、范县扶贫办提供的贫困户信息计算而得。

（五）贫困人口的家庭结构

表 10－8 是贫困人口的家庭规模。贫困人口的家庭规模主要集中在 4 口之家。从岢岚县来看，贫困人口的家庭规模集中在 2～4 人，其中 4 人家庭占比最高，为 32.21%；范县贫困人口的家庭规模集中在 4～6 人，其中 4

① 课题组未能获得两地扶贫实践对于外出务工人员不同做法的具体资料，故此不做展开。

人家庭的比例为32.18%。从岢岚县和范县的汇总数据来看，贫困人口的家庭规模集中在3~6人，其中4人家庭的比例为32.19%。

表10-8 岢岚县、范县贫困人口的家庭规模

单位：%

家庭人口数	岢岚县	范县	合计
1人户	9.34	2.18	4.46
2人户	24.80	6.17	12.10
3人户	26.09	13.76	17.68
4人户	32.21	32.18	32.19
5人户	5.64	16.92	13.33
6人户	1.93	21.65	15.38
7人户	0	5.26	3.59
8人户	0	1.20	0.82
9人户	0	0.68	0.46
合计	100	100	100

资料来源：根据岢岚县、范县扶贫办提供的贫困户信息计算而得。

贫困家庭中，60岁以上成员的比重较高，岢岚县老年贫困人口比例接近40%，贫困家庭面临的养老问题比较严峻。表10-9是贫困户的家庭结构。从岢岚县和范县贫困人口的汇总数据来看，贫困家庭中60岁以上成员的比重较高，为28.26%，而18岁及以下成员的比重较低，为14.79%；岢岚县和范县的差异比较大，岢岚县贫困家庭面对的养老问题更为严峻，而范县贫困家庭面临的少儿抚养与老年抚养的比例很接近。

表10-9 岢岚县、范县贫困户的家庭结构

单位：户，%

	岢岚县		范县		合计	
	户数	平均值	户数	平均值	户数	平均值
家庭中18岁及以下成员比重	248	7.86	344	19.79	592	14.79
家庭中60岁以上成员比重	248	39.87	344	19.89	592	28.26

资料来源：根据岢岚县、范县扶贫办提供的贫困户信息计算而得。

（六）调研地区（县）农村居民可支配收入变化

表 10－10 是陕西省永寿县、河南省范县近几年建档立卡贫困户脱贫前后可支配收入的变化情况。可以看出，建档立卡贫困户脱贫前后可支配收入大幅度增加，增长幅度平均为前一年收入的 1 倍左右，人均可支配收入的名义增长率达到 133.62%，其中主要来源于工资性收入和转移净收入的增加，工资性收入对于可支配收入增长的贡献度为 50.97%，转移净收入对于可支配收入增长的贡献度为 33.55%。转移性收入的大幅度增长与扶贫项目所产生的收入转移密切相关。

表 10－10　永寿县、范县建档立卡贫困户脱贫前后收入变化

单位：元，%

	2016 年脱贫前	2017 年脱贫后	名义增长	增长幅度	增长构成
人均可支配收入	2941.35	6871.56	133.62	3930.21	100.00
工资性收入	1987.50	3990.67	100.79	2003.17	50.97
经营净收入	734.69	1184.70	61.25	450.01	11.45
财产净收入	75.00	233.33	211.11	158.33	4.03
转移净收入	144.15	1462.86	914.82	1318.71	33.55

资料来源：根据永寿县、范县建档立卡贫困户数据计算而得。

疾病不仅是重要的致贫原因，也是重要的返贫原因。在调研的 9 户新识别贫困户中，因病返贫的占 60%。在调研的 64 户中，只有范县的一户是返贫户。该户 3 口人，在 2015 年 5 月因缺技术致贫，经过政府的帮扶，在 2015 年底退出贫困户行列。2016 年，因户主的儿子患有肝硬化腹水，医疗支出比较大，于 2017 年 5 月返贫。2017 年看病花了 20000 元，医保报销 17688.28 元。2018 年享受养牛项目补贴 8000 元、光伏扶贫 3000 元、企业带贫 2000 元，于 2018 年底脱贫。目前养牛 12 头，可以通过养牛达到收入的可持续性增长。从表 10－11 可以看出，返贫过后人均可支配收入为 3442.67 元，在 2018 年可支配收入上升为 6921.21 元，其中主要是工资性收入和财产性收入的增加。2019 年的收入将会进一步提升。

表 10－11　范县返贫后又脱贫户收入状况

单位：元

	2016 年	2017 年	2018 年
人均可支配收入	2990	3442.67	6921.21
工资性收入	1666.67	2300	4866.67
经营净收入	1213.33	495.33	273.33
财产性收入	0	0	1666.67
转移性收入	110	314	114.54

资料来源：根据范县访谈和建档立卡贫困户数据计算而得。

二　贫困地区居民收入水平与收入增长分析

（一）贫困地区收入分配状况

1. 全国总体情况

贫困地区工资性收入、转移净收入和第二、第三产业净收入是农村居民可支配收入增长的重要来源，转移性收入的贡献度远高于全国水平。从表 10－12 可以看出，贫困地区农村居民收入名义增长率高于全国农村，但增收幅度绝对值仍然较低。2017～2018 年，贫困地区农村居民收入名义增长 10.6%，高于全国农村 8.82% 的增长率，但贫困地区农村居民收入增幅绝对值为 994 元，低于全国农村居民的 1185 元。从连片特困地区和扶贫重点县也可以看出相似的情况。总体而言，贫困地区居民收入快速增长，但增收绝对幅度仍低于全国平均水平。

从分项收入构成来看，工资性收入，转移净收入和第二、第三产业净收入是收入增长的重要来源。2017～2018 年，工资性收入对于贫困地区农村居民可支配收入增长的贡献度为 41.95%，略低于全国 42.03% 的水平；转移净收入对贫困地区农村居民可支配收入增长的贡献度为 39.64%，高出全国近 13 个百分点；第二、第三产业净收入增长对贫困地区农村居民可支配收入增长的贡献度为19.82%，与全国19.58%的水平接近；在连片特困地区和扶贫重点县，也可以看出工资性收入、转移净收入和第二、第三产业净收入对可支配收入的增长贡献很大。这表明，近年来农村居民收入增长的动力源泉，既有经济发展所带来的就业和创业机会的增长，也有政策性因素所导致的农村转移支付增加。

表10－12　2017～2018年农村居民收入增长及其构成

单位：元，%

	全国农村					贫困地区				
	2017年收入	2018年收入	名义增长率	增加幅度	增长构成	2017年收入	2018年收入	名义增长率	增加幅度	增长构成
可支配收入	13432	14617	8.82	1185	100	9377	10371	10.60	994	100
工资性收入	5498	5996	9.06	498	42.03	3210	3627	12.99	417	41.95
第一产业净收入	3391	3489	2.89	98	8.27	2826	2794	－1.13	－32	－3.22
第二、第三产业净收入	1637	1869	14.17	232	19.58	897	1094	21.96	197	19.82
财产净收入	303	342	12.87	39	3.29	119	137	15.13	18	1.81
转移净收入	2603	2920	12.18	317	26.75	2325	2719	16.95	394	39.64
	连片特困地区					扶贫重点县				
	2017年收入	2018年收入	名义增长率	增加幅度	增长构成	2017年收入	2018年收入	名义增长率	增加幅度	增长构成
可支配收入	9264	10260	10.75	996	100	9255	10284	11.12	1029	100
工资性收入	3163	3550	12.24	387	38.86	3136	3595	14.64	459	44.61
第一产业净收入	2777	2767	－0.36	－10	－1.00	2771	2732	－1.41	－39	－3.79
第二、第三产业净收入	938	1148	22.39	210	21.08	862	1050	21.81	188	18.27
财产净收入	111	128	15.32	17	1.71	116	131	12.93	15	1.46
转移净收入	2274	2666	17.24	392	39.36	2371	2776	17.08	405	39.36

资料来源：根据国家统计局农村贫困监测调查数据计算而得。

2. 调研地区收入分配状况

调研地区（县）农村居民可支配收入稳步增长，但仍低于全国农村水平，工资性收入对于农村居民的可支配收入贡献最高。从表10－13可以看出，2015～2018年，全国和贫困地区的农村居民可支配收入绝对值稳步增加。调研地区（县）农村居民的人均可支配收入均低于全国水平，其中岢岚县农村居民的人均可支配收入相对较低。

表 10 - 13　2015 ~ 2018 年调研地区农村居民收入绝对值及构成

单位：元，%

地区	指标名称	2015 年		2016 年		2017 年		2018 年	
		绝对值	占比	绝对值	占比	绝对值	占比	绝对值	占比
全国	可支配收入	11422	100	12363	100	13432	100	14617	100
	一、工资性收入	4600	40.27	5022	40.62	5498	40.93	5996	41.02
	二、经营净收入	4504	39.43	4741	38.35	5028	37.43	5358	36.66
	三、财产净收入	252	2.21	272	2.20	303	2.26	342	2.34
	四、转移净收入	2066	18.09	2328	18.83	2603	19.38	2920	19.98
岢岚县	可支配收入	5492	100	5898	100	6476	100	7370	100
	一、工资性收入	2393	43.57	2559	43.39	2956	45.65	3162	42.90
	二、经营净收入	2125	38.69	2236	37.91	2305	35.59	2865	38.87
	三、财产净收入	176	3.20	182	3.09	190	2.93	201	2.73
	四、转移净收入	798	14.53	921	15.62	1025	15.83	1142	15.50
永寿县	可支配收入	8318	100	8419	100	9216	100	9671	100
	一、工资性收入	3592	43.18	3662	43.50	4578	49.67	5156	53.31
	二、经营净收入	2566	30.85	2559	30.40	2363	25.64	1676	17.33
	三、财产净收入	248	2.98	253	3.01	250	2.71	37	0.38
	四、转移净收入	1912	22.99	1945	23.10	2025	21.97	2802	28.97
范县	可支配收入	7805	100	8469	100	9299	100	10150	100
	一、工资性收入	4674	59.89	4630	54.67	5229	56.24	6536	64.39
	二、经营净收入	2480	31.77	2988	35.28	3048	32.78	2486	24.49
	三、财产净收入	139	1.78	151	1.78	61	0.65	85	0.84
	四、转移净收入	512	6.56	699	8.26	960	10.33	1043	10.28

资料来源：岢岚县、永寿县、范县统计局提供的住户调查数据。

从分项收入构成来看，工资性收入对于农村居民的可支配收入贡献最高，且对于贫困地区农村居民可支配收入的贡献度高于全国水平，其中范县工资性收入占比最高，永寿县工资性收入占比增长最快，而岢岚县工资性收入占比保持在 43% 左右。范县农村居民工资性收入绝对值和全国水平接近，且在 2015 年和 2018 年超过全国水平，而岢岚县和永寿县农村居民工资性收入绝对值要低于全国水平。从经营净收入构成来看，岢岚县农村居民经营净收入对于可支配收入的贡献度与全国水平接近，而永寿县和范县要低于全国水平。从转移性收入来看，范县农村居民转移净收入对于可支配收入贡献度最低，远低于全国水平，永寿县农村居民转移净收入对可支配收入的贡献较大，且高于全国水平。

3. 贫困地区与全国农村的相对收入水平及其变化

贫困地区农村居民可支配收入增长速度要快于全国水平，贫困地区农村居民可支配收入与全国水平收入差距逐渐缩小。2014 年贫困地区农村居民可支配收入是全国农村居民可支配收入水平的 65.33%，而 2018 年比例上升至 70.95%（见表 10－14）。

表 10－14　2014～2018 年贫困地区与全国农村的相对收入水平及其变化

		2014 年	2015 年	2016 年	2017 年	2018 年
贫困地区	可支配收入	65.33	67.00	68.37	69.81	70.95
	一、工资性收入	53.95	55.57	57.35	58.38	60.49
	二、家庭净收入	71.58	72.87	72.62	74.05	72.56
	1. 第一产业净收入			82.45	83.34	80.08
	2. 第二、第三产业净收入			50.75	54.80	58.53
	三、财产净收入	36.49	36.90	39.34	39.27	40.06
	四、转移净收入	79.75	83.35	86.81	89.32	93.12
连片特困地区	可支配收入	64.11	65.88	67.52	68.97	70.19
	一、工资性收入	52.70	54.41	56.67	57.53	59.21
	二、家庭净收入	71.25	72.47	72.33	73.89	73.07
	1. 第一产业净收入	81.33	81.33	80.95	81.89	79.31
	2. 第二、第三产业净收入	46.81	51.78	53.13	57.30	61.42
	三、财产净收入	31.53	33.33	35.66	36.63	37.43
	四、转移净收入	77.04	81.03	84.88	87.36	91.30
扶贫重点县	可支配收入	64.04	66.04	67.58	68.90	70.36
	一、工资性收入	52.38	53.91	55.69	57.04	59.96
	二、家庭净收入	69.48	71.31	71.40	72.26	70.59
	1. 第一产业净收入			81.80	81.72	78.30
	2. 第二、第三产业净收入			48.23	52.66	56.18
	三、财产净收入	36.49	35.32	37.87	38.28	38.30
	四、转移净收入	80.82	85.24	88.92	91.09	95.07

注：以全国为 100。

资料来源：根据国家统计局农村贫困监测调查数据计算而得。

从分项收入构成来看，2014～2018年，贫困地区农村居民的工资性收入、财产净收入和转移净收入增长速度快于全国水平，其中转移净收入增速最快，从2014年转移性收入占全国水平的79.75%上升到2018年的93.12%，而工资性收入从2014年的53.95%上升到2018年的60.49%。连片特困地区农村居民可支配收入从2014年占全国水平的64.11%上升到2018年的70.19%，扶贫重点县农村居民可支配收入从2014年的64.04%上升到2018年的70.36%。在连片特困地区和扶贫重点县，农村居民的转移净收入增长速度最快，连片特困地区农村居民转移净收入从2014年占全国水平的77.04%上升到2018年的91.3%，扶贫重点县农村居民可支配收入从2014年的80.82%上升到2018年的95.07%，逐渐接近全国水平。

表10－15　2015～2018年调研地区与全国农村相对收入水平及其变化

地区	指标名称	2015年	2016年	2017年	2018年
岢岚县	可支配收入	48.08	47.71	48.21	50.42
	一、工资性收入	52.02	50.96	53.77	52.74
	二、经营净收入	47.18	47.16	45.84	53.47
	三、财产净收入	69.84	66.91	62.71	58.77
	四、转移净收入	38.63	39.56	39.38	39.11
永寿县	可支配收入	72.82	68.10	68.61	66.16
	一、工资性收入	78.09	72.92	83.27	85.99
	二、经营净收入	56.97	53.98	47.00	31.28
	三、财产净收入	98.41	93.01	82.51	10.82
	四、转移净收入	92.55	83.55	77.79	95.96
范县	可支配收入	68.33	68.50	69.23	69.44
	一、工资性收入	101.61	92.20	95.11	109.01
	二、经营净收入	55.06	63.03	60.63	46.40
	三、财产净收入	55.17	55.56	20.02	24.94
	四、转移净收入	24.77	30.04	36.89	35.72

注：以全国为100。
资料来源：根据岢岚县、永寿县、范县统计局数据计算而得。

岢岚县和范县农村居民可支配收入与全国水平收入差距呈现缩小趋势，而永寿县农村居民可支配收入与全国水平收入差距有所扩大。从表10－15

可以看出，岢岚县农村居民可支配收入从2015年占全国水平的48.08%上升到2018年的50.42%，范县农村居民可支配收入从2015年的68.33%上升到2018年的69.44%，而永寿县农村居民可支配收入从2015年的72.82%下降到2018年的66.16%。

从分项收入构成来看，2015~2018年，岢岚县农村居民经营净收入与全国水平的差距呈现缩小趋势，农村居民经营净收入从2015年的47.18%上升到2018年的53.47%，农村居民工资性收入占比在53%左右，农村居民转移净收入占比在39%左右。永寿县农村居民的工资性收入与全国水平呈现缩小趋势，而农村居民经营净收入与全国水平有所扩大；范县农村居民的工资性收入与全国水平不相上下，在2018年比全国水平高出9个百分点，而农村居民经营净收入占比先上升后下降，总体上从2015年的55.06%下降到2018年的46.4%，农村居民转移净收入从2015年的24.77%上升到2018年的35.72%。

4.贫困人口与非贫困人口收入差距

基于课题组在岢岚县调研过程中所搜集到的15户非贫困户和9户贫困户于2018年的收入信息，发现非贫困人口的可支配收入与贫困人口可支配收入差距较大。从表10-16可以看出，贫困人口的可支配收入是非贫困人口的62.94%。

表10-16　2018年岢岚县贫困人口与非贫困人口收入差距比较

单位：元，%

	非贫困户	贫困户	差额（非贫困户-贫困户）	差额贡献	贫困户/非贫困户
人均可支配收入	13218.49	8320.05	4898.44	100	62.94
工资性收入	5727.62	1796.30	3931.32	80.26	31.36
经营净收入	4417.58	2536.35	1881.23	38.40	57.41
财产净收入	2576.19	766.31	1809.88	36.95	29.75
转移净收入	497.10	3221.09	-2723.99	-55.61	647.98

资料来源：非贫困户收入信息来自访谈记录，贫困户收入根据建档立卡贫困户数据整理计算而得。

从分析收入构成来看，贫困人口与非贫困人口的收入差距主要表现在工资性收入和经营净收入。贫困人口的工资性收入是非贫困人口工资性收入的

31.36%，绝对值差距为3931.32元，这一差距是贫困人口工资性收入的2.19倍，可见工资性收入差距之巨大。贫困人口的经营净收入是非贫困人口经营净收入的57.41%，绝对值差距为1881.23元，可见经营净收入的差距是比较大的。而贫困人口的转移净收入是非贫困人口转移净收入的6.48倍，可以看出转移净收入是贫困人口可支配收入的一项重要来源，占可支配收入的比例为38.71%。可见，提高贫困人口的工资性收入和经营净收入，是贫困人口能够摆脱贫困，获得收入持续性增长的重要方向。

（二）贫困人口的收入结构分析

从表10－17可以看出，2018年岢岚县的人均可支配收入平均值为8075.63元，最小值为3223.46元，最大值为24847元。2018年范县的人均可支配收入平均值为10254.24元，其中最小值为458.16元，最大值为30930.63元。从汇总数据来看，贫困人口的人均可支配收入平均值为9560.79元。这可能是政府对于贫困人口的帮扶举措取得的结果，因此，贫困人口收入增长的可持续性还有待于进一步观察。

表10－17　2018年岢岚县、范县贫困人口的收入水平

单位：人，元

	观测值	平均值	标准差	最小值	最大值
岢岚县	621	8075.63	3099.79	3223.46	24847.00
范县	1330	10254.24	4149.14	458.16	30930.63
合计	1951	9560.79	3977.24	458.16	30930.63

资料来源：根据岢岚县、范县扶贫办提供的贫困户信息计算而得。

贫困人口内部收入差距比较明显。从表10－18可以看出，2018年岢岚县的人均可支配收入中位数为7146.4元，范县的人均可支配收入中位数为9870.74元。从岢岚县、范县汇总数据来看，贫困人口的人均可支配收入中位数为8880.97元，总体上要低于均值水平。从岢岚县来看，20分位点收入为5817.49元，80分位点收入为9808.5元，收入最高的20%与最低的

20%比值为1.69，绝对差距为3991.01元。从范县来看，20分位点收入为6846.42元，80分位点收入为12800.67元，收入最高的20%与最低的20%比值为1.87，绝对差距为5954.25元。从岢岚县、范县汇总数据来看，20分位点收入为6398.5元，80分位点收入为12019.76元，收入最高的20%与最低的20%比值为1.88，绝对差距为5621.26元。

表10－18　2018年岢岚县、范县不同分位点贫困人口的收入水平

单位：元

分位点	10	20	30	40	50	60	70	80	90
岢岚县	5099.96	5817.49	6299.25	6741.00	7146.40	8050.00	8880.97	9808.50	12001.64
范县	5759.23	6846.42	7754.17	8622.40	9870.74	10380.16	11076.05	12800.67	16007.24
合计	5455.25	6398.50	7057.00	7861.40	8880.97	9953.66	10569.40	12019.76	14448.75

资料来源：根据岢岚县、范县扶贫办提供的贫困户信息计算而得。

不同贫困县家庭规模不同，人均可支配收入存在差异性。从表10－19岢岚县和范县汇总数据可以看出，家庭规模为4人的收入水平最高，家庭规模为6人及以上的收入水平最低。家庭规模为4人的人均可支配收入为10682.05元，家庭规模为6人及以上的人均可支配收入为8587.37元。从岢岚县来看，家庭规模为6人及以上的人均可支配收入最高，为8937.99元。从范县来看，家庭规模为4人的人均可支配收入最高，为12051.13元，家庭规模为6人及以上的人均可支配收入最低，为8576.39元。

表10－19　2018年岢岚县、范县贫困人口不同家庭规模的人均可支配收入水平

单位：元

家庭人口数	岢岚县	范县	合计
1人	7985.67	11452.72	9141.36
2人	8397.30	9375.48	8737.17
3人	8458.54	11240.96	9934.44
4人	7752.21	12051.13	10682.05
5人	6589.51	9055.46	8723.50
6人及以上	8937.99	8576.39	8587.37

资料来源：根据岢岚县、范县扶贫办提供的贫困户信息计算而得。

文化程度越高，人均可支配收入也越高，但总体上差距不十分明显。从表 10 – 20 可以看出，在范县，贫困人口的最高文化程度为大学及以上时，平均收入为 12810. 33 元，而文化程度为文盲或半文盲时，平均收入为 9329. 53 元，低了 3480. 8 元。贫困人口最高文化程度为小学时，平均收入为 9834. 8 元，文化程度为初中时，平均收入上升为 10815. 73 元，当文化程度为高中时，平均收入上升为 10883. 34 元。

表 10 – 20　2018 年范县按照贫困人口最高文化程度分组的收入水平

单位：人，元

文化程度	观测值	平均值	标准差	最小值	最大值
文盲或半文盲	84	9329. 53	4341. 34	458. 16	30930. 63
小学	304	9834. 80	3993. 90	2200. 93	30410. 00
初中	480	10815. 73	4223. 59	4413. 28	26804. 67
高中	57	10883. 34	4843. 12	4069. 63	30930. 63
大学及以上	22	12810. 33	4570. 82	5333. 60	25590. 25

资料来源：根据范县扶贫办提供的贫困户信息计算而得。

贫困人口的可支配收入大幅度增加，工资性收入和转移净收入是收入增加的主要来源。从表 10 – 21 可以看出，范县贫困人口人均可支配收入从 2016 年的 2961. 92 元大幅上升到 2018 年的 9233. 65 元。从永寿县来看，人均可支配收入从 2016 年的 4105. 67 元上升到 2018 年的 6976. 28 元。从范县、永寿县汇总数据来看，人均可支配收入从 2016 年的 3432. 87 元上升到 2018 年的 8304. 14 元。

从分项收入构成来看，2018 年贫困人口工资性收入和转移净收入是最主要的收入来源。从范县来看，贫困人口工资性收入从 2016 年的 1418. 82 元上升到 2018 年的 4849. 82 元，转移性收入从 2016 年的 770. 6 元上升到 2018 年的 1986. 85 元。从永寿县来看，贫困人口工资性收入从 2016 年的 3116. 26 元上升到 2018 年的 5365. 79 元，转移性收入从 2016 年的 433. 76 元上升到 2018 年的 1069. 39 元。从范县、永寿县汇总数据来看，贫困人口工资性收入从 2016 年的 2117. 77 元上升到 2018 年的 5062. 28 元，转移性收入

表 10－21　被调查贫困户可支配收入及构成

单位：元，%

调研县	调查指标	2016 年		2017 年		2018 年	
		绝对数	百分比	绝对数	百分比	绝对数	百分比
范县	人均可支配收入	2961.92	100	5607.10	100	9233.65	100
	工资性收入	1418.82	47.90	2429.07	43.32	4849.82	52.52
	经营净收入	723.18	24.42	646.12	11.52	1081.97	11.72
	财产净收入	49.31	1.66	170.81	3.05	1315.00	14.24
	转移净收入	770.60	26.02	2361.10	42.11	1986.85	21.52
永寿县	人均可支配收入	4105.67	100	4740.20	100	6976.28	100
	工资性收入	3116.26	75.90	3381.79	71.34	5365.79	76.91
	经营净收入	523.50	12.75	511.15	10.78	519.99	7.45
	财产净收入	32.14	0.78	53.57	1.13	21.11	0.30
	转移净收入	433.76	10.56	793.69	16.74	1069.39	15.33
合计	人均可支配收入	3432.87	100	5250.14	100	8304.14	100
	工资性收入	2117.77	61.69	2821.37	53.74	5062.28	60.96
	经营净收入	640.96	18.67	590.55	11.25	850.57	10.24
	财产净收入	42.24	1.23	122.54	2.33	782.22	9.42
	转移净收入	631.90	18.41	1715.69	32.68	1609.07	19.38

资料来源：根据访谈和建档立卡贫困户数据计算而得。

从2016 年的631.9 元上升到2018 年的1609.07 元。从2018 年来看，范县贫困人口工资性收入和转移净收入占可支配收入的比例分别为 52.52% 和 21.52% ，永寿县贫困人口工资性收入和转移净收入占可支配收入的比例分别为76.91% 和15.33% ，范县、永寿县汇总贫困人口工资性收入和转移净收入占可支配收入的比例分别为60.96% 和19.38% 。可见，工资性收入是贫困人口收入增加的最主要来源，转移性收入也发挥着重要作用。

贫困人口通过务工来获取工资性收入，有助于实现脱贫并实现收入的可持续增长。从表10－22 可以看出，岢岚县调研的贫困人口中有13 人从事有工资性的工作，村内保洁的工作是由政府提供的公益岗，打工人员工资收入相对较高，13 人的平均工资收入为23876.92 元。永寿县调研的贫困人口中有23 人从事有工资性的工作，23 人的平均工资收入为33121.74 元。范县调研的贫困人口中有29 人从事有工资性的工作，29 人的平均工资收入为32941.38 元。

表 10－22　2018 年调研地区贫困人口外出务工年收入状况

单位：元

岢岚县		永寿县		范县	
务工状况	工资性收入	务工状况	工资性收入	务工状况	工资性收入
村内保洁员	8400	打工	50000	范县化工厂打工	32400
在外务工	6000	土木工程工作	54000	村保洁员	12000
太原打工	30000	保洁员	3600	化妆品电商销售	24000
在内蒙古打工	8000	家政保姆	6000	超市打工	12000
村里扫街	4000	西安餐饮打工	24000	在山东当建筑工人	40000
太原打工	42000	青海打工	65000	镇上宾馆保洁	36000
包头打工	42000	天津考古队	36000	附近工厂保安	28800
打工	46000	广西打工	24000	村保洁员	12000
打工	20000	村保洁员	4200	青海打工	48000
打工	20000	打工	20000	楼板厂打工	36000
焦化厂打工	36000	外地打零工	30000	打工	48000
县城美容美发	24000	西安机床工人	54000	打工	24000
县城美容美发	24000	西安药厂打工	30000	村公益岗	6000
—	—	上海软件开发	120000	在常州打工制作钢盒子	65000
—	—	内蒙古货车司机	60000	打零工	10000
—	—	打零工	24000	打零工	30000
—	—	山东当厨师	24000	广东从事焊工	60000
—	—	打零工	15000	在广西电焊	36000
—	—	建筑工	24000	在广西服装加工	36000
—	—	打零工	10000	打零工	60000
—	—	外出打工	24000	热电厂打工	36000
—	—	西安当厨师	30000	昆山上班	60000
—	—	西安餐饮服务	30000	在上海当保安	60000
—	—	—	—	在上海当服务员	36000
—	—	—	—	上海打工	48000
—	—	—	—	山东滨州建筑工	45000
—	—	—	—	打零工	4500
—	—	—	—	护路	3600
—	—	—	—	劳动保障公益岗	6000
工资性收入均值	23876.92	工资性收入均值	33121.74	工资性收入均值	32941.38

资料来源：根据调研访谈资料计算而得。

贫困人口家庭经营行为主要集中于第一产业，通过家庭经营行为获得的经营净收入相对较低。从表 10－23 可以看出，岢岚县调研的贫困户中有 9 户从事家庭经营行为，且全部集中于第一产业，9 户从事农业经营，其中 2 户兼营畜牧业，9 户家庭经营净收入均值为 10264.44 元，人均为 3392.96 元。永寿县调研的贫困户中有 17 户从事家庭经营行为，17 户均从事农业经营，其中 1 户兼营畜牧业，1 户兼营非农产业，17 户家庭经营净收入均值为 4976.47 元，人均为 1159.24 元。范县调研的贫困户中有 18 户从事家庭经营行为，18 户均从事农业经营，其中 2 户兼营畜牧业，5 户兼营非农产业，18 户家庭经营净收入均值为 9444.44 元，人均为 2713.61 元。可见，贫困人口的家庭经营产业有待扩展。通过与表 10－22 比较可以发现，工资性收入对于脱贫的作用要更大。

表 10－23　2018 年调研地区贫困人口的家庭经营行为与经营收入

单位：元

岢岚县			永寿县			范县		
家庭经营行为	家庭经营净收入	人均经营净收入	家庭经营行为	家庭经营净收入	人均经营净收入	家庭经营行为	家庭经营净收入	人均经营净收入
种地	5280	1320	养羊、种地	5100	2550	废品回收、种地	2500	416.67
养殖兔子、种地	1600	800	儿童娱乐设施经营、种地	19800	4950	种地	500	100
种地	20000	6666.67	种地	12600	2520	卖凉皮、种地	13100	2620
种地	3000	1500	种地	780	390	种地	1700	340
种地、养羊	30000	10000	种地	2160	720	养孔雀、种地	17400	8700
种地	24000	6000	种地	3000	375	捡破烂、收废品	5400	2700
种地	2500	1250	种地	1800	450	种地	10000	1250
种地	5000	2500	种地	2400	600	种地	46400	11600
种地	1000	500	种地	2400	480	种地	1700	425
—	—	—	种地	1680	420	种地	13700	3425
—	—	—	种地	2100	300	种地	9000	1500
—	—	—	种地	3720	620	种地	2000	1000

续表

岢岚县			永寿县			范县		
家庭经营行为	家庭经营净收入	人均经营净收入	家庭经营行为	家庭经营净收入	人均经营净收入	家庭经营行为	家庭经营净收入	人均经营净收入
—	—	—	种地	8400	1400	养牛、种地	32000	10666.67
—	—	—	种地	3000	500	理发、种地	2100	1050
—	—	—	种地	12660	2532	种地	2700	675
—	—	—	种地	1200	300	种地	4800	960
—	—	—	种地	1800	600	种地	3000	750
—	—	—	—	—	—	护路	2000	666.67
均值	10264.44	3392.96	均值	4976.47	1159.24	均值	9444.44	2713.61

资料来源：根据调研访谈资料整理而得。

劳动力转移对于贫困人口的收入增加具有显著促进作用。从表 10－24 可以看出，岢岚县贫困人口在乡（镇）内务工收入最高，为 9416.29 元，在县外省内务工收入最低，为 7830.96 元，这可能是因为乡（镇）内的一些企业参与扶贫，也可能是因为在外务工的工作年限很短。从范县来看，在省外务工收入最高，为 11704.01 元，在乡（镇）内务工收入最低，为 10193.86 元。从合并数据来看，在乡（镇）外县内务工收入最低，为 9729.43 元，在省外务工收入最高，为 11407.31 元。务工收入总体上是比较高的，可见劳动力转移对于脱贫以及收入的可持续增长具有重要作用。

表 10－24　2018 年岢岚县、范县劳动力转移对贫困人口收入的影响

单位：元

	岢岚县	范县	合并
乡(镇)内务工	9416.29	10193.86	9930.28
乡(镇)外县内务工	8104.02	11354.84	9729.43
县外省内务工	7830.96	11383.44	10758.00
省外务工	9129.42	11704.01	11407.31

资料来源：根据岢岚县、范县扶贫办提供的贫困户信息计算而得。

（三）贫困结构发生变化，需要高度关注老年贫困

贫困结构已经有所改变，从地区来看，贫困人口向贫困发生率高的省份集聚的倾向有所加剧，相应地区依然是扶贫工作的重点。从年龄结构来看，老年贫困人口比重较高。如果考虑到未来进城务工人员因年龄、身体原因而退出劳动力市场、返乡居住生活，老年人群将是农村贫困的高发群体。

随着农村老龄化的加剧、第一代农民工返乡、外出劳动力的继续增长以及家庭结构变化导致的代际经济生活联系削弱，农村养老问题已经日益严峻。养老保障体系，既包括生活资金支持，也包括精神慰藉和日常照料。前一个问题，可以通过新型农村养老保险制度来解决，而后两个问题则需要提供相应的公共物品来弥补。在许多农村地区，养老和扶贫二者是密切地联系在一起的，养老对象就是扶贫对象，扶贫对象就是养老对象。但目前这一问题似乎尚未提上议事日程，建议加强对农村公共养老服务的政策研究、制度供给和公共服务供给。

（四）脱贫人口的收入形成与收入增长机制

脱贫人口收入快速增长，且工资性收入的增长具有可持续性。从表 10 - 25 永寿县和范县汇总数据可以看出，脱贫以前，人均可支配收入为 2941. 35 元，脱贫过后，收入增长到 6871. 56 元。从永寿县来看，脱贫以前，人均可支配收入为 3649 元，脱贫过后，收入增长到 5096. 17 元。从范县来看，脱贫以前人均可支配收入为 2587. 52 元，脱贫过后收入增长到 7759. 25 元，可见脱贫前后收入增长很快。

从分项收入构成来看，工资性收入和转移净收入对于脱贫贡献度最大。从永寿县和范县汇总数据来看，脱贫之前，工资性收入为 1987. 5 元，转移性收入为 144. 15 元，脱贫过后，工资性收入增加到 3990. 67 元，转移性收入增加到 1462. 86 元。转移性收入对于可支配收入的贡献度从 2016 年的 4. 9% 上升到 2017 年的 21. 29% 。从永寿县来看，脱贫之前，工资性收入为 2583. 33 元，转移性收入为 249 元，脱贫过后，工资性收入增加到 3370. 83

元，转移性收入增加到827.83元。从范县来看，脱贫之前，工资性收入为1689.58元，转移性收入为91.73元，脱贫过后，工资性收入增加到4300.58元，转移性收入增加到1780.37元。

表10－25　永寿县、范县被调查对象脱贫前后的收入结构及其变化（2017年底脱贫）

单位：元，%

		2016年	构成	2017年	构成
永寿县	人均可支配收入	3649.00	100	5096.17	100
	工资性收入	2583.33	70.80	3370.83	66.14
	经营净收入	591.67	16.21	522.50	10.25
	财产净收入	225.00	6.17	375.00	7.36
	转移净收入	249.00	6.82	827.83	16.24
范县	人均可支配收入	2587.52	100	7759.25	100
	工资性收入	1689.58	65.30	4300.58	55.43
	经营净收入	806.21	31.16	1515.80	19.54
	财产净收入	0.00	0.00	162.50	2.09
	转移净收入	91.73	3.55	1780.37	22.95
合计	人均可支配收入	2941.35	100	6871.56	100
	工资性收入	1987.50	67.57	3990.67	58.08
	经营净收入	734.69	24.98	1184.70	17.24
	财产净收入	75.00	2.55	233.33	3.40
	转移净收入	144.15	4.90	1462.86	21.29

资料来源：根据永寿县、范县建档立卡贫困户数据计算而得。

脱贫人口可支配收入增长幅度较大，其中工资性收入和经营净收入对于可支配收入增长的贡献度较高。从表10－26永寿县和范县汇总数据可以看出，脱贫人口可支配收入从2017年的6393.27元增加到2018年的8196.15元，增长幅度为1802.89元，名义增长28.2%。从增长构成来看，最主要的是工资性收入增长，对可支配收入增长的贡献度为89.81%，工资性收入的名义增长率为38.86%。而经营净收入的名义增长率为78.96%，对于可支配收入增长的贡献度为41.33%。从永寿县来看，脱贫人口可支配收入从2017年的5548.01元增加到2018年的7153.32元，增长幅度为1605.31元，名义增长28.93%。从范县来看，脱贫人口可支配收入从2017年的8477.2元增加到2018年的11724.86元，增长幅度为3247.66元，名义增长38.31%。

表10－26　被调查脱贫人口收入结构及其增长（2016年底脱贫）

单位：元，%

		2017年	2018年	名义增长率	增长幅度	增长构成
永寿县	人均可支配收入	5548.01	7153.32	28.93	1605.31	100.00
	工资性收入	4359.38	5768.96	32.33	1409.58	87.81
	经营净收入	460.92	563.63	22.29	102.72	6.40
	财产净收入	93.75	36.94	－60.60	－56.81	－3.54
	转移净收入	633.97	783.79	23.63	149.82	9.33
范县	人均可支配收入	8477.20	11724.86	38.31	3247.66	100.00
	工资性收入	2598.50	5228.50	101.21	2630.00	80.98
	经营净收入	2453.85	5110.08	108.25	2656.23	81.79
	财产净收入	165.00	505.75	206.52	340.75	10.49
	转移净收入	3259.85	880.53	－72.99	－2379.32	－73.26
合计	人均可支配收入	6393.27	8196.15	28.20	1802.89	100.00
	工资性收入	4166.29	5785.46	38.86	1619.17	89.81
	经营净收入	943.75	1688.90	78.96	745.15	41.33
	财产净收入	41.25	126.44	206.52	85.19	4.73
	转移净收入	1241.97	595.36	－52.06	－646.61	－35.87

资料来源：根据永寿县、范县建档立卡贫困户数据计算而得。

三　特定贫困人群的收入支出与公共服务研究

（一）贫困人口消费及其结构变动

贫困地区、连片特困地区和扶贫重点县的农村居民人均消费支出增长率高于全国农村平均水平，但人均消费支出增加幅度仍低于全国平均水平。从表10－27可以看出，2017～2018年，贫困地区人均消费支出增加不到1000元，低于全国平均水平在此期间将近1200元的增幅。

表 10 - 27　2017 ~ 2018 年我国农村居民消费支出增长及构成

单位：元，%

	全国农村					贫困地区				
	2017 年消费	2018 年消费	名义增长率	增加幅度	增长构成	2017 年消费	2018 年消费	名义增长率	增加幅度	增长构成
消费支出	10955	12124	10.67	1169	100	7998	8956	11.98	958	100
食品烟酒	3415	3646	6.76	231	19.76	2689	2808	4.43	119	12.42
衣着	612	648	5.88	36	3.08	453	488	7.73	35	3.65
居住	2354	2661	13.04	307	26.26	1695	1995	17.70	300	31.32
生活用品及服务	634	720	13.56	86	7.36	485	537	10.72	52	5.43
交通通信	1509	1690	11.99	181	15.48	935	1045	11.76	110	11.48
教育文化娱乐	1171	1302	11.19	131	11.21	883	1017	15.18	134	13.99
医疗保健	1059	1240	17.09	181	15.48	725	919	26.76	194	20.25
其他用品及服务	201	218	8.46	17	1.45	134	147	9.70	13	1.36
	连片特困地区					扶贫重点县				
	2017 年消费	2018 年消费	名义增长率	增加幅度	增长构成	2017 年消费	2018 年消费	名义增长率	增加幅度	增长构成
消费支出	7915	8854	11.86	939	100	7906	8935	13.02	1029	100
食品烟酒	2693	2790	3.60	97	10.33	2694	2820	4.68	126	12.24
衣着	443	476	7.45	33	3.51	442	482	9.05	40	3.89
居住	1668	1985	19.00	317	33.76	1678	1972	17.52	294	28.57
生活用品及服务	486	530	9.05	44	4.69	474	539	13.71	65	6.32
交通通信	918	1033	12.53	115	12.25	901	1041	15.54	140	13.61
教育文化娱乐	878	1013	15.38	135	14.38	868	1019	17.40	151	14.67
医疗保健	696	879	26.29	183	19.49	721	913	26.63	192	18.66
其他用品及服务	134	146	8.96	12	1.28	127	149	17.32	22	2.14

资料来源：根据国家统计局农村贫困监测调查数据计算而得。

从分项消费增长构成来看，消费支出的增长，主要来自食品烟酒、居住、交通通信、教育文化娱乐和医疗保健支出的增长。贫困地区食品烟酒支出增加幅度占全部消费支出增幅的 12.42%，居住支出增长 31.32%，交通通信支出增长 11.48%，教育文化娱乐支出增长 13.99%，医疗保健支出增长 20.25%。

调研地区农村居民消费支出呈现增长趋势，消费支出低于全国水平，贫困地区农村居民食品烟酒消费支出占总消费支出的比例高于全国水平。从表10－28可以看出，2015～2018年，全国农村居民消费支出从9223元上升到12124元，岢岚县农村居民消费支出从4954元上升到6472元，永寿县农村居民消费支出从5453元上升到6229元。范县农村居民消费支出从2016年的6151元上升到2018年的7907元。

从表10－28的分项消费构成数据来看，2015～2018年，全国农村居民食品烟酒消费支出对于总消费支出的贡献度从33.05%下降到30.07%，教育文化娱乐支出从10.51%上升到10.74%，医疗保健支出从9.17%上升到10.23%。2015～2018年，岢岚县农村居民食品烟酒消费支出对于总消费支出的贡献度从42.79%下降到36.25%，教育文化娱乐支出从6.1%上升到11.88%，医疗保健支出从7.85%上升到8.42%。2015～2018年，永寿县农村居民食品烟酒消费支出对于总消费支出的贡献度从36.05%上升到41.61%，教育文化娱乐支出从7.81%上升到9.87%，医疗保健支出从6.2%上升到9.83%。2016～2018年，范县农村居民食品烟酒消费支出对于总消费支出的贡献度从31.99%上升到36.13%，教育文化娱乐支出从13.42%下降到11.71%，医疗保健支出从8.54%上升到10.32%。

表10－28　2015～2018年全国和调研地区农村居民消费支出及构成

单位：元，%

地区	指标名称	2015年		2016年		2017年		2018年	
		绝对值	占比	绝对值	占比	绝对值	占比	绝对值	占比
全国	居民消费支出	9223	100	10130	100	10955	100	12124	100
	一、食品烟酒	3048	33.05	3266	32.24	3415	31.17	3646	30.07
	二、衣着	550	5.96	575	5.68	612	5.59	648	5.34
	三、居住	1926	20.88	2147	21.19	2354	21.49	2661	21.95
	四、生活用品及服务	546	5.92	596	5.88	634	5.79	720	5.94
	五、交通通信	1163	12.61	1360	13.43	1509	13.77	1690	13.94
	六、教育文化娱乐	969	10.51	1070	10.56	1171	10.69	1302	10.74
	七、医疗保健	846	9.17	929	9.17	1059	9.67	1240	10.23
	八、其他用品及服务	174	1.89	186	1.84	201	1.83	218	1.80

续表

地区	指标名称	2015年		2016年		2017年		2018年	
		绝对值	占比	绝对值	占比	绝对值	占比	绝对值	占比
岢岚县	居民消费支出	4954	100	5226	100	5874	100	6472	100
	一、食品烟酒	2120	42.79	2371	45.37	2638	44.91	2346	36.25
	二、衣着	309	6.24	265	5.07	331	5.64	435	6.72
	三、居住	816	16.47	845	16.17	1100	18.73	1014	15.67
	四、生活用品及服务	298	6.02	355	6.79	321	5.46	515	7.96
	五、交通通信	704	14.21	573	10.96	793	13.50	787	12.16
	六、教育文化娱乐	302	6.10	359	6.87	274	4.66	769	11.88
	七、医疗保健	389	7.85	452	8.65	411	7.00	545	8.42
	八、其他用品及服务	17	0.34	5	0.10	6	0.10	62	0.96
永寿县	居民消费支出	5453	100	6331	100	5999	100	6229	100
	一、食品烟酒	1966	36.05	2029	32.05	1959	32.66	2592	41.61
	二、衣着	533	9.77	561	8.86	591	9.85	395	6.34
	三、居住	1111	20.37	1184	18.70	1145	19.09	1012	16.25
	四、生活用品及服务	346	6.35	375	5.92	486	8.10	408	6.55
	五、交通通信	342	6.27	535	8.45	209	3.48	535	8.59
	六、教育文化娱乐	426	7.81	748	11.81	683	11.39	615	9.87
	七、医疗保健	338	6.20	509	8.04	802	13.37	612	9.83
	八、其他用品及服务	391	7.17	390	6.16	124	2.07	60	0.96
范县	居民消费支出			6151	100	6379	100	7907	100
	一、食品烟酒			1968	31.99	2052	32.17	2857	36.13
	二、衣着			404	6.57	422	6.61	604	7.64
	三、居住			1234	20.06	1394	21.85	1485	18.78
	四、生活用品及服务			490	7.97	396	6.20	476	6.03
	五、交通通信			647	10.52	553	8.66	663	8.38
	六、教育文化娱乐			826	13.42	691	10.83	926	11.71
	七、医疗保健			525	8.54	805	12.62	816	10.32
	八、其他用品及服务			57	0.93	67	1.05	80	1.02

资料来源：根据岢岚县、永寿县、范县统计局提供数据整理而得。

非贫困人口的人均消费支出要高于贫困人口，非贫困人口消费/收入比率更高，但是消费/（人均工资性收入 + 人均经营净收入）比率相对更低。岢岚县调研中，非贫困户有消费数据的有 6 户，贫困户有消费数据的有 5 户。永寿县和范县均是调研贫困户，其中有消费数据的分别有 10 户和 14 户。从表 10 - 29 可以看出，岢岚县非贫困人口平均消费为 6953.33 元，贫困人口平均消费为3833.33元，永寿县贫困人口平均消费为2920.45元，范县贫困人口平均消费为3287.04元。图10－7给出了贫困人口与非贫困人口人均消费支出分布的比较，可以看出，非贫困人口人均消费支出更高且更加分散，贫困人口人均消费支出较低且比较集中在2500～3500元。岢岚县6户非贫困人口的人均可支配收入为14582.19元，其中人均工资性收入和人均经营净收入之和为14323.81元，5户贫困人口的人均可支配收入为8902.1元，其中人均工资性收入和人均经营净收入之和为6447.67元，永寿县10户贫困人口的人均可支配收入为7635.02元，其中人均工资性收入和人均经营净收入之和为6612.6元，范县14户贫困人口的人均可支配收入为9078.37元，其中人均工资性收入和人均经营净收入之和为6512.86元。

表10－29　2018年调研地区贫困与非贫困人口人均消费支出与收入比较

单位：元

比较指标	岢岚县		永寿县	范县
	非贫困户	贫困户	贫困户	贫困户
人均消费	6953.33	3833.33	2920.45	3287.04
人均可支配收入	14582.19	8902.10	7635.02	9078.37
人均工资收入＋人均经营净收入	14323.81	6447.67	6612.60	6512.86
人均消费/人均可支配收入比率	0.4768	0.4306	0.3825	0.3621
人均消费/(人均工资性收入＋人均经营净收入)比率	0.4854	0.5945	0.4416	0.5047

资料来源：根据调研访谈数据和建档立卡贫困户数据计算而得。

从人均消费/人均可支配收入比率来看，岢岚县非贫困人均消费/人均可支配收入比率为0.4768，要比岢岚县贫困人口人均消费/人均可支配收入比率高出5个百分点。永寿县贫困人口人均消费/人均可支配收入比率为0.3825，范县贫困人口人均消费/人均可支配收入比率为0.3621。从人均消费/（人均工资性收入＋人均经营净收入）比率来看，岢岚县非贫困人口人均消费/（人均工资性收入＋人均经营净收入）比率为0.4854，岢岚县、永寿县和范县贫困人口人均消费/（人均工资性收入＋人均经营净收入）比率分别为0.5945、0.4416和0.5047。图10－7、图10－8和图10－9比较了非贫困人口和贫困人口消费/收入比率分布情况。

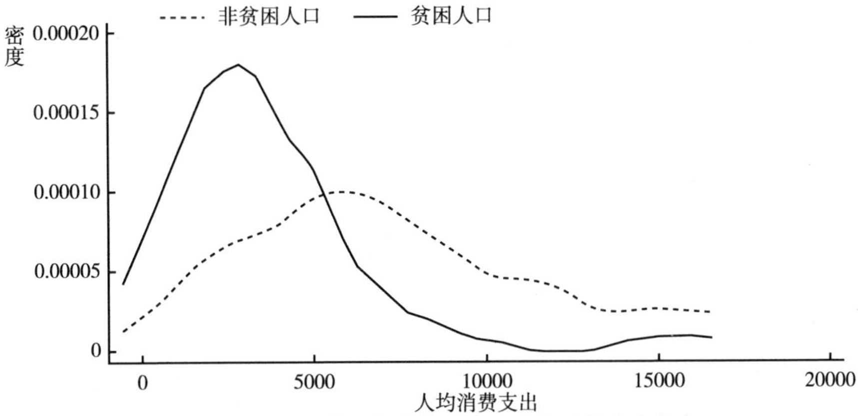

图 10 - 7　贫困人口与非贫困人口人均消费支出分布

资料来源：根据调研访谈数据计算而得。

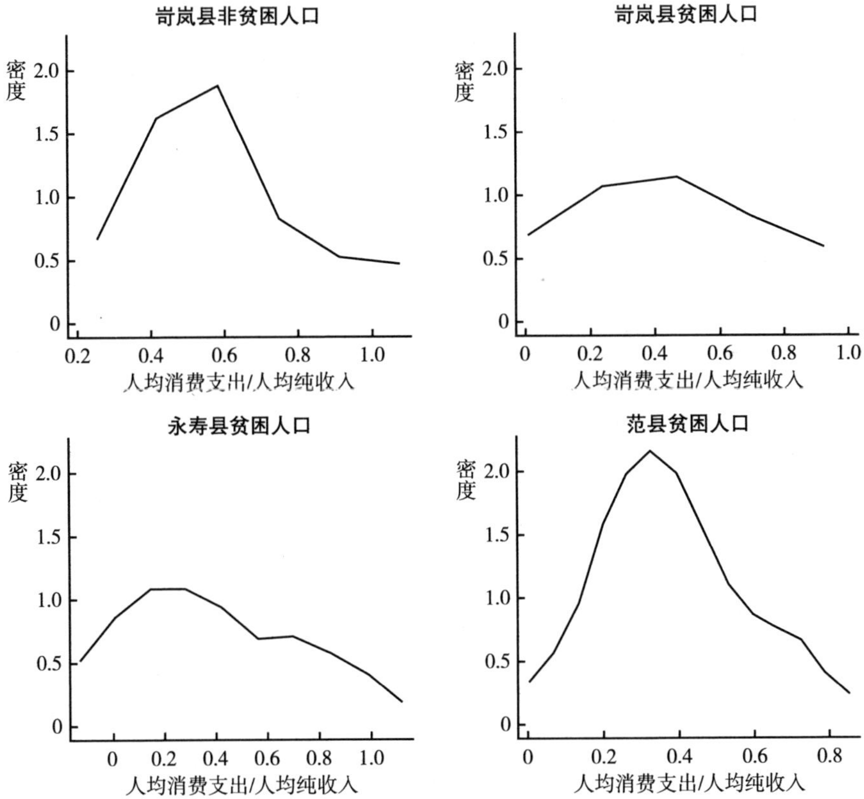

图 10 - 8　贫困人口与非贫困人口人均消费支出/人均可支配收入分布

资料来源：根据调研访谈数据计算而得。

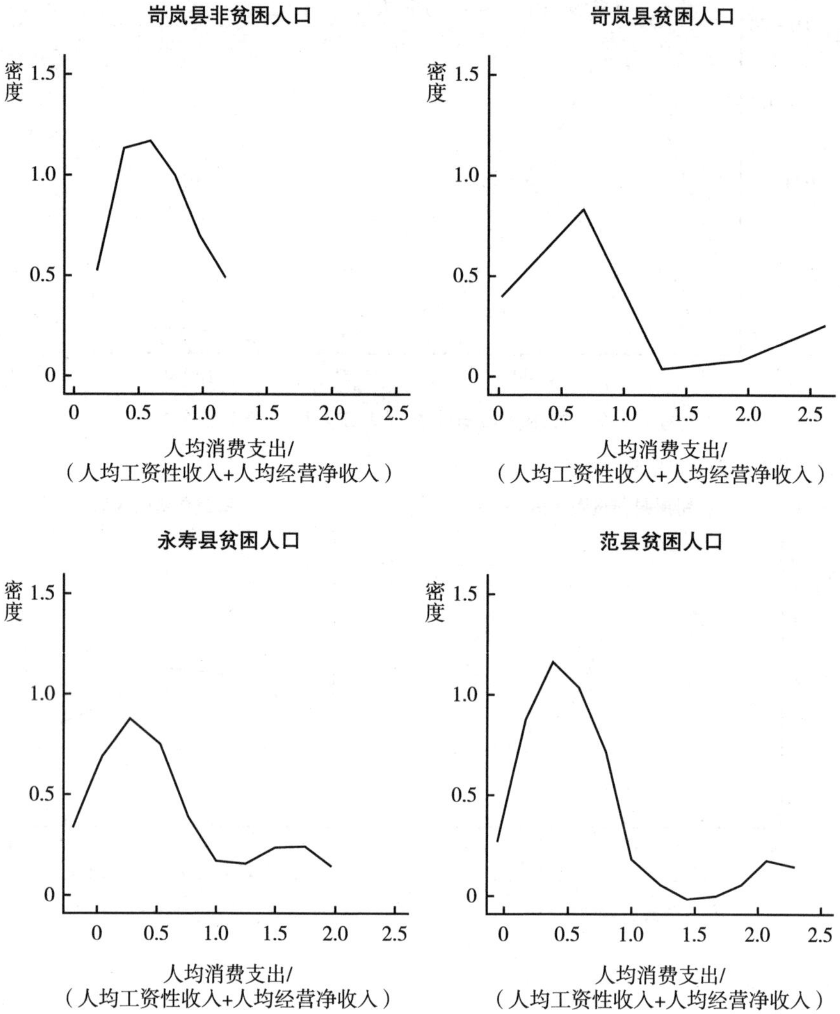

图 10－9　人均消费支出/（人均工资性收入＋人均经营净收入）分布

资料来源：根据调研访谈数据计算而得。

非贫困人口与贫困人口的家庭教育支出/家庭可支配收入比率相对都比较低，家庭教育支出压力不大。岢岚县有家庭教育支出数据的非贫困户有 3 户，贫困户有 1 户，永寿县有家庭教育支出数据的贫困户有 1 户，范县有家庭教育支出数据的贫困户有 4 户。从表 10－30 来看，岢岚县 3 户非贫困户平均家庭教育支出为 4166.67 元，教育/收入比率为 0.0602，岢岚县 1 户贫困户的家庭教育支出为6000元，教育/收入比率为0.1546。永寿县1户贫困户的家庭教育支出为2800元，教育/收入比率为0.0462。范县4户贫困户的平均家庭教育支出为3150元，教育/收入比率为0.0703。比率较低的原因可能是政府对于贫困户的教育补助比较高。

表10－30 2018年调研地区贫困与非贫困人口家庭教育支出与收入比较

单位：元

	岢岚县		永寿县	范县
	非贫困户	贫困户	贫困户	贫困户
家庭教育支出	4166.67	6000	2800	3150
家庭可支配收入	69166.67	38809.00	60557.20	44835.56
教育支出/家庭收入比率	0.0602	0.1546	0.0462	0.0703

资料来源：根据调研访谈数据和建档立卡贫困户数据计算而得。

非贫困人口医疗支出/收入比率要高于贫困人口，总体上家庭医疗支出压力不大。岢岚县有家庭医疗支出数据的非贫困户有1户，贫困户有1户，永寿县有家庭医疗支出数据的贫困户有4户，范县有家庭医疗支出数据的贫困户有6户。从表10－31可以看出，岢岚县1户非贫困户的家庭医疗支出为21400元，医疗支出/收入比率为0.2628，岢岚县1户贫困户的家庭医疗支出为3000元，医疗支出/收入比率为0.0944。永寿县4户贫困户的平均家庭医疗支出为4625元，医疗支出/收入比率为0.1275，范县6户贫困户的平均家庭医疗支出为3308.33元，医疗支出/收入比率为0.1032。

表10－31 2018年调研地区贫困与非贫困人口家庭医疗支出与收入比较

单位：元

	岢岚县		永寿县	范县
	非贫困户	贫困户	贫困户	贫困户
家庭医疗支出	21400	3000	4625	3308.33
家庭可支配收入	81426	31769	36276.57	32058.67
医疗支出/收入比率	0.2628	0.0944	0.1275	0.1032

资料来源：根据调研访谈数据和建档立卡贫困户数据计算而得。

（二）贫困人口的医疗和教育支出分析

表10－32给出了贫困人口的健康状况。从岢岚县来看，贫困人口身体健康的比例为80.68%，患有大病的有9人，占比为1.45%。从范县来看，贫困人口身体健康的比例为86.47%，患有大病的有9人，占比为0.68%。从合并数据来看，贫困人口身体健康的比例为84.62%，患有大病的有18人，占比为0.92%。可以看出，贫困家庭中不健康的人群比重通常在15%～20%，即平均每户贫困户中就可能有一个不健康成员，其中还有不少是比较严重的疾患，如长期慢性病、残疾、大病等。应当意识到，疾患病痛的消除存在医疗条件技术上的局限性，因而在不同人群中也会具有一定的普遍性。疾患将产生两个方面的影响：一是家庭劳动能力人口的减少，从而导致收入水平下降；二是导致家庭医疗费用上升。这两种影响对于贫困人口而言，将显得尤为重要和艰难。因此，健康和医疗保障对于贫困人口总是具有重要的意义。

表10－32　调研地区贫困人口健康状况

单位：人，%

	岢岚县*		范县		合并	
健康状况	人数	比例	人数	比例	人数	比例
健康	501	80.68	1150	86.47	1651	84.62
长期慢性病	68	10.95	98	7.37	166	8.51
残疾	38	6.12	57	4.29	95	4.87
长期慢性病且残疾	4	0.64	16	1.2	20	1.03
患有大病	9	1.45	9	0.68	18	0.92
患有大病且残疾	1	0.16	0	0	1	0.05

* 在全县贫困人口中，身体健康的占比78.42%，残疾、长期慢性病、大病患者等共占比21.58%。

资料来源：根据岢岚县、范县扶贫办提供的贫困户信息计算而得。

从表10－33来看，贫困家庭在校子女中，小学比例最高，其次是学前教育。小学占比35.51%，学前教育占比20.89%，初中占比15.67%，普通高中占比12.01%，本科占比10.18%。

表 10－33　范县贫困家庭子女教育状况

单位：人，%

在校生状况	人数	比例
学前教育	80	20.89
小学	136	35.51
初中	60	15.67
中专	7	1.82
普通高中	46	12.01
大专	13	3.39
本科	39	10.18
硕士研究生及以上	2	0.52

资料来源：根据范县扶贫办提供的贫困户信息计算而得。

贫困家庭在校子女的直接教育支出并不高。根据调研访谈数据，一共搜集到 6 户有家庭教育支出的信息。从表 10－34 可以看出，岢岚县 1 户贫困家庭中有 1 人在上幼儿园，教育支出为 6000 元；永寿县 1 户贫困家庭中有 1 人在读小学，家庭教育支出为 2800 元；范县 4 户贫困家庭中，共有 2 名幼儿园学生、1 名小学生、3 名初中生和 3 名高中生，平均家庭教育支出为 3275 元。在这些贫困地区，直接的教育支出并不高，除了学校教育的相关费用，其他形式的教育供给相对比较缺乏。

表 10－34　2018 年访谈地区贫困户在校子女教育支出

单位：元

	在校情况	教育支出
岢岚县	1 名幼儿园学生	6000
永寿县	1 名小学生	2800
范县	1 名幼儿园学生、1 名初中生、1 名高中生	4200
	1 名初中生、1 名高中生	1200
	1 名高中生,1 名幼儿园学生	2200
	1 名小学生,1 名初中生	5500

资料来源：根据调研访谈数据计算而得。

贫困人口致贫原因主要是缺技术、缺资金和因病。从表 10－35 可以看出，岢岚县贫困人口中，缺资金的比例为 43.96%，因病比例为 19.65%，缺劳力的比例为 13.85%，缺技术的比例为 10.63%。从范县来看，缺技术的比例达到 51.8%，缺资金的比例为 11.65%，因病比例为 14.21%，因残比例为 9.47%，因学比例为 8.95%。从合并数据来看，缺技术的比例为 38.7%，缺资金的比例为 21.94%，因病比例为 15.94%，因残比例为 8.71%，因学比例为 7.18%。在永寿县剩余贫困人口中，因病因残致贫占 67%，缺劳动力、缺技术、缺资金的占 26%。

表 10－35　调研地区贫困人口致贫原因

单位：人，%

致贫原因	岢岚县*		范县		合并	
	人数	比例	人数	比例	人数	比例
缺技术	66	10.63	689	51.8	755	38.7
缺劳力	86	13.85	47	3.53	133	6.82
缺资金	273	43.96	155	11.65	428	21.94
因病	122	19.65	189	14.21	311	15.94
因残	44	7.09	126	9.47	170	8.71
因学	21	3.38	119	8.95	140	7.18
缺土地	8	1.29	0	0	8	0.41
自身发展动力不足	1	0.16	1	0.08	2	0.1
交通条件落后	0	0	4	0.3	4	0.21

* 全县贫困人口中，因病致贫 16.84%，因残致贫 11.56%，因学致贫 3.52%，因缺资金致贫 28.99%，因缺劳动力致贫 22.2%，因缺技术致贫 13.83%，因缺土地致贫 2.3%，其他原因致贫 0.76%。在未脱贫人口中，因病、因残、因学及无劳动力能力是主要原因。

资料来源：根据岢岚县、范县扶贫办提供的贫困户信息计算而得。

（三）老年贫困人口的基本保障分析

60 岁以上老人的家庭规模在 3 人左右，人均可支配收入在 8500 元左右。从表 10－36 可以看出，岢岚县 60 岁以上老年贫困人口的平均家庭规模为 2.2 人，人均可支配收入为 8010.61 元。从范县来看，60 岁以上老年贫困人口平均家庭规模为 3.94 人，人均可支配收入为 8984.96 元。从合并数据来看，60 岁以上老年贫困人口平均家庭规模为 3.09 人，人均可支配收入为 8508.27 元。

表 10－36　2018 年调研地区 60 岁以上老年贫困人口家庭规模与收入状况

单位：人，元

变量名称	岢岚县	范县	合并
平均家庭规模	2.20	3.94	3.09
人均可支配收入	8010.61	8984.96	8508.27

资料来源：根据岢岚县、范县扶贫办提供的贫困户信息计算而得。

有 60 岁以上老人的贫困家庭收入中，转移性收入比例较高，平均家庭规模在 3 人左右。在这次调研的贫困户中，岢岚县有 60 岁以上老人的家庭有 5 户，永寿县有 60 岁以上老人的家庭有 4 户，范县有 60 岁以上老人的家庭有 8 户。从表 10－37 可以看出，三县加总的有 60 岁以上老人的贫困家庭人均可支配收入为 6443.79 元，其中转移性收入占比为 32.4%，平均家庭规模为 3.11 人。从岢岚县来看，有 60 岁以上老人的贫困家庭人均可支配收入为 7616.97 元，其中转移性收入占比为 67.4%，平均家庭规模为 2 人。从永寿县来看，有 60 岁以上老人的贫困家庭人均可支配收入为 6227.76 元，其中转移性收入占比为 32.15%，平均家庭规模为 3.8 人。从范县来看，有 60 岁以上老人的贫困家庭人均可支配收入为 9134.93 元，其中转移性收入占比为 26.11%，平均家庭规模为 3.38 人。

表 10－37　2018 年调研地区有 60 岁以上老人的贫困家庭收入结构与家庭规模

	岢岚县		永寿县		范县		三县加总	
	金额（元）	份额（%）	金额（元）	份额（%）	金额（元）	份额（%）	金额（元）	份额（%）
人均可支配收入	7616.97	100	6227.76	100	9134.93	100	6443.79	100
工资性收入	0	0	3511.37	56.38	3473.52	38.02	3371.26	52.32
经营净收入	1862.90	24.46	652.11	10.47	2045.30	22.39	2510.14	38.95
财产性收入	620.00	8.14	62.21	1.00	1231.11	13.48	925.54	14.36
转移性收入	5134.07	67.40	2002.07	32.15	2385.00	26.11	2087.82	32.40
平均家庭规模(人)	2		3.8		3.38		3.11	

资料来源：根据调研访谈和建档立卡贫困户数据整理而得。

从表10－38来看，60岁以上老年贫困人口长期慢性病的比例很高。可以发现，60岁以上老年贫困人口身体健康的比例较低，长期慢性病比例更高，因此针对农村中日益增多的老年贫困现象，尤其需要加强健康和医疗保障的公共服务供给能力。从岢岚县来看，60岁以上老年贫困人口身体健康比例为65.93%，长期慢性病比例为21.98%，患有大病的有1人，比例为0.55%。从范县来看，60岁以上老年贫困人口身体健康比例为53.16%，长期慢性病比例为29.47%，患有大病的有5人，比例为2.63%。从合并数据来看，60岁以上老年贫困人口身体健康比例为59.41%，长期慢性病比例为25.81%，患有大病的有6人，比例为1.61%。

表10－38　2018年调研地区60岁以上老年贫困人口健康状况

单位：人，%

	岢岚县		范县		合并	
健康状况	人数	比例	人数	比例	人数	比例
健康	120	65.93	101	53.16	221	59.41
长期慢性病	40	21.98	56	29.47	96	25.81
残疾	19	10.44	20	10.53	39	10.48
长期慢性病且残疾	2	1.1	8	4.21	10	2.69
患有大病	1	0.55	5	2.63	6	1.61

资料来源：根据岢岚县、范县扶贫办提供的贫困户信息计算而得。

四　贫困地区脱贫发展的政策需求与政策思路研究

（一）扶贫政策减贫和增收效应

致贫原因具有多样性，其导致相应的扶贫政策也是多种类型的。总体而言，现有的扶贫政策涉及产业扶贫、易地搬迁、金融、教育、健康、民政等不同领域。当然，从具体执行形式来看，包括派驻驻村干部、信贷、救济款、扶贫项目开发、基础设施投入等。从一些间接推算的研究文献来看，对现有扶贫政策减贫效应的评价不一而足，具有较大的差异性。当然，相关的评价结果也在较大程度上与研究方法、数据来源等有密切关联。本部分对扶贫政策减贫和增收效应的讨论只考虑相关投入的直接效果，即现有政策能在多大程度上提高贫困户的收入水平、贫困户收入构成中有多大份额来自政策性转移收入。

由于贫困呈现多维性，因而扶贫投入和干预措施也是全方位的，形成了包括产业扶贫、就业扶贫、易地扶贫搬迁、生态扶贫、金融扶贫、教育扶贫、健康扶贫以及民政兜底等一整套扶贫政策体系，重点促进贫困人口的增收能力，不仅着眼于贫困户当前的就业机会与收入机会，也要着眼于其长期的收入获取能力（见表10－39）。对于已有的扶贫政策体系，有待于进一步梳理，从而形成对农村贫困人群、低收入人群长期帮扶的扶贫政策（见表10－40）。

表10－39　岢岚县扶贫项目类型及投入、脱贫效应

项目类型	投入情况	脱贫增收效应
产业扶贫	2016～2018年累计投入14.7亿元	户年均增收3000元以上
就业扶贫	培育致富带头人263人，1955名贫困劳动力接受技能培训	累计完成农村劳动力转移就业4014人、城镇新增就业5094人
易地扶贫搬迁	上级政策资金28359.8万元	搬迁贫困户2057户4930人
生态扶贫		退耕还林补偿贫困户3552户1250万元，特色经济林补偿贫困户1078户642万元，道路绿化补偿贫困户526户362万元，生态治理带动贫困户社员人均务工收入12万元
金融扶贫	2016年以来累计发放5659笔扶贫小额信贷，共计27396.03万元；累计贴息1429.931万元	造林扶贫贷款直接带动贫困户户均收益4000元
教育扶贫	累计发放686.54万元	
健康扶贫	门诊救治4674人次，门诊总费用182.22万元；住院治疗3530人次，住院总费用2316.51万元	
民政兜底		低保对象贫困户4458户5666人，特困供养贫困人口830人

资料来源：根据岢岚县政府扶贫工作报告整理而得。

表 10－40　被调研县的政策梳理

岢岚县	永寿县	范县
危房改造补助	危房改造补助	危房改造补贴
易地扶贫搬迁补助	易地扶贫搬迁补助	养老金
退耕还林补助	养老金	低保金
爱心煤补助	低保金	五保金
养老金	五保金	高龄补助
低保金	高龄补贴	残疾人补贴
五保金	残疾人补贴	节日慰问
残疾人生活补贴	分类施保	六改一增项目补贴
临时性生活补贴	临时性生活补贴	用电补贴
高龄补贴	节日慰问	太阳能改造补贴
节日慰问品	电费补贴	电气焊技术培训
电费补助	职业技能培训	养殖技术培训
政府扶贫救助保险金	养羊补助	大棚种植培训
城乡居民养老保险金	到户产业补助	粮食直补
职业技能培训	村公益岗	公益岗
粮食直补	公益特岗	养孔雀补贴
地膜(实物)	生态护林员	养殖肉鸭补助
农资补贴	种植中药材补助	养牛补助
肥料补贴	种植西瓜黑豆补贴	大棚种植补贴
养殖补助	粮食补贴	转移就业奖励
土豆优种	教育补助	教育补贴
红芸豆优种	应届大学生交通补助	城乡居民医疗保险补贴
高粱种子	生源地助学贷款	新农合参合补贴
玉米种子	爱心企业人士学生资助	人身意外险补贴
谷子种子	泛海助学行动	免费体检及健康签约服务
种植补贴	合作医疗补助	雨露计划
村公益岗	大病保险补助	牧原 5＋分红
教育补贴	大病救助	代养黑猪分红
新农合参合费用补贴	商业补充医疗保险	养鸭农民专业合作社分红
大病补充保险	慢性病补助	中石化分红
意外伤害保险	务工交通补助	合作社分红
商业补充医疗保险	免费体检及医生签约服务	光伏扶贫
住院津贴	福利彩票公益金资助	企业带贫
卫生健康双签双服务	小额扶贫贴息贷款	

续表

岢岚县	永寿县	范县
养殖园区分红	雨露计划	
光伏扶贫	养殖生猪入股分红	
五位一体小额贷款分红	合作社分红	
入股合作社分红	中行公益金	
养殖代养分红	互助资金	
	光伏扶贫	

资料来源：根据调研访谈和建档立卡贫困户信息整理而得。

（二）贫困地区脱贫发展、巩固脱贫攻坚成效的政策需求

从开放式访谈的结果来看，贫困户的政策需求如表 10－41 所示，总体上主要集中在四个方面。

表 10－41　调研地区贫困人口主观诉求

	主观诉求
岢岚县	希望政府扶持农户进行养殖业的开发和资金支持，贷款困难，资金回报慢
	希望村里能够集中供暖，改善目前的居住环境；希望建设村下水管道系统，环境更加优美和舒适
	希望村里能够解决老人集中养老问题
	政府可以照顾多一点，提高养老金，生活会更好
永寿县	希望改善教育条件，能够让孩子出人头地，把生活过得更好
	希望能解决下水问题，天然气入户，还有卫生条件改善
	希望政府来帮忙盖房子，扩大住宅面积
范县	希望得到更多救助
	希望政府来帮忙盖房子，改善居住环境
	希望政府加大扶贫力度，支持农民自主养殖和种植产业扶贫
	希望孙子可以得到更好的教育

资料来源：根据调研访谈资料整理而得。

一是产业扶持与资金支持。在一些有劳动能力、有一定经营能力的养殖种植户中，对于政府的产业扶植和资金支持通常有比较强烈的需求。这也与

我国目前农村市场体系建设仍欠发达、金融发展仍不充分密切相关。总体而言，农民企业家仍然非常稀缺，农业经营者的市场经营能力尤显不足。政府通过产业扶持培育新型农村经营主体依然任重道远，这在今后一段时期都应当成为培育农村市场体系的重要内容。另外，长期以来，农村金融体系的建设都是基于聚集农村居民闲散资金的目的，成为金融筹资来源的重要渠道，但通常并不以农业和农村作为金融资源的投向对象，这也导致了农村产业发展长期缺乏有力的金融支持。

二是养老保障。本报告在前面的部分中已经多次提出，农村人口结构发生了重要转变，由于劳动力流动和计划生育的影响，正面临着快速的老龄化过程。由于人口结构转变导致传统家庭供养体系解体，农村老年人基本上没有为自身养老留有积蓄。因此，原有的家庭养老传统在当今农村社会遭遇严峻挑战，在农村地区建立起公共养老体系以保障老年人群的基本生活已经迫在眉睫。特别是，近年来，随着针对农村地区和农村居民转移支付的增加，也在一定程度上形成了政府干预提供养老保障的社会预期。因此，完善和加强农村养老保障体系建设，提高老年人群基本生活需求的保障程度和保障能力，成为持续脱贫的重要政策诉求。

三是提供良好的教育。人们越来越意识到教育在改善贫困状态、实现收入向上流动中的重要作用。在贫困人口、低收入人群中，对于子女教育通常寄予更高的期望。这种期望也是长期脱贫的动力体现。在农村地区如何提供有质量的基础教育，将成为长期扶贫政策的重要选项。在扶贫实践中，各级政府都意识到基础教育的重要意义，努力从实践中做到不让一个孩子辍学。但也不得不看到，由于农村人口外出流动增加，在一定程度上影响了农村基础教育，由此所产生的撤点并校对于农村贫困家庭子女产生更为严重的不利影响，因为这一群体通常是缺乏流动性的，难以为获取高质量的教育资源而流动。因此，良好的农村地区教育，更应该关注教育质量均衡。此外，贫困户的家庭教育环境也亟待改善。在贫困家庭中，隔代照料、缺乏早期养育知识等现象更为普遍，家长与学校之间缺乏有效的沟通，这些现象的大量存在也在较大程度上降低了学校教育的效果。

四是改善居住条件。在精准扶贫实践中，人居环境改善是重要的工作内容。由于农村居住得过于分散，导致一些与人居环境相关的公共基础设施建设滞后。这也在很大程度上导致了城乡居住条件存在着巨大的差异。改善卫生条件等公共设施，一方面是居住质量改善的重要表现，另一方面也将对公共卫生和健康状况产生重要影响。如何推进农村居住条件改善，应当成为农村地区未来发展的重要内容。

应该看到，这些政策需求也是政府所应当承担、提供的基本公共服务。提高农村地区相关公共服务的供给水平和质量，推动城乡基本公共服务的均等化，依然任重道远，其也应当成为农村下一步发展的重要抓手。

五　主要发现

（一）农村贫困整体上大幅度消减，减贫政策至关重要

在现行扶贫标准下，农村贫困大幅度消减。即便是在最近一段时期内，贫困人口绝对规模和贫困发生率都仍在大幅度下降。绝大多数人群已经摆脱贫困状态、实现脱贫目标。贫困地区农村居民人均收入、人均消费支出持续增长。贫困地区农村生产生活条件的改善、基础设施建设的不断加强也为缓解整体性贫困提供了良好的外部支撑；针对农村居民市场生活的多方位扶贫干预措施，不仅有效地缓解了收入贫困，也为缓解多维贫困做出了重要努力。农村贫困地区的脱贫攻坚行动，也为农村经济的进一步发展创造了条件，奠定了良好基础。

收入增长对于农村减贫具有一定的作用，但收入增长的减贫效应具有下降倾向，因此这一时期的农村减贫更有赖于精准扶贫战略下减贫政策的大力推动实施。特别是在一些贫困程度较深的地区，减贫工作力度加大，抵消了收入增长减贫效应的递减倾向。扶贫政策的减贫作用还表现在，基于扶贫政策所形成的分项收入在贫困户收入构成中具有重要份额。

贫困是一个多维现象，既与个人特征相关，也与外部环境相关。因此，

减贫过程也是由全方位的立体政策措施综合促成的。在精准扶贫总体战略下，针对贫困户的劳动能力、就业机会、居住环境形成了全方位的政策举措。一些政策举措应当转化为农村发展的长期政策。

（二）农村产业发展依然任重道远

无论是精准扶贫还是乡村振兴，农村居民收入增长都是农村发展政策的出发点和目标。收入增长的内生机制，归根到底在于农村的产业发展，这也是农村持续脱贫、乡村振兴的基本保障。

创造乡村振兴发展机会，以乡村振兴战略为抓手，提高农村自我发展的内生能力，增加农村居民收入。深入落实党的十九大报告提出的乡村振兴战略，按照产业兴旺、生态宜居、乡风文明、治理有效、生活富裕的总要求，建立健全城乡融合发展体制机制和政策体系，加快推进农业农村现代化。坚持依托市场主体，构建市场主体与贫困户的利益共同体、利益联结机制，鼓励种养大户、农民合作社、龙头企业等新型经营主体与贫困户建立长期稳定的带动关系。鼓励和支持各地政府机关、民营企业、社会组织帮扶到户，拓宽脱贫增收渠道，实现持续发展增收。

（三）乡村振兴与人口流动双轮驱动农村减贫

乡村发展与劳动力外出务工经商是农村贫困人口脱贫增收的两条重要途径。就目前状态而言，外出务工仍是农村劳动力收入增长的主要来源，对于脱贫增收具有重要意义。对于劳动力个体而言，乡村振兴和外出务工应当是基于其自身所做出的理性选择。

从现有的收入结构来看，农村居民增收仍面临着较大压力，低收入人群中这种压力更为突出。工资性收入和经营净收入是农村居民收入的主要来源；第一产业经营净收入在可支配收入中所占份额有下降趋势，但低收入人群、贫困人口的收入来源中，对第一产业经营净收入有更强的依赖。近年来，农村居民收入增长主要来源于工资性收入和转移净收入的增长，但工资性收入增长率呈现递减趋势。

稳定进城农村转移劳动力，继续为农村劳动力向城镇地区的转移创造条件，增加农村居民工资性收入和第二、第三产业经营净收入。农村贫困问题的解决，不能只局限于农村地区，需要结合我国城市化的发展背景。农村转移劳动力融入城市的生产生活，是农村居民分享经济发展成果的重要途径，也是提高劳动力资源配置效率的重要方式。一些有条件的城市，应当改善农村转移劳动力在教育、医疗、住房等公共服务的可及性，促进农村转移劳动力融入当地生活。从短期来看，这将有助于增加农民收入，减少农村贫困；从长期来看，这将防止农村老年贫困的滋生蔓延，也降低扶贫救助的行政成本。

（四）改善基础教育，打破贫困的代际传递

改善基础教育质量，克服教育资金约束。教育缺乏成为农村贫困的重要诱因，贫困反过来又限制了为子女提供良好教育的能力。教育既成为贫困的原因，也表现为贫困的结果。通过特定政策干预，改善贫困家庭的教育可及性，保障公平的教育机会，既直接作用于家庭教育支出，也着眼于家庭长远的收入能力建设。当前农村贫困地区教育的突出问题表现在两个方面，基础教育阶段的质量提升瓶颈和更高教育阶段的资金约束。

因此，在政策上需要继续支持贫困地区改善基础教育质量。鉴于义务教育由县级教育主管部门负责组织实施，鼓励农村居民为了改善子女小学和初中阶段教育而在县内流动；鉴于高考招生“分省定额”的制度安排，鼓励农村居民为改善高中阶段教育而在省内流动。探索推广义务教育和中职教育融合的方式，解决极端厌学孩子的辍学问题。对于义务教育阶段以外，通过增加对低收入家庭的教育专项补贴、教育贷款等措施，降低更高教育阶段的资金约束，降低家庭因教育支出而致贫的风险。

六　可持续发展的前瞻性政策分析与对策

我国农村反贫困政策的演变，经历了集体救助保障阶段（1949～1978

年）、体制改革扶贫阶段（1978～1985 年）、开发式扶贫阶段（1986～1993 年）、扶贫攻坚阶段（1994～2000 年）、综合扶贫阶段（2001～2010 年）和全面建成小康社会脱贫攻坚阶段（2011 年至今）阶段，并通过《国家八七扶贫攻坚计划（1994～2000 年）》、《中国农村扶贫开发纲要（2001～2010 年）》、《中国农村扶贫开发纲要（2011～2020 年）》、《国家新型城镇化规划（2014～2020 年）》和《乡村振兴战略规划（2018～2022 年）》等纲领性文件的部署和实施，在政府主导、分级负责、突出重点、分类指导、部门协作、合力推进、自力更生、艰苦奋斗、社会帮扶、共同致富、统筹兼顾、科学发展、改革创新和扩大开放的基本原则下，制定了“到 2020 年，稳定实现扶贫对象不愁吃、不愁穿，保障其义务教育、基本医疗和住房，贫困地区农民人均可支配收入增长幅度高于全国平均水平，基本公共服务主要领域指标接近全国平均水平，扭转发展差距扩大趋势”① 的目标。随着这一目标的完成，对后“摘帽”时期可持续发展的前瞻性政策进行分析，并提出对策建议，是十分必要的。

通过对山西省岢岚县、陕西省永寿县、河南省范县的深入调研及对 9 个乡镇 64 个居民户的调研，并分别通过县、乡镇、村的多个专题座谈，我们认为，在 2020 年底前实现全面脱贫“摘帽”后，政策的着力点应在正确处理“两不愁三保障”中“帮扶”与“可持续发展”的关系，以 2020 扶贫项目库为基础，形成产业带动，制定中长期可持续的农村人才良性循环体系，实现农村基层人才由外部派驻向内部引育的根本转变，制定农村人口合理流动与长期可持续发展的劳动力流动政策，以乡村振兴为引领，制定以城镇化建设为目标，从根本上打破长期存在的城乡二元化体制约束，实现城乡之间全要素市场流动的政策设计等方面重点发力。

（一）处理好“两不愁三保障”中帮扶与可持续发展的关系

在“兜底”基础上，将工作重点向脱贫户“生活上台阶、发展有动力”

① 《中国农村扶贫开发纲要（2011～2020 年）》。

方面转移，通过对“摘帽”后脱贫攻坚后续帮扶计划和巩固提升具体实施方案的梳理发现，三县均以“两不愁三保障”为基础，在“两不愁”巩固提升上下功夫，在“三保障”突出问题上求突破，同时也不同程度地提出了后续工作措施。

山西省岢岚县制定的《关于解决“两不愁三保障”突出问题的实施方案》，在“两不愁”巩固提升上下功夫，全力推进产业培育、就业创业帮扶，政策兜底保障，实现稳收增收；在“三保障”突出问题上求突破，用足政策，用好社会帮扶力量，建立“三保障”全覆盖长效机制，实现义务教育、基本医疗、住房安全和饮水安全持续有保障；陕西省永寿县制定的《永寿县脱贫攻坚后续帮扶计划及巩固提升工作实施方案》，坚持“输血”与“造血”相结合，外界帮扶和内生动力相统一，确保到2020年全县贫困群众同全国一道迈入全面小康社会；河南省范县制定的《范县脱贫攻坚“两不愁三保障”专项提升活动实施方案》，通过走访排查、问题整改、整改提升，巩固“两不愁三保障”成果。

从在“摘帽”后确保“两不愁三保障”的基础上，形成域内产业可持续发展的整体规划计划来讲，还不能仅仅守住“帽子”不回来的底线，而要建立“摘帽”后保障域内可对接、可持续的产业体系。而面对项目、资金、技术、人才、市场等方面的约束，仅仅依靠目前“全方位大力度”的对口扶贫做法，还不能满足可持续发展的需要。

因此，从2020年全部“摘帽”之后，除了保障“兜底”部分之外，要在政策上将“养老”功能向社会化、市场化保障上转移。更重要的是，要能够转移工作重心，将已脱贫人群组织起来，形成强有力的凝聚力和发展力，打破一家一户单兵作战的传统模式。

（二）充分发挥项目库作用，尊重市场规律，科学决策

以2020扶贫项目库为基础，形成产业带动、稳中求进的可持续发展动力。2019年5月，国务院扶贫办提出了以县级项目库建设为核心的“精准谋划、科学论证、项目审查”的质量要求、“资金安排、实施管理、后续管

理”的全过程管理要求，以及落实责任、加强督促指导的要求，[①] 这对后“摘帽”时期贫困地区经济的发展有着重要作用。

鉴于在政府主导下的项目建设在报送、论证、审核、资金落实、运营管理等方面的局限性，建议引入“第三方”与省级发改、规划、金融、财政等相关部门相结合的独立评估机制，从投资主体、运营主体、市场适应性、技术可行性等方面进行科学论证，充分尊重市场规律，发挥业主的积极性，与运营风险和责任承担结合起来，防止“扎堆上报、良莠不齐、盲目上马、后续乏力”的现象发生，同时在工商注册、税收等方面予以充分配套，政府部门的职能应集中在政策倾斜、基础设施和资源协调、促进同行业及相关产业链企业横向联合，形成集团化、规模化、股份化、市场化的政策督导、协力促进等方面做好扎实的服务工作。

在充分尊重市场规律的基础上，项目库要形成符合当地产业发展的行业、可持续带动的动力和辐射面、可阶梯性推进的“短期、中期、长期”项目体系，充分发挥产业规划和升级需要，各部门协同支持，在资金来源多元化、产业发展市场化原则下，形成农户、企业、产业联动长期可持续机制。

在后“摘帽”时期，各对口部门、驻村干部，要逐步将工作重点从“人户对口”向“项目对口”转变，从“人海战术”向“市场战术”转变。

（三）制定中长期可持续的农村人才良性循环体系，实现农村基层人才由外部派驻向内部引育的根本转变

在脱贫攻坚阶段，各行业和各部门投入大量物力财力到贫困地区，同时派出规模庞大的帮扶干部驻村开展工作。派驻脱贫攻坚一线的帮扶干部一般吃住在村里，深度参与村级事务治理。这些来自帮扶单位的干部带着知识、技术和资源，与贫困地区的实际需要相结合，经过多年实践，总体上取得了显著的成效。

---

① 国务院扶贫办：《关于进一步做好县级脱贫攻坚项目库建设的通知》。

本次调研的三个县，脱贫攻坚一线分布着数量庞大的对口帮扶干部，他们与对口的贫困村和贫困户结成了紧密帮扶关系。山西省岢岚县由国家统计局、省总工会、省国土厅、省煤炭地质局、市纪委、市农委等中省市28家单位、117个县级单位和12个乡镇的4054名帮扶干部，共组成192支驻村工作队，与全县116个建档立卡贫困村、86个非贫困村的8513户20157名贫困人口进行对口帮扶；陕西省永寿县组成了由中国银行总行、省质监局、中交一公司、西安石油大学、市财政局、市热力公司、咸阳职业技术学院等中省市27家单位、76个县级单位和7个乡镇的3236名帮扶干部，共组成87支驻村工作队，与全县87个建档立卡贫困村、70个非贫困村的9019户31854名贫困人口进行对口帮扶；河南省范县由中国石油总公司、省水利厅、省科协、郑州航院、郑州大学、黄河水利职业学院等中省市36家单位、全县115个县直部门组成帮扶力量，派出帮扶工作队和帮扶责任人，其中第一书记263名，工作队长332名、工作队员426名，同时还组建了16个专项工作组、28个工作推进组，组建四大战区，实行“红绿黑”挂牌督战。

从短期看，这种“集中优势兵力打歼灭战”的做法取得了显著的扶贫效果，但贫困一线村干部力量薄弱，队伍不稳定，对派驻单位干部人才依赖性极强的现象值得关注。当前，脱贫攻坚工作主要由村干部、包村干部、第一书记和驻村工作队来承担，其中后三支力量都是农村之外的干部力量，是所在乡镇、帮扶单位输送的短期人才，而村干部群体年龄偏大、学历偏低、后继乏人、队伍不稳等问题非常突出。囿于农村基层缺乏优秀的本土化人才，单位帮扶的产业后续无人能承接，某些贫困村甚至出现帮扶干部走后，之前兴盛的扶贫产业出现衰败甚至停摆的不良现象。[①] 对照2020年后“摘帽”时期可持续发展及乡村振兴的战略要求，贫困地区亟须制定符合农村实际、内生化的基层人才供给体系，重点充实和引育农村基层干部人才，实现农村基层干部人才由外部派驻向内部引育的根本转变，培育本地化干部人

① 《干部一走，产业就散？把扶贫干部的动能转换为贫困户的动能》，半月谈网，2019年6月3日，http：//www.banyuetan.org/jrt/detail/20190603/1000200033134991559267856609881341_1.html。

才队伍，实现农村基层干部人才供给的有力保障，全力夯实基层治理的人才基础。

本土化干部人才来自因外出求学或务工而离开本村或本乡镇的人员，他们成长于当地，人际关系在当地，了解当地情况，熟悉基层百姓，容易被群众认可、拥护和支持。此外，本土化干部人才长期在高校学习和城市工作，文化素质较高，政治素质和技术素质相对较高，是基层党组织可供选择的“活水”和“清水”。大量的本土化人才的引入，可以有效解决人才供给不足、年轻干部缺乏、流动性大以及短期化等问题。在后“摘帽”时期，要想巩固脱贫成果，实现乡村振兴，短期内应尽快建立由对口帮扶人员，有知识、有能力、有见识的外出求学和外出务工人员组成的“阶梯式”人才团队。待农村基层干部队伍充实稳定后，相应的引才措施可以逐步退出，对口帮扶干部的规模和数量也可以有序减少，真正实现从外部输送短期干部和扶贫项目为主向农村自我有效长期治理和自我发展为主的根本转变。

量多质优的本土化干部人才回归是推动农村尤其是贫困地区“治理有效”和自我发展的前提条件。要推动本地化干部人才回归农村，重点要做好两个方面的配套。一是返乡本土化干部人才的基本收入要配套。建立返乡干部人才专项基金，主要功能是适当补助返乡干部人才，使其收入至少达到或接近在外工作的水平，并配套五险一金等社会保障。以目前贫困地区村干部收入水平进行估算，在村干部现有收入基础上，每月额外补助 1000 ~ 1500 元就可以具备一定的吸引力和生活保障。这部分补助既是保障他们的基本收入，同时也是对他们能力的一种肯定，可以激发内在的工作动力。各级政府应适时增加扶持农村基层干部的资金支出，脱贫攻坚工作应更关注“人”的要素。这笔专项支出的规模不大，却能为贫困地区夯实干部人才基础，意义重大。二是返乡本土化干部人才的工作平台要配套。要发挥返乡人才的知识优势和技术专长，将其广阔视野与外部资源与基层需要结合，产生社会效应，应从政策上有计划引导其进入村两委班子，担当重要岗位。对于部分“软弱涣散”的村两委班子，要更快速促进返乡本土化干部人才成长和担当作为，成为贫困地区农村基层治理的中坚力量。多措并举促使更多本土化干部人才返乡就业，投身农村基层治理，打造“不离乡土”的本地化干部人才队伍，为脱贫成果巩固和乡村振兴贡献人才力量。

（四）积极应对城乡人口流动带来的机遇与挑战，制定农村人口合理流动与长期可持续发展的劳动力流动政策

从数据看，我国城乡人口结构变化的主要特征表现为工业化带动的农村剩余劳动力大规模向城镇的迁移。迁移形式主要是以农民非农化的就业流动为主，为农业和非农业岗位之间的劳动报酬差距所驱动，城乡结构变迁也是我国人口红利逐步释放的过程。我国 15～59 岁劳动年龄人口于 2011 年达到峰值后波动下降，到 2030 年，我国农村剩余劳动力转移潜力将丧失殆尽。在农村调研中证实，农村绝大部分青壮年劳动力已经实现了向城镇的就业迁移，农村留守妇女、留守儿童、留守老人等现象十分突出。①

2018 年，我国农民工总量为 28836 万人，比上年增长 0.6%，总量增速明显比上年回落 1.1 个百分点。在农民工总量中，在乡内就地就近就业的本地农民工占 40.1%，到乡外就业的占 59.9%，在外出农民工中，进城农民工占 46.8%。农民工总量继续增加，增速回落明显；西部地区输出农民工人数增加最多，东部地区输出农民工略有减少；在东部、东北地区就业的农民工减少，在中西部地区就业的农民工继续增加；50 岁以上农民工占比逐年提高；在新生代农民工中，“80 后”占 50.4%，“90 后”占 43.2%，“00 后”占 6.4%。②

从调研情况看，外出务工收入占家庭全部收入的 50% 以上，甚至更高。另据湖南省 14 个地州市 33 个乡镇的调查，农村外出务工劳动力占总劳动力的比例平均为 59%，最高的样本乡镇高达 80%，而农业产业从业人员，40 岁以上的占 94%，其中 60 岁以上的占比 18.9%。③

从发展趋势看，到 2030 年，我国城乡人口流动过程中农民非农化的就

① 《国家人口发展规划（2016～2030）》。

② 国家统计局：《2018 年农民工监测调查报告》。

③ 湖南省 14 个地州市、33 个乡镇调查。

业流动将大幅缩减。随着进城农民收入水平的平稳提升、农业现代化进程的加快和城乡二元制度弱化的改革加快等过程，城乡人口流动的主要形式将变成农民市民化带动家庭流动的形式。与此同时，城乡人口流动不再是由农村向城镇的纵向迁移占绝对主导地位，而不同城镇之间的人口流动与迁移将呈现更加频繁的态势，城乡人口流动将呈现纵向和横向复杂交织的特征。

从变化情况看，农村经济发展的基础在农村，而由劳动力流动带动农村整体人口向城镇转移的趋势短期内无法改变，这是一个担忧。另一个担忧是，随着一代代农民工外出，除一定比例的人口能在城市扎根外，另一部分因城市用工变化、工资待遇、生活成本、疾病、年龄老化或意外导致重新返乡而缺乏劳动能力，重新成为贫困户的可能。从市场情况看，种植业、养殖业等传统产业利润低、成本高、风险大、不稳定，这就进一步加快了农村劳动力向城市的转移。因此，正确研判城乡人口流动带来的机遇与挑战，制定农村人口合理流动与长期可持续发展的劳动力流动政策，具有重大战略意义和实际意义。

（五）以乡村振兴为引领，以城镇化建设为目标，从根本上打破长期存在的城乡二元化体制约束

我国农村人口多、农业水土资源紧缺，在城乡二元体制下，土地规模经营难以推行，传统生产方式难以改变，这是“三农”问题的根源。从乡村振兴的角度看，我国乡村发展正处于大变革、大转型的时期，城市辐射带动农村的能力进一步增强，但大量农民仍然生活在农村的国情不会改变。同时应对好村庄空心化和农村老龄化、延续乡村文化血脉、完善乡村治理体系的任务艰巨。①

按照到2020年实现全面建成小康社会和分两个阶段实现第二个百年奋斗目标的战略部署，2018～2022年这5年间，既要在农村实现全面小康，又要为基本实现农业农村现代化开好局、起好步、打好基础；到2035年，

① 中共中央、国务院：《乡村振兴战略规划（2018～2022年）》。

乡村振兴要取得决定性进展，农业农村现代化基本实现；到2050年，乡村全面振兴，农业强、农村美、农民富全面实现。

从乡村振兴与城镇化的角度看，通盘考虑城镇和乡村发展，统筹谋划产业发展、基础设施、公共服务、资源能源、生态环境保护等主要布局，形成田园乡村与现代城镇各具特色、交相辉映的城乡发展形态。加快消除城乡二元结构的体制机制障碍，推进城乡要素平等交换和公共资源均衡配置，让广大农民平等参与现代化进程、共同分享现代化成果。加大统筹城乡发展力度，增强农村发展活力，逐步缩小城乡差距，促进城镇化和新农村建设协调推进。

土地、劳动和基础设施是进行经济生产的基本要素。产业兴旺应当是“生态宜居、乡风文明、治理有效、生活富裕”赖以实现的物质基础，并应从生产能力、单产水平、产品质量、生产效率和多功能性维度来衡量，而且只能在乡村范围内以农民为主体才具有实际意义。因此，只有建立在乡村整体价值基础上与乡村价值体系相结合才具有可能性。① 要瞄准以休闲农业、乡村旅游和农村电商等新产业新业态为引领，促进农村一二三产业融合发展，使农村产业体系全面振兴。

小城镇建设是解决“三农”问题，让广大人民群众共享经济发展成果，如期实现全面建设小康社会和社会主义现代化宏伟目标的重大战略，也是加快农村经济发展，增加农民收入，改善农村消费环境，使亿万农民的潜在购买意愿转化为巨大的现实消费需求，进而拉动国民经济持续健康发展的重要条件。而长期以来形成的城乡二元化现象，使大量农业转移人口难以融入城市社会，受城乡分割的户籍制度影响，未能享受城镇居民的基本公共服务，城镇内部出现新的二元矛盾，农村留守儿童、妇女和老人问题日益凸显，给经济社会发展带来诸多风险隐患。

另外，小城镇建设仅仅依靠行政命令和政策鼓励还远远不够，必须出台有效的有利于城乡要素市场发展的法律法规和政策，促进城乡之间全要素的

① 《33个乡镇书记镇长对实现产业兴旺的困惑》，湖南33个乡镇调查。

流通。具体包括企业、土地、资金、技术等的有限制条件的流动。从脱贫摘帽到全面建成小康社会，从农村小康到乡村振兴，从乡村振兴到城镇化，目前所有的整体规划都已经出台，但是与之相配套的实施方案、实施细则，尤其是因地制宜的制度措施仍亟须完善。

总之，后“摘帽”时期的扶贫攻坚政策，应在坚持总体规划原则基础上，形成配套和可长期化的可持续发展的具体政策，从而有效地防止返贫。

（国务院扶贫办课题组）

第十一章
促进资本市场健康发展 增加居民财产性收入

资本市场不仅要为企业提供融资途径，更要为居民财富增长提供支持。习近平总书记指出，深化金融供给侧结构性改革必须贯彻落实新发展理念，强化金融服务功能，找准金融服务重点，以服务实体经济、服务人民生活为本。多层次资本市场的持续完善，金融投资产品日渐丰富，使得参与证券投资、获得投资收益，日渐成为居民财产性收入的重要来源之一。

一　居民财产性收入与财产水平

新中国成立70周年经济社会发展成就报告显示，1949年我国居民人均可支配收入仅为49.7元，2018年居民人均可支配收入达到28228元，名义增长566.6倍，扣除物价因素实际增长59.2倍，年均实际增长6.1%。可支配收入的持续增长使居民的财富水平不断积累。最新的New World Wealth的《全球财富迁移评估报告》称，2018年全球私人财富总额达到了204万亿美元，相比10年前增长了26%。其中，中国的个人财富在2018年为23.6万亿美元，10年增长了130%，是私人财富增长最快的国家。可支配收入的增长，财富水平的提高，使得居民参与证券投资、获得财产性收入的需求日趋强烈。

（一）居民财产性收入与可支配收入同步上涨

国家统计局数据显示，2013～2018年居民财产性收入占可支配收入的比重稳步提高。全国居民人均财产净收入占可支配收入的比重从7.77%提高到8.43%（见图11-1）。其中，城镇居民人均财产净收入占可支配收入的比重从9.64%提高到10.26%，农村居民人均财产净收入占可支配收入的比重从2.06%提高到2.34%。

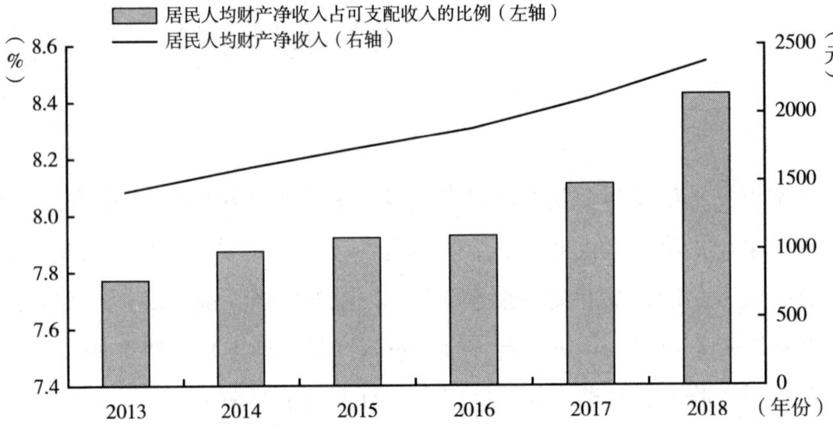

图11-1　2013～2018年全国居民人均财产净收入情况

资料来源：国家统计局、中证金融研究院。

可支配收入分为工资性收入、经营净收入、转移净收入和财产净收入。按可支配收入来源看，与2017年相比，2018年居民人均财产净收入的增长速度最快。其中，2018年全年全国居民人均财产净收入2379元，比上年增长12.9%；人均工资性收入15829元，比上年增长8.3%；人均经营净收入4852元，比上年增长7.8%；人均转移净收入5168元，比上年增长8.9%。

（二）居民财产水平显著提升

《2018中国城市家庭财富健康报告》研究显示，我国家庭总资产中房产配置占比高达77.7%，而金融资产配置占比仅为11.8%。日本、加拿大、美国、法国的家庭金融资产配置占比分别为61.1%、48.6%、42.6%、39.8%。与其他国家相比，中国家庭金融资产配置比例偏低，家庭资产配置过于偏重房产。随着房地产调控稳步深入推进，投资性房产带来的财产性收入趋于下降，金融产品投资对财产性收入的贡献将日益凸显。

二　资本市场为财产性收入提供了更丰富的产品和工具

中国资本市场从无到有、从小到大，在国民经济和社会发展中发挥作用的范围日益扩大，程度日益提高。资本市场的发展使居民的投资品种由早期单一的储蓄，扩展到股票、国债、企业债、可转换公司债、证券投资基金、期货等多种金融产品，丰富了居民理财的方式。

从沪深股市看，2009～2018年的十年里，上市公司家数增长108.61%，沪深两市总市值增长78.21%，流通总市值增长133.84%。从交易所债券市场看，交易所债券市场托管金额增长了20多倍。从期货与衍生品市场看，2009～2018年的十年里，期货与衍生品品种总数增长165.22%。从证券投资基金的发展情况看，2009～2018年的十年里，证券投资基金只数增长9.58倍，证券投资基金规模增长4.48倍。近十年来，随着多层次资本市场的日趋成熟，更多居民通过投资于资本市场，分享中国经济的成长，获得财产性收入，加快了个人财富的积累。截至2018年底，资本市场的具体规模情况如下。

（一）沪深股市的情况

截至2018年底，沪深两市共有上市公司3584家，全年净增99家。其中主板1923家，中小企业板922家，创业板739家。沪深两市总市值达43.50万亿元，流通市值为35.38万亿元，流通市值占总市值的81.34%。沪深两市总市值占2018年国内生产总值的48.32%。根据世界交易所联合会的统计，2018年底中国上海证券交易所和深圳证券交易所总市值达63249亿美元，居全球第2位，仅次于美国。

（二）全国股转系统的情况

截至 2018 年底，全国中小企业股份转让系统挂牌公司 10691 家，总股本 6324.53 亿股，总市值约 3.45 万亿元，其中创新层公司 914 家，基础层公司 9777 家；按国家统计局企业划型标准，中小微企业合计占比 94%，小微企业占比 63%，民营企业占比 93%。

（三）交易所债券市场的情况

截至 2018 年底，交易所债券市场托管面值约 10.73 万亿元，同比增长 11.80%。交易所债券市场存量债券 12887 只，其中政府债券 1452 只，政策性金融债 12 只，企业债（含铁道公司债）1871 只，公司债 5834 只，可转债 118 只，可交换债 142 只，资产支持证券 3458 只。

（四）期货与衍生品市场情况

截至 2018 年底，期货与衍生品品种总数达到 61 个，包括 51 个商品期货、3 个商品期权、6 个金融期货和 1 个金融期权，基本覆盖了农产品、金属、能源、化工、金融等国民经济的主要领域。2018 年度期货市场总成交金额为 210.81 万亿元，比 2017 年度的总成交金额增长 12.19%；2018 年度期权市场总成交金额 210.16 亿元，比 2017 年度增长 449.77%。

（五）公募基金市场情况

截至 2018 年底，全国基金管理公司管理公募基金规模 13.03 万亿元，存续产品 5792 只；基金公司专户规模 4.37 万亿元；受托管理社保基金规模（含基本养老金）11560.89 亿元；受托管理企业年金规模 5167.11 亿元。全年完成 1103 只产品注册。美国投资公司协会发布的全球开放式基金统计数据显示，2018 年末我国开放式基金资产规模排在全球第 8 位，占全球共同基金总规模的比重为 3.8%；相较于 2017 年末，位次上升 1 位，占全球共同基金总规模的比重提升 0.4 个百分点。

（六）私募基金发展的基本情况

截至2018年底，基金业协会备案私募基金74642只，管理基金规模12.78万亿元，同比分别增长12.38%和15.14%。其中，私募证券基金管理人管理正在运作的基金34440只，管理基金规模2.14万亿元；私募股权、创业投资基金管理人管理正在运作的基金34993只，管理基金规模8.90万亿元；其他私募投资基金管理人管理正在运作的基金5209只，管理基金规模1.74万亿元。

三　股票、基金等成为居民获得财产性收入的重要形式

近十年，随着资本市场的不断完善，各类金融产品的成交金额增长迅速。其中，股票成交金额增长68.24%，证券投资基金成交金额增长893.27%，交易所债券成交金额增长116.19%，期货成交金额增长223.05%。从西南财经大学中国家庭金融调查与研究中心的入户调查数据来看，居民参与资本市场投资、获取财产性收入的主要渠道是购买股票和公募基金产品。

（一）居民参与股票市场的投资情况

根据中国证券登记结算公司的统计，截至2018年12月28日，股票市场自然人投资者数量达14615.11万人，比上年末增加1252.90万人。其中，已开立A股账户的自然人投资者数量为14549.66万人，比上年末增加1253.83万人；已开立B股账户的自然人投资者数量为238.82万人，比上年末减少0.11万人（见表11－1）。

根据上海证券交易所统计，截至2017年底，个人投资者持有沪市流通A股市值金额达5.9万亿元，占A股沪市所有投资者持有金额的21.17%。其中，散户（持股市值在10万元以下）持有沪市流通A股市值金额占比为

表 11-1　2017～2018 年投资者情况统计

单位：万

项目	2017 年	2018 年
期末投资者数量	13398.30	14650.44
1. 自然人	13362.21	14615.11
其中：已开立 A 股账户投资者	13295.83	14549.66
已开立 B 股账户投资者	238.93	238.82
2. 非自然人	36.08	35.33
其中：已开立 A 股账户投资者	33.83	33.07
已开立 B 股账户投资者	2.29	2.28

资料来源：《中国证券登记结算统计年鉴 2018》。

1.23%，小户［持股市值在 10 万～50 万元（不含）］持有金额占比为 3.55%，中大户［持股市值在 50 万～1000 万元（不含）］持有金额占比为 9.17%，超大户（持股市值在 1000 万元及以上）持有金额占比为 7.21%（见表 11-2）。

表 11-2　2017 年末各类投资者持股情况

	持股市值（亿元）	占比（%）	持股账户数（万户）	占比（%）
自然人投资者	59445	21.17	3934.31	99.78
其中：10 万元以下	3449	1.23	2179.70	55.28
10 万～50 万元（不含）	9974	3.55	1187.07	30.11
50 万～100 万元（不含）	6545	2.33	285.11	7.23
100 万～300 万元（不含）	10141	3.61	200.33	5.08
300 万～1000 万元（不含）	9073	3.23	62.42	1.58
1000 万元及以上	20263	7.21	19.67	0.50
一般法人	172801	61.53	3.85	0.10
沪股通	3322	1.18	0.00	0.00
专业机构	45294	16.13	4.86	0.12
其中：投资基金	9145	3.26	0.30	0.01

资料来源：《上海证券交易所统计年鉴 2018 卷》。

投资累计收益可观，股东回报大为改观。根据上交所统计，2009～2017 年，自然人投资者在沪市股票交易的累计投资盈利达 5.26 万亿元。同时，我国 A 股上市公司的股东回报情况已经大为改观。2009 年度 A 股上市公司累计分红总额为 0. 39 万亿元。经过十年的发展，2018 年度 A 股上市公司累计分红总额已达 1. 23 万亿元，相比 2009 年度增长了 215. 38%。

（二）居民参与基金产品的投资情况

我国基金业发展迅速，取得了令人瞩目的成就。基金份额总数迅速增加，基金资产规模不断扩大，基金产品日渐丰富，基金已成为广大投资者参与社会投资、增加居民财产性收入的重要渠道，社会影响力和市场影响力日益广泛。20 年来，公募基金已向投资者累计分红超过 2. 3 万亿元。偏股型基金长期限年化收益率为 12. 31%，债券型基金长期限年化收益率为 6. 83%。

公募基金产品类型已涵盖国际市场主流品种，创新了 FOF 等业务模式，推出国企改革 ETF、绿色主题基金、商品期货基金、科技创新主题基金等品种。为适应市场发展，更好地满足投资者对养老基金的需求，截至 2018 年末，已批复 28 家管理人 3 批共 40 只养老目标基金，包括 23 只目标日期基金和 17 只目标风险基金。其中，12 只已募集成立，累计募集金额 39. 36 亿元，客户数 67. 38 万户。

2018 年公募基金市场对个人投资者的吸引力增强。一是从账户数量的变化来看，截至 2018 年末，开放式公募基金有效账户（指截至统计时点持有基金份额的账户）数超过 6 亿户，大部分为个人账户，其中仅有 12. 57 万户为机构账户。相比 2017 年末，个人有效账户数增加了 2 亿户，增幅达 47. 36%。二是从开放式公募基金个人与机构持有资产规模来看，个人持有比例经历了从最高 2013 年的 73% 降至 2016 年末的 42%，2018 年有所上升。从全部公募基金持有人结构来看，2018 年末公募基金 13. 03 万亿元规模中，居民（个人）持有资产规模占比 49. 2%，略高于各类机构持有规模占比。

四　2018年资本市场促进居民财产性收入增加的措施

为促进市场平稳发展，持续激发市场活力，2018 年资本市场稳步推进法治建设工作和各项基础制度改革，取得积极成效。一是在法治建设方面，2018年完成《公司法》股份回购制度专项修订，配合全国人大做好《证券法》、《刑法》修订和《期货法》立法工作。操纵市场和利用未公开信息交易犯罪刑事司法解释已经最高法、最高检原则审议通过。二是在资本市场基础制度改革方面，中国证监会2018年先后颁布15个部门规章和36个规范性文件（见表11－3），内容涉及股票、债券、期货、私募基金等产品业务，涉及机构监管与对外开放，涉及投资者保护与教育等。其中，直接有助于促进居民财产性收入增长、保障投资者合法权益的改革安排如下。

（一）加强信息披露，保护投资者合法权益

中国证监会先后发布《公开发行证券的公司信息披露编报规则第14号——非标准审计意见及其涉及事项的处理（2018年修订）》《公开发行证券的公司信息披露编报规则第19号——财务信息的更正及相关披露（2018年修订）》，进一步提高公开发行证券的公司信息披露质量，规范公司财务报表和财务信息披露行为，提高财务信息披露的可靠性和及时性，保护投资者的合法权益。

（二）规范资产管理业务，促进居民财富增长

中国证监会与中国人民银行、中国银保监会、国家外汇管理局联合发布《关于规范金融机构资产管理业务的指导意见》。随后，中国证监会发布《证券公司大集合资产管理业务适用〈关于规范金融机构资产管理业务的指导意见〉操作指引》。推进证券公司资产管理业务的规范发展，保护投资者合法权益，有利于居民参与资产管理投资，实现财富增长。

（三）顺应养老保障需求，加快推出相关证券投资产品

中国证监会发布《养老目标证券投资基金指引（试行）》，进一步满足养老资金理财需求，规范养老目标证券投资基金的运作，拓宽个人投资者可投资基金品种。

五　继续深化改革，促进资本市场平稳健康发展

我国资本市场经过近30年的改革、发展、开放，已在规模上跻身世界前列，各项基础性制度基本完备，多层次资本市场的体系也基本成形，具备了在更高层面谋求发展、推动我国由资本大国向资本强国转变的基础。准确把握职责定位，敬畏市场、敬畏法治、敬畏专业、敬畏风险，发挥各方合力，努力建设一个规范、透明、开放、有活力、有韧性的资本市场。优化资本市场制度可以助力新兴产业发展，新兴产业发展又带来大量投资机会，给股市长期向好奠定基础，有助于吸引居民增加金融资产配置，为满足人民群众需要提供更高质量、更有效率的金融服务。

（一）提升资本市场服务实体经济的质量和效率，筑牢资本市场服务居民财富增值的基础

在股权融资方面，保持新股发行常态化，进一步优化再融资、并购重组、减持、分拆上市等制度，充分激发市场活力。在债券融资方面，积极推进交易所市场债券和资产支持证券品种创新，推动公司信用类债券发行准入和信息披露标准的统一，促进债券市场互联互通。在私募股权投资方面，完善差异化监管制度和政策支持体系，大力发展创业投资基金和并购投资基金，促进创新资本形成。在期货和衍生品市场方面，加大期货、期权产品供给和制度供给力度，为实体经济提供更多风险管理和套期保值工具。

（二）完善资本市场基础制度，补齐多层次资本市场体系的短板

充分发挥科创板的试验田作用。坚守科创板定位，优化审核与注册衔接机制，保持改革定力。总结推广科创板行之有效的制度安排，稳步实施注册制，完善市场基础制度。推进创业板改革，加快新三板改革，选择若干区域性股权市场开展制度和业务创新试点。允许优质券商拓展柜台业务。大力发

展私募股权投资。推进交易所市场债券和资产支持证券品种创新。丰富期货期权产品。

（三）大力发展投资顾问行业，为日益增长的居民财富管理提供更有针对性的服务

以分层分级分类为基础，搭建具有针对性的产品体系，满足客户多元化需求。通过行业机构的产品创新，填补保本理财退出后留下的需求缺口。

（四）保护好投资者尤其是中小投资者合法权益

推动建立具有中国特色的证券集体诉讼制度。探索建立行政罚没款优先用于投资者救济的制度机制。推动修改或制定虚假陈述和内幕交易、操纵市场相关民事赔偿司法解释。坚持法律保护、监管保护、自律保护、市场保护、自我保护的大投保理念，进一步完善投资者保护的法律制度体系。加强投资者教育与服务，积极倡导理性健康的投资文化。

表 11－3　2018 年中国证监会颁布的部门规章和规范性文件

中国证监会颁布的部门规章		
序号	文件名称	发文时间
1	关于修改《中国证券监督管理委员会行政许可实施程序规定》的决定	2018 年 3 月 8 日
2	证券期货市场诚信监督管理办法	2018 年 3 月 28 日
3	外商投资证券公司管理办法	2018 年 4 月 28 日
4	关于修改《首次公开发行股票并上市管理办法》的决定	2018 年 6 月 6 日
5	关于修改《首次公开发行股票并在创业板上市管理办法》的决定	2018 年 6 月 6 日
6	存托凭证发行与交易管理办法（试行）	2018 年 6 月 6 日
7	关于修改《证券发行与承销管理办法》的决定	2018 年 6 月 15 日
8	证券期货经营机构及其工作人员廉洁从业规定	2018 年 6 月 27 日
9	关于修改《关于改革完善并严格实施上市公司退市制度的若干意见》的决定	2018 年 7 月 27 日
10	关于修改《证券登记结算管理办法》的决定	2018 年 8 月 15 日
11	关于修改《上市公司股权激励管理办法》的决定	2018 年 8 月 15 日
12	外商投资期货公司管理办法	2018 年 8 月 24 日

续表

序号	文件名称	发文时间
13	证券公司和证券投资基金管理公司境外设立、收购、参股经营机构管理办法	2018 年 9 月 25 日
14	证券期货经营机构私募资产管理业务管理办法	2018 年 10 月 22 日
15	证券基金经营机构信息技术管理办法	2018 年 12 月 19 日
	中国证监会颁布的规范性文件	
1	养老目标证券投资基金指引(试行)	2018 年 2 月 11 日
2	区域性股权市场信息报送指引(试行)	2018 年 2 月 12 日
3	上市公司创业投资基金股东减持股份的特别规定	2018 年 3 月 1 日
4	证券期货投资者教育基地监管指引	2018 年 3 月 14 日
5	证券公司投资银行类业务内部控制指引	2018 年 3 月 23 日
6	公开发行证券的公司信息披露编报规则第 14 号——非标准审计意见及其涉及事项的处理	2018 年 4 月 19 日
7	公开发行证券的公司信息披露编报规则第 19 号——财务信息的更正及相关披露	2018 年 4 月 24 日
8	关于在一定期限内适当限制特定严重失信人乘坐火车和民用航空器实施细则	2018 年 5 月 14 日
9	关于进一步规范货币市场基金互联网销售、赎回相关服务的指导意见	2018 年 5 月 30 日
10	保荐创新企业境内发行股票或存托凭证尽职调查工作实施规定	2018 年 6 月 6 日
11	公开发行证券的公司信息披露编报规则第 22 号——创新试点红筹企业财务报告信息特别规定(试行)	2018 年 6 月 6 日
12	试点创新企业境内发行股票或存托凭证并上市监管工作实施办法	2018 年 6 月 6 日
13	公开发行证券的公司信息披露编报规则第 23 号——试点红筹企业公开发行存托凭证招股说明书内容与格式指引	2018 年 6 月 6 日
14	公开发行证券的公司信息披露内容与格式准则第 40 号——试点红筹企业公开发行存托凭证并上市申请文件	2018 年 6 月 6 日
15	中国证监会科技创新咨询委员会工作规则(试行)	2018 年 6 月 6 日
16	关于试点创新企业实施员工持股计划和期权激励的指引	2018 年 6 月 6 日
17	关于试点创新企业整体变更前累计未弥补亏损、研发费用资本化和政府补助列报等会计处理事项的指引	2018 年 6 月 6 日
18	创新企业境内发行股票或存托凭证上市后持续监管实施办法(试行)	2018 年 6 月 14 日
19	存托凭证存托协议内容与格式指引(试行)	2018 年 6 月 14 日
20	关于商业银行担任存托凭证试点存托人有关事项规定	2018 年 6 月 15 日
21	关于加强证券公司在投资银行类业务中聘请第三方等廉洁从业风险防控的意见	2018 年 6 月 27 日

续表

序号	文件名称	发文时间
22	证券基金经营机构使用香港机构证券投资咨询服务暂行规定	2018 年 6 月 27 日
23	关于修改《中国证券监督管理委员会上市公司并购重组审核委员会工作规程》的决定	2018 年 7 月 3 日
24	《中国证券监督管理委员会行政许可实施程序规定》第十五条、第二十二条有关规定的适用意见——证券期货法律适用意见第 13 号	2018 年 7 月 10 日
25	关于进一步加强期货经营机构客户交易终端信息采集有关事项的公告	2018 年 9 月 7 日
26	上市公司治理准则	2018 年 9 月 30 日
27	关于上海证券交易所与伦敦证券交易所互联互通存托凭证业务的监管规定（试行）	2018 年 10 月 12 日
28	证券期货经营机构私募资产管理计划运作管理规定	2018 年 10 月 22 日
29	关于"12386"中国证监会服务热线运行有关事项的公告	2018 年 10 月 22 日
30	《非上市公众公司重大资产重组管理办法》第十八条、第十九条有关规定的适用意见——证券期货法律适用意见第 14 号	2018 年 10 月 26 日
31	关于完善上市公司股票停复牌制度的指导意见	2018 年 11 月 6 日
32	关于支持上市公司回购股份的意见	2018 年 11 月 9 日
33	公开发行证券的公司信息披露内容与格式准则第 26 号——上市公司重大资产重组（2018 年修订）	2018 年 11 月 15 日
34	关于认真学习贯彻《全国人民代表大会常务委员会关于修改〈中华人民共和国公司法〉的决定》的通知	2018 年 11 月 20 日
35	中国证监会关于落实证明事项清理工作取消相关事项的决定	2018 年 11 月 22 日
36	证券公司大集合资产管理业务适用《关于规范金融机构资产管理业务的指导意见》操作指引	2018 年 11 月 28 日

（中国证券监督管理委员会　潘黎）

第十二章 完善农民增收支持政策体系

近年来，在国际形势复杂多变、国内经济下行压力加大的背景下，我国农村居民收入保持了持续较快增长的好形势，收入水平连续迈上新台阶，收入构成不断优化，党的十八大提出的农村居民收入倍增目标完全可以实现。但从长期来看，当前农民增收基础还比较薄弱，需要进一步完善支持政策，促进农民收入增长实现新跨越。

一 2018年以来农村居民收入增长情况

2018 年，全国农村居民人均可支配收入达到 14617 元，比上年实际增长 6.6%，与经济增长基本同步，高于城镇居民收入增速 1 个百分点，城乡居民收入比为 2.69，比上年缩小 0.02。其中，工资性收入 5996 元，增长 9.1%；经营净收入 5358 元，增长 6.6%；财产净收入 342 元，增长 12.9%；转移净收入 2920 元，增长 12.2%（见表 12－1）。2019 年上半年，农村居民人均可支配收入达到 7778 元，同比实际增长 6.6%，比 GDP 增速快 0.3 个百分点，比城镇居民收入增速快 0.9 个百分点，城乡居民收入比为 2.74，比上年同期缩小 0.03。其中，工资性收入 3560 元，增长 9.1%；经营净收入 2343 元，增长 6.2%；财产净收入 217 元，增长 9.6%；转移净收入 1659 元，增长 12.4%。几年来，农村居民收入水平连续迈上新台阶。

2018 年以来农民收入保持较快增长的好势头，主要得益于四个方面的因素。

表 12－1　2013～2018 年农村居民人均可支配收入

单位：元，%

年份	可支配收入	实际增速	工资性收入	占比	经营净收入	占比	财产净收入	占比	转移净收入	占比
2013	9430	9.3	3652	38.7	3935	41.7	195	2.1	1648	17.5
2014	10489	9.2	4152	39.6	4237	40.4	222	2.1	1877	17.9
2015	11422	7.5	4600	40.3	4504	39.4	252	2.2	2066	18.1
2016	12363	6.2	5022	40.6	4741	38.4	272	2.2	2328	18.8
2017	13432	7.3	5498	40.9	5028	37.4	303	2.3	2603	19.4
2018	14617	6.6	5996	41.0	5358	36.7	342	2.3	2920	20.0

资料来源：国家统计局公布的相关资料。

表 12－2　2014～2018 年不同收入来源的增收贡献率

单位：%

年份	工资性收入	经营净收入	其中:第一产业收入	财产净收入	转移净收入
2014	47.2	28.6	15.0	2.6	21.7
2015	48.0	28.6	16.7	3.2	20.2
2016	44.9	25.2	12.3	2.1	27.8
2017	44.5	26.8	11.3	2.9	25.7
2018	42.0	27.9	8.3	3.3	26.8

资料来源：根据表 12－1 数据计算。

（一）农村劳动力就业形势总体基本稳定

据国家统计局数据，2018 年，全国外出务工农村劳动力 17266 万人，比上年增加 81 万人，增长 0.5%；外出务工农村劳动力月均收入 4107 元，比上年增加 302 元，增长 7.9%。2019 年第二季度末，外出务工农村劳动力 18248 万人，比上年同期增加 226 万人，增长 1.3%，增速同比加快 0.5 个百分点，环比加快 0.1 个百分点。农村“双创”蓬勃发展，据农业农村部数据，截至 2018 年底，全国返乡下乡创新创业人员已经超过 780 万人，其中农业转移人口返乡创业人数约占 70%，有力地带动了农民就业增收。受就业形势稳中向好影响，2018 年农村居民工资性收入的增收贡献率达到 42%，2019 年上半年达到 46.7%。

（二）农业供给侧结构性改革深入推进

2018 年全国粮食总产量 13158 亿斤，连续 7 年稳定在 1.2 万亿斤以上。农业结构调整优化。2018 年调减非优势区水稻 800 多万亩、玉米 400 多万亩，粮改饲面积达到 1430 万亩，稻渔综合种养面积超过 3000 万亩，畜禽规模养殖比重达到 60%。农产品市场价格总体平稳。据国家统计局数据，2018 年全国农产品生产者价格总水平比 2017 年下降 0.9%，其中农业产品和渔业产品生产者价格上涨幅度分别为 1.2% 和 2.6%，2019 年上半年全国农产品生产者价格水平比上年同期上涨 3.2%。农村一二三产业深入融合，新产业新业态快速发展。据农业农村部和商务部数据，2018 年全国农产品加工业与农业产值比达到 2.3，休闲农业和乡村旅游营收超过 8000 亿元，农产品网络零售额 2305 亿元（同比增长 33.8%）。在传统动能和新动能共同发力的作用下，2018 年农村居民人均经营净收入的增收贡献率达到 27.9%，2019 年上半年达到 21.5%。

（三）国家强农惠农富农政策实施力度不断加大

据财政部数据，2018 年全国财政一般公共预算支出 220906 亿元，其中，农林水支出 20786 亿元，比上年增长 9.9%。在农村脱贫攻坚方面，全国财政支出达到 4770 亿元，比 2017 年增长 46.6%，增加近 1600 亿元。城乡基本公共服务均等化推进加快，农村社会保障标准和水平明显提升，农村居民养老保险与城乡居民养老保险衔接过渡工作基本完成。2018 年，全国城乡居民基本养老保险基础养老金最低标准提高至每人每月 88 元；城乡居民医保人均财政补助标准达到每人每年不低于 490 元，比上年提高 40 元。2019 年，不少地区又上调了城乡居民基本养老保险基础养老金。同时，全国城乡居民医保人均财政补助标准达到每人每年不低于 520 元，比上年提高 30 元，大病保险政策范围内报销比例由 50% 提高到 60%。在“三农”政策的有力支持下，2018 年农村居民人均转移性收入的增收贡献率达到 26.8%，2019 年上半年达到 28.9%。

（四）农村改革不断深化

加快完善承包地“三权分置”制度，承包地确权登记颁证工作基本完成。截至 2018 年，全国完成承包地确权登记面积 14.8 亿亩。农村集体经营性建设用地入市流转，农村宅基地制度改革扎实推进。据自然资源部数据，截至 2018 年，33 个试点县（市、区）集体经营性建设用地已入市地块 1 万余宗，面积 9 万余亩，总价款约 257 亿元。全面开展农村集体资产清产核资，扩大农村集体产权制度改革试点。2015～2018 年，先后开展三批农村集体产权制度改革试点，共确定 3 个省份、50 个地市、279 个县为中央试点单位。目前，50 个地市、279 个县已经按期完成试点工作。2019 年又选择 12 个省份、39 个地市、163 个县部署了新一批试点。加上各地自主确定的省级试点单位，各级试点单位已覆盖全国 80% 的县。截至 2018 年，全国有超过 15 万个村完成股份合作制改革，共确认集体成员 3 亿多人。截至 2019 年 7 月底，全国已有 59.2 万个村级集体经济组织完成清产核资工作。农村财产权利相关制度日益健全，拓宽了农民增收渠道。2018 年农村居民人均财产净收入增长 12.9%，是收入四项构成中增长最快的，增收贡献率达到 3.3%。2019 年上半年，这一贡献率稳定在 3.0%。

二　当前农民收入增长形势及其特点

经过多年发展，农民收入水平已经站上新的历史起点。今后一段时期，影响农民增收的因素新旧并存，将对农民收入的走势产生深刻影响。

（一）国民经济增长放缓，将对农民收入增速形成制约

经济发展可以深刻影响农产品需求和价格、农民就业和工资等，农民增收无法与宏观经济基本面产生长期的明显背离。现阶段我国经济已经由高速

增长变为中高速增长，由前几年的10%以上回落到7%以内。数据显示，农民增收与宏观经济密切相关，2011～2018年农村居民人均可支配收入增速与我国GDP增速的相关系数高达0.876。受经济下行影响，同期农民收入增速由11.4%下降到6.6%。按照“十三五”规划，我国经济增速目标定在6.5%以上。2018年以来农民收入增速与GDP增速基本同步，稳定增长将成为今后一段时期农民增收的主基调。

（二）新型城镇化深入推进，将为农民收入增长注入持久动力

改革开放以来，农村劳动力转移在为中国经济增长提供充足人口红利的同时，也为农民收入创造了强劲增长点，工资性收入在农民收入中已占优势地位。提高农民收入依然要将优化农村劳动力资源配置作为重点，依托新型城镇化带动农民实现高质量充分就业，并提高农业劳动生产率。2018年末，全国大陆总人口接近14亿人，常住人口城镇化率达59.58%，户籍人口城镇化率为43.37%，二者相差16.21个百分点。同年，第一产业就业人员占比26.1%，比第一产业GDP占比高18.9个百分点，农民工总量比上年增长0.6%（其中，外出农民工增长0.5%、本地农民工增长0.9%），农业劳动力转移还在继续。如果将常住人口城镇化率提高到70%，还将增加约1.4亿农村人口进城就业生活。由此可见，我国城镇化提升空间还很大，对农民就业增收的带动作用也很强。

（三）农村改革和城乡融合发展步伐加快，将为农民收入增长创造难得机遇

农村拥有丰富的资源要素，农村改革为激活农村要素提供了良好的制度环境，城乡融合发展为优化配置农村要素提供了广阔的舞台。目前农民财产性收入占比仅有2.3%左右，主要原因是与城镇居民相比，农民的土地、房屋等财产权利不完整、权益不平等，束缚了财产权益的发挥。一些沿海发达地区农村居民财产性收入占比很高，得益于当地高水平的经济发展和良好的制度政策环境的有机结合，租金、股息、红利等财产性收入增长强劲。同

时，农民的集体收益分配收入仍有很大提升潜力。根据《2018年中国农村经营管理统计年报》数据，截至2018年，全国农村集体经济组织资产总额高达4.24万亿元，其中经营性资产为1.36万亿元。随着乡村振兴战略的深入实施，特别是城乡融合发展体制机制和政策体系的建立健全，以及农村集体产权制度等改革的不断深化，农民的财产性收入增长潜力将得到充分释放。

（四）农业劳动生产率增速放缓，传统农区和小农户将成为农民收入增长的难点和重点

基于我国特殊国情，以小规模农户为主体的经营结构将长期存在，靠农业收入让普通农户增收致富的难度很大。我国农业劳动生产率明显偏低，2018年仅为非农产业的22%。以不变价格计算的农业劳动生产率提高速度，由“十二五”时期的年均9.3%下降到“十三五”以来的年均6.3%。受此影响，农业收入增长困难，比重呈下降趋势。2013～2018年，农村居民人均第一产业经营净收入年均名义增速仅为4.2%，低于可支配收入年均名义增速5个百分点，占比由30.1%下降到23.9%。按照收入五等份分组，全国有60%的农户人均可支配收入低于全国平均水平。2018年贫困地区农村居民人均可支配收入10371元，仅为全国平均水平的71%。中低收入农户大多位于传统农区和欠发达地区，对农业收入的依赖程度较高，既是农民增收工作的重点群体，也是难点所在。

当前，我国正处在国民经济发展的结构调整期，城乡经济社会的深度融合期，农业支持保护政策的转型优化期，农业经营体制的改革创新期。农民增收呈现出新的特点。一是农民收入增速稳中趋降。2013～2016年，农村居民人均可支配收入实际增速由9.3%下降到6.2%，2017年回升到7.3%，2018年又下降到6.6%。从趋势上看，农民收入增长正由高速转向中高速。二是增收传统动能逐步减弱。2014～2018年，工资性收入的增收贡献率由47.2%下降到42%，经营净收入的增收贡献率由28.6%下降到27.9%，其中第一产业经营净收入的增收贡献率由15.0%下降到8.3%，农民靠出售产品和转移就业增收的难度双双加大。三是缩小收入差距任务艰巨。2018年，

城乡居民人均可支配收入之比下降到2.69，但绝对差距扩大到2.5万元。农民内部收入差距更加突出，20%低收入农户人均收入仅相当于20%高收入农户的10%左右。四是政策调控难度日益加大。过去，国民经济和财政收入增长较快，农产品和农村劳动力总体上供不应求，可采取的政策手段较多，促增产、提价格、增补贴、促转移、涨工资等政策都可产生立竿见影的效果。当前，这些条件基本不复存在，财政收入增速回落，农产品总体上供大于求，农民工供求匹配困难现象有所增加，农民增收政策创设难度越来越大。

未来一段时期，对农民增收的最大利好是乡村振兴战略的实施。坚持农业农村优先发展，有利于强化各方对“三农”工作的重视，为农民增收营造良好氛围；城乡融合程度不断加深，有利于生产要素流入农业农村，为农民增收注入强劲动力；城乡居民消费结构加快升级，有利于推进农业结构调整，为提高农业经营效益创造基本条件；国民经济结构调整深入推进，有利于新产业新业态孕育发展，为农民拓宽就业渠道；农村产权制度改革逐步推开，有利于激活沉睡的资源资产，为农民增收开辟重要来源。加快推进农业农村现代化，将进一步激发农村内生动力，促进农村经济社会全面发展，推动形成农民增收新局面。

总体上，当前农民增收的困难表现得更充分，但潜力也在不断蓄积，在中高速水平上波动盘整可能会成为近期农民增收的基本特点。

三 对完善农民增收政策的几点认识

现阶段，影响农民增收的因素错综复杂。不仅来自农产品供给，也来自农产品需求；不仅来自农业自身，也来自第二、第三产业；不仅来自国内，也来自国际。促进农民增收，需要立足我国实际，加大支持力度和创新支持方式。进一步完善农民增收政策，需要把握好以下几方面问题。

（一）关于增收政策指向：变注重普惠性为突出差异性

从国际上看，发达国家和地区（如欧盟共同农业政策）不仅对农民增收有一般性的支持政策，而且对欠发达地区和小农场还有专门的扶持措施。受各地的资源禀赋、发展水平、产业基础、发展机会、个人能力等因素影响，我国不同地区和不同群体的农民之间一直存在明显的收入差距。长期以来，由于农民收入水平普遍较低，农民增收政策中普惠性政策多、投入大，差异性政策少、投入小。现阶段，农村低收入问题已经越来越集中到传统农区和普通农户。从未来看，大力发展农村新产业、新业态，激活农村资源资产，潜力最大、最有希望的仍然主要是经济发达地区、大中城市郊区等，广大传统农区和普通农户的增收问题会愈发突出。因此，应适时调整农民增收政策，更加鲜明地指向农村低收入群体，采取更加有针对性的措施，将有限的政策资源更多地向增收困难区域和群体倾斜，加快提高他们的收入水平。

（二）关于财政支持方式：变“直给”带增收为“巧力”促增收

以往，财政主要是通过提价、补贴等方式直接带动农民收入增长，但这种“直给”的做法已经难以为继。从欧美发达国家实践看，为摆脱预算压力，精巧设计财政支持方式、放大财政资金使用效益，越来越成为通行做法。我国农村人口数量庞大、人均农地资源非常有限，如果单纯依靠现行的直接补贴来促进农民增收，更加难以摆脱补不起、补不到位的“厨师困境”，更需转变财政支持方式。发挥财政资金的撬动作用，利用市场机制吸引更多金融资本和其他社会资金共同促进农民增收，应当成为下一步政策创设调整的重要方向。

（三）关于拓宽增收渠道：变由政策开口子为向市场找办法

在由计划经济体制向社会主义市场经济体制转轨过程中，拓宽农民增收渠道首先需要政策“开绿灯”。但随着经济体制改革的不断深入，市场已经越来越成为拓宽农民增收渠道的关键因素。目前农民收入四大来源中，除部分转移性收入外，其余都是由市场决定的。进一步拓宽农民增收渠道，根本上还是要依靠市场。实践证明，只要尊重市场规律，农民增收依然蕴藏着巨大空间。近些年来，随着各种新理念、新技术、新模式、新要素的不断进入，农村新产业、新业态层出不穷，为农民增收创造了新的机会；一些地区积极探索激活农村产权，土地入市、股份合作等，为农民带来了长期稳定的收益。市场拓渠道、政策给空间，应当成为下一步农民增收工作的基本原则。为此，应将工作重心放在放宽政策限制、规范市场运行、营造良好环境等方面，更大力度地推进改革，更加精巧地创设政策，保障市场在资源配置中的决定性作用能够充分释放、有效发挥。

（四）关于农村社会保障：变单纯提高标准为城乡制度并轨

社会保障制度是农民增收政策的重要补充。从目前情况看，短时间内显著缩小城乡收入差距面临很大困难，但是加快完善农村社会保障制度，能显著增强农民的获得感和幸福感，尤其是能使低收入群体感受到最直接的实惠和真正的生活保障。在城乡之间、农村不同群体之间收入差距较大的情况下，健全社会保障制度也是调节收入分配的一种重要手段。因此，应将社保摆在更为优先的位置，按照“完善制度、提高水平、加快并轨”的原则，加快健全农村社会保障制度，让农民有稳定的生活预期，不致因收入波动而陷入困顿焦虑。

四　完善农民增收政策体系的建议

随着我国经济由高速增长阶段转向高质量发展阶段，农民增收也到了再次重构增长动力的关键节点。党的十八大以来，随着强农惠农富农政策不断健全，特别是2016年国办专门印发了促进农民增收的文件，农民增收政策体系基本建立。同时，在形势深刻变化的过程中，有的政策需要适时调整、补充和完善，应进一步创新理念和思路，结合实际制定差异化政策措施，提高政策的可持续性、精准性和有效性。

当前和今后一个时期，完善农民增收政策的总体思路应当是：以实施乡村振兴战略为总抓手，坚持农业农村优先发展，坚持城乡融合发展，坚持市场化方向，着力激发乡村内生发展动力，巩固提升传统增收渠道，加快培育增收新动能，保持连续性，提高精准性，健全农民增收政策体系，推动农民收入持续稳定增长。从重点领域和关键环节来看，完善农民增收政策体系可以着重在以下几方面努力。

（一）完善农村金融政策

在深化市场化改革进程中，应充分发挥金融保险的防风险、促增收作用，为农业收入提供根本保障。一是支持发展“农业保险＋期货”试点。农产品期货有助于完善价格形成机制，并为农产品现货提供有效的风险管理工具。美国的农业保险体系和期货市场套期保值功能，为农民收入提供双重保护安全网，经验值得借鉴。中央1号文件要求尽快建立农业保险与期货联动机制，“十三五”规划纲要提出稳步扩大“保险＋期货”试点。近年来，保险机构和农业规模经营主体合作，开展了农产品“保险＋期货”试点，积累了经验。[①] 下一步，可鼓励保险机构扩大开展有关重要农产品期货价格保险试点，给予政策性保费补贴，激发农民投保积极性；完善农产品期货市场，增加期货品种，帮助农民通过多种途径参与套期保值；深入推进农产品期权市场建设，增加场内期权品种。二是支持发展农产品价格（收入）保险。鼓励地方开展蔬菜、生猪等鲜活农产品价格保险试点，中央财政对生猪价格保险给予保费补贴或以奖代补支持，建立和完善农产品价格保险风险分散机制。在总结价格保险试点经验的基础上，鼓励开展农产品收入（收益）保险，扩大粮食主要作物完全成本保险和收入保险试点，进一步降低县级政府和农民承担的保费比例。三是完善农村信贷担保政策。对全国农业信贷担

① 根据证监会资料，“保险＋期货”试点开展3年多来，项目数量、承包规模、覆盖区域均明显扩大，惠及农户不断增加。2018年开展“保险＋期货”试点项目156个，试点品种包括玉米、大豆、棉花、白糖、天然橡胶、苹果，试点地区涉及17个省（自治区、直辖市），涵盖83个国家级贫困县。“保险＋期货”试点逐步成熟，成本逐步降低，赔付率不断提高，在稳定农业生产、促进农民增收、完善农业支持保护政策、助推产业扶贫等方面发挥了重要作用。目前，我国商品期货、期权品种共计58个，其中农产品期货、期权品种30个，占比超过一半。2018年以来，累计上市纸浆、红枣2个涉农期货品种，以及玉米、棉花、天然橡胶3个农产品期权品种。

保体系在粮食功能区和重要农产品生产保护区（“两区”）内的融资担保项目，加大担保费用补助和业务奖补等支持力度。研究制定鼓励农业担保机构提高新增不良担保容忍度的政策，扩大担保效应，降低担保费用，真正服务有农业贷款担保需求的经营主体。

（二）完善农业补贴政策

农业对保障农产品有效供给和保护生态环境意义重大，有较强的正外部性，特别是主产区。政府有责任加大对主产区农民的合理补偿力度，确保其收入达到农业平均收益水平。一是完善重要农产品生产者补贴制度。总结玉米、大豆、稻谷生产者补贴制度改革经验，以“两区”为主要载体，健全完善重要农产品生产者补贴制度，逐步扩大覆盖范围，既弥补全部生产成本，又确保生产者取得行业平均水平以上的利润，并建立补贴标准动态调整机制。二是出台农业服务补贴政策。政府向农户和新型农业经营主体发放农业服务券，用来向服务组织择优购买生产性服务，促进农业生产性服务业良性竞争、提质增效，为农业生产和农民增收提供有力支撑。三是完善农业产业化联合体补贴政策。鼓励发展农业产业化龙头企业带动、农民合作社和家庭农场跟进、小农户参与的产业化联合体，支持发展粮食银行，对粮食银行给予收购储备补贴，通过订单方式促进特色优势产业发展，帮助农民实现较高收益。四是完善农业生态补偿制度。加大草原生态保护补奖力度，加快实现草原生态整体修复。扩大退耕还林还草、退牧还草规模，提高补贴标准。完善长江流域禁捕补偿等综合性补贴政策。在地下水超采地区、南方重金属污染地区等环境问题突出地区，加大治理奖补力度。根据经济发展水平变化，及时调整农业资源休养生息补偿标准。

（三）完善乡村产业政策

贯彻落实《国务院关于促进乡村产业振兴的指导意见》，建立有利于提高乡村产业质量效益的市场运行机制，充分激发乡村产业发展的内生动力，帮助农民更好地就业创业增收。一是促进产业集群集聚发展。统筹规划城乡产业发展，利用各种乡村产业发展平台，整合涉农资金重点支持，做大做强县域特色主导产业，提升规模和竞争力，完善利益联结机制，加快形成县乡村层级分工明显、功能有机衔接、协调联动共赢的产业发展格局。二是加快完善乡村产业体系。大力培育乡村特色产业，制定乡村产业发展引导目录，重点发展体现乡村特点、具备比较优势、扎根农村发展的乡村产业，挖掘培育一批有发展潜力的乡村产业类型。三是引导城市要素下乡。立足城市群格局，将重大项目和制造业产业链向中小城市布局，通过财政、税收、信贷等优惠政策，吸引生产要素向中小城市转移。借鉴扶贫车间经验，通过用地支持、财政补助等方式，支持企业在农村设立分散的工厂车间，帮助农村不便外出的农民实现灵活就业。四是保障产业用地需求。建立农村产业发展用地保障机制，将年度新增建设用地计划指标确定一定比例用于支持农村产业发展，允许通过村庄土地综合整治节约的建设用地采取入股、联营等方式，重点支持农村产业融合发展。适度扩大农业设施用地范围、比例和规模。

（四）完善集体经济政策

农村集体掌握着巨额资产，随着集体产权制度改革的深入推进，这些资产的财产属性日益凸显，有望成为农民收入的重要增长点，应完善政策促进集体经济发展壮大。一是完善支持集体产权制度改革的税收优惠政策。对改革后成立的经济合作社或股份经济合作社所得税、经营环节税种，以及成员年终分红涉及的个人所得税，实行税收减免，减轻集体经济组织税收负担。二是拓宽集体经济组织资产来源。全面推开农村集体经营性建设用地入市，在国家和集体之间合理分配土地增值收益。对农田建设项目中由于土地平整多出的耕地，通过出租、作为占补平衡指标在省域内调剂等方式，取得相关收益作为村集体收入。全面开展涉农项目财政补助资金股权化改革，并探索以集体经营性资产入股新型经营主体，将入股资金形成的股权作为优先权管理。三是支持集体经济组织发展多元产业。支持集体经济组织承担农村基础设施建设、人居环境整治、生态保护等财政支农项目，鼓励其出资设立专业合作社、社会化服务组织为农民提供生产性服务，通过自营、入股、出租等方式利用集体资源资产发展休闲旅游、物业租赁等低风险产业。

（五）完善农民权益保障政策

不同农民群体有着不同的权益需求。在城镇稳定就业居住的农民，主要是保障劳动权益和部分农村权益，能够支撑他们在城市发展。在农村稳定生活的农民，主要是保障其农村财产权益，充分挖掘财产功能。一是加强农民工就业培训。推进农民工职业技能培训的市场化运作，通过培训后补助、培训券等方式，将对培训内容和培训机构的选择权交给农民工和用工企业。大幅提高培训补助标准，提高对新产业新经济所需岗位技能的培训比例。二是完善社会保障制度。进一步完善城乡统一的基本医疗保险制度和大病保险制度，做好农民重特大疾病救助，加强农民工易患职业病的防治。加快推动城乡养老保险关系转移接续，大幅扩大城镇职工养老保险在农民工中的覆盖面。稳步提高城乡居民基本养老保险基础养老金标准。三是加强农村产权保护和建立“三权”有偿转让机制。修改物权法、担保法等法律法规，完善农村产权保护制度。支持县乡政府、村集体设立资金池，回购进城农民的土地承包权、宅基地使用权和集体收益分配权，补偿标准由村民民主决策确定。支持通过农村产权交易市场挂牌交易“三权”，通过市场竞价决定转让价格。现阶段“三权”转让限制在集体经济组织成员内部，未来将放宽至更大范围。

（农业农村部政策与改革司　张海阳）

第十三章
健全工资集体协商机制 构建合理有序的企业收入分配格局

工资是职工收入的主要来源，关系职工和企业的切身利益，关系民生改善和经济社会发展。党的十九大报告提出“坚持在经济增长的同时实现居民收入同步增长，在劳动生产率提高的同时实现劳动报酬同步提高”。落实这一要求，必须建立符合社会主义市场经济要求的公正合理、规范有序的企业工资分配制度。建立集体协商和集体合同制度，推动企业依法开展工资集体协商，是建立适应社会主义市场经济要求的企业工资分配制度的重要环节，也是维护职工合法权益的重要机制。

一 工资集体协商制度是调整企业工资分配的重要制度

工资集体协商是指职工一方与用人单位之间依法就企业内部工资分配制度、工资分配形式、工资支付办法、工资标准等事项，为签订工资专项集体合同进行商谈的行为。工资专项集体合同是指职工一方与用人单位之间经过集体协商程序，专门就工资事项签订的集体合同。

在市场经济条件下，企业是资本和劳动的结合体，劳动者投入的劳动和企业经营者投入的资本实现有机结合，才能创造利润；只有工资与劳动生产率同步提高，才能保持劳动力供给的持续稳定，才能实现企业可持续发展和社会进步。随着我国社会主义市场经济体制的建立和逐步完善，在收入分配领域确立了以按劳分配为主体、多种分配方式并存的制度，基本形成了与中国特色社会主义市场经济体制相适应的工资分配制度体系，工资集体协商制度就是这一制度体系的重要组成部分。

（一）建立工资集体协商制度是形成反映劳动力市场供求关系和企业经济效益的工资决定机制和增长机制的必然要求

市场经济条件下，基于劳动力市场具有“资强劳弱”的天然属性，劳动者个体与企业协商劳动报酬时居于弱势，往往会出现企业向劳动者支付的劳动报酬不能客观反映劳动力价值的现象，如果长期任其发展，必然会扭曲市场中劳动力价格的形成机制，损害市场经济有序健康发展，也会引发劳资对抗和劳动关系矛盾。因此，必须在企业内部形成平衡劳动关系双方力量的制度安排，按照“市场机制调节、企业自主分配、平等协商确定、政府监督指导”的原则，形成真正反映劳动力市场供求关系和企业经济效益的工资决定机制。这是市场经济条件下企业工资分配应当遵循的基本原则，也是我国发展和完善市场经济的必然要求。

（二）建立工资集体协商制度是深化收入分配改革、促进形成合理有序的收入分配格局的重要内容

从宏观角度看，工资集体协商涉及市场经济条件下企业内部利益关系调整的一个关键方面——初次分配中的劳资利益分配问题。一方面，实行工资集体协商制度，由企业内部劳资双方充分协商博弈、实现利益平衡，能够有效克服“资强劳弱”的问题，促使劳动者的工资水平趋于科学合理，逐步实现在劳动生产率提高的同时劳动报酬同步提高，促进形成合理有序的初次收入分配格局；另一方面，通过工资集体协商这一载体和手段，通过将劳动要素参与分红、高技能人才待遇、技能要素参与分配等纳入协商范围，更好地完善劳动参与分配的机制，更好落实党的十九大报告提出的“完善按要素分配的体制机制，促进收入分配更合理、更有序”的要求。因此，在全面深化改革中实现收入分配制度改革目标，必须切实发挥工资集体协商制度在平衡劳资利益关系、实现劳资利益分配公平公正方面的重要作用。

（三）建立工资集体协商制度是坚持以人民为中心的发展思想的具体体现

党的十八届五中全会首次提出以人民为中心的发展思想，党的十九大报告中明确提出，“必须坚持以人民为中心的发展思想，不断促进人的全面发展、全体人民共同富裕”，这就要求必须把增进人民福祉、促进人的全面发展作为发展的出发点和落脚点，实现发展为了人民、发展依靠人民、发展成果由人民共享的目的。推进工资集体协商制度，就是坚持在经济发展和劳动生产率提高的基础上合理地分配收益，实现各类职工工资水平的协调增长，从制度上为广大劳动者搭建共建共享企业发展成果的平台和环境，使全体劳动者有更多获得感。

随着我国市场经济的深入发展，收入分配结构不均衡、不合理日益凸显，其中一个突出问题，就是初次分配领域中普通职工收入水平偏低，企业和劳动者之间利益分配不合理。正因为如此，近年来，党中央、国务院对工资集体协商工作越来越重视，将工资集体协商作为形成合理有序的收入分配格局、保障和改善民生的重要举措进行部署。党的十八大报告在重申“两个提高”“两个同步”要求的同时，明确提出“推行企业工资集体协商制度”。《中华人民共和国国民经济和社会发展第十二个五年规划纲要》提出要积极稳妥扩大工资集体协商覆盖范围、集体合同签订率达到80%的目标任务。党的十八届三中全会通过的《中共中央关于全面深化改革若干重大问题的决定》也明确提出“健全工资决定和正常增长机制，完善最低工资和工资支付保障制度，完善企业工资集体协商制度”。党的十九大报告进一步提出“完善政府、工会、企业共同参与的协商协调机制，构建和谐劳动关系。坚持按劳分配原则，完善按要素分配的体制机制，促进收入分配更合理、更有序”。这些都为进一步完善发展我国企业收入分配制度、推进工资集体协商工作提供了遵循、明确了方向。

专栏

党和国家对工资集体协商的工作要求

——2006 年 10 月 11 日，党的十六届六中全会通过的《中共中央关于构建社会主义和谐社会若干重大问题的决定》提出“完善劳动关系协调机制，全面实行劳动合同制度和集体协商制度”。

——2008 年 3 月 5 日，国务院《政府工作报告》提出“推动企业建立工资集体协商制度”。

——2009 年 3 月 5 日，国务院《政府工作报告》提出“鼓励和支持困难企业与员工协商薪酬”，对金融危机背景下开展工资集体协商工作提出了具体要求。

——2011 年 3 月 14 日，《中华人民共和国国民经济和社会发展第十二个五年规划纲要》，将集体协商贯穿于“构建和谐劳动关系”、“深化工资制度改革”和“改善民生行动计划”等重点内容之中，提出要“不断扩大集体合同覆盖面”。

——2012 年 11 月 8 日，党的十八大报告将“推行企业工资集体协商制度，保护劳动所得”作为千方百计增加居民收入的重要举措。

——2013 年 2 月 3 日，国务院批转的《关于深化收入分配制度改革的若干意见》提出，“以非公有制企业为重点，积极稳妥推行工资集体协商和行业性、区域性工资集体协商，到 2015 年，集体合同签订率达到 80%，逐步解决一些行业企业职工工资过低的问题”，“加快收入分配相关领域立法。研究出台社会救助、慈善事业、扶贫开发、企业工资支付保障、集体协商……等方面法律法规”，对集体协商工作的推进方式、推进重点和具体目标都提出了具体要求。

——2013 年 11 月 12 日，党的十八届三中全会进一步要求，“健全工资决定和正常增长机制，完善最低工资和工资支付保障制度，完善企业工资集体协商制度”。

——2014 年，李克强总理在《政府工作报告》中强调，“健全企业职工工资决定和正常增长机制，推进工资集体协商，构建和谐劳动关系”。

——2016 年 3 月 17 日，《中华人民共和国国民经济和社会发展第十三个五年规划纲要》提出，“正确处理公平和效率关系，坚持居民收入增长和经济增长同步、劳动报酬提高和劳动生产率提高同步，持续增加城乡居民收入，规范初次分配，加大再分配调节力度，调整优化国民收入分配格局，努力缩小全社会收入差距”，“完善市场评价要素贡献并按贡献分配的机制。健全科学的工资水平决定机制、正常增长机制、支付保障机制，推行企业工资集体协商制度，完善最低工资增长机制”。

——2017 年 10 月 18 日，党的十九大报告提出“完善政府、工会、企业共同参与的协商协调机制，构建和谐劳动关系。坚持按劳分配原则，完善按要素分配的体制机制，促进收入分配更合理、更有序。鼓励勤劳守法致富，扩大中等收入群体，增加低收入者收入，调节过高收入，取缔非法收入。坚持在经济增长的同时实现居民收入同步增长、在劳动生产率提高的同时实现劳动报酬同步提高”。

二　我国工资集体协商制度实施情况及主要成效

我国工资集体协商制度是伴随着中国经济社会发展，特别是社会主义市场经济体制的建立完善、劳动关系领域的深刻变化，逐步建立和发展起来的。

（一）工资集体协商制度的建立和发展

1992 年，党的十四大正式提出建立社会主义市场经济体制的目标，为建立适应社会主义市场经济的劳动制度，1994 年 7 月全国人大通过《中华人民共和国劳动法》，明确规定集体合同制度，标志着工资集体协商制度作为与社会主义市场经济相适应的协调劳动关系机制正式建立。随后，中华全国总工会出台工会参加工资集体协商的指导意见，原劳动和社会保障部颁布《工资集体协商试行办法》，工资集体协商工作逐步推行。

随着我国经济高速发展，工资集体协商工作得以迅速开展。特别是 2001 年以来，随着中国加入世界贸易组织，我国经济进入高速发展阶段，劳动关系领域的诸多问题也随之出现，劳动者超时劳动，工资收入低、增长慢，劳动安全事故、欠薪事件多发频发，劳动关系矛盾较为突出，各地因职工工资待遇等利益问题引发的群体性停工事件屡见不鲜。面对这种情形，建立工资集体协商机制，畅通劳资双方沟通渠道、保障职工权益，保障劳动关系和谐稳定和经济健康发展就变得非常必要而迫切，工资集体协商工作在各级党委和政府及工会组织的高度重视下，开始广泛推行。

这一时期，国家规制工资集体协商的法律制度不断完善。2001 年 10 月，全国人大审议修改《中华人民共和国工会法》，将集体协商制度定位为工会协调劳动关系的制度机制和维护职工权益的载体手段；2003 年 12 月，原劳动和社会保障部颁布《集体合同规定》，首次从内容、形式、方法上全面系统地规制了集体协商和集体合同制度；2007 年 6 月，全国人大通过的《中华人民共和国劳动合同法》对集体合同做出专门规定，各省市也相继制定了集体合同地方性立法。同时，各级政府协调推进工资集体协商的力度也在不断加大。2001 年 8 月，国家建立协调劳动关系三方会议制度，将推进集体协商和集体合同制度作为三方协商的重要内容，先后下发《关于进一步推进工资集体协商工作的通知》《关于开展区域性行业性集体协商工作的意见》《关于深入推进集体合同制度实施彩虹计划的通知》等文件。全国总工会先后就开展集体协商要约行动、开展区域性行业性集体协商、建立集体协商指导员队伍出台多个指导意见，2010 年 7 月，全国总工会十五届四次执委会议做出“依法推动企业普遍建立工会组织、依法推动企业普遍开展工资集体协商”的工作部署。2011 年初，国家“十二五”规划纲要提出积极稳妥扩大工资集体协商覆盖范围、集体合同签订率达到 80% 的目标任务。随后，中华全国总工会下发了《2011 ~ 2013 年深入推进工资集体协商工作规划》《关于推动世界 500 强在华企业建立工资集体协商制度的意见》等多个指导性意见，工会组织把推进工资集体协商工作作为工会重点工作任务，健全工作机制，建立专家指导队伍，同步推进区域性、行业性集体协商工作。

在政策的密集实施之下，工资集体协商工作进入快速发展阶段。工资集体协商工作呈现出党政重视、各地强力推进、社会影响不断扩大的良好态势。到2013年底，全国集体协商建制率大幅度提升，已建工会企业开展工资集体协商达到了80%以上。为了巩固建制率，提高集体协商质量和实效，2014年，中华全国总工会下发《关于提升集体协商质量增强集体合同实效的意见》《深化集体协商工作规划（2014～2018年）》，国家协调劳动关系三方联合下发了《关于推行集体合同制度实施攻坚计划的通知》，着力扩大集体协商和集体合同覆盖范围，提升集体协商质量，增强集体合同实效。

近年来，随着供给侧结构性改革的深入推进，部分企业受产业结构调整、中美贸易摩擦和环保整改等因素影响出现生产经营困难，工资集体协商工作面临的形势和问题也随之发生变化，不少地方注重通过集体协商机制在困难企业关停并转、转岗安置中维护职工利益。2019年7月，国家协调劳动关系三方联合下发了《关于实施集体协商“稳就业促发展构和谐”行动计划的通知》，对新形势下推进集体协商进行部署，提出“规模（限额）以上已建工会的企业开展年度集体协商、签订工资专项集体合同保持在90%以上”的目标任务。

（二）当前工资集体协商主要进展

总的来看，当前我国工资集体协商工作呈现以下特点。

1. 工资集体协商覆盖面逐步扩大

截至2017年9月，全国共签订工资专项集体合同129.8万份，覆盖企业357.7万家，覆盖职工1.62亿人。31个省（区、市）和新疆生产建设兵团已建工会企业集体协商建制率均达到80%以上（见表13－1）。

表13－1　2010年至2017年9月全国已建工会企业签订工资集体协议数据

时间	2010年	2011年	2012年	2013年	2014年	2015年	2016年	2017年9月
工资专项集体合同签订数(万份)	60.8	91.2	122.9	129.8	134.3	137.2	131.7	129.8
工资专项集体合同覆盖企业数(万家)	111.6	193.6	308.1	364.4	386.4	391.5	386.2	357.7
工资专项集体合同覆盖职工数(亿人)	0.76	1.16	1.5	1.64	1.7	1.72	1.69	1.62

资料来源：《中国工会统计年鉴》。

2. 工资集体协商制度日益完善

在国家层面，有《劳动法》《工会法》《劳动合同法》《公司法》等法律以及《集体合同规定》《工资集体协商试行办法》等部颁规章对集体协商制度进行规定；全国已有30个省（区、市）出台了41部集体协商地方性法规或政府规章，其中包含15部省级工资集体协商专项立法。工资集体协商相关配套制度日趋完善，各地定期发布最低工资标准、工资指导线、劳动力市场工资指导价位，为开展工资集体协商提供政策和信息支持。

表13-2 2017年部分地区工资指导线

单位：%

地区	基准线	上线	下线
北京	8.5	14	4
湖南	8	14	2
江苏南京	7	不设	3
安徽	7	11	3
浙江	10	18	可以零或负增长
福建	8	12	3
广西	8	12	2
甘肃	7	13	3
吉林	7	12	3.5

表13-3 2017年秦皇岛市部分职业（工种）工资指导价位

单位：元/年

职业(工种)	高价位	中价位	低价位	平均数
矿物采选人员	60790	28800	26400	42370
其他采矿人员	30370	29090	28960	35940
炼铁人员	54220	45940	36480	48230
炼钢人员	66320	49090	38800	55440
金属轧制人员	53920	35870	23400	42030
机械冷加工人员	66550	47700	35920	53840
机械热加工人员	77810	62190	50080	65130

3. 协商内容不断丰富拓展，按要素参与工资分配逐步纳入协商内容

各地在推动健全完善职工工资决定和正常增长机制，促进职工工资正常增长的同时，根据劳动者工作生活需求变化，不断拓展集体协商范围和内容，许多省市和企业把劳动要素参与分红、福利费及教育经费提取和使用、技能人才（劳模）待遇、技术创新等纳入协商范围，积极探索各种生产要素参与薪酬分配的路径。常州市、无锡市等地探索开展职工（劳模）技术创新专项集体合同，提高技术创新参与奖金分配的比例，取得良好效果。

专栏

常州市职工（劳模）技术创新专项集体合同

为贯彻落实中共中央、国务院《新时期产业工人队伍建设改革方案》和中共中央办公厅、国务院办公厅《关于提高技术工人待遇的意见》精神，常州市总工会在相关企业开展调研，发现企业工会组织职工开展“小发明、小制造、小革新、小设计、小建议”活动成果很多，但推广应用程度不高，原因是企业对职工“五小”成果的奖励是一次性的，没有建立长期的、全面的激励政策，职工收益不明显。为解决这一问题，常州市总工会开始推广职工（劳模）技术创新专项集体合同。合同重点明确五方面的内容：一是一线职工培训经费保障，二是一线职工经济收入提高，三是一线职工技术职称提升，四是一线职工职务晋升，五是一线职工社会地位提升。以试点单位常州强力先端电子材料有限公司为例，通过协商，“现场型”“管理型”“服务型”“攻关型”四种传统小组，现有产品生产工艺或工程改进带来利润增长的，奖励金额为（净）利润的5%（在协商之初，企业行政提出的比例是3%，职工要求的比例是6%～8%）。“创新型”项目给予奖励的，奖励金额和比例从产生利润开始计算，连续五年分别提取利润的12%、10%、8%、6%、2%（在协商之初，企业行政提出的是连续三年，比例是12%、6%、2%）。目前，常州市有19家企业在试点推行该合同。

4. 行业性工资集体协商蓬勃发展，行业标准逐步完善

各地大力推进行业、区域工资集体协商，推动形成“区域谈底线、行业谈标准、企业谈增长”的工资协商体系，广泛开展餐饮、建筑、汽车零部件、导游员、家政服务、民办教育、家具、绿化环卫清洁、快递等行业工资集体协商，确定行业最低工资标准、不同岗位工种的工资标准和计件工资，发布行业工资指导价位，逐步建立不同层次的行业劳动标准，有效提高了中低收入者特别是低收入群体的实际收入。

表 13－4　2018 年北京市餐饮行业协商确定部分岗位最低工资标准

单位：元/月

岗位名称	第一档工资标准	第二档工资标准	第三档工资标准	岗位名称	第一档工资标准	第二档工资标准	第三档工资标准
厨师长	3660	3500	3340	领班	3170	3030	2895
厨师	3290	3150	3010	收银员	2940	2810	2675
面点师	3050	2920	2780	迎宾员	2800	2680	2560
采购员	3050	2920	2780	送餐员	2450	2350	2250
库管员	3050	2920	2780	传菜员	2450	2350	2250
凉菜工	2800	2680	2560	服务员	2540	2440	2330
切配工	2800	2680	2560	洗碗工	2450	2350	2250
厨工	2680	2570	2470	保洁员	2450	2350	2250
择菜工	2450	2350	2250				

5. 工资集体协商效果评估体系逐步建立

25 个省（市）总工会制定了集体协商质量评估标准或工作规范化指引，开展集体协商工作质量效果评价，10 多个省（市）总工会以及无锡、内江、玉溪等城市工会开展了集体协商工作职工满意度测评。全国总工会下发《深入开展集体协商质效评估工作方案》，建立完善集体协商质效评估体系，树立以职工为中心的工作导向，不断提高职工对集体协商工作的知晓率、参与率和满意率。

6. 形成了一批工资集体协商谈判专家队伍

工资集体协商是一项政策性、专业性很强的工作，自 2012 年开始，全

国总工会开始建立专职集体协商指导员队伍，努力培养工会集体谈判专家，使一大批经验丰富、业务精通、协商谈判能力强的专业人才参与到工资集体协商之中。截至 2018 年底，全国各级工会共拥有专职集体协商指导员 4612 人。

（三）实行工资集体协商制度的作用和效果

1. 初步建立了工资决定机制和正常增长机制

通过开展工资集体协商，健全了企业工资分配制度，工资分配由企业单方决定逐步向企业和劳动者共同决定转变，增强了劳动者在收入分配中的话语权，同时也使其工资收入水平明显提高，有效维护和实现了劳动者经济权益。

2. 有效规范了劳动力市场秩序，促进劳动力市场的健康发展

通过开展行业工资集体协商，有效统一行业工资标准，有效避免了行业内各企业之间“抢人挖人”的恶性竞争现象，降低员工流失率，促进了本地劳动力市场健康发展。2006 年邳州板材行业开展工资集体协商之初，行业内规模企业职工的流动率高达 60%，企业之间相互挖“墙脚”的现象比比皆是。通过这些年开展行业工资集体协商的不懈努力，行业工资标准基本实现了统一，板材行业职工流动率始终稳定在 10% 以下。而且，随着板材行业工资集体协商的深入开展，板材行业职工的工资和福利待遇逐年大幅度增加，邳州板材行业也吸引了周边安徽、山东、河南等省份的打工者大量涌入，使邳州由原来的劳务输出地变为输入地，为企业后续发展储备了丰富的劳动力资源。

专栏

浙江温岭市行业工资集体协商

2003 年，温岭市率先在新河镇羊毛衫行业探索行业工资集体协商，之前羊毛衫行业连续几年出现由工资引发的劳动争议纠纷，在试行职工代表、行业工会与企业面对面的全行业工资集体协商后，羊毛衫行业的劳动争议问

题得到彻底解决，此后温岭市逐步在其他乡镇和其他行业推行其做法。工资集体协商制度自2003年开始，现在已经形成了行业协商谈标准、区域协商谈底线、企业协商谈增幅的模式。全市2543家单建工会的企业开展了企业工资协商，在羊毛衫、水泵、轴承、注塑、制鞋、船舶修造、机械制造、木地板等16个行业开展了行业工资集体协商；16个镇（街道）全部开展了区域性工资集体协商，覆盖8972家企业，惠及近50万名职工。①

3. 促进低收入劳动者增收，促进社会公平正义

近年来，尤其是党的十八大以来，工资分配原则更加关注社会公平，更加关注低收入群体，着眼于缩小不合理的收入分配差距。实践证明，开展行业性工资集体协商，对提高中低收入者特别是低收入群体的实际收入有明显作用。以福建省清洗保洁行业工资集体协商为例，通过提高行业最低工资标准、为连续工作3年的职工发放工龄补贴等条款，使行业职工工资上涨100~300元不等，惠及全省清洗保洁行业190多家企业的近10万名职工。

专栏

上海市环卫行业集体协商

2011年4月，上海市人民政府办公厅下发通知，要求解决环卫职工队伍中普遍存在的收入偏低、收入增长幅度缓慢、劳动强度大、作业环境不佳等问题。上海市绿化市容局工会和上海市市容环卫行业协会按照市政府要求和《中华全国总工会关于开展行业工资集体协商的指导意见》精神，在环卫行业推进集体协商，先后建立环卫行业最低工资标准、岗位津贴、环卫职工疗休养和体检制度，早晚班津贴制度，一线职工技能等级津贴、职工培训制度，职工工龄补贴制度，低温补贴制度，扩大住房公积金缴交覆盖面，办理工会会员服务卡等协商内容，以集体协商方式推进环卫行业收入

---

① 《民主恳谈助力基层社会治理——浙江温岭市开展协商民主的探索与实践》，载中共中央组织部组织编写《贯彻落实习近平新时代中国特色社会主义思想在改革发展稳定中攻坚克难案例》。

增长。2010 年环卫行业一线职工月平均工资为 2175 元，2016 年达到 4582 元，增长 1.1 倍，年均增长 13.2%，比全市职工平均工资增长率高出 4.3 个百分点。

表 13－5　2011～2017 年上海市环卫行业集体协商达成的主要内容

年份	主要内容
2011	提出职工最低工资标准应比市最低工资标准高 5%，完善疗休养和体检制度，建立一线职工岗位津贴
2012	提出严格执行最低工资制度和规范劳动用工制度
2013	提出实施早晚班津贴制度、建立团体互助保障计划，要求建立工资单制度
2014	提出建立一线职工技能等级津贴，调整一线职工岗位津贴标准
2015	提高体检标准，完善职工培训制度
2016	提出扩大环卫行业住房公积金缴交覆盖面，建立环卫职工工龄补贴制度，推进工会会员服务卡制度
2017	调整住房公积金缴交基数，建立一线环卫职工低温补贴

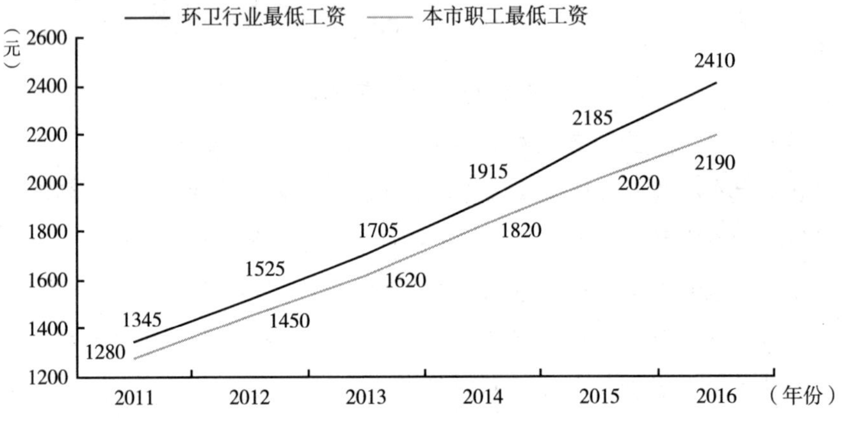

图 13－1　2011～2016 年上海市环卫行业职工工资增长情况

4. 成为协调劳动关系重要机制，促进劳动关系和谐稳定

工资集体协商制度的实施，使职工休息休假、保险、劳动条件和职工福利有了不同程度的改善，增进了企业与职工之间的理解和沟通，加强和改善

了企业管理，促进了劳动关系和谐稳定。第八次全国职工队伍状况调查显示，职工对工资集体协商的认可度比上次调查有所提高（见图13－2）。

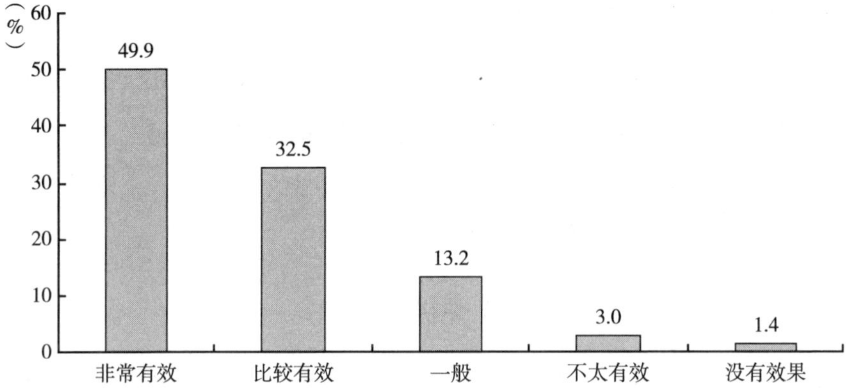

图13－2　职工对工资集体协商在维护职工权益方面发挥作用的认可情况

三　下一步推进工资集体协商工作的思路举措

当前，工资集体协商工作还存在着亟须解决的问题，诸如有些企业协商过程流于形式、实效不够强；有的企业职工增长工资愿望强烈，但实际过程中推进难、协商难，不能满足职工实际需求；工资集体协商法律和制度还不够完善，对于企业拒绝协商、拖延协商的行为缺少有效制约；社会各界对工资集体协商工作认识不到位、不充分，协商共识不高等，这些问题都需要下一步持续加以解决。

未来随着中国经济发展，广大劳动者收入仍有增长预期，在劳动者素质技能和劳动生产率不断提高的同时，应努力实现劳动者工资同步增长。在当前全面深化改革的背景下，健全完善工资集体协商制度对于促进劳动者工资增长、完善收入分配格局具有重要意义。我们要充分认识当前工资集体协商工作面临的问题和挑战，加强研究，精准施策，在逐步实现工资集体协商制度化、规范化的同时，更加注重制度建设的整体关联性，发挥制度效能，增强协商的科学性和实效性，在维护职工合法权益、促进职工共享经济发展成果方面发挥应有作用。

（一）推动尽早出台国家统一立法

推动制定出台国家层面集体协商统一立法，对现有法律中有关工资集体协商的规定进行吸纳整合，为开展工资集体协商提供更加权威、统一的法律支持。完善现有工资集体协商行政法规、地方法规、政府规章、政策文件等规定，形成系统完备、科学规范的法律制度体系。

（二）形成各方协调推进工作机制

按照"完善政府、工会、企业共同参与的协商协调机制"要求，进一步明确与集体协商工作相关的政府、工会、企业三方在推进集体协商工作中的职责，按照各自职责定位，紧密结合自身职能分工，相互协调配合，有力有序推进工资集体协商工作。

（三）抓好行业工资集体协商

以劳动密集型、中小企业集中的行业（区域）为重点，以一线职工、劳务派遣工、农民工为重点对象，在餐饮、环卫清洁、快递、外卖、网约车等行业就最低工资标准、主体工种指导价位、劳动定额、计件单价、福利待遇等进行协商，推动低收入群体及新业态就业群体收入合理增长。不断丰富拓展协商内容，将劳动分红、高技能人才待遇、技能创新奖励等纳入工资集体协商范围，积极探索劳动、技能要素参与分配的形式。

（四）重点做好困难企业集体协商

围绕困难企业，指导企业和职工围绕薪酬福利、工时制度、轮岗休假、待岗培训、转岗安排等涉及职工利益调整的重大事项进行协商，鼓励企业与职工同舟共济、共渡难关，尽量做到多转岗、少下岗，着力稳定职工就业岗位，确保劳动关系和谐和职工队伍稳定。

（五）积极稳妥推进国有企业工资集体协商

按照国务院《关于改革国有企业工资决定机制的意见》要求，在尊重国有企业内部分配自主权的基础上，稳妥推动国有企业开展工资集体协商，通过集体协商等形式合理确定不同岗位的工资水平，健全完善国有企业内部工资决定机制。

（六）建立协商效果长效评价机制

依托工会劳动关系监测系统，建立长期跟踪研究机制，尤其是以不同城市、行业、不同类型企业、不同职业和人群为对象，研究工资集体协商制度对重点群体工资水平以及人工成本的影响；建立职工满意度测评机制，科学衡量、评估集体协商制度实施效果，不断提升政策有效性、优化工资集体协商的体制环境。

（全国总工会权益保障部　熊伊敏）

第十四章
新时代调整优化收入分配格局面临的形势和总体思路

调整优化收入分配格局是坚持以人民为中心发展思想的重要体现。党的十九大提出要促进收入分配更合理、更有序，到2035年中等收入群体比例明显提高，到2050年全体人民共同富裕基本实现。党的十九届四中全会将“坚持按劳分配为主体、多种分配方式并存”作为社会主义基本经济制度，为调整优化收入分配格局提供了基本遵循。中国特色社会主义进入新时代，要在保持经济平稳增长的基础上，推动形成合理有序的收入分配格局，保证全体人民在共建共享发展中有更多获得感，为顺利实现第二个百年奋斗目标打下坚实基础。

一　收入分配领域基本情况

（一）居民增收态势总体平稳，收入“翻番”目标实现在望

2011～2019年，全国居民人均可支配收入由14551元逐步增长至30733元，扣除价格因素年均实际增长7.8%，同期国内生产总值年均实际增速为7.3%，居民收入和经济增长实现基本同步目标，城乡居民收入比由2011年的2.90逐年下降至2019年的2.64。党的十八大提出到2020年全面建成小康社会，居民人均收入比2010年翻一番。从目前情况看，2020年居民收入实际增速只要达到年均1.7%即可实现比2010年“翻一番”，总体看实现“翻番”目标已基本成定局，这为“十四五”时期促进居民增收、扩大中等

收入群体奠定了坚实基础，也为下一步主动调结构、促改革拓宽了政策空间（见表14－1）。

表14－1　2011～2019年我国居民人均可支配收入增长情况

年份	全体居民人均可支配收入(元)	比上年实际增长(%)	城镇居民人均可支配收入(元)	比上年实际增长(%)	农村居民人均可支配收入(元)	比上年实际增长(%)	GDP增速(%)	城乡收入比
2011	14551	10.3	21427	8.4	7394	11.4	9.5	2.90
2012	16510	10.6	24127	9.6	8389	10.7	7.9	2.88
2013	18311	8.1	26467	7.0	9430	9.3	7.8	2.81
2014	20167	8.0	28844	6.8	10489	9.2	7.3	2.75
2015	21966	7.4	31195	6.6	11422	7.5	6.9	2.73
2016	23821	6.3	33616	5.6	12363	6.2	6.7	2.72
2017	25974	7.3	36396	6.5	13432	7.3	6.9	2.71
2018	28228	6.5	39251	5.6	14617	6.6	6.6	2.69
2019	30733	5.8	42359	5.0	16021	6.2	6.1	2.64

资料来源：根据历年《中国统计年鉴》《中国住户调查年鉴》计算整理。

（二）宏观收入分配格局有所改善，中等收入群体持续扩大

从政府、企业、居民三部门分配关系看，近年来居民收入在宏观分配中的占比基本稳定在61%左右（见表14－2、表14－3）。由于产业结构由工业主导向服务业主导转型，鼓励勤劳守法致富的政策导向不断增强，劳动生产率持续提高，劳动报酬占国民总收入比重有所提高，2016年达到52.2%（见图14－1）。收入分配状况改善使中等收入群体比重不断提高，综合各方面的研究测算结果，我国中等收入群体占比在30%左右，数量超过4亿人，形成了世界上规模最大的中等收入群体。随着结构性改革力度不断加大，新动能、新业态催生新职业群体，新型城镇化、乡村振兴、脱贫攻坚持续推进，未来将会有更多人群进入中等收入行列。

表 14－2　2011～2017 年我国资金流量表显示的初次分配总量和格局

单位：亿元，%

年份	初次分配收入				初次分配格局		
	总收入	政府	企业	居民	政府	企业	居民
2011	468562.4	72066.9	112212.5	284282.9	15.4	23.9	60.7
2012	518214.7	80975.9	117776.5	319462.4	15.6	22.7	61.7
2013	583196.7	88745.0	140691.8	353759.9	15.2	24.1	60.7
2014	644791.1	98266.4	159051.6	387473.1	15.2	24.7	60.1
2015	686449.7	102617.8	165840.0	417991.9	15.0	24.1	60.9
2016	740598.7	107124.8	179631.9	453842.0	14.5	24.2	61.3
2017	820099.5	115071.6	208355.6	496672.4	14.0	25.4	60.6

资料来源：根据历年《中国统计年鉴》计算整理。

表 14－3　2011～2017 年我国资金流量表显示的再分配总量和格局

单位：亿元，%

年份	再分配收入				再分配格局		
	总收入	政府	企业	居民	政府	企业	居民
2011	470145.4	90203.2	94169.7	285772.6	19.2	20.0	60.8
2012	518431.5	101301.1	95731.3	321399.2	19.5	18.5	62.0
2013	582656.9	110376.0	115167.6	357113.4	18.9	19.8	61.3
2014	644879.3	121574.2	132195.1	391110.0	18.9	20.5	60.7
2015	685655.9	127186.1	135840.5	422629.2	18.6	19.8	61.6
2016	739961.9	132368.5	148058.7	459534.7	17.9	20.0	62.1
2017	819295.9	147131.2	173636.6	498528.1	18.0	21.2	60.8

资料来源：根据历年《中国统计年鉴》计算整理。

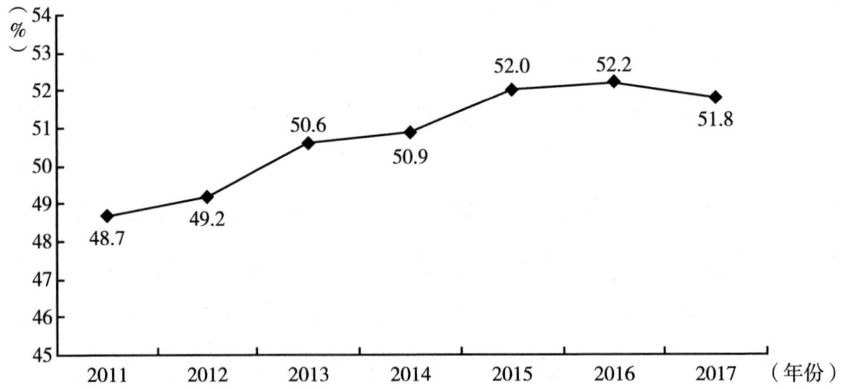

图 14－1　2011～2017 年我国劳动者报酬占国民总收入的比重

资料来源：根据历年《中国统计年鉴》计算整理。

（三）重点改革有序推进，收入分配制度政策体系逐步完善

2013 年 2 月，国务院批转国家发展改革委、财政部、人力资源社会保障部《关于深化收入分配制度改革的若干意见》（国发〔2013〕6 号），全面阐述了深化收入分配制度改革的总体要求和方向。2014 年 4 月，国务院批准建立深化收入分配制度改革部际联席会议制度，深化收入分配制度改革的工作机制更加完善。2016 年 10 月，国务院印发《关于激发重点群体活力带动城乡居民增收的实施意见》（国发〔2016〕56 号），提出实施技能人才、新型职业农民等七大群体激励计划，以及包括就业促进、职业技能提升等在内的六大支撑行动，通过强化收入分配政策激励功能，促进更多人群通过诚实劳动、合法经营创造社会财富，共享发展红利。各地方各部门结合实际情况，统筹联动推进收入分配制度改革各项重点任务，国有企业工资决定机制改革、保障农民工工资支付、个人收入和财产信息系统建设、以增加知识价值为导向的分配政策、国有企业负责人薪酬制度改革、机关事业单位工资制度改革、提高技术工人待遇、完善平台企业用工和灵活就业等从业人员社保政策、农村产权制度改革试点、个人所得税改革等收入分配领域重点工作有序推进，“保底、增收、扩中、缩差”等方面的制度政策不断完善，体现效率、促进公平的收入分配体系加快建设。

二　调整优化收入分配格局面临新的形势

当今世界正处于百年未有之大变局，我国正处于实现“两个一百年”奋斗目标的历史交汇期，需求结构、产业结构和要素结构深度调整，人均 GDP 站上 1 万美元的新台阶，收入分配制度建设加快推进，城乡居民收入持续增长，分配格局有所优化。但也要看到，我国作为发展中国家，收入分配领域不平衡不充分问题仍较突出，在内需增长有所放缓、外部环境更趋复杂严峻的背景下，调整优化收入分配格局的机遇和挑战并存。

（一）调整优化收入分配格局面临的有利条件

1. 全面深化改革为完善收入分配结构形成良好基础条件

经济体制改革循序渐进，供给侧结构性改革继续深化，“三去一降一补”成果更加巩固，三大攻坚战取得关键进展，营商环境进一步改善。2019 年 GDP 接近 100 万亿元，稳居世界第 2 位，人均 GDP 达到 10276 美元，经济运行更有潜力和韧性。消费作为经济增长“主引擎”作用进一步巩固，2019 年最终消费支出对 GDP 增长的贡献率达 57.8%，形成超大规模市场优势和内需潜力。微观主体营商便利度更高，社会“双创”热情持续迸发，2019 年每天约有 2 万家企业诞生，全国市场主体已突破 1 亿户，居世界首位。通过长期的改革探索，在如何发挥市场决定性作用和更好发挥政府作用方面积累了丰富经验，形成了创新完善宏观调控的思路和方法，加上党的坚强领导和中国特色社会主义制度的显著优势，实现经济增长与分配结构完善良性互动的保障坚强有力。

2. 新型城镇化和乡村振兴战略加快推进为合理调节分配关系提供支撑

探索走出中国特色新型城镇化道路，城乡区域发展协调性不断增强。城市落户政策持续放宽，人口总体呈现向大城市群、中心城市、沿海沿江沿高铁等轴带集中的趋势，京津冀、长三角、珠三角、成渝地区的人口吸纳能力持续增强，2019 年城镇常住人口占总人口比重达 60.6%，经济空间聚集度明显提高。新型城镇化提供大量城市就业岗位，对吸引农村剩余劳动力转移就业起到巨大的就业蓄水池作用。城镇基本公共服务对常住人口覆盖范围扩大，农业转移人口市民化质量提升，稳业增收态势良好。同时，乡村振兴战略稳步实施，城乡融合发展加快推进，更多外出务工人员返乡创业、就业，生产要素向乡村流动、乡村经济多元化发展和城乡公共设施联动发展的趋势明显，有利于缩小城乡、区域和不同群体间差距。

3. 劳动者素质提高和实现高质量就业成为增加劳动报酬的重要源泉

人力资本结构优化，积累培养了规模庞大的人才队伍，人口红利加快向人才红利转变。科技人力资源总量接近 9000 万人，稳居世界第一位。2018

年高等教育毛入学率已达到48.1%，2019年预计将超过50%，高于中高收入国家平均水平，大专及以上受教育程度就业人员占比达20.1%。经过多年产业实践的锻炼培养，各领域一流人才储备持续增加，海外留学人员归国热情不断上升，已拥有一大批具有全球视野和国际水平的战略科技人才、科技领军人才、青年科技人才，有力支撑了产业向全球价值链中高端攀升。"六稳"工作扎实推进，产业结构升级步伐加快，2019年服务业增加值占GDP比重达53.9%，符合价值链升级方向的高端装备制造、互联网、生产性服务业，以及符合消费升级方向的健康、文化、娱乐等产业高质量发展，对提升就业质量的作用明显，成为劳动报酬增长和分配格局改善的源头活水。

4. 创新驱动发展更加强劲为提高全要素生产率赋能

科技体制改革步伐加快，人才评价、科技成果转化、科研管理等方面政策健全完善，初步建立起富有活力的创新生态体系，各类创新主体迸发强劲活力。现代科技应用不断拓展，信息通信体系日益完善，5G商用加速推出，大数据、云计算、人工智能等现代信息技术快速发展。每万人口发明专利拥有量达到13.3件，创新成果奔涌而出，中国在全球创新指数排行榜上攀升到第14位。技术进步促进新动能发展壮大，分享经济、网络零售、移动支付等新业态新模式不断涌现，催生大量新职业并推动传统职业焕发新的生机活力。在技术创新动力与资源环境约束力双重作用下，低端产业和落后产能加速淘汰，经济增长更多依靠创新驱动的局面逐步形成。技术创新直接增加各生产要素的潜在增长率，为经济增长注入新的动力，也为要素参与生产并获得合理报酬创造更加有效率的环境。

（二）调整优化收入分配格局面临的风险和挑战

1. 经济发展不平衡不协调传导至收入分配领域

从国际环境看，世界经济增长放缓，贸易保护主义抬头，反全球化倾向加剧。从国内发展看，我国正处在转变发展方式、优化经济结构、转换增长动力的攻关期，结构性、体制性、周期性问题交织叠加，经济下行压力加大。来自发达国家高端产业和发展中国家低端产业对国内产业调整形成双重压力。部分消费领域提质升级步伐缓慢，推动产品供给和产业结构优化的作用有限。较多劳动力仍然聚集在生产效率低的第一产业；第二产业中传统制造业占较大比重，核心竞争力不强；尽管第三产业占比过半，但以高人力资本构成为主的现代服务业不发达，就业对增收的基础支撑有待进一步筑牢，居民收入与经济增长保持同步压力增大。

2. 人口老龄化给劳动就业和扩大再生产带来压力

2019 年末，我国 60 岁及以上人口为 2.54 亿人，占总人口的 18.1%，其中 65 岁及以上人口为 1.76 亿人，占总人口的 12.6%。劳动年龄人口总量从 2012 年开始出现下降，劳动力市场供求关系发生变化，低成本、低质量、无限供给阶段基本结束，农村转移劳动力增速下滑，企业招工难度加大，用工成本上升，保持劳动要素低成本来获得竞争优势已不可持续。同时，人口老龄化在经济尚不发达的阶段提前到来，要求社会保障制度设计、配套基础设施建设以及养老服务体系构建等都要以老年人口规模为重要依据，用于养老、医疗、护理、福利与设施方面的费用占国民生产总值的份额上升，减少了扩大再生产积累基金，降低了生产部门的投资和效率。

3. 要素市场建设相对滞后制约要素创造价值并参与分配

地方保护、分割市场、限制公平竞争的“土政策”和“潜规则”不同程度存在，市场准入的“玻璃门”“弹簧门”“旋转门”尚未完全打破。以户籍、行业、区域和所有制性质形成的体制障碍影响劳动要素实现充分有效配置。居民投资理财渠道过窄，中小投资者在资本市场上的权益得不到有效保障，资金流向实体经济渠道不畅，融资难、融资贵问题较为突出。农村土地和集体产权制度不完善，农民不能和城镇居民平等享受土地带来的财产收益。科研人员的知识价值与收入不完全匹配。技术转移中各主体的权利义务不明晰，一些科研成果不能转化为应用技术投入高端型生产。“市场化、职业化、专业化”的企业经营管理人才选拔机制不健全。数据应用程度不深，价值衡量缺乏统一标准，信息安全保护不到位，严重影响数据参与价值创造的效率和价值分配的公平性。

4. 收入分配调节体制机制有待健全完善

个人所得税主要征收对象为劳动所得，房产税、遗产税、不动产转让税等对财富差距进行强力调节的税种还在酝酿或试点过程中。社会保险制度激励约束机制不健全，面临财务可持续性问题，难以适应经济波动和就业形态变化。对无偿或低价占有公共资源所产生的收益分配调节力度不足。转移支付资金分配因素、补助条件和标准有待改进。基本公共服务均等化的标准、推进机制、供给方式尚不完善。各类帮扶救助政策统筹协调不够，一些边缘群体缺乏有效政策支持，全面建成小康社会和脱贫攻坚战略目标实现后的兜底保障标准有待细化完善。再分配调节机制不健全，影响城乡、地区、行业、群体间的分配关系，表现为居民收入差距在较高水平上徘徊，长期累积形成较大的财产差距，叠加资本收益高于劳动收益，抑制了社会大众劳动创收的动力和活力。

三　新时代调整优化收入分配格局的总体思路和政策举措

当前，我国处于国民收入由中高水平迈向高水平的窗口期，也是由全面建成小康社会向实现第二个百年目标迈进的关键期。要坚持以习近平新时代中国特色社会主义思想为指导，深入贯彻落实党的十九大和十九届二中、三中、四中全会精神，坚持以人民为中心的发展思想，坚持和完善以“按劳分配为主体、多种分配方式并存”的社会主义基本分配制度，着重保护劳动所得，健全劳动、资本、土地、知识、技术、管理、数据等生产要素由市场评价贡献、按贡献决定报酬的机制，完善再分配调节机制，合理调节城乡、区域、不同群体间分配关系，规范收入分配秩序，在推动高质量发展中持续调整优化分配格局。一是坚持就业优先、劳动致富。协同推进更大规模减税降费和“放管服”改革，优化营商环境，增强市场主体吸纳就业能力。正确处理企业发展和劳动者增收的关系，坚持以提高劳动生产率为增加收入的重要源泉，切实将收入增长建立在企业经营效益提升、劳动者实现更高质量和更充分就业的基础上，在实现“产业升级、就业增加、收入增长、消费提升”的过程中提高劳动报酬占比、改善分配格局。二是坚持体现效率、促进公平。充分发挥市场在资源配置中的决定性作用，完善收入分配制度激励功能，保障要素参与分配的机会公平性和市场评价的有效性，形成长效的激励机制。同时，更好发挥政府对收入分配的调节作用，完善税收、社会保障、转移支付等再分配调节手段，规范收入分配秩序，有效抑制通过非市场因素获利，在居民收入整体提高的过程中不断缩小不同群体间收入差距。三是坚持防范风险、筑牢底线。切实保障困难群众基本生活，着力解决人民群众反映突出的矛盾和问题，强化托底保障功能，加大扶弱济困力度，加强群体性事件应急处置。在集中更多财力保障和改善民生的同时，切实将福利水平提高建立在经济和财力可持续增长的基础上，制定财力支撑可持续、社会预期可把握的目标任务和政策措施。

（一）着力保护和增加劳动报酬

1. 提高产业发展创造高质量就业岗位的能力

发挥超大规模企业对转型升级的牵引作用，促进技术升级改造和新技术应用，培育发展高附加值头部产业，促进产业水平加快迈向中高端。发挥国内消费升级对产业升级的引领作用，畅通新需求与新供给之间的良性循环。有效支持中西部地区因地制宜承接东部地区对外转出产业环节，推动产业链向中西部延伸。大力扶持现代服务业发展，进一步放宽准入，打破垄断和壁垒，积极推动先进制造业和现代服务业深度融合。适应制造业智能化、高端化、服务化发展的趋势，鼓励制造企业加快生产方式、组织形式、管理方式和商业模式创新变革，创造更多研发、维保、控制等新就业形态，在推动产业结构迈向中高端的过程中扩大优质就业岗位数量。

2. 加强人力资本开发与积累

瞄准市场需求和推动中国制造、中国服务迈向中高端，进一步改革完善职业教育制度体系。在制造业集中的工业园区配套建设一批人力资源产业园，为企业提供招聘、培训、薪酬、咨询、健康等多位一体服务。加大中央预算内投资支持，积极吸引社会资本，加强职业技能公共实训基地和产教融合实训基地建设，建立完善职业培训资源共享平台，鼓励设备设施、教学师资、课程教材等培训资源共建共享，加快形成高素质技术人才培养和产业升级相互促进的良性机制。坚持教育优先发展，促进教育机会公平，落实好城乡统一的义务教育经费保障机制，延长义务教育年限。切实增加对学前教育、农村贫困地区儿童早期发展、职业教育等投入，提高高校学生资助精准化水平，统筹解决农村留守儿童和进城农民工子女教育问题。积极应对人口老龄化，打造高质量的养老服务和产品供给体系，创造老有所为的就业环境，促进“老有所养”和“老有所为”相结合。

3. 完善工资决定和正常增长机制

以完善工资指导线、最低工资标准、工资集体协商、企业薪酬调查制度为重点，建立反映劳动力市场供求关系和市场主体经济效益的工资决定机制、正常增长机制和支付保障机制。尊重非公有制部门工资分配自主性，积极推进政府、工会、企业共同参与的工资集体协商。建立公务员、事业单位工作人员和企业相当人员工资水平调查比较制度，完善科学合理的职务与职级并行制度。结合分类推进事业单位改革，建立健全符合事业单位特点、体现岗位绩效和分级分类管理的薪酬制度。推进国有企业市场化薪酬制度改革，严格规范劳务派遣用工行为，消除对编制外人员的待遇歧视，依法保障劳动者同工同酬权利。落实好《保障农民工工资支付条例》，形成治欠保支的法治化氛围。

（二）健全要素由市场评价贡献、按贡献决定报酬的机制

1. 提升劳动要素市场化配置水平

出台实施《关于完善要素市场化配置的意见》，建立健全统一的要素市场。统筹推进新型城镇化和乡村振兴战略，完善城乡融合发展的体制机制和政策体系，深化户籍制度改革，逐步消除与户籍挂钩的基本公共服务差异，降低阻碍劳动力流动的制度性成本。保障农民工在常住地享受与城镇户籍人口同等的就业创业服务和就业扶持政策，加快完善适应新经济和新就业形态

特点的劳动用工和社会保障制度。推动财政转移支付的测算分配由户籍人口向常住人口过渡，逐步消除城乡二元经济特征。

2. 拓宽资本参与分配的渠道

加快发展多层次资本市场，促进资本市场回归价值投资本源，落实上市公司分红制度，丰富并普及居民可投资金融产品，强化对市场秩序监管规范，保护投资者特别是中小投资者的合法权益。推动城商行、农商行、农信社等回归服务地方经济和小微企业的本源，打通货币政策向实体经济传导的路径，扭转资金“脱实向虚”的趋势。完善租购并举住房制度，鼓励专业化、机构化房地产租赁公司发展，形成合理的供求格局和定价机制。

3. 加快土地市场化改革步伐

进一步完善农村土地产权制度安排，实现农村土地承包经营权确权登记颁证全覆盖，清晰界定农民财产产权。探索赋予农民对集体资产股份的占有、收益、有偿退出及抵押、担保、继承权。放宽农村土地资本化限制，加快建立城乡一体化建设用地市场，允许部分农民宅基地和住房入市交易，逐步实现农村土地与城镇土地“同权同价”。提高征地补偿标准，加大农民在土地被征用过程中增值收益的分配比例。

4. 完善体现知识价值的薪酬制度

深入贯彻以增加知识价值为导向的分配政策，建立健全以实际贡献为评价标准的科技创新人才薪酬制度，探索赋予科研人员职务科技成果所有权或长期使用权，鼓励企事业单位对紧缺急需的高层次人才实行协议工资、项目工资等。拓宽科研管理“绿色通道”和项目经费使用“包干制”试点，推行财务报销责任告知和信用承诺制，简化各类表格和参评环节，让科研人员有更多时间和精力潜心研究。

5. 健全技术参与分配的政策体系

建立主要由市场决定技术创新项目和经费分配、评价成果的机制。鼓励各类单位自主制定科研成果收益权分配办法，切实保障技术要素在分配中的应得份额。继续强化知识产权保护，大力发展技术交易市场，健全技术要素定价和转移机制。从财税、金融等政策上鼓励支持各种形式的风险投资发展，促进科技成果资本化、产业化。完善多劳多得、技高者多得的技能人才收入分配政策，提高技能人才待遇水平。

6. 保障管理要素按贡献参与分配

发挥好企业家管理才能在市场经济中的重要作用，构建能够激发企业家才能的薪酬市场化评价和分配体系。在对国有企业负责人薪酬水平实行限高的基础上，综合考虑当期业绩和持续发展，建立健全根据经营管理绩效、风险和责任确定薪酬的制度，推广薪酬延期支付和追索扣回制度，严格规范国有企业管理人员职务待遇、职务消费、业务消费。加快职业经理人制度建设，建立市场化的激励约束机制。

7. 构建数据要素收益分配机制

加快出台专门的数据产权保护法律，明确数据权属，明确采集、处理、使用数据信息的程序、规则和相关责任，加大力度打击非法收集、交易、使用数据信息的违法犯罪活动。打破数据孤岛，推动公共数据资源稳步向社会开放共享，在提高信息资源利用水平的同时科学有效保护信息安全。完善和升级信息化基础设施，建立数据要素流动的基础标准。建设线上线下数据市场，促进数据产权交易。

（三）加大再分配调节力度

1. 深入推进有利于调节收入差距的税收制度改革

继续深化个人所得税制改革，推动“小综合”向“大综合”转变，逐步实现以家庭为单位、以家庭收入和支出为基础的计征模式。落实好专项附加扣除政策，探索将幼儿抚养列入专项扣除项目，探究建立专项附加扣除标准随收入、物价等变化相应调整的机制。完善税率结构，建立健全税收征管信息系统，加大对高收入群体的收入调节力度。将部分高档消费品和高消费行为纳入消费税征收范围。强化对资本所得调节，稳步推进房地产税立法和开征，将开征遗产税和赠与税提上议事日程。

2. 完善公平可持续的社会保障体系

建立兼顾各类人员的社会保险待遇确定机制和正常调整机制，逐步缩小不同群体间社保待遇差距，实现城乡、区域、行业、不同所有制之间社会保险的顺利衔接。在中央调剂金制度基础上，加快推进养老保险全国统筹，建立全国统一的社会保险公共服务平台。推进分批划转部分国有资本充实社保基金工作，开辟更多更可靠的社保基金保值增值渠道。完善兜底保障标准动态调整机制，应用大数据分析等新技术手段，提升救助精准性和执行效率。推动医疗、教育、养老、育幼等公共服务回归公益本源，加大对落后地区和农村的公共服务投入力度，提高基本公共服务的可及性和均等化程度。

3. 加大转移支付力度和提高精准性

调整财政支出结构，将公共资源出让收益更多用于民生保障，进一步加大对中西部地区特别是革命老区、民族地区、边疆地区和贫困地区的财力支持力度。逐步扩大政府购买服务的范围和规模，加大教育、社会保障、环境保护、文化、市政市容等重点领域的政府购买服务力度，提高购买服务的资金管理使用效益和公共服务供给水平。增加一般性转移支付的规模和比重，严格规范专项转移支付设置，试行和发展“对口支援”“生态补偿”等横向转移支付。

4. 大力发展慈善等社会公益事业

完善鼓励回馈社会、扶贫济困的税收政策，对企业用于发生的符合条件的公益捐赠，给予更大力度的税收优惠。充分发挥民间机构在调节分配中的独特优势，积极培育慈善组织，简化公益慈善组织的审批程序，鼓励有条件的企业、个人和社会组织举办医院、学校、养老服务等公益事业。加强慈善组织监督管理，提高资金收支透明度，接受社会公众监督。积极支持基于互联网平台的慈善捐赠事业快速健康发展，发展壮大持证社会工作者队伍和注册志愿者队伍。

5. 深化垄断行业收入分配制度改革

完善市场准入负面清单制度，减少禁入领域和业务环节，加快放开铁路、石油、电力、电信等国有垄断行业竞争性环节。完善国有土地、海域、森林、矿产、水等公共资源有偿使用制度、市场化生态补偿机制。建立完善公共资源出让收益全民共享机制，出让收益主要用于公共服务支出。清理整顿对民间资本各类歧视性规定和做法，保证民间资本依法平等使用生产要素、公开公平公正参与市场竞争、同等受到法律保护。加强对垄断行业企业的经营成本控制，对部分过高收入行业的国有及国有控股企业，严格实行企业工资总额和工资水平双重调控政策。

（四）夯实调节收入分配工作基础

1. 提升收入监测和政策评估能力

推进个人收入和财产信息系统建设，归集整合公安、民政、社保、住房、银行、税务、工商等相关部门信息资源。结合大数据技术，完善收入分配统计与核算，及时监测重点群体收入变化情况。加强与研究机构合作，建立收入分配政策评估体系，引入收入分配微观模拟模型，采用科学方法准确评估相关政策的预期和实际效果。探索构建适应高质量发展的收入分配指标体系，统筹确定最低工资、低保、基本养老金、失业金的水平和调整机制，加强全面建成小康社会和打赢脱贫攻坚战后的兜底保障标准顶层设计。

2. 加强收入分配相关领域法制建设

完善平等保护产权的法律制度，确保各种所有制经济平等参与市场竞争。严肃查处侵犯非公有制企业和个人合法权益、合法经营、合法收入的行为，组织专门力量抓紧开展涉产权错案冤案收集、梳理、甄别工作。完善财产征收征用制度，在拆迁、征地、征用公民财产过程中，依法确保公民财产权利和财富增值权利不受侵犯。制定完善社会救助、慈善事业、工资集体协商、土地管理、矿产资源管理、税收征管、房地产税等方面法律法规，健全财产登记和保护制度，营造公平公正透明稳定的法治环境，增强人民群众财产安全感。

3. 着力抑制投机稳定预期

继续大力削减行政审批事项，创造良好的制度环境和市场环境，着力促进机会公平。鼓励资本在合理合法的范围内获得回报，对资本获利加以规范，打击非法的资本盈利，遏制资产价格的畸形膨胀。坚持“房住不炒”的定位，建立房地产市场长效机制，促进住宅从投资品、投机品回归到正常生活消费品的本源，采取多种方式缩小前期积累的房地产财富差距，防范再次出现因资产泡沫导致财富差距过大。推进制度反腐，通过科学合理的制度设计有效规避权力寻租。清理整顿各种行政事业性收费和政府性基金。开展高收入群体增量收入专项督导行动，打击通过“阴阳合同”等方式偷税漏税行为。

4. 完善收入分配工作机制

发挥好深化收入分配制度改革部际联席会议制度的统筹协调作用，进一步加强部门间信息沟通交流，有力有序推进收入分配重点工作，及时跟踪督查改革进展情况，协调解决重大问题，总结评估工作成效。坚持正确的舆论导向，主动做好改革政策解读工作，及时回应群众关切，引导全社会从基本国情和发展阶段出发，正确认识当前存在的收入分配问题，积极引导社会预期，凝聚各方共识，形成改革合力，为深化收入分配制度改革营造良好的社会氛围。

（国家发改委就业收入分配和消费司　收入分配处）

第十五章
2018年个税改革的收入分配效应

2018 年 6 月 19 日财政部提请十三届全国人大常委会第三次会议审议《中华人民共和国个人所得税法修正案（草案）》，公布第七次个人所得税修改方案。8 月 31 日，十三届全国人大常委会第五次会议通过了关于修改个人所得税法的决定，完成个税法自 1980 年出台以来的第七次大修。本轮修改的要点包括：对部分劳动性所得实行综合征税、优化调整税率结构、提高综合所得基本减除费用标准、设立专项附加扣除、增加反避税条款等。北京师范大学公共政策评估与模拟中心（CPS）运用中国个人所得税微观模拟模型（CPITMS）对本轮个税改革方案的效果进行量化分析，得到如下评估结果。

一　中高收入群体的减税幅度最大

（一）工薪所得的中高收入段减税幅度较大

2011 年税制改革只是修改了工薪所得和生产经营所得的免征额和税率结构。2018 年个税改革相比较而言改动幅度较大，将劳务报酬所得合并在综合所得之内，在历次改革中首次涉及劳务报酬所得。对于以这些所得为主要收入来源的群体，税率变化可能会造成个税支出发生较大变化。根据模拟分析发现，若以工薪所得为主要收入来源，减负幅度较大的主要是中高收入群体：2011 年税制对于工薪年收入 2. 2 万元至 16 万元的减税幅度最大，而 2018 年税制对于工薪年收入 6 万元至 60 万元的减税幅度最大。

（二）劳务所得的低收入段减税明显，最高收入段税率增加

对于以劳务报酬所得为主要收入来源的群体，将以综合所得的税率结构取代原来的三级税率结构，具体体现在免征额提高和最高边际税率的增加。免征额和最高边际税率的变化对低收入群体和高收入群体产生了不同作用——若劳务所得的年收入在 1 万元至 70 万元（年收入对数在 9 ~ 16），个税支出的实际税率会大幅下降；然而当劳务报酬所得超过每年 70 万元时，个税支出的实际税率会大幅提升。劳务报酬所得越高，实际税率差异会越大。因而，2018 年税制对劳务报酬的减负主要体现在中低收入段群体。对于中高收入群体，他们可能会采取一些变通方式避税。

（三）生产经营所得的实际税率普遍下降

对于生产经营所得为主的群体，实际税率在全部收入段都有所下降，其中 2018 年税制所影响的主要是年收入 6 万元至 200 万元的群体（年收入对数在 10 ~ 17），实际税率下降幅度较大。由于生产经营所得的最高边际税率远低于综合所得（或工薪所得），当年薪超过 200 万元时，这种差异尤其明显（比较图 15 - 1、图 15 - 2）。因而，许多以劳务报酬或工薪所得为主要

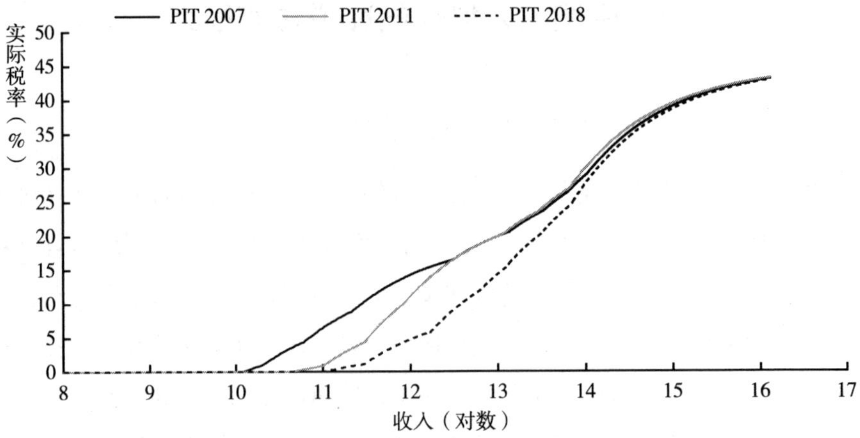

图 15 - 1　三套税制下不同工薪所得的实际税率

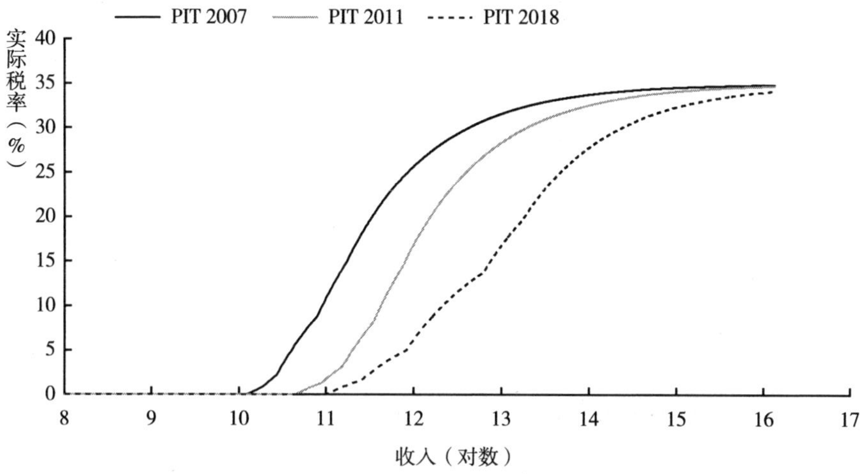

图 15－2　三套税制下不同生产经营所得的实际税率

收入来源的人群，若年收入规模较大，会以将所得属性转为生产经营所得的方式避税。例如，许多收入较高的明星倾向于开设私人工作室，用经营所得替换劳务报酬所得的方式避税。然而，许多工薪阶层并没有这个能力进行避税，从而会造成横向不公平问题。

二　个税改革减少了纳税人群占比，减弱了收入再分配效果

（一）新个税降低平均税率

根据模拟模型结果，新个税使工薪所得、劳务报酬所得的平均税率大幅下降。工薪所得在 2018 年的平均税率为 4.8%，劳务报酬、稿酬等所得的平均税率为 14.4%，进行合并以后，综合所得的平均税率为 1.9%，下降幅度非常显著。2018 年的改革中，提高免征额、修改税率结构、综合所得的合并过程、专项扣除过程等都会使平均税率下降。

（二）新个税降低个税纳税人数比例

2018 年个税改革也会使纳税人数比例大幅下降。在 2011 年税制下，工薪所得的纳税人数比例为 46.9%（纳税人数与收入大于 0 的人数之比，下同），劳务报酬、稿酬等所得的纳税人数比例高达 74.2%。在新个税的规定下，综合所得的纳税人数比例仅为 23.4%。生产经营所得的平均税率和纳税人数比例同样大幅下降，平均税率从 17.3% 下降至 9.7%，纳税人数比例从 26.6% 下降至 17.5%。

（三）税改使收入再分配效果减弱

由于纳税人数比例大幅下降，个税的再分配效果大幅减弱。按照基尼系数衡量的收入再分配效果从现行税制的 1.95%（基尼系数下降 1.95 个百分点，下同）下降至 2018 年个税的 1.22%，再分配效果减弱了 38%。根据泰尔指数衡量的收入再分配效果也减弱了 28%。

三　单纯提高免征额会降低个税的再分配效果

早在 2018 年全国“两会”政协提案中，全国工商联建议个税免征额从目前的 3500 元提升至 7000 元，“两会”代表董明珠建议将个税免征额提高至 1 万元。这些观点都集中于“免征额”这一方面（或称“起征点”），而且这里强调的实际上是工薪所得税的免征额。2018 年个税改革涉及的改革方向相对更为全面。在个税评估中所要考虑的问题也远不止免征额这一方面。根据 CPITMS 模型可以定量了解不同免征额下会有怎样的收入再分配效果。

（一）继续提高免征额降低个税的收入再分配效果

根据模拟分析发现，在 3500 元基础上继续提高工薪所得税的免征额，只会降低个税的收入再分配效果，不能体现公平性。无论按照 2011 年税制还是2018年税制，最佳免征额数值都在3500元以下。2018年，免征额为7000元和10000元的个税收入再分配效果仅为1.07%和0.92%，分别比3500元免征额时收入再分配效果低21%和32%，比“最优免征额”收入再分配效果低30%和39%。2018年个税税制执行以后，个税的收入再分配效果会减弱，此时能够使得基尼系数下降幅度最大的免征额是1500元左右，比2011年税制的最佳免征额略高。此时新个税能够让基尼系数下降1.5个百分点（见图15-3）。

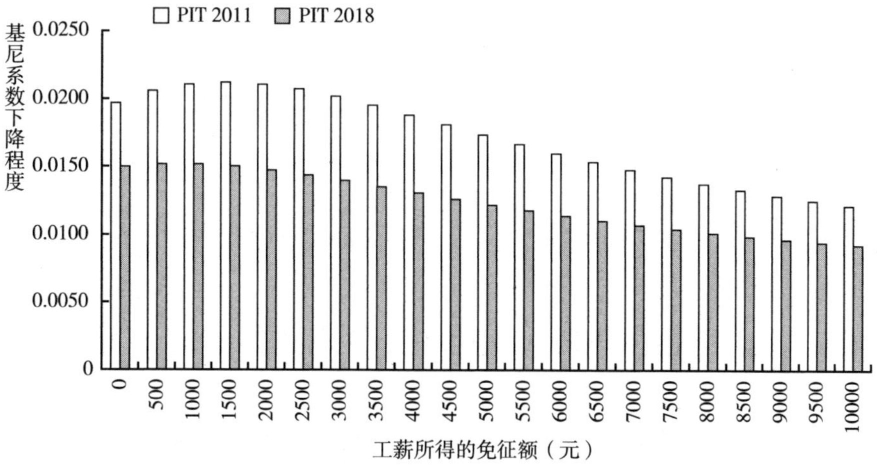

图15-3　不同工薪所得税免征额下的个税收入再分配效果

（二）个税税制的问题主要在于“横向不公平”严重

出现这个结果的主要原因是，现行个税税制的主要问题并不在工薪所得税的免征额，而是税制的“横向不公平问题”较为严重。后者的主要原因是，居民收入来源不断多样化，不同收入来源的税制结构存在较大差异。根据对过去居民调查数据的评估，最近30年我国城镇居民收入来源的多样化程度逐渐提升，并且横向不公平程度大幅上升（见图15-4）。与此同时，在现行分类税制下，中等收入群体承担更高的工薪所得税率，然而高收入群体的工薪所得占比相对较低，资产性收入占比相对较高，后者的实际税率反

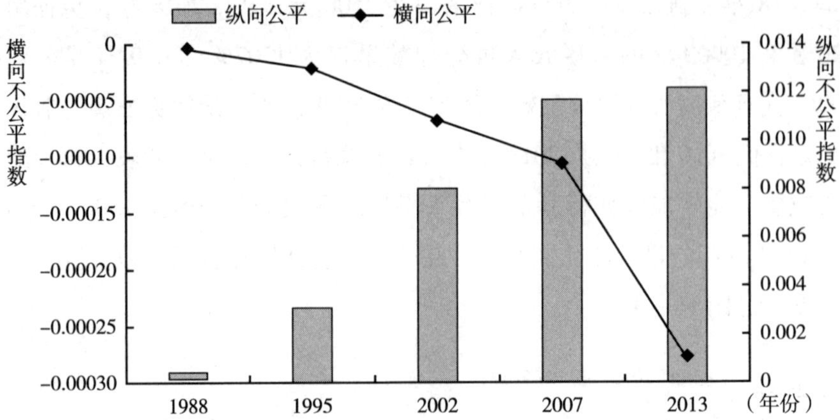

图 15－4　1988～2013 年的横向和纵向公平程度

而较低，这是引起税制横向不公平问题的重要原因。由于收入来源多样性在过去 30 年逐渐增强，税制的横向不公平程度被逐渐放大。

四　“大综合”在较小实际税率下有更好的再分配效果

“小综合”方案：将工薪所得税、劳务报酬所得、稿酬所得、特许权使用费所得合并，按照 2011 年税制工薪所得税计税规则，按月扣税；其他不变。

“大综合”方案：将个人层面的所有收入来源合并计税，并均按工薪所得税计税规则，按月扣税；其他与 2011 年税制相同。

（一）综合所得税制能够增强收入再分配效果

根据 CPITMS 模型，虽然 2018 年个税在整体上的收入再分配效果减弱了许多，但“小综合”的做法会增强收入再分配效果。若仅仅在 2011 年税制基础上进行“小综合”，收入再分配效果在 2018 年会增加至 0.0195，略高于 2011 年税制。也就是说，提高起征点、增加专项扣除、修改税率结构，使得个税收入再分配效果降低了 0.73 个百分点（0.0195 减去

0.0122)，相当于“小综合”收入再分配效果的40%，影响幅度较大（见表15－1）。

表15－1　不同税制方案的收入再分配效果

指标	税制	模拟年份
		2018
收入再分配效果（基尼系数衡量）	2011年税制	0.0195
	“小综合”	0.0201
	2018年税制	0.0122
	“大综合”	0.0194
收入再分配效果（泰尔指数衡量）	2011年税制	0.0336
	“小综合”	0.0343
	2018年税制	0.0243
	“大综合”	0.0363
个税支出与可支配收入之比(%)	2011年税制	7.3
	“小综合”	7.2
	2018年税制	4.6
	“大综合”	4.7

（二）“大综合”能在较小税负下得到更好的再分配效果和累进性

“大综合”方案能够在更低的平均税率下达到同等甚至更强的收入再分配效果。根据泰尔指数，“大综合”方案在2018年的收入再分配效果比2011年税制更高。若保持当前收入分布变化趋势，2018年“大综合”方案的优势会更为明显。需要特别注意的是，在达到这一结果的同时大幅减轻了居民整体税负。“大综合”方案的平均税率在2018年仅为4.7%，仅为现行税制的64%，减少四成居民税收负担。

与此同时，“大综合”方案的税制累进性显著好于现行税制。比较居民收入十等分组分别承担个税的份额比例，“大综合”方案能够让最高收入组承担66%的个税，比2011年税制高14个百分点。2011年税制让最高收入组承担的份额仅为52%。

五 个税改革能较快恢复财政收入功能

（一）减税后的政府个税收入能够较快恢复

2018 年税制改革提高了免征额，改变了税率结构，增加了专项附加扣除。它们在相同收入分布下会降低政府的个税收入。但是随着时间的推移和居民收入分布的右移，个税收入会很快恢复。CPITMS 模型得到的 2018 年城镇居民个税总收入为 16500 亿元①，并进一步估计了未来一段时间的个税收入趋势（见图 15－5）。若保持 2011 年个税税制，2019 年的个税收入将增加至 18880 亿元；由于税制改革，2019 年的个税收入将降至 12120 亿元，相当于 2015 年个税的财政收入效果。不过，随着收入分布的右移，

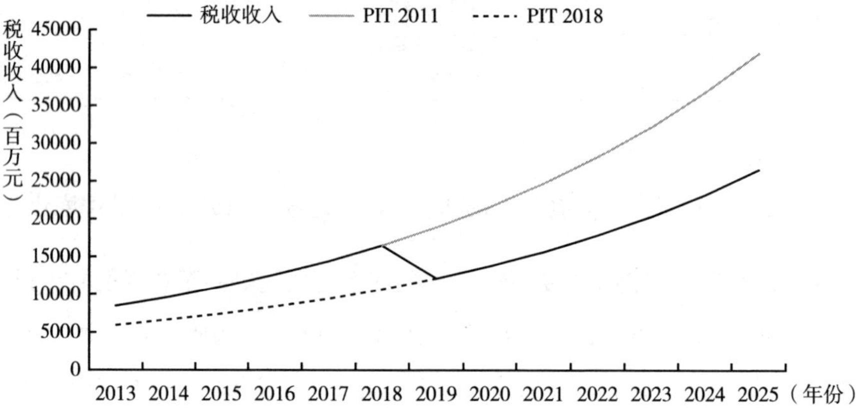

图 15－5 2013～2025 年城镇居民贡献的预期个税收入趋势

资料来源：CPITMS 模型。

① 根据《中国税务年鉴》，2017 年中国个税总收入为 11966 亿元。不过，税务年鉴无法区分来自城镇居民的个税总收入规模。CPITMS 模型估计的个税总收入高于税务部门实际征收的个税收入，一个重要原因是，在实际征缴个税过程中存在许多税收优惠措施和各种避税措施，使得实际征缴的规模低于预期规模。

2022 年的个税收入预期将恢复到 2018 年水平。若持续保持这种个税改革的模式，在 2022 年前后继续进行类似于 2018 年的改革，个税收入将再次下降。从现象上看，相当于政府试图在适当控制个税收入规模的前提下调节个税的结构。

（二）减税后的个税收入再分配效果恢复相对较慢

居民收入的增加也会影响个税的收入再分配效果。2018 年个税改革降低了用基尼系数和泰尔指数衡量的个税再分配效果（见图 15－6 和图 15－7）。若当前的收入增加趋势能够持续到 2025 年，2018 年个税税制的再分配效果有望恢复到 2011 年税制的再分配效果。由于新税制的免征额较高，更适合人均收入较高的收入分布，个税收入分配效果在我们模拟的 2025 年之后预期还会继续增加。

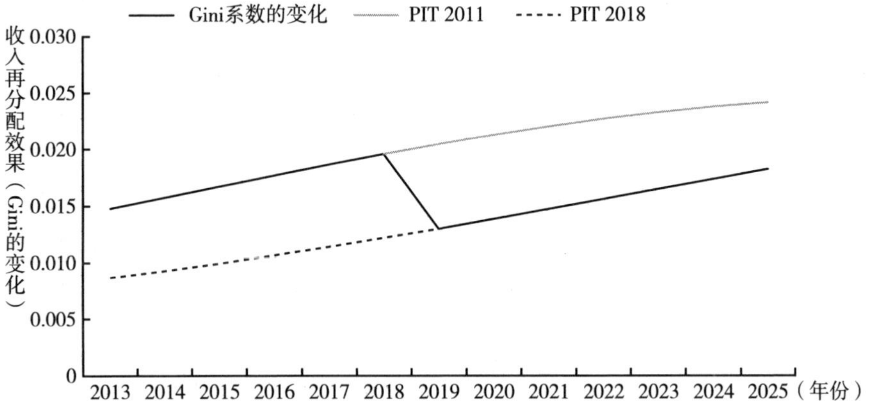

图 15－6　2013～2025 年基于基尼系数衡量的城镇居民的个税再分配效果

资料来源：CPITMS 模型。

六　专项附加扣除的积极作用明显

2018 年个税改革增加了专项附加扣除，相当于增加了部分人群的免

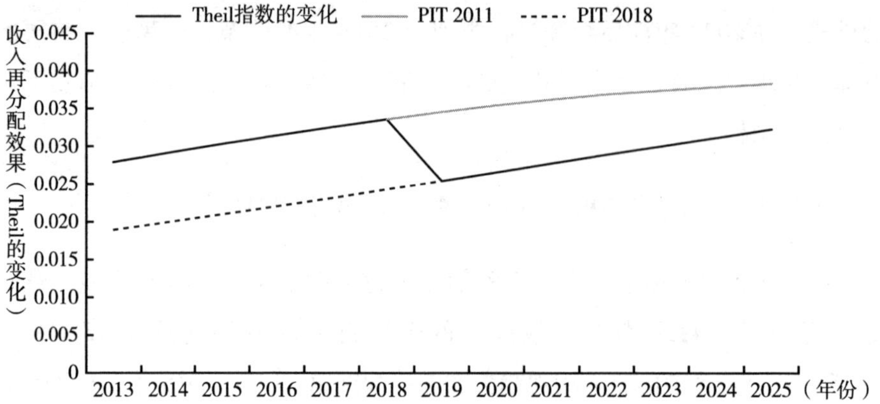

图 15－7　2013～2025 年基于泰尔指数衡量的城镇居民的个税再分配效果

资料来源：CPITMS 模型。

征额，降低他们的个税支出。因而，它会导致收入再分配效果、实际税率和政府个税收入下降。本部分根据 CPITMS 模型评估专项附加扣除的总体影响，以及来自六个部分的分别影响。根据前面的模拟分析结果，个税整体上使得收入基尼系数下降 0.012177。如果没有专项附加扣除，个税能够使得收入基尼系数下降 0.012736，意味着专项附加扣除使得个税再分配效果降低了 4.4%。个税总体上使得政府个税收入下降 5804 亿元（2018 年情景），其中专项附加扣除的影响是 467 亿元。专项附加扣除同时使得“工资性所得的纳税人数比例”下降 5.5 个百分点（28.83%～23.38%）。如果按照家庭统计，纳税家庭比例下降 3.5 个百分点（54.24%～50.75%）。

在所有专项附加扣除中，子女教育的影响最大，在收入再分配的影响中大概占 36.6% 的份额，在工薪所得群体中占 62.1% 的份额，在平均税率的变化中占 48.8% 的份额，在其他类别的影响中也达到了 30%～50% 的影响份额。其次是来自住房贷款的利息支出（见表 15－2）。

表 15－2　专项附加扣除的影响

	基尼系数的降低	泰尔指数的降低	PIT 缴费者比例(%)				平均税率(%)	税收收入(人民币亿元)
			个人层面		家庭层面			
			工薪阶层	总体	工薪阶层	总体		
	(1)	(2)	(3)	(4)	(5)	(6)	(7)	(8)
数值								
所有专项扣除	0.012177	0.024301	23.38	50.75	27.87	90.50	4.62	10696
没有专项扣除	0.012736	0.024907	28.83	54.24	34.71	91.77	4.83	11163
只专项扣除 1	0.012532	0.024719	25.44	52.07	30.55	91.30	4.73	10935
只专项扣除 2	0.012679	0.024845	28.40	53.97	34.09	91.75	4.81	11120
只专项扣除 3	0.012736	0.024907	28.83	54.24	34.71	91.77	4.83	11163
只专项扣除 4	0.012626	0.024793	28.14	53.80	33.82	91.65	4.79	11073
只专项扣除 5	0.012654	0.024797	28.30	53.91	33.96	91.15	4.80	11102
只专项扣除 6	0.012634	0.024786	28.02	53.72	33.87	91.72	4.79	11089
相对份额(%)								
所有专项扣除	100.0	100.0	100.0	100.0	100.0	100.0	100.0	100.0
没有专项扣除	0	0	0	0	0	0	0	0
只专项扣除 1	36.6	31.1	62.1	62.1	60.9	37.2	48.8	48.8
只专项扣除 2	10.2	10.2	7.8	7.8	9.0	1.7	9.2	9.2
只专项扣除 3	0	0	0	0	0	0	0	0
只专项扣除 4	19.8	18.8	12.6	12.6	13.0	9.3	19.3	19.3
只专项扣除 5	14.7	18.1	9.6	9.5	10.9	48.7	13.0	13.0
只专项扣除 6	18.3	19.9	14.9	14.9	12.3	4.1	15.8	15.8

注：六类专项附加扣除额是子女教育、成人教育、大病医疗支出、房贷利息支出、房租支出和赡养老人支出。

资料来源：CPITMS 模型。

七　对2018年个税改革的几点总结

最新一轮个税改革的顺利实施，在整体上仍是一次很好的突破。新个税将工薪所得、劳务报酬所得、稿酬所得和特许权使用费所得等合并为综合所得，实现“小综合”的突破。“小综合”能够改善个税的收入再分配效果。从总体看，新个税在免征额、税率结构和专项扣除方面的规定，会显著扩大个税再分配效果。其中，专项扣除对低收入群体较为有利，它的顺利实施，在改善弱势群体福利方面是很好的开端。

然而，免征额和税率结构的调整对中高收入群体更有利，对低收入群体的作用有限，因此它在一定程度上也抵消了部分的收入分配改善效果。在当前条件下，短时间将个税改为“大综合”方案难度较大，新个税已经在“小综合”方面做出很好的尝试，因此仍是非常不错的突破。从公平角度看，免征额不是越高越好，更科学的税率结构和税制结构是关键的问题。应尽可能避免过于强调免征额的作用，过高的免征额虽然会减轻一部分群体的税负，但也会大幅削弱个税收入再分配的调节能力。前者的“减负”主要体现在中高收入群体，而不是收入最低的群体。在此背景下，应该将下一步改革重点放在如何推进更科学的税率结构和税制结构上，在保证减轻居民整体税负的同时，增强个税收入再分配效果。

在不同的微观模拟情景下，我们发现了一致的结论，即综合所得税能够在较低平均税率下获得更好的收入再分配效果，所以它应该是2020年之后下一轮个税改革的重点方向。为了征收过程的公平，需要进一步加强个人信息联网，保证所有收入信息能够被准确记录，同时还要在扩大征缴的范围和加大征缴的力度方面继续努力。

（北京师范大学中国收入分配研究院　李实　詹鹏）

第十六章 2018年全国高收入人群收入分配状况

习近平总书记在党的十九大报告中提出，鼓励勤劳守法致富，扩大中等收入人群，调节过高收入。国家统计局数据显示，2018 年我国经济运行总体平稳、稳中有进，中等收入人群规模持续扩大，与此同时在收入增长与收入方式多元化的推动下，一个中高收入阶层也正在形成，尤其是居民财富的快速积累孕育了一大批高收入人群。

那么中国高收入人群究竟有多少人，他们又有着怎样的分布特征呢，这些问题长期以来受到社会各界的广泛关注，却鲜有人能给出准确回答。传统的住户调查难以实现对高收入人群的全覆盖，比如简单的随机抽样可能导致高收入样本的损失，高收入者在调查过程中又往往倾向于隐瞒或拒绝回答自己的真实收入，这已经成为全球范围内收入分配研究面临的共同难题。因此，科学有效地建立一个较为完善的高收入数据库非常必要。

一　高收入数据库的筹建

北京师范大学中国收入分配研究院组织了专门的研究团队，收集筹建了高收入数据库。首先按照行业进行分类，收集高收入人群的相关信息，从而估算样本的年收入，并建立不同行业高收入人群的子数据库；进而采集样本的性别、年龄、受教育程度、出生地点、工作地点等其他特征信息；通过科学合理的方式加权，就能刻画出每个行业内部高收入人群的分布情况；一旦收集到足够多行业的高收入样本，将不同行业来源的子数据库进行合并，就能大致描绘出我国高收入人群的情况。

经过三年调查研究，课题组依据相关税收办法及国家统计局的报告，以年名义收入达到12万元①为起点，重点收集12万元以上的高收入人群，初步建立了跨越2003年至2019年，覆盖全国34个省、自治区、直辖市、特别行政区的8类高收入人群的数据库。数据显示，2018年我国高收入人群的平均年收入为214.83万元，与2016年相比②名义增长10.46%，扣除价格因素后，实际增长6.47%。高收入人群的年收入最高值从37亿元增加到45亿元，高收入人群内部的基尼系数③从0.662上涨至0.693（见表16－1）。

表16－1　2016年和2018年高收入人群内部总体收入水平与收入差距

年份	加权样本量（人数）	均值（万元）	最高值（亿元）	最低值（万元）	基尼系数
2016	27780264	201.78	371712	12.45	0.662
2018	23060440	214.83	450000	12.00	0.693

资料来源：作者根据高收入数据库计算。

二　高收入数据库的特征

截至目前，高收入数据库收集了2003～2019年累计17年的149957个样本，加权后代表全国81524549人。高收入数据库覆盖了5类传统行业和3类新兴行业中的高收入人群。具体来看，5类传统行业包括两榜富豪④、国

① 在实践中，国家税务总局规定年收入12万元为个人自行申报纳税的起点，这也常被民间视为达到高收入的标准。但需要澄清的是，尽管本报告中将年名义收入达到12万元的个人称为高收入人群，但年收入达到12万元仅仅是高收入数据库收集数据的门槛，并非划分高收入与中低收入人群的官方标准。

② 由于2017年高收入数据库中的高收入人群与临近年份差异较大，因此不具有直接可比性。

③ 基尼系数是衡量收入差距的一个重要指标，范围在0～1，0表示绝对平等，1表示绝对不平等。

④ 两榜富豪是指2003～2019年《胡润百富榜》和《福布斯中国400富豪榜》中曾经上榜过的富豪。为了便于说明，也将其称为一类“行业”。

企高管、私营企业主、影视明星和金融新贵；3 类新兴行业包括多个知名网络平台中的网络红人、网络作家以及知识付费行业从业者。

由于高收入数据库是由 8 个不同的子数据库合并而来，在数据库的结构方面有三个特点值得注意。第一，高收入数据库中不同年份所包含的高收入人群不同。高收入数据库本身是一个跨年数据库，但不同高收入人群的信息来源各异，每个子数据库仅仅收集到了特定年份的高收入样本。因此，在绝大多数年份中，合并后的高收入数据库往往只包含了部分行业的高收入人群。第二，高收入数据库中不同人群的样本包含的变量集不同。除了 8 类人群共有的变量之外，数据库也保留了每一类人群所特有的变量，为后续对特定人群的其他研究提供支持。第三，不同人群的样本收集方式不同。比如两榜富豪和网络红人数据库追踪了同一批高收入样本的各年收入变化，而在其他子数据库中，各年的样本并不相同，难以直接对同一个体进行跨年追踪分析。

（一）高收入样本的代表性

为了尽可能与中国家庭收入调查（CHIP 2018）、中国家庭追踪调查（CFPS 2016）保持一致，我们将研究的重点放在 2016 年和 2018 年。表 16－2 比较了 2016 年和 2018 年高收入数据库的样本构成情况。在高收入数据库

表 16－2　2016 年和 2018 年高收入数据库样本构成

单位：人

数据来源	2016 年		2018 年	
	加权前	加权后	加权前	加权后
两榜富豪	3632	10845	3583	10701
国企高管	11294	259762	11649	267927
私营企业主	1880	26790000	1902	21916746
影视明星	4208	63120	3727	55905
网络红人	6543	543254	8374	694618
网络作家	483	104897	857	110699
知识付费	1118	2236	1922	3844
金融新贵	615	6150		
合　计	29773	27780264	32014	23060440

资料来源：作者根据高收入数据库计算。

中，2016 年包含 8 类高收入人群数据，而 2018 年包含除金融新贵以外的其他 7 类高收入人群。为了使样本更好地刻画全国高收入人群总体的分布情况，我们对收集到的数据进行了不同程度的加权处理，赋权的思路可以大致分为三类。

第一类，对于影视明星和知识付费，我们分别调查了不同年份中两类行业中的从业总人数，将从业总人数与数据库中采集到的样本数之比作为权重。由于并未考虑样本收入在总体分布中所处的位置，而是简单地对同一年中的所有样本赋予相同的权重，扩权后的总体收入分布与样本分布完全一致。

第二类，对于网络红人和网络作家这两类人群，我们沿用了第一类赋权思路，并在此基础上进行了更加细致的处理。将数据库中的样本按收入多少划分至不同的区间，并搜集了行业总体中各个收入区间的人数占比。通过对数据库中不同收入区间的样本赋予不同的权重，加权后的样本分布更接近于行业总体的实际情况。

第三类，对于其他 4 类高收入人群，我们通过赋权将数据库中采集的有限样本扩展为更加广泛的高收入人群。比如，“两榜富豪”原指富豪本人，加权后代表富豪个人及其核心家庭成员；“国企高管”原指国有上市公司高管，加权后代表国有上市公司高管和非上市公司高管，“私营企业主”原指私营企业主本人，加权后代表私营企业主及其核心家庭成员，“金融新贵”原指《新财富榜单》中的证券分析师，加权后代表以证券分析师、保荐代表人、基金经理和信托业从业者为代表的四类金融从业者。

不可否认，年收入达到 12 万元的个人广泛分布于社会的各个行业，高收入数据库中所采集到的 8 类行业样本尚未实现对所有高收入人群的全覆盖。就目前收集的 8 类高收入人群而言，数据来源具有可靠性，所在行业具有代表性，一定程度上能够大致反映出全国高收入人群的整体特征。对于其他高收入人群，如知名艺术家、运动员、微信大 V、律师、医生等，研究团队也做了大量探索。但由于现有数据难以保证结果的严谨性，我们将在未来继续展开研究。

（二）高收入样本的重叠性

对于不同行业高收入人群的研究，既要确保行业的代表性，又要尽可能避免不同行业中样本的重叠。为此，我们在收集数据前对高收入样本进行了行业分类，并且尽可能保证每个样本以所在行业作为主要收入来源。随着数据库覆盖行业的增加，样本重叠的问题将变得愈发重要。

在传统行业的5类高收入人群中，存在着高收入人群的“多重身份”。比如，两榜富豪也是私营企业主，金融新贵也是公司高管。对于能够确认的、同时出现在不同行业的同一高收入个体，我们将年收入进行合并。在3类新兴行业中，样本重叠的问题更加突出。由于网络作家、网络红人和知识付费这三类人群通常不以真实姓名出现，我们既无法通过网名对个体进行识别，也难以利用收集到的其他信息进行辅助判断。在大多数情况下，将“疑似”重叠的样本都予以保留。

此外，尽管对样本划分了所在行业，我们通常也难以判断个体是否以从事该行业作为主要收入来源。一种常用的判断方式是，个体是否在该行业中达到了“高收入门槛”，但工作的特殊性决定了网络作家、网络红人、知识付费这三类人群即使取得了相当可观的收入，也可能并非以此作为主要收入来源。比如，网络红人中也存在着传统高收入行业的从业者，并且该从业者以两种身份获得的年收入都高于12万元，诸如此类的现象增加了对样本重叠的识别难度。

三　高收入人群的收入分布特征

（一）最高收入组收入份额高，收入极化趋势显现

表16－3将2018年高收入数据库中的7类高收入人群按照年收入从低到高划分成人数大致相等的5组，每组代表全国约460万高收入人群。从平均收入水平来看，最高收入组的平均年收入为791.69万元，大约是中高收

入组的 4.9 倍，中等收入组的 11.3 倍，中低收入组的 23.8 倍，最低收入组的 46.1 倍。从五等分组的年收入占比来看，最高收入组中 20% 的高收入人群的总收入占所有高收入人群总收入的 73.65%，而其他四组中 80% 的人口总收入仅仅占高收入人群总收入的 26.35%，高收入人群内部出现了一定的极化趋势。

表 16－3　2018 年高收入人群五等分组

组别	样本量(人)	平均值(万元)	最高值(万元)	收入占比(%)
最低收入组	4602621	17.19	24.22	1.60
中低收入组	4612486	33.24	46.80	3.10
中等收入组	4617522	69.77	95.19	6.50
中高收入组	4619255	162.58	256.50	15.16
最高收入组	4608556	791.69	450000.00	73.65

资料来源：作者根据高收入数据库计算。

（二）传统行业总体收入水平高，新兴行业快速增长

表 16－4 描述了 2018 年 7 类高收入人群的总体收入水平。总体来看，传统行业的整体收入水平高于新兴行业，但部分新兴行业的年收入也相当可观，超越了传统的高收入行业。

表 16－4　2018 年高收入人群总体收入水平

单位：万元

数据来源	均值	最高值	最低值
两榜富豪	9578.56	450000.00	36.45
国企高管	85.35	75303.41	12.00
私营企业主	216.19	3764.24	12.03
影视明星	984.70	18176.80	14.40
网络红人	45.84	5343.89	12.00
网络作家	27.83	1492.21	12.00
知识付费	161.92	6553.79	12.01

资料来源：作者根据高收入数据库计算。

从行业年收入均值来看，两榜富豪平均年收入最高，达到了9578.56万元。其次，年平均收入高于100万元的还有影视明星（984.70万元）、私营企业主（216.19万元）和知识付费（161.92万元）。传统意义上的高收入人群之一的国企高管，年平均收入为85.35万元，仅仅高于网络红人（45.84万元）和网络作家（27.83万元）。

从行业年收入的极值来看，两榜富豪以年收入45亿元高居榜首，国企高管与影视明星以7.53亿元和1.82亿元分列第二、第三位。知识付费、网络红人、私营企业主和网络作家中的收入最高者也都达到了千万元级别，分别为6553.79万元、5343.89万元、3764.24万元和1492.21万元。由于实践中以12万元作为数据收集的门槛，除两榜富豪（36.45万元）和影视明星（14.40万元）以外，其他高收入人群中的最低年收入都接近12万元。

（三）传统行业内部收入差距大，新兴行业相对平等

表16-5描述了2018年7类高收入人群的收入差距情况。从基尼系数来看，4类传统行业的基尼系数都达到了0.5以上，从高到低依次为私营企业主（0.683）、影视明星（0.620）、两榜富豪（0.580）和国企高管（0.524）。在新兴的高收入行业中，除了知识付费（0.699）以外，其他行业的基尼系数都相对较低，网络红人为0.417，网络作家仅为0.314。除了基尼系数以外，另一个国际上常用的衡量收入差距的指标是p90/p10，指收

表16-5　2018年高收入人群收入差距

数据来源	基尼系数	p90/p10	p50/p10
两榜富豪	0.580	6.111	1.250
国企高管	0.524	7.897	2.786
私营企业主	0.683	33.401	4.505
影视明星	0.620	37.883	7.299
网络红人	0.417	4.932	1.898
网络作家	0.314	3.869	1.600
知识付费	0.699	24.540	3.086

资料来源：作者根据高收入数据库计算。

入排名位于90%和收入排名位于10%的个体收入之比。不难发现，表16－5中报告的p90/p10和p50/p10也反映了与基尼系数相似的结论。

表16－6具体描述了7类高收入人群内部的收入分布情况。在4类传统高收入行业中，两榜富豪年收入普遍达到2000万元以上，年收入在10亿元及以上的有96人，低于100万元的仅有3人。63.22%的国企高管年收入处于25万元至100万元（不含），年收入在12万元至25万元（不含）和100万元至1000万元（不含）的大约有49000人，达到千万元及以上的有644人。私营企业主中年收入25万元至50万元（不含）和50万元至100万元（不含）的人数大致相等，分别占了总体的20.93%和18.35%，而年收入在1000万元及以上的不足5%。56.88%的影视明星年收入分布在100万元至1000万元（不含），年收入在1000万元至1500万元（不含）和2000万元至5000万元（不含）的影视明星也分别占了行业的10%左右。

表16－6　2018年高收入人群各收入区间人数

单位：人

收入区间	两榜富豪	国企高管	私营企业主	影视明星	网络红人	网络作家	知识付费
12万～20万元(不含)	0	31188	3468423	75	118795	49496	776
20万～25万元(不含)	0	17227	910317	1425	112470	19275	280
25万～50万元(不含)	3	80845	4586154	2760	333500	29355	908
50万～100万元(不含)	0	88527	4021527	3780	78105	12360	676
100万～1000万元(不含)	11	49496	7950870	31800	51703	198	1104
1000万～1500万元(不含)	33	276	426351	6540	24	15	38
1500万～2000万元(不含)	90	138	253506	2430	6	0	24
2000万～5000万元(不含)	6287	161	299598	5445	14	0	32
5000万～10000万元(不含)	2095	23	0	1440	1	0	6
10000万～20000万元(不含)	1211	23	0	210	0	0	0
20000万～50000万元(不含)	679	0	0	0	0	0	0
50000万～100000万元(不含)	196	23	0	0	0	0	0
100000万元及以上	96	0	0	0	0	0	0
合　计	10701	267927	21916746	55905	694618	110699	3844

资料来源：作者根据高收入数据库计算。

相比而言，3类新兴行业的从业者年收入相对较低。92.55%的网络红人年收入在100万元以下，而在年收入在100万元及以上的网红中，51703人收入在100万元至1000万元（不含），不到50人年收入超过1000万元。网络作家中有198人年收入在100万元至1000万元（不含），15人年收入在1000万元至1500万元（不含），而其余99.81%的网络作家年收入都不足100万元。28.72%的知识付费从业者年收入在100万元至1000万元（不含），100人达到1000万元以上，年收入12万元至20万元（不含）、25万元至50万元（不含）和50万元至100万元（不含）的知识付费从业者分别占了20%左右。

四　高收入人群的社会学特征

对于高收入人群的研究，不仅限于收入与财产的分布情况。利用从公开数据库和其他渠道采集的高收入样本的社会学特征信息，我们对高收入人群的年龄结构、性别组成、受教育程度以及地区分布加以说明。

（一）高收入人群年龄结构

表16－7对2018年高收入人群按照年龄分组，描述了7类高收入人群在不同年龄区间的人数占比。总体来看，7类高收入人群中的69.36%处于40岁至60岁（不含），不同人群内部的年龄分布则有所差异。其中，两榜富豪

表16－7　2018年高收入人群年龄结构

单位：%

	小于20岁	20～30岁（不含）	30～40岁（不含）	40～50岁（不含）	50～60岁（不含）	60～70岁（不含）	70岁及以上
两榜富豪	0.00	0.15	2.70	22.44	48.21	19.89	6.61
国企高管	0.00	0.15	6.84	39.07	49.20	4.18	0.56
私营企业主	0.05	3.71	19.06	37.90	31.23	7.36	0.69
影视明星	4.12	30.93	43.30	17.53	2.58	1.55	0.00
网络红人	9.30	71.45	14.60	4.65	0.00	0.00	0.00
网络作家	0.00	8.14	62.12	21.72	8.01	0.00	0.00
知识付费	0.00	5.26	17.54	43.86	15.79	12.28	5.26
合　计	0.05	3.67	18.91	37.91	31.45	7.32	0.69

资料来源：作者根据高收入数据库计算。

和国企高管主要在50岁至60岁（不含），分别占所在行业的48.21%和49.20%。私营企业主和知识付费集中在40岁至50岁（不含），占所在行业的37.90%和43.86%。相比而言，其他三类高收入人群趋于年轻化。30岁至40岁（不含）的影视明星和网络作家分别占43.30%和62.12%，而网络红人全部在50岁以下，71.45%处于20岁至30岁（不含），9.30%不到20岁。

（二）高收入人群性别组成

图16-1显示了2003~2018年高收入数据库中男性占比的变化趋势。在2003~2015年，高收入数据库中的样本来源相对单一，主要是两榜富豪，因此男性占比也稳定在90%左右。从2016年开始，由于网络红人这一以女性为主的高收入人群进入数据库，数据库总体的男性比例开始下滑，甚至在2017年被女性反超。而在2018年，数据库中的样本来源更加多元化，男性的比例又回升至83.49%。

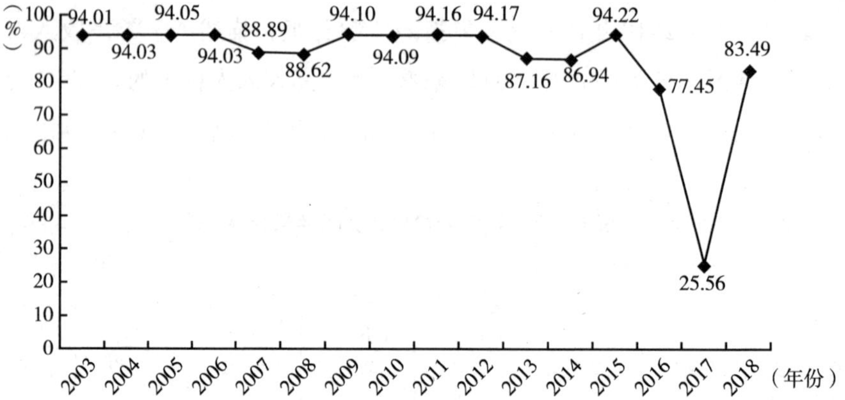

图16-1 2003~2018年高收入人群男性占比变化

资料来源：作者根据高收入数据库计算。

图16-2显示了2018年高收入数据库中7类高收入人群中的男性占比。其中，两榜富豪中的男性占比最高，达到94.23%，其次是网络作家（89.97%）、私营企业主（85.29%）和国企高管（85.09%）。在知识付费

和影视明星中，男性比例下降至70%以下，而在7类高收入人群中，只有网络红人中的男性比例低于女性，仅为25.05%。

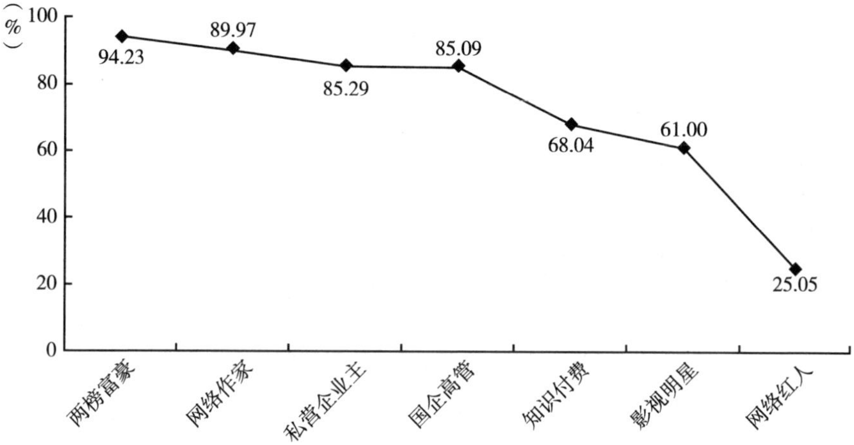

图16－2　2018年高收入人群各行业男性占比

资料来源：作者根据高收入数据库计算。

（三）高收入人群受教育程度

图16－3显示了2003～2018年高收入数据库中受过高等教育的样本比例。在2003～2015年，高收入人群中受过高等教育的人数比例在85%上下波动，两次高峰出现在2007年和2013年，受过高等教育的比例超过了95%；而两次低谷出现在2008年和2014年，这一比例不到75%。近年来，尽管高收入人群的受教育程度有所上升，但仍然低于2015年之前的平均水平。随着新兴行业的产生和发展，拥有高学历可能不再是进入高收入集团的必要条件。

图16－4显示了2018年高收入数据库中7类高收入人群的受教育程度。其中，国企高管（99.48%）几乎全部接受过大学教育，其次受教育程度相对较高的是知识付费、网络作家和影视明星，受过大学教育的比例分别为96.92%，93.11%和90.45%。在网络红人和两榜富豪中，受过高等教育的

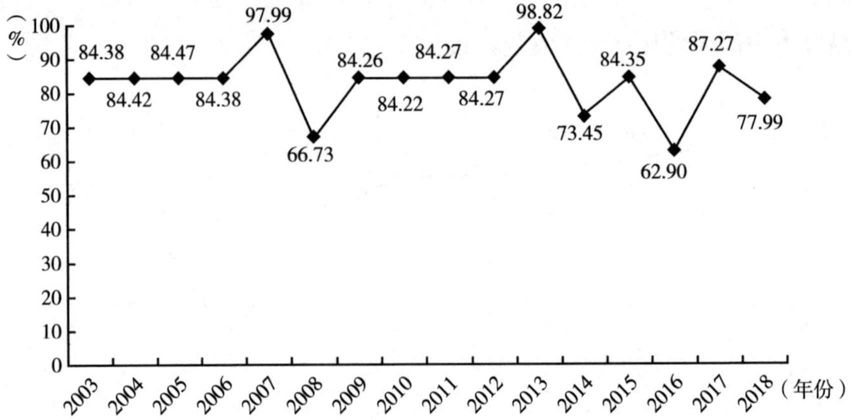

图 16－3　2003～2018 年高收入人群受高等教育比例变化

资料来源：作者根据高收入数据库计算。

比例也接近 85%，而私营企业主受高等教育程度相对最低，这一比例仅为 77.81%。

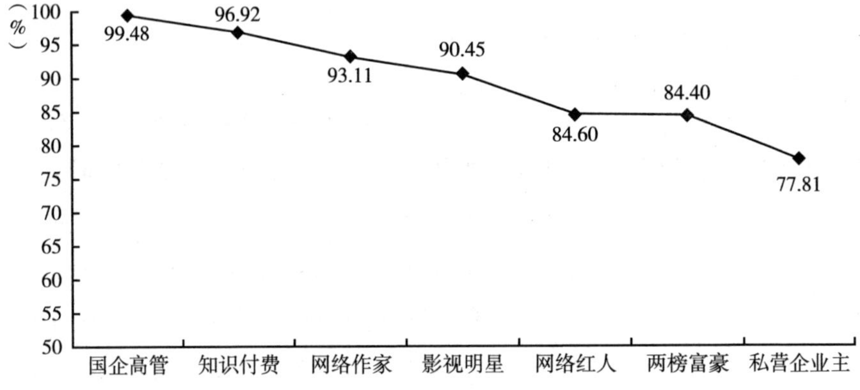

图 16－4　2018 年高收入人群各行业受高等教育比例

资料来源：作者根据高收入数据库计算。

需要注意的是，由于课题组通过手动搜索收集信息，对于样本的受教育程度可能有所高估。通常来说，高学历人群的教育背景更容易收集，而低学历高收入人群的教育背景往往难以从公开信息中获取，即使采集到了，也可能存在瞒报现象而无法真实地反映实际受教育程度。

（四）高收入人群地区分布

由于数据的限制，课题组仅仅收集到了 2018 年两榜富豪、网络红人、影视明星和网络作家的出生地点，以及私营企业主和知识付费的工作地点。

图 16－5 显示了 2018 年两榜富豪、网络红人、影视明星和网络作家的出生地点。北京市（9.79%）、广东省（8.61%）、辽宁省（8.51%）、江苏省（8.26%）、浙江省（8.02%）和上海市（6.34%）出生的高收入人群占总体的 49.53%。其他高收入人群出生相对集中的五个省（自治区、直辖市）依次为山东省（5.34%）、四川省（5.29%）、河北省（3.98%）、黑龙江省（3.56%）和安徽省（3.27%）。此外，两榜富豪和影视明星中还有 51 人次出生在海外地区。

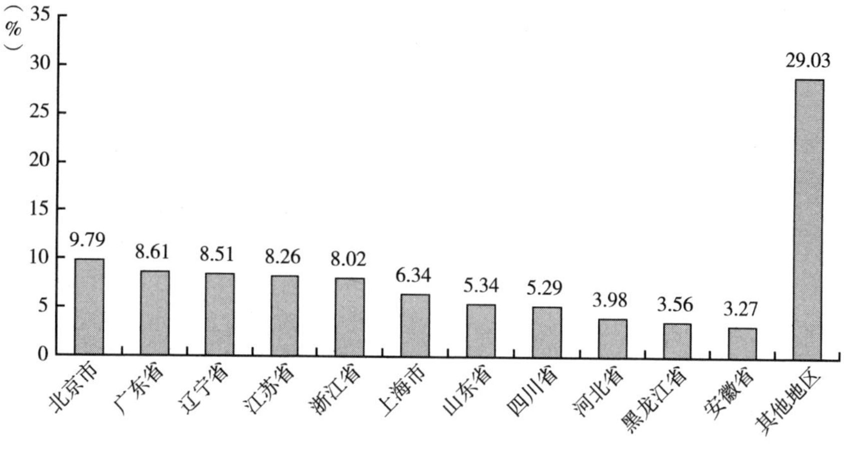

图 16－5　2018 年两榜富豪、网络红人、影视明星和网络作家的出生地点分布

资料来源：作者根据高收入数据库计算。

图 16－6 显示了 2018 年私营企业主和知识付费的工作地点。这两类高收入人群主要分布在东部沿海地区，排名靠前的 6 个省（自治区、直辖市）分别是江苏省（8.73%）、浙江省（8.31%）、山东省（7.99%）、上海市

(7.31%)、北京市（6.31%）和广东省（6.05%），占总体的44.70%。内陆省份中的安徽省、湖南省、四川省、河南省和湖北省分别拥有5.57%、4.94%、3.73%、3.52%和3.26%的高收入人群，而其余34.28%的高收入人群在其他地区工作。

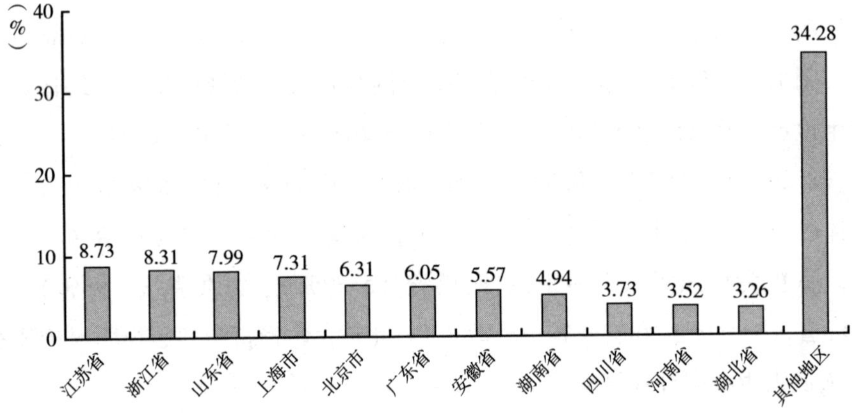

图16-6　2018年私营企业主和知识付费的工作地点分布

资料来源：作者根据高收入数据库计算。

（北京师范大学中国收入分配研究院、伦敦政治经济学院，郁扬成；北京师范大学中国收入分配研究院，李庆海）

附录一

2018年收入分配政策文件

国务院关于深入开展消费扶贫助力打赢脱贫攻坚战的指导意见

国办发〔2018〕129号

消费扶贫是社会各界通过消费来自贫困地区和贫困人口的产品与服务，帮助贫困人口增收脱贫的一种扶贫方式，是社会力量参与脱贫攻坚的重要途径。大力实施消费扶贫，有利于动员社会各界扩大贫困地区产品和服务消费，调动贫困人口依靠自身努力实现脱贫致富的积极性，促进贫困人口稳定脱贫和贫困地区产业持续发展。近年来，有关地区和部门在消费扶贫方面积极探索实践，积累了一些有益的经验和做法，需要进一步加强引导和完善政策。为贯彻落实《中共中央　国务院关于打赢脱贫攻坚战三年行动的指导意见》，深入开展消费扶贫，助力打赢脱贫攻坚战，经国务院同意，现提出如下意见。

一、总体要求

以习近平新时代中国特色社会主义思想为指导，全面贯彻党的十九大和十九届二中、三中全会精神，紧紧围绕统筹推进“五位一体”总体布局和协调推进“四个全面”战略布局，深入落实习近平总书记关于扶贫工作的重要论述，按照党中央、国务院决策部署，坚持新发展理念，坚持精准扶贫精准脱贫基本方略，围绕促进贫困人口稳定脱贫和贫困地区长远发展，坚持政府引导、社会参与、市场运作、创新机制，着力激发全社会参与消费扶贫的积极性，着力拓宽贫困地区农产品销售渠道，着力提升贫困地区农产品供应水平和质量，着力推动贫困地区休闲农业和乡村旅游加快发展，在生产、流通、消费各环节打通制约消费扶贫的痛点、难点和堵点，推动贫困地区产品和服务融入全国大市场，为助力打赢脱贫攻坚战、推进实施乡村振兴战略作出积极贡献。

二、动员社会各界扩大贫困地区产品和服务消费

（一）推动各级机关和国有企事业单位等带头参与消费扶贫。将消费扶贫纳入中央单位定点扶贫和地方各级结对帮扶工作内容。鼓励各级机关、国有企事业单位、金融机构、大专院校、城市医疗及养老服务机构等在同等条件下优先采购贫困地区产品，优先从贫困地区聘用工勤人员，引导干部职工自发购买贫困地区产品和到贫困地区旅游。鼓励各级工会按照有关规定组织职工到贫困地区开展工会活动，在同等条件下优先采购贫困地区产品。组织开展贫困地区农产品定向直供直销机关、学校、医院和企事业单位食堂活动。结合军队帮扶工作，鼓励有关部队特别是驻贫困地区部队积极参与消费扶贫。（扶贫办、中央统战部、中央和国家机关工委、教育部、卫生健康委、人民银行、国资委、国管局、中央军委政治工作部、全国总工会等和各省级人民政府负责）

（二）推动东西部地区建立消费扶贫协作机制。将消费扶贫纳入东西部扶贫协作和对口支援政策框架。帮扶省市要组织引导本地区农产品批发市场、商贸流通企业和机关、学校、医院、企事业单位等与贫困地区建立长期稳定的供销关系。受帮扶省市要主动对接帮扶省市农产品需求，依托当地特色资源禀赋，调整优化农业产业结构，提升农产品质量、扩大供给规模，积极吸引企业投资兴办农产品深加工企业，推动贫困地区农产品就地加工，带动贫困人口增收脱贫。建立和完善东西部地区劳务精准对接机制，积极购买贫困地区劳务，帮助贫困劳动力就业。（扶贫办、发展改革委、人力资源社会保障部、商务部等和各有关省级人民政府负责）

（三）动员民营企业等社会力量参与消费扶贫。将消费扶贫纳入“万企帮万村”精准扶贫行动，鼓励民营企业采取“以购代捐”“以买代帮”等方式采购贫困地区产品和服务，帮助贫困人口增收脱贫。发挥行业协会、商会、慈善机构等社会组织作用，组织动员爱心企业、爱心人士等社会力量参与消费扶贫。依托“中国农民丰收节”、中国社会扶贫网等平台，针对贫困地区策划相关活动，推动参与消费扶贫各类主体的需求与贫困地区特色产品供给信息精准对接，推广乡村特色美食和美景。在国家扶贫日前后积极开展消费扶贫活动，发出倡议，引导全社会参与。（全国工商联、发展改革委、民政部、农业农村部、扶贫办、全国总工会、共青团中央、全国妇联等和各省级人民政府负责）

三、大力拓宽贫困地区农产品流通和销售渠道

（四）打通供应链条。支持大中城市和贫困地区引导和扶持一批消费扶贫示范企业，重点开展流通基础设施建设、供应链服务、生产基地建设。发挥示范企业引领作用，带动产地和消费地以骨干企业为平台，以县乡村三级物流配送体系为载体，形成农产品从田间到餐桌的全链条联动。（商务部、发展改革委、农业农村部等和各有关省级人民政府负责）

（五）拓展销售途径。支持贫困地区完善网络基础设施和公共服务平台，为农村电商经营者提供产品开发、包装设计、网店运营、产品追溯、人才培训等专业服务，不断提高贫困人口使用网络和用户终端等能力。扩大电子商务进农村综合示范覆盖面。在有条件的贫困地区设立电商产业孵化园，培育规模化电商企业。鼓励大型电商企业为贫困地区设立扶贫专卖店、电商扶贫馆和扶贫频道，并给予流量等支持。依托粮食、肉类等储备制度，探索优先收储贫困地区符合条件的农产品，在贫困地区建设农产品收储基地。鼓励大中城市与贫困地区联合举办形式多样的农产品产销对接活动，建立长期稳定的产销关系。支持贫困地区参加农博会、农贸会、展销会，专设消费扶贫展区，集中推介、展示、销售特色农产品。指导贫困地区供销合作组织与农产品加工、流通企业建立长期稳定的产销联系，积极开展购销活动。鼓励贫困地区在景区景点、宾馆饭店、游客集散中心、高速公路服务区开设农产品销售专区，集中销售特色优势农产品。建立贫困地区农产品滞销预警机制，制定应急处置预案，组织大型电商企业、商贸流通企业和农产品批发市场到贫困地区集中采购滞销农产品。（商务部、扶贫办、发展改革委、工业

和信息化部、财政部、交通运输部、农业农村部、文化和旅游部、粮食和储备局、供销合作总社等和各有关省级人民政府负责）

（六）加快流通服务网点建设。鼓励贫困地区因地制宜新建或改建一批产地仓、气调库、冷藏冷冻保鲜库等设施，以租赁、共享等方式降低参与消费扶贫企业的运营成本。鼓励供销合作社、邮政和大型电商企业、商贸流通企业、农产品批发市场等，整合产地物流设施资源，推动产地仓升级，增强仓储、分拣、包装、初加工、运输等综合服务能力，探索建立从产地到餐桌的冷链物流服务体系。深入实施快递下乡工程，完善贫困地区快递服务网络，支持快递企业与农业、供销、商贸企业加强合作。（商务部、发展改革委、交通运输部、邮政局、供销合作总社等和各有关省级人民政府负责）

四、全面提升贫困地区农产品供给水平和质量

（七）加快农产品标准化体系建设。以优质、安全、绿色为导向，加强贫困地区农产品原产地保护，支持开展标准化生产示范。鼓励和引导农业院校、科研院所、龙头企业依托贫困地区资源禀赋，培育和研发适合不同贫困地区的农产品品种，因地制宜推广先进适用种养技术。开辟贫困地区绿色食品、有机食品、地理标志农产品认证或登记的绿色通道，鼓励贫困地区制定特色农产品地方标准，开展标准化生产。在贫困地区推广食用农产品安全控制规范和技术规程，推广应用国家农产品质量安全追溯平台，扩大贫困地区特色农产品质量安全追溯覆盖面。加强贫困地区农产品质量安全监管，强化产地与消费地监管信息共享、协调对接。（农业农村部、科技部、市场监管总局等和各有关省级人民政府负责）

（八）提升农产品规模化供给水平。支持贫困地区深入挖掘特色农产品品种资源，优化农产品品种和区域布局，做大做强产业规模。鼓励龙头企业、农产品批发市场、电商企业、大型超市采取“农户＋合作社＋企业”等模式，在贫困地区建立生产基地，大力发展订单农业，提高农产品供给的规模化组织化水平，增强农产品持续供给能力。落实农产品产地初加工补助政策，扶持贫困地区提升农产品储藏保鲜、分拣分级等能力，提高贫困地区农产品初加工率。引导农产品加工企业向贫困地区县域、重点乡镇、易地扶

贫搬迁集中安置点和产业园区集聚。（农业农村部、财政部、商务部等和各有关省级人民政府负责）

（九）打造区域性特色农产品品牌。指导贫困地区以省、地级市或集中连片特殊困难地区为单元统一制定区域性扶贫产品标识，采取共享共用共推等方式，合力打造区域性特色农产品品牌，提高贫困地区特色农产品的辨识度。组织各类媒体通过新闻报道、公益广告等多种方式，运用新媒体平台资源，广泛宣传贫困地区发展特色农产品的经验做法，推介农产品品牌。依托全国“质量月”、“中国品牌日”等专项活动，鼓励贫困地区开展特色农产品、民族手工艺品等品牌展示和推介。加强对贫困地区农产品生产、加工、流通企业和相关合作社的信用监管，对市场主体实行守信激励、失信惩戒。（中央宣传部、农业农村部、商务部、发展改革委、人民银行、市场监管总局等和各有关省级人民政府负责）

五、大力促进贫困地区休闲农业和乡村旅游提质升级

（十）加大基础设施建设力度。改造提升贫困地区休闲农业和乡村旅游道路、通村公路、景区景点连接线通行能力，提升交通通达性和游客便利度。结合推进农村人居环境整治，提升休闲农业、乡村旅游基础设施和公共服务设施水平，对从事休闲农业和乡村旅游的贫困户实施改厨、改厕、改客房、整理院落“三改一整”工程，优化消费环境。加大对休闲农业和乡村旅游基础设施建设的用地倾斜。依托贫困地区自然生态、民俗文化、农耕文化等资源禀赋，扶持建设一批设施齐备、特色突出的美丽休闲乡村（镇）和乡村旅游精品景区等，满足消费者多样化需求。（农业农村部、文化和旅游部、住房城乡建设部、发展改革委、自然资源部、交通运输部等和各有关省级人民政府负责）

（十一）提升服务能力。依托东西部扶贫协作和对口支援、中央单位定点扶贫等机制，动员相关科研机构和高等院校，通过“请进来”、“走出去”等方式，帮助贫困地区培训休闲农业和乡村旅游人才，提供营销、服务、管理指导。支持贫困人口参加相关专业技能和业务培训，提升服务规范化和标准化水平。鼓励贫困地区组建休闲农业和乡村旅游协会、产业及区域品牌联盟等组织，形成经营主体自我管理、自我监督、自我服务的管理服务体系。（农业农村部、文化和旅游部、人力资源社会保障部、市场监管总局、扶贫办、发展改革委等和各有关省级人民政府负责）

（十二）做好规划设计。加强对贫困地区休闲农业和乡村旅游资源调查，深入挖掘贫困地区自然生态、历史文化、地域特色文化、民族民俗文化、传统农耕文化等资源，因地制宜明确重点发展方向和区域。动员旅游规划设计单位开展扶贫公益行动，为贫困地区编制休闲农业和乡村旅游规划，鼓励旅游院校和旅游企业为贫困地区提供旅游线路设计、产品开发、品牌宣传等指导。（农业农村部、文化和旅游部等和各有关省级人民政府负责）

（十三）加强宣传推介。支持贫困地区组织开展休闲农业和乡村旅游相关主题活动。组织各类媒体安排版面时段，运用新媒体平台，分时分类免费向社会推介贫困地区精品景点线路。大力发展“乡村旅游＋互联网”模式，依托电商企业等载体，开展多种形式的旅游扶贫公益宣传，集中推介一批贫困地区休闲农业和乡村旅游精品目的地。（农业农村部、文化和旅游部、中央宣传部、广电总局、商务部等和各有关省级人民政府负责）

六、保障措施

（十四）加强组织领导。发展改革委、扶贫办、农业农村部、商务部、文化和旅游部、供销合作总社、财政部等部门要加强对消费扶贫工作的统筹协调，制定实施方案，细化实化相关政策举措。各省（区、市）人民政府要高度重视本地区消费扶贫工作，根据产地、消费地的不同定位，明确目标任务，制定配套政策，建立工作机制，积极推动消费扶贫深入开展。及时总结和宣传推广消费扶贫工作中涌现出来的经验做法、先进典型，营造全社会参与消费扶贫的良好氛围。（发展改革委、扶贫办、农业农村部、商务部、文化和旅游部、供销合作总社、财政部等和各省级人民政府负责）

（十五）完善利益机制。完善公司、合作社、致富带头人与贫困人口的利益联结机制，提高贫困人口在农产品销售和休闲农业、乡村旅游中的参与度，切实保障贫困人口分享收益。发挥消费扶贫对集体经济和贫困人口增收的辐射带动作用，扶持村集体经济组织发展壮大，增强贫困人口与市场的对

接能力。（农业农村部、文化和旅游部、扶贫办、财政部等和各有关省级人民政府负责）

（十六）加大政策激励。统筹相关政策资源和资金项目，以供应链建设为重点，支持开展消费扶贫示范。对在贫困地区从事农产品加工、仓储物流和休闲农业、乡村旅游的企业，在金融、土地等方面给予政策倾斜。对参与消费扶贫有突出贡献的企业、社会组织和个人，采取适当方式给予奖励激励。探索建立消费扶贫台账，重点统计购买建档立卡贫困村、贫困户和带贫成效突出企业、合作社的产品相关数据，并作为政策支持、评先评优等重要依据。（发展改革委、财政部、自然资源部、农业农村部、商务部、文化和旅游部、人民银行、扶贫办等和各省级人民政府负责）

（十七）强化督促落实。加强对消费扶贫工作的督促指导，及时跟踪进展情况，协调解决工作推进中的困难和问题。将消费扶贫工作开展情况作为考核中央单位定点扶贫、东西部扶贫协作和对口支援工作的重要内容。将消费扶贫纳入年度脱贫攻坚工作计划，积极探索创新方式方法，加大工作力度，推动消费扶贫各项任务和政策落到实处。（发展改革委、扶贫办、农业农村部、商务部、文化和旅游部、供销合作总社、财政部等和各有关省级人民政府负责）

国务院办公厅

2018 年 12 月 30 日

中共中央　国务院关于建立更加有效的区域协调发展新机制的意见

（2018 年 11 月 18 日）

实施区域协调发展战略是新时代国家重大战略之一，是贯彻新发展理念、建设现代化经济体系的重要组成部分。党的十八大以来，各地区各部门围绕促进区域协调发展与正确处理政府和市场关系，在建立健全区域合作机制、区域互助机制、区际利益补偿机制等方面进行积极探索并取得一定成效。同时要看到，我国区域发展差距依然较大，区域分化现象逐渐显现，无序开发与恶性竞争仍然存在，区域发展不平衡不充分问题依然比较突出，区域发展机制还不完善，难以适应新时代实施区域协调发展战略需要。为全面落实区域协调发展战略各项任务，促进区域协调发展向更高水平和更高质量迈进，现就建立更加有效的区域协调发展新机制提出如下意见。

一、总体要求

（一）指导思想。以习近平新时代中国特色社会主义思想为指导，全面贯彻党的十九大和十九届二中、三中全会精神，认真落实党中央、国务院决策部署，坚持新发展理念，紧扣我国社会主要矛盾变化，按照高质量发展要求，紧紧围绕统筹推进“五位一体”总体布局和协调推进“四个全面”战略布局，立足发挥各地区比较优势和缩小区域发展差距，围绕努力实现基本公共服务均等化、基础设施通达程度比较均衡、人民基本生活保障水平大体相当的目标，深化改革开放，坚决破除地区之间利益藩篱和政策壁垒，加快形成统筹有力、竞争有序、绿色协调、共享共赢的区域协调发展新机制，促进区域协调发展。

（二）基本原则

——坚持市场主导与政府引导相结合。充分发挥市场在区域协调发展新机制建设中的主导作用，更好发挥政府在区域协调发展方面的引导作用，促进区域协调发展新机制有效有序运行。

——坚持中央统筹与地方负责相结合。加强中央对区域协调发展新机制的顶层设计，明确地方政府的实施主体责任，充分调动地方按照区域协调发展新机制推动本地区协调发展的主动性和积极性。

——坚持区别对待与公平竞争相结合。进一步细化区域政策尺度，针对不同地区实际制定差别化政策，同时更加注重区域一体化发展，维护全国统一市场的公平竞争，防止出现制造政策洼地、地方保护主义等问题。

——坚持继承完善与改革创新相结合。坚持和完善促进区域协调发展行之有效的机制，同时根据新情况新要求不断改革创新，建立更加科学、更加有效的区域协调发展新机制。

——坚持目标导向与问题导向相结合。瞄准实施区域协调发展战略的目标要求，破解区域协调发展机制中存在的突出问题，增强区域发展的协同性、联动性、整体性。

（三）总体目标

——到2020年，建立与全面建成小康社会相适应的区域协调发展新机制，在建立区域战略统筹机制、基本公共服务均等化机制、区域政策调控机制、区域发展保障机制等方面取得突破，在完善市场一体化发展机制、深化区域合作机制、优化区域互助机制、健全区际利益补偿机制等方面取得新进展，区域协调发展新机制在有效遏制区域分化、规范区域开发秩序、推动区域一体化发展中发挥积极作用。

——到2035年，建立与基本实现现代化相适应的区域协调发展新机制，实现区域政策与财政、货币等政策有效协调配合，区域协调发展新机制在显著缩小区域发展差距和实现基本公共服务均等化、基础设施通达程度比较均衡、人民基本生活保障水平大体相当中发挥重要作用，为建设现代化经济体系和满足人民日益增长的美好生活需要提供重要支撑。

——到本世纪中叶，建立与全面建成社会主义现代化强国相适应的区域协调发展新机制，区域协调发展新机制在完善区域治理体系、提升区域治理能力、实现全体人民共同富裕等方面更加有效，为把我国建成社会主义现代化强国提供有力保障。

二、建立区域战略统筹机制

（四）推动国家重大区域战略融合发展。以“一带一路”建设、京津冀协同发展、长江经济带发展、粤港澳大湾区建设等重大战略为引领，以西部、东北、中部、东部四大板块为基础，促进区域间相互融通补充。以“一带一路”建设助推沿海、内陆、沿边地区协同开放，以国际经济合作走廊为主骨架加强重大基础设施互联互通，构建统筹国内国际、协调国内东中西和南北方的区域发展新格局。以疏解北京非首都功能为“牛鼻子”推动京津冀协同发展，调整区域经济结构和空间结构，推动河北雄安新区和北京城市副中心建设，探索超大城市、特大城市等人口经济密集地区有序疏解功能、有效治理“大城市病”的优化开发模式。充分发挥长江经济带横跨东中西三大板块的区位优势，以共抓大保护、不搞大开发为导向，以生态优先、绿色发展为引领，依托长江黄金水道，推动长江上中下游地区协调发展和沿江地区高质量发展。建立以中心城市引领城市群发展、城市群带动区域发展新模式，推动区域板块之间融合互动发展。以北京、天津为中心引领京津冀城市群发展，带动环渤海地区协同发展。以上海为中心引领长三角城市群发展，带动长江经济带发展。以香港、澳门、广州、深圳为中心引领粤港澳大湾区建设，带动珠江—西江经济带创新绿色发展。以重庆、成都、武汉、郑州、西安等为中心，引领成渝、长江中游、中原、关中平原等城市群发展，带动相关板块融合发展。加强“一带一路”建设、京津冀协同发展、长江经济带发展、粤港澳大湾区建设等重大战略的协调对接，推动各区域合作联动。推进海南全面深化改革开放，着力推动自由贸易试验区建设，探索建设中国特色自由贸易港。

（五）统筹发达地区和欠发达地区发展。推动东部沿海等发达地区改革创新、新旧动能转换和区域一体化发展，支持中西部条件较好地区加快发展，鼓励国家级新区、自由贸易试验区、国家级开发区等各类平台大胆创新，在推动区域高质量发展方面发挥引领作用。坚持“输血”和“造血”相结合，推动欠发达地区加快发展。建立健全长效普惠性的扶持机制和精准有效的差别化支持机制，加快补齐基础设施、公共服务、生态环境、产业发展等短板，打赢精准脱贫攻坚战，确保革命老区、民族地区、边疆地区、贫困地区与全国同步实现全面建成小康社会。健全国土空间用途管制制度，引导资源枯竭地区、产业衰退地区、生态严重退化地区积极探索特色转型发展之路，推动形成绿色发展方式和生活方式。以承接产业转移示范区、跨省合作园区等为平台，支持发达地区与欠发达地区共建产业合作基地和资源深加工基地。建立发达地区与欠发达地区区域联动机制，先富带后富，促进发达地区和欠发达地区共同发展。

（六）推动陆海统筹发展。加强海洋经济发展顶层设计，完善规划体系和管理机制，研究制定陆海统筹政策措施，推动建设一批海洋经济示范区。以规划为引领，促进陆海在空间布局、产业发展、基础设施建设、资源开发、环境保护等方面全方位协同发展。编制实施海岸带保护与利用综合规划，严格围填海管控，促进海岸地区陆海一体化生态保护和整治修复。创新海域海岛资源市场化配置方式，完善资源评估、流转和收储制度。推动海岸带管理立法，完善海洋经济标准体系和指标体系，健全海洋经济统计、核算制度，提升海洋经济监测评估能力，强化部门间数据共享，建立海洋经济调查体系。推进海上务实合作，维护国家海洋权益，积极参与维护和完善国际和地区海洋秩序。

三、健全市场一体化发展机制

（七）促进城乡区域间要素自由流动。实施全国统一的市场准入负面清单制度，消除歧视性、隐蔽性的区域市场准入限制。深入实施公平竞争审查制度，消除区域市场壁垒，打破行政性垄断，清理和废除妨碍统一市场和公平竞争的各种规定和做法，进一步优化营商环境，激发市场活力。全面放宽城市落户条件，完善配套政策，打破阻碍劳动力在城乡、区域间流动的不合理壁垒，促进人力资源优化配置。加快深化农村土地制度改革，推动建立城乡统一的建设用地市场，进一步完善承包地所有权、承包权、经营权三权分置制度，探索宅基地所有权、资格权、使用权三权分置改革。引导科技资源按照市场需求优化空间配置，促进创新要素充分流动。

（八）推动区域市场一体化建设。按照建设统一、开放、竞争、有序的市场体系要求，推动京津冀、长江经济带、粤港澳等区域市场建设，加快探索建立规划制度统一、发展模式共推、治理方式一致、区域市场联动的区域市场一体化发展新机制，促进形成全国统一大市场。进一步完善长三角区域合作工作机制，深化三省一市在规划衔接、跨省际重大基础设施建设、环保联防联控、产业结构布局调整、改革创新等方面合作。

（九）完善区域交易平台和制度。建立健全用水权、排污权、碳排放权、用能权初始分配与交易制度，培育发展各类产权交易平台。进一步完善自然资源资产有偿使用制度，构建统一的自然资源资产交易平台。选择条件较好地区建设区域性排污权、碳排放权等交易市场，推进水权、电力市场化交易，进一步完善交易机制。建立健全用能预算管理制度。促进资本跨区域有序自由流动，完善区域性股权市场。

四、深化区域合作机制

（十）推动区域合作互动。深化京津冀地区、长江经济带、粤港澳大湾区等合作，提升合作层次和水平。积极发展各类社会中介组织，有序发展区域性行业协会商会，鼓励企业组建跨地区跨行业产业、技术、创新、人才等合作平台。加强城市群内部城市间的紧密合作，推动城市间产业分工、基础设施、公共服务、环境治理、对外开放、改革创新等协调联动，加快构建大中小城市和小城镇协调发展的城镇化格局。积极探索建立城市群协调治理模式，鼓励成立多种形式的城市联盟。

（十一）促进流域上下游合作发展。加快推进长江经济带、珠江—西江经济带、淮河生态经济带、汉江生态经济带等重点流域经济带上下游间合作发展。建立健全上下游毗邻省市规划对接机制，协调解决地区间合作发展重大问题。完善流域内相关省市政府协商合作机制，构建流域基础设施体系，严格流域环境准入标准，加强流域生态环境共建共治，推进流域产业有序转移和优化升级，推动上下游地区协调发展。

（十二）加强省际交界地区合作。支持晋陕豫黄河金三角、粤桂、湘赣、川渝等省际交界地区合作发展，探索建立统一规划、统一管理、合作共建、利益共享的合作新机制。加强省际交界地区城市间交流合作，建立健全跨省城市政府间联席会议制度，完善省际会商机制。

（十三）积极开展国际区域合作。以“一带一路”建设为重点，实行更加积极主动的开放战略，推动构建互利共赢的国际区域合作新机制。充分发挥“一带一路”国际合作高峰论坛、上海合作组织、中非合作论坛、中俄东北—远东合作、长江—伏尔加河合作、中国—东盟合作、东盟与中日韩合作、中日韩合作、澜沧江—湄公河合作、图们江地区开发合作等国际区域合作机制作用，加强区域、次区域合作。支持沿边地区利用国际合作平台，积极主动开展国际区域合作。推进重点开发开放试验区建设，支持边境经济合作区发展，稳步建设跨境经济合作区，更好发挥境外产能合作园区、经贸合作区的带动作用。

五、优化区域互助机制

（十四）深入实施东西部扶贫协作。加大东西部扶贫协作力度，推动形成专项扶贫、行业扶贫、社会扶贫等多方力量多种举措有机结合互为支撑的“三位一体”大扶贫格局。强化以企业合作为载体的扶贫协作，组织企业到贫困地区投资兴业、发展产业、带动就业。完善劳务输出精准对接机制，实现贫困人口跨省稳定就业。进一步加强扶贫协作双方党政干部和专业技术人员交流，推动人才、资金、技术向贫困地区和边境地区流动，深化实施携手奔小康行动。积极引导社会力量广泛参与深度贫困地区脱贫攻坚，帮助深度贫困群众解决生产生活困难。

（十五）深入开展对口支援。深化全方位、精准对口支援，推动新疆、西藏和青海、四川、云南、甘肃四省藏区经济社会持续健康发展，促进民族交往交流交融，筑牢社会稳定和长治久安基础。强化规划引领，切实维护规划的严肃性，进一步完善和规范对口支援规划的编制实施和评估调整机制。加强资金和项目管理，科学开展绩效综合考核评价，推动对口支援向更深层次、更高质量、更可持续方向发展。

（十六）创新开展对口协作（合作）。面向经济转型升级困难地区，组织开展对口协作（合作），构建政府、企业和相关研究机构等社会力量广泛参与的对口协作（合作）体系。深入开展南水北调中线工程水源区对口协作，推动水源区绿色发展。继续开展对口支援三峡库区，支持库区提升基本公共服务供给能力，加快库区移民安稳致富，促进库区社会和谐稳定。进一步深化东部发达省市与东北地区对口合作，开展干部挂职交流和系统培训，建设对口合作重点园区，实现互利共赢。

六、健全区际利益补偿机制

（十七）完善多元化横向生态补偿机制。贯彻绿水青山就是金山银山的重要理念和山水林田湖草是生命共同体的系统思想，按照区际公平、权责对等、试点先行、分步推进的原则，不断完善横向生态补偿机制。鼓励生态受益地区与生态保护地区、流域下游与流域上游通过资金补偿、对口协作、产业转移、人才培训、共建园区等方式建立横向补偿关系。支持在具备重要饮用水功能及生态服务价值、受益主体明确、上下游补偿意愿强烈的跨省流域开展省际横向生态补偿。在京津冀水源涵养区、安徽浙江新安江、广西广东九洲江、福建广东汀江—韩江、江西广东东江、广西广东西江流域等深入开展跨地区生态保护补偿试点，推广可复制的经验。

（十八）建立粮食主产区与主销区之间利益补偿机制。研究制定粮食主产区与主销区开展产销合作的具体办法，鼓励粮食主销区通过在主产区建设加工园区、建立优质商品粮基地和建立产销区储备合作机制以及提供资金、人才、技术服务支持等方式开展产销协作。加大对粮食主产区的支持力度，促进主产区提高粮食综合生产能力，充分调动主产区地方政府抓粮食生产和农民种粮的积极性，共同维护国家粮食安全。

（十九）健全资源输出地与输入地之间利益补偿机制。围绕煤炭、石油、天然气、水能、风能、太阳能以及其他矿产等重要资源，坚持市场导向和政府调控相结合，加快完善有利于资源集约节约利用和可持续发展的资源价格形成机制，确保资源价格能够涵盖开采成本以及生态修复和环境治理等成本。鼓励资源输入地通过共建园区、产业合作、飞地经济等形式支持输出地发展接续产业和替代产业，加快建立支持资源型地区经济转型长效机制。

七、完善基本公共服务均等化机制

（二十）提升基本公共服务保障能力。在基本公共服务领域，深入推进财政事权和支出责任划分改革，逐步建立起权责清晰、财力协调、标准合理、保障有力的基本公共服务制度体系和保障机制。规范中央与地方共同财政事权事项的支出责任分担方式，调整完善转移支付体系，基本公共服务投入向贫困地区、薄弱环节、重点人群倾斜，增强市县财政特别是县级财政基本公共服务保障能力。强化省级政府统筹职能，加大对省域范围内基本公共服务薄弱地区扶持力度，通过完善省以下财政事权和支出责任划分、规范转移支付等措施，逐步缩小县域间、市地间基本公共服务差距。

（二十一）提高基本公共服务统筹层次。完善企业职工基本养老保险基金中央调剂制度，尽快实现养老保险全国统筹。完善基本医疗保险制度，不断提高基本医疗保险统筹层级。巩固完善义务教育管理体制，增加中央财政对义务教育转移支付规模，强化省、市统筹作用，加大对“三区三州”等深度贫困地区和集中连片特困地区支持力度。

（二十二）推动城乡区域间基本公共服务衔接。加快建立医疗卫生、劳动就业等基本公共服务跨城乡跨区域流转衔接制度，研究制定跨省转移接续具体办法和配套措施，强化跨区域基本公共服务统筹合作。鼓励京津冀、长三角、珠三角地区积极探索基本公共服务跨区域流转衔接具体做法，加快形成可复制可推广的经验。

八、创新区域政策调控机制

（二十三）实行差别化的区域政策。充分考虑区域特点，发挥区域比较优势，提高财政、产业、土地、环保、人才等政策的精准性和有效性，因地制宜培育和激发区域发展动能。坚持用最严格制度最严密法治保护生态环境的前提下，进一步突出重点区域、行业和污染物，有效防范生态环境风险。加强产业转移承接过程中的环境监管，防止跨区域污染转移。对于生态功能重要、生态环境敏感脆弱区域，坚决贯彻保护生态环境就是保护生产力、改善生态环境就是发展生产力的政策导向，严禁不符合主体功能定位的各类开发活动。相关中央预算内投资和中央财政专项转移支付继续向中西部等欠发达地区和东北地区等老工业基地倾斜，研究制定深入推进西部大开发和促进中部地区崛起的政策措施。动态调整西部地区有关产业指导目录，对西部地区优势产业和适宜产业发展给予必要的政策倾斜。在用地政策方面，保障跨区域重大基础设施和民生工程用地需求，对边境和特殊困难地区实行建设用地计划指标倾斜。研究制定鼓励人才到中西部地区、东北地区特别是“三区三州”等深度贫困地区工作的优惠政策，支持地方政府根据发展需要制定吸引国内外人才的区域性政策。

（二十四）建立区域均衡的财政转移支付制度。根据地区间财力差异状况，调整完善中央对地方一般性转移支付办法，加大均衡性转移支付力度，在充分考虑地区间支出成本因素、切实增强中西部地区自我发展能力的基础上，将常住人口人均财政支出差异控制在合理区间。严守生态保护红线，完善主体功能区配套政策，中央财政加大对重点生态功能区转移支付力度，提供更多优质生态产品。省级政府通过调整收入划分、加大转移支付力度，增强省以下政府区域协调发展经费保障能力。

（二十五）建立健全区域政策与其他宏观调控政策联动机制。加强区域政策与财政、货币、投资等政策的协调配合，优化政策工具组合，推动宏观调控政策精准落地。财政、货币、投资政策要服务于国家重大区域战略，围绕区域规划及区域政策导向，采取完善财政政策、金融依法合规支持、协同制定引导性和约束性产业政策等措施，加大对跨区域交通、水利、生态环境保护、民生等重大工程项目的支持力度。对因客观原因造成的经济增速放缓地区给予更有针对性的关心、指导和支持，在风险可控的前提下加大政策支持力度，保持区域经济运行在合理区间。加强对杠杆率较高地区的动态监测预警，强化地方金融监管合作和风险联防联控，更加有效防范和化解系统性区域性金融风险。

九、健全区域发展保障机制

（二十六）规范区域规划编制管理。加强区域规划编制前期研究，完善区域规划编制、审批和实施工作程序，实行区域规划编制审批计划管理制度，进一步健全区域规划实施机制，加强中期评估和后评估，形成科学合理、管理严格、指导有力的区域规划体系。对实施到期的区域规划，在后评估基础上，确需延期实施的可通过修订规划延期实施，不需延期实施的要及时废止。根据国家重大战略和重大布局需要，适时编制实施新的区域规划。

（二十七）建立区域发展监测评估预警体系。围绕缩小区域发展差距、区域一体化、资源环境协调等重点领域，建立区域协调发展评价指标体系，科学客观评价区域发展的协调性，为区域政策制定和调整提供参考。引导社会智库研究发布区域协调发展指数。加快建立区域发展风险识别和预警预案制度，密切监控突出问题，预先防范和妥善应对区域发展风险。

（二十八）建立健全区域协调发展法律法规体系。研究论证促进区域协调发展的法规制度，明确区域协调发展的内涵、战略重点和方向，健全区域政策制定、实施、监督、评价机制，明确有关部门在区域协调发展中的职责，明确地方政府在推进区域协调发展中的责任和义务，发挥社会组织、研究机构、企业在促进区域协调发展中的作用。

十、切实加强组织实施

（二十九）加强组织领导。坚持和加强党对区域协调发展工作的领导，充分发挥中央与地方区域性协调机制作用，强化地方主体责任，广泛动员全社会力量，共同推动建立更加有效的区域协调发展新机制，为实施区域协调发展战略提供强有力的保障。中央和国家机关有关部门要按照职能分工，研究具体政策措施，协同推动区域协调发展。各省、自治区、直辖市要制定相应落实方案，完善相关配套政策，确保区域协调发展新机制顺畅运行。

（三十）强化协调指导。国家发展改革委要会同有关部门加强对区域协调发展新机制实施情况跟踪分析和协调指导，研究新情况、总结新经验、解决新问题，重大问题要及时向党中央、国务院报告。

中华人民共和国个人所得税法实施条例

中华人民共和国国务院令第 707 号

第一条 根据《中华人民共和国个人所得税法》（以下简称个人所得税法），制定本条例。

第二条 个人所得税法所称在中国境内有住所，是指因户籍、家庭、经济利益关系而在中国境内习惯性居住；所称从中国境内和境外取得的所得，分别是指来源于中国境内的所得和来源于中国境外的所得。

第三条 除国务院财政、税务主管部门另有规定外，下列所得，不论支付地点是否在中国境内，均为来源于中国境内的所得：

（一）因任职、受雇、履约等在中国境内提供劳务取得的所得；

（二）将财产出租给承租人在中国境内使用而取得的所得；

（三）许可各种特许权在中国境内使用而取得的所得；

（四）转让中国境内的不动产等财产或者在中国境内转让其他财产取得的所得；

（五）从中国境内企业、事业单位、其他组织以及居民个人取得的利息、股息、红利所得。

第四条 在中国境内无住所的个人，在中国境内居住累计满183天的年度连续不满六年的，经向主管税务机关备案，其来源于中国境外且由境外单位或者个人支付的所得，免予缴纳个人所得税；在中国境内居住累计满183天的任一年度中有一次离境超过30天的，其在中国境内居住累计满183天的年度的连续年限重新起算。

第五条 在中国境内无住所的个人，在一个纳税年度内在中国境内居住累计不超过90天的，其来源于中国境内的所得，由境外雇主支付并且不由该雇主在中国境内的机构、场所负担的部分，免予缴纳个人所得税。

第六条 个人所得税法规定的各项个人所得的范围：

（一）工资、薪金所得，是指个人因任职或者受雇取得的工资、薪金、奖金、年终加薪、劳动分红、津贴、补贴以及与任职或者受雇有关的其他所得。

（二）劳务报酬所得，是指个人从事劳务取得的所得，包括从事设计、装潢、安装、制图、化验、测试、医疗、法律、会计、咨询、讲学、翻译、审稿、书画、雕刻、影视、录音、录像、演出、表演、广告、展览、技术服务、介绍服务、经纪服务、代办服务以及其他劳务取得的所得。

（三）稿酬所得，是指个人因其作品以图书、报刊等形式出版、发表而取得的所得。

（四）特许权使用费所得，是指个人提供专利权、商标权、著作权、非专利技术以及其他特许权的使用权取得的所得；提供著作权的使用权取得的所得，不包括稿酬所得。

（五）经营所得，是指：

1. 个体工商户从事生产、经营活动取得的所得，个人独资企业投资人、合伙企业的个人合伙人来源于境内注册的个人独资企业、合伙企业生产、经营的所得；

2. 个人依法从事办学、医疗、咨询以及其他有偿服务活动取得的所得；

3. 个人对企业、事业单位承包经营、承租经营以及转包、转租取得的所得；

4. 个人从事其他生产、经营活动取得的所得。

（六）利息、股息、红利所得，是指个人拥有债权、股权等而取得的利息、股息、红利所得。

（七）财产租赁所得，是指个人出租不动产、机器设备、车船以及其他财产取得的所得。

（八）财产转让所得，是指个人转让有价证券、股权、合伙企业中的财产份额、不动产、机器设备、车船以及其他财产取得的所得。

（九）偶然所得，是指个人得奖、中奖、中彩以及其他偶然性质的所得。

个人取得的所得，难以界定应纳税所得项目的，由国务院税务主管部门确定。

第七条　对股票转让所得征收个人所得税的办法，由国务院另行规定，并报全国人民代表大会常务委员会备案。

第八条　个人所得的形式，包括现金、实物、有价证券和其他形式的经济利益；所得为实物的，应当按照取得的凭证上所注明的价格计算应纳税所得额，无凭证的实物或者凭证上所注明的价格明显偏低的，参照市场价格核定应纳税所得额；所得为有价证券的，根据票面价格和市场价格核定应纳税所得额；所得为其他形式的经济利益的，参照市场价格核定应纳税所得额。

第九条　个人所得税法第四条第一款第二项所称国债利息，是指个人持有中华人民共和国财政部发行的债券而取得的利息；所称国家发行的金融债券利息，是指个人持有经国务院批准发行的金融债券而取得的利息。

第十条　个人所得税法第四条第一款第三项所称按照国家统一规定发给的补贴、津贴，是指按照国务院规定发给的政府特殊津贴、院士津贴，以及国务院规定免予缴纳个人所得税的其他补贴、津贴。

第十一条 个人所得税法第四条第一款第四项所称福利费，是指根据国家有关规定，从企业、事业单位、国家机关、社会组织提留的福利费或者工会经费中支付给个人的生活补助费；所称救济金，是指各级人民政府民政部门支付给个人的生活困难补助费。

第十二条 个人所得税法第四条第一款第八项所称依照有关法律规定应予免税的各国驻华使馆、领事馆的外交代表、领事官员和其他人员的所得，是指依照《中华人民共和国外交特权与豁免条例》和《中华人民共和国领事特权与豁免条例》规定免税的所得。

第十三条 个人所得税法第六条第一款第一项所称依法确定的其他扣除，包括个人缴付符合国家规定的企业年金、职业年金，个人购买符合国家规定的商业健康保险、税收递延型商业养老保险的支出，以及国务院规定可以扣除的其他项目。

专项扣除、专项附加扣除和依法确定的其他扣除，以居民个人一个纳税年度的应纳税所得额为限额；一个纳税年度扣除不完的，不结转以后年度扣除。

第十四条 个人所得税法第六条第一款第二项、第四项、第六项所称每次，分别按照下列方法确定：

（一）劳务报酬所得、稿酬所得、特许权使用费所得，属于一次性收入的，以取得该项收入为一次；属于同一项目连续性收入的，以一个月内取得的收入为一次。

（二）财产租赁所得，以一个月内取得的收入为一次。

（三）利息、股息、红利所得，以支付利息、股息、红利时取得的收入为一次。

（四）偶然所得，以每次取得该项收入为一次。

第十五条 个人所得税法第六条第一款第三项所称成本、费用，是指生产、经营活动中发生的各项直接支出和分配计入成本的间接费用以及销售费用、管理费用、财务费用；所称损失，是指生产、经营活动中发生的固定资产和存货的盘亏、毁损、报废损失，转让财产损失，坏账损失，自然灾害等不可抗力因素造成的损失以及其他损失。

取得经营所得的个人，没有综合所得的，计算其每一纳税年度的应纳税所得额时，应当减除费用6万元、专项扣除、专项附加扣除以及依法确定的其他扣除。专项附加扣除在办理汇算清缴时减除。

从事生产、经营活动，未提供完整、准确的纳税资料，不能正确计算应纳税所得额的，由主管税务机关核定应纳税所得额或者应纳税额。

第十六条　个人所得税法第六条第一款第五项规定的财产原值，按照下列方法确定：

（一）有价证券，为买入价以及买入时按照规定交纳的有关费用；

（二）建筑物，为建造费或者购进价格以及其他有关费用；

（三）土地使用权，为取得土地使用权所支付的金额、开发土地的费用以及其他有关费用；

（四）机器设备、车船，为购进价格、运输费、安装费以及其他有关费用。

其他财产，参照前款规定的方法确定财产原值。

纳税人未提供完整、准确的财产原值凭证，不能按照本条第一款规定的方法确定财产原值的，由主管税务机关核定财产原值。

个人所得税法第六条第一款第五项所称合理费用，是指卖出财产时按照规定支付的有关税费。

第十七条　财产转让所得，按照一次转让财产的收入额减除财产原值和合理费用后的余额计算纳税。

第十八条　两个以上的个人共同取得同一项目收入的，应当对每个人取得的收入分别按照个人所得税法的规定计算纳税。

第十九条　个人所得税法第六条第三款所称个人将其所得对教育、扶贫、济困等公益慈善事业进行捐赠，是指个人将其所得通过中国境内的公益性社会组织、国家机关向教育、扶贫、济困等公益慈善事业的捐赠；所称应纳税所得额，是指计算扣除捐赠额之前的应纳税所得额。

第二十条　居民个人从中国境内和境外取得的综合所得、经营所得，应当分别合并计算应纳税额；从中国境内和境外取得的其他所得，应当分别单独计算应纳税额。

第二十一条 个人所得税法第七条所称已在境外缴纳的个人所得税税额，是指居民个人来源于中国境外的所得，依照该所得来源国家（地区）的法律应当缴纳并且实际已经缴纳的所得税税额。

个人所得税法第七条所称纳税人境外所得依照本法规定计算的应纳税额，是居民个人抵免已在境外缴纳的综合所得、经营所得以及其他所得的所得税税额的限额（以下简称抵免限额）。除国务院财政、税务主管部门另有规定外，来源于中国境外一个国家（地区）的综合所得抵免限额、经营所得抵免限额以及其他所得抵免限额之和，为来源于该国家（地区）所得的抵免限额。

居民个人在中国境外一个国家（地区）实际已经缴纳的个人所得税税额，低于依照前款规定计算出的来源于该国家（地区）所得的抵免限额的，应当在中国缴纳差额部分的税款；超过来源于该国家（地区）所得的抵免限额的，其超过部分不得在本纳税年度的应纳税额中抵免，但是可以在以后纳税年度来源于该国家（地区）所得的抵免限额的余额中补扣。补扣期限最长不得超过五年。

第二十二条 居民个人申请抵免已在境外缴纳的个人所得税税额，应当提供境外税务机关出具的税款所属年度的有关纳税凭证。

第二十三条 个人所得税法第八条第二款规定的利息，应当按照税款所属纳税申报期最后一日中国人民银行公布的与补税期间同期的人民币贷款基准利率计算，自税款纳税申报期满次日起至补缴税款期限届满之日止按日加收。纳税人在补缴税款期限届满前补缴税款的，利息加收至补缴税款之日。

第二十四条 扣缴义务人向个人支付应税款项时，应当依照个人所得税法规定预扣或者代扣税款，按时缴库，并专项记载备查。

前款所称支付，包括现金支付、汇拨支付、转账支付和以有价证券、实物以及其他形式的支付。

第二十五条 取得综合所得需要办理汇算清缴的情形包括：

（一）从两处以上取得综合所得，且综合所得年收入额减除专项扣除的余额超过6万元；

（二）取得劳务报酬所得、稿酬所得、特许权使用费所得中一项或者多项所得，且综合所得年收入额减除专项扣除的余额超过6万元；

（三）纳税年度内预缴税额低于应纳税额；

（四）纳税人申请退税。

纳税人申请退税，应当提供其在中国境内开设的银行账户，并在汇算清缴地就地办理税款退库。

汇算清缴的具体办法由国务院税务主管部门制定。

第二十六条　个人所得税法第十条第二款所称全员全额扣缴申报，是指扣缴义务人在代扣税款的次月十五日内，向主管税务机关报送其支付所得的所有个人的有关信息、支付所得数额、扣除事项和数额、扣缴税款的具体数额和总额以及其他相关涉税信息资料。

第二十七条　纳税人办理纳税申报的地点以及其他有关事项的具体办法，由国务院税务主管部门制定。

第二十八条　居民个人取得工资、薪金所得时，可以向扣缴义务人提供专项附加扣除有关信息，由扣缴义务人扣缴税款时减除专项附加扣除。纳税人同时从两处以上取得工资、薪金所得，并由扣缴义务人减除专项附加扣除的，对同一专项附加扣除项目，在一个纳税年度内只能选择从一处取得的所得中减除。

居民个人取得劳务报酬所得、稿酬所得、特许权使用费所得，应当在汇算清缴时向税务机关提供有关信息，减除专项附加扣除。

第二十九条　纳税人可以委托扣缴义务人或者其他单位和个人办理汇算清缴。

第三十条　扣缴义务人应当按照纳税人提供的信息计算办理扣缴申报，不得擅自更改纳税人提供的信息。

纳税人发现扣缴义务人提供或者扣缴申报的个人信息、所得、扣缴税款等与实际情况不符的，有权要求扣缴义务人修改。扣缴义务人拒绝修改的，纳税人应当报告税务机关，税务机关应当及时处理。

纳税人、扣缴义务人应当按照规定保存与专项附加扣除相关的资料。税务机关可以对纳税人提供的专项附加扣除信息进行抽查，具体办法由国务院税务主管部门另行规定。税务机关发现纳税人提供虚假信息的，应当责令改正并通知扣缴义务人；情节严重的，有关部门应当依法予以处理，纳入信用信息系统并实施联合惩戒。

第三十一条 纳税人申请退税时提供的汇算清缴信息有错误的，税务机关应当告知其更正；纳税人更正的，税务机关应当及时办理退税。

扣缴义务人未将扣缴的税款解缴入库的，不影响纳税人按照规定申请退税，税务机关应当凭纳税人提供的有关资料办理退税。

第三十二条 所得为人民币以外货币的，按照办理纳税申报或者扣缴申报的上一月最后一日人民币汇率中间价，折合成人民币计算应纳税所得额。年度终了后办理汇算清缴的，对已经按月、按季或者按次预缴税款的人民币以外货币所得，不再重新折算；对应当补缴税款的所得部分，按照上一纳税年度最后一日人民币汇率中间价，折合成人民币计算应纳税所得额。

第三十三条 税务机关按照个人所得税法第十七条的规定付给扣缴义务人手续费，应当填开退还书；扣缴义务人凭退还书，按照国库管理有关规定办理退库手续。

第三十四条 个人所得税纳税申报表、扣缴个人所得税报告表和个人所得税完税凭证式样，由国务院税务主管部门统一制定。

第三十五条 军队人员个人所得税征收事宜，按照有关规定执行。

第三十六条 本条例自 2019 年 1 月 1 日起施行。

国务院关于印发个人所得税专项附加扣除暂行办法的通知

国发〔2018〕41 号

各省、自治区、直辖市人民政府，国务院各部委、各直属机构：

现将《个人所得税专项附加扣除暂行办法》印发给你们，请认真贯彻执行。

国务院

2018 年 12 月 13 日

个人所得税专项附加扣除暂行办法

第一章　总则

第一条　根据《中华人民共和国个人所得税法》（以下简称个人所得税法）规定，制定本办法。

第二条　本办法所称个人所得税专项附加扣除，是指个人所得税法规定的子女教育、继续教育、大病医疗、住房贷款利息或者住房租金、赡养老人等 6 项专项附加扣除。

第三条　个人所得税专项附加扣除遵循公平合理、利于民生、简便易行的原则。

第四条　根据教育、医疗、住房、养老等民生支出变化情况，适时调整专项附加扣除范围和标准。

第二章　子女教育

第五条　纳税人的子女接受全日制学历教育的相关支出，按照每个子女每月 1000 元的标准定额扣除。

学历教育包括义务教育（小学、初中教育）、高中阶段教育（普通高中、中等职业、技工教育）、高等教育（大学专科、大学本科、硕士研究生、博士研究生教育）。

年满 3 岁至小学入学前处于学前教育阶段的子女，按本条第一款规定执行。

第六条　父母可以选择由其中一方按扣除标准的 100% 扣除，也可以选择由双方分别按扣除标准的 50% 扣除，具体扣除方式在一个纳税年度内不能变更。

第七条 纳税人子女在中国境外接受教育的，纳税人应当留存境外学校录取通知书、留学签证等相关教育的证明资料备查。

第三章 继续教育

第八条 纳税人在中国境内接受学历（学位）继续教育的支出，在学历（学位）教育期间按照每月400元定额扣除。同一学历（学位）继续教育的扣除期限不能超过48个月。纳税人接受技能人员职业资格继续教育、专业技术人员职业资格继续教育的支出，在取得相关证书的当年，按照3600元定额扣除。

第九条 个人接受本科及以下学历（学位）继续教育，符合本办法规定扣除条件的，可以选择由其父母扣除，也可以选择由本人扣除。

第十条 纳税人接受技能人员职业资格继续教育、专业技术人员职业资格继续教育的，应当留存相关证书等资料备查。

第四章 大病医疗

第十一条 在一个纳税年度内，纳税人发生的与基本医保相关的医药费用支出，扣除医保报销后个人负担（指医保目录范围内的自付部分）累计超过15000元的部分，由纳税人在办理年度汇算清缴时，在80000元限额内据实扣除。

第十二条 纳税人发生的医药费用支出可以选择由本人或者其配偶扣除；未成年子女发生的医药费用支出可以选择由其父母一方扣除。

纳税人及其配偶、未成年子女发生的医药费用支出，按本办法第十一条规定分别计算扣除额。

第十三条 纳税人应当留存医药服务收费及医保报销相关票据原件（或者复印件）等资料备查。医疗保障部门应当向患者提供在医疗保障信息系统记录的本人年度医药费用信息查询服务。

第五章 住房贷款利息

第十四条 纳税人本人或者配偶单独或者共同使用商业银行或者住房公积金个人住房贷款为本人或者其配偶购买中国境内住房，发生的首套住房贷款利息支出，在实际发生贷款利息的年度，按照每月1000元的标准定额扣除，扣除期限最长不超过240个月。纳税人只能享受一次首套住房贷款的利息扣除。

本办法所称首套住房贷款是指购买住房享受首套住房贷款利率的住房贷款。

第十五条　经夫妻双方约定，可以选择由其中一方扣除，具体扣除方式在一个纳税年度内不能变更。

夫妻双方婚前分别购买住房发生的首套住房贷款，其贷款利息支出，婚后可以选择其中一套购买的住房，由购买方按扣除标准的100%扣除，也可以由夫妻双方对各自购买的住房分别按扣除标准的50%扣除，具体扣除方式在一个纳税年度内不能变更。

第十六条　纳税人应当留存住房贷款合同、贷款还款支出凭证备查。

第六章　住房租金

第十七条　纳税人在主要工作城市没有自有住房而发生的住房租金支出，可以按照以下标准定额扣除：

（一）直辖市、省会（首府）城市、计划单列市以及国务院确定的其他城市，扣除标准为每月1500元；

（二）除第一项所列城市以外，市辖区户籍人口超过100万的城市，扣除标准为每月1100元；市辖区户籍人口不超过100万的城市，扣除标准为每月800元。

纳税人的配偶在纳税人的主要工作城市有自有住房的，视同纳税人在主要工作城市有自有住房。

市辖区户籍人口，以国家统计局公布的数据为准。

第十八条　本办法所称主要工作城市是指纳税人任职受雇的直辖市、计划单列市、副省级城市、地级市（地区、州、盟）全部行政区域范围；纳税人无任职受雇单位的，为受理其综合所得汇算清缴的税务机关所在城市。

夫妻双方主要工作城市相同的，只能由一方扣除住房租金支出。

第十九条　住房租金支出由签订租赁住房合同的承租人扣除。

第二十条　纳税人及其配偶在一个纳税年度内不能同时分别享受住房贷

款利息和住房租金专项附加扣除。

第二十一条 纳税人应当留存住房租赁合同、协议等有关资料备查。

第七章 赡养老人

第二十二条 纳税人赡养一位及以上被赡养人的赡养支出，统一按照以下标准定额扣除：

（一）纳税人为独生子女的，按照每月2000元的标准定额扣除；

（二）纳税人为非独生子女的，由其与兄弟姐妹分摊每月2000元的扣除额度，每人分摊的额度不能超过每月1000元。可以由赡养人均摊或者约定分摊，也可以由被赡养人指定分摊。约定或者指定分摊的须签订书面分摊协议，指定分摊优先于约定分摊。具体分摊方式和额度在一个纳税年度内不能变更。

第二十三条 本办法所称被赡养人是指年满60岁的父母，以及子女均已去世的年满60岁的祖父母、外祖父母。

第八章 保障措施

第二十四条 纳税人向收款单位索取发票、财政票据、支出凭证，收款单位不能拒绝提供。

第二十五条 纳税人首次享受专项附加扣除，应当将专项附加扣除相关信息提交扣缴义务人或者税务机关，扣缴义务人应当及时将相关信息报送税务机关，纳税人对所提交信息的真实性、准确性、完整性负责。专项附加扣除信息发生变化的，纳税人应当及时向扣缴义务人或者税务机关提供相关信息。

前款所称专项附加扣除相关信息，包括纳税人本人、配偶、子女、被赡养人等个人身份信息，以及国务院税务主管部门规定的其他与专项附加扣除相关的信息。

本办法规定纳税人需要留存备查的相关资料应当留存五年。

第二十六条 有关部门和单位有责任和义务向税务部门提供或者协助核实以下与专项附加扣除有关的信息：

（一）公安部门有关户籍人口基本信息、户成员关系信息、出入境证件信息、相关出国人员信息、户籍人口死亡标识等信息；

（二）卫生健康部门有关出生医学证明信息、独生子女信息；

（三）民政部门、外交部门、法院有关婚姻状况信息；

（四）教育部门有关学生学籍信息（包括学历继续教育学生学籍、考籍信息）、在相关部门备案的境外教育机构资质信息；

（五）人力资源社会保障等部门有关技工院校学生学籍信息、技能人员职业资格继续教育信息、专业技术人员职业资格继续教育信息；

（六）住房城乡建设部门有关房屋（含公租房）租赁信息、住房公积金管理机构有关住房公积金贷款还款支出信息；

（七）自然资源部门有关不动产登记信息；

（八）人民银行、金融监督管理部门有关住房商业贷款还款支出信息；

（九）医疗保障部门有关在医疗保障信息系统记录的个人负担的医药费用信息；

（十）国务院税务主管部门确定需要提供的其他涉税信息。

上述数据信息的格式、标准、共享方式，由国务院税务主管部门及各省、自治区、直辖市和计划单列市税务局商有关部门确定。

有关部门和单位拥有专项附加扣除涉税信息，但未按规定要求向税务部门提供的，拥有涉税信息的部门或者单位的主要负责人及相关人员承担相应责任。

第二十七条　扣缴义务人发现纳税人提供的信息与实际情况不符的，可以要求纳税人修改。纳税人拒绝修改的，扣缴义务人应当报告税务机关，税务机关应当及时处理。

第二十八条　税务机关核查专项附加扣除情况时，纳税人任职受雇单位所在地、经常居住地、户籍所在地的公安派出所、居民委员会或者村民委员会等有关单位和个人应当协助核查。

第九章　附则

第二十九条　本办法所称父母，是指生父母、继父母、养父母。本办法所称子女，是指婚生子女、非婚生子女、继子女、养子女。父母之外的其他人担任未成年人的监护人的，比照本办法规定执行。

第三十条 个人所得税专项附加扣除额一个纳税年度扣除不完的，不能结转以后年度扣除。

第三十一条 个人所得税专项附加扣除具体操作办法，由国务院税务主管部门另行制定。

第三十二条 本办法自2019年1月1日起施行。

国务院关于做好当前和今后一个时期促进就业工作的若干意见

国发〔2018〕39号

就业是最大的民生，也是经济发展的重中之重。当前，我国就业局势保持总体稳定，但经济运行稳中有变，经济下行压力有所加大，对就业的影响应高度重视。必须把稳就业放在更加突出位置，深入贯彻习近平新时代中国特色社会主义思想和党的十九大精神，全面落实党中央、国务院关于稳就业工作的决策部署，坚持实施就业优先战略和更加积极的就业政策，支持企业稳定岗位，促进就业创业，强化培训服务，确保当前和今后一个时期就业目标任务完成和就业局势持续稳定。为此，提出以下意见：

一、支持企业稳定发展

（一）加大稳岗支持力度。对不裁员或少裁员的参保企业，可返还其上年度实际缴纳失业保险费的50%。2019年1月1日至12月31日，对面临暂时性生产经营困难且恢复有望、坚持不裁员或少裁员的参保企业，返还标准可按6个月的当地月人均失业保险金和参保职工人数确定，或按6个月的企业及其职工应缴纳社会保险费50%的标准确定。上述资金由失业保险基金列支。（人力资源社会保障部、财政部负责。列第一位者为牵头单位，下同）

（二）发挥政府性融资担保机构作用支持小微企业。充分发挥国家融资担保基金作用，引导更多金融资源支持创业就业。各地政府性融资担保基金应优先为符合条件的小微企业提供低费率的担保支持，提高小微企业贷款可获得性。（财政部、工业和信息化部、人民银行、银保监会负责）

二、鼓励支持就业创业

（三）加大创业担保贷款贴息及奖补政策支持力度。符合创业担保贷款申请条件的人员自主创业的，可申请最高不超过15万元的创业担保贷款。小微企业当年新招用符合创业担保贷款申请条件的人员数量达到企业现有在职职工人数25%（超过100人的企业达到15%）并与其签订1年以上劳动合同的，可申请最高不超过300万元的创业担保贷款。各地可因地制宜适当放宽创业担保贷款申请条件，由此产生的贴息资金由地方财政承担。推动奖补政策落到实处，按各地当年新发放创业担保贷款总额的一定比例，奖励创业担保贷款基金运营管理机构等单位，引导其进一步提高服务创业就业的积极性。（财政部、人力资源社会保障部、人民银行、银保监会负责）

（四）支持创业载体建设。鼓励各地加快建设重点群体创业孵化载体，为创业者提供低成本场地支持、指导服务和政策扶持，根据入驻实体数量、孵化效果和带动就业成效，对创业孵化基地给予一定奖补。支持稳定就业压力较大地区为失业人员自主创业免费提供经营场地。（人力资源社会保障部、科技部、财政部、住房城乡建设部、市场监管总局，各省级人民政府按职责分工负责）

（五）扩大就业见习补贴范围。从2019年1月1日起，实施三年百万青年见习计划；将就业见习补贴范围由离校未就业高校毕业生扩展至16～24岁失业青年；组织失业青年参加3～12个月的就业见习，按规定给予就业见习补贴，并适当提高补贴标准。（人力资源社会保障部等有关部门和单位负责）

三、积极实施培训

（六）支持困难企业开展职工在岗培训。2019年1月1日至12月31日，困难企业可组织开展职工在岗培训，所需经费按规定从企业职工教育经费中列支，不足部分经所在地人力资源社会保障部门审核评估合格后，可由

就业补助资金予以适当支持。（人力资源社会保障部、财政部负责）

（七）开展失业人员培训。支持各类职业院校（含技工院校）、普通高等学校、职业培训机构和符合条件的企业承担失业人员职业技能培训或创业培训。对培训合格的失业人员给予职业培训补贴，补贴标准根据培训成本、培训时长、市场需求和取得相关证书情况等确定；2019 年 1 月 1 日至 2020 年 12 月 31 日，对其中就业困难人员和零就业家庭成员在培训期间再给予生活费补贴。生活费补贴政策每人每年只享受一次，且不可同时领取失业保险金。（人力资源社会保障部、财政部、教育部等有关部门和单位负责）

（八）放宽技术技能提升补贴申领条件。2019 年 1 月 1 日至 2020 年 12 月 31 日，将技术技能提升补贴申领条件由企业在职职工参加失业保险 3 年以上放宽至参保 1 年以上。参保职工取得职业资格证书或职业技能等级证书的，可在参保地申请技术技能提升补贴。所需资金由失业保险基金列支。（人力资源社会保障部、财政部负责）

四、及时开展下岗失业人员帮扶

（九）实行失业登记常住地服务。失业人员可在常住地公共就业服务机构办理失业登记，申请享受当地就业创业服务、就业扶持政策、重点群体创业就业税收优惠政策。其中，大龄、残疾、低保家庭等劳动者可在常住地申请认定为就业困难人员，享受就业援助。（人力资源社会保障部、财政部、税务总局，各省级人民政府按职责分工负责）

（十）落实失业保险待遇。对符合条件的失业人员，由失业保险基金发放失业保险金，其个人应缴纳的基本医疗保险费从失业保险基金中列支。（人力资源社会保障部、医保局负责）

（十一）保障困难群众基本生活。对符合条件的生活困难下岗失业人员，给予临时生活补助，补助标准根据家庭困难程度、地区消费水平等综合确定。对符合最低生活保障条件的家庭，及时纳入最低生活保障范围。对符合临时救助条件的，给予临时救助。通过综合施策，帮助困难群众解困脱困。（财政部、人力资源社会保障部、民政部等有关部门和单位按职责分工负责）

五、落实各方责任

（十二）落实地方政府主体责任。地方各级人民政府要切实承担本地区促进就业工作的主体责任，建立由政府负责人牵头、相关部门共同参与的工作机制，因地制宜，多措并举，统筹做好本地区促进就业工作，分级预警、分层响应、分类施策。各省、自治区、直辖市人民政府要在本意见印发之日起30日内，制定出台具体实施办法，组织有关部门结合本地实际和财力水平合理确定享受政策的困难企业范围，突出重点帮扶对象，合理确定补贴等标准，确保各项政策尽快落地。（各省级人民政府负责）

（十三）明确部门组织协调责任。人力资源社会保障部要统筹协调促进就业政策制定、督促落实、统计监测等工作。财政部要加大资金支持力度，保障促进就业政策落实。其他有关部门和单位要立足职能职责，积极出台促进就业创业的政策措施，开展更多有利于促进就业的专项活动，共同做好促进就业工作。（各有关部门和单位按职责分工负责）

（十四）切实抓好政策服务。各地各有关部门要积极开展政策宣传，向社会公布政策清单、申办流程、补贴标准、服务机构及联系方式、监督投诉电话，深入企业宣讲政策、了解困难、做好帮扶。对申请享受就业创业扶持政策和就业创业服务的困难企业、下岗失业人员，要建立实名制管理服务信息系统。要优化流程，精简证明，加强监管，确保各项政策资金规范便捷地惠及享受对象。（各有关部门和单位，各省级人民政府按职责分工负责）

（十五）指导企业等各方履行社会责任。要引导困难企业更加注重运用市场机制、经济手段，通过转型转产、培训转岗、支持“双创”等，多渠道分流安置职工，依法处理劳动关系。引导职工关心企业生存与发展，困难企业与职工协商一致的，可采取协商薪酬、调整工时、轮岗轮休、在岗培训等措施，保留就业岗位，稳定劳动关系。引导劳动者树立正确就业观，主动提升就业能力，通过自身努力实现就业创业。广泛调动社会各界积极性，形成稳定、扩大就业的合力。（各有关部门和单位，各省级人民政府按职责分工负责）

从工业企业结构调整专项奖补资金中安排部分资金并适时下达，由地方统筹纳入就业补助资金，专项用于当前稳就业工作。各地要对现有补贴项目进行梳理，在保持政策连续性、稳定性的基础上，对补贴项目、补贴方式进行归并简化，提高资金使用效益。各地贯彻落实本意见的有关情况及发现的重要问题，要及时报送人力资源社会保障部。

国务院

2018 年 11 月 16 日

中共中央　国务院关于完善促进消费体制机制进一步激发居民消费潜力的若干意见

中发〔2018〕32 号

消费是最终需求，既是生产的最终目的和动力，也是人民对美好生活需要的直接体现。加快完善促进消费体制机制，增强消费对经济发展的基础性作用，有利于优化生产和消费等国民经济重大比例关系，构建符合我国长远战略利益的经济发展方式，促进经济平稳健康发展；有利于实现需求引领和供给侧结构性改革相互促进，带动经济转型升级，推动高质量发展，建设现代化经济体系；有利于保障和改善民生，实现经济社会发展互促共进，更好满足人民日益增长的美好生活需要。

近年来，我国在扩大消费规模、提高消费水平、改善消费结构等方面取得了显著成绩，但也要看到，当前制约消费扩大和升级的体制机制障碍仍然突出。重点领域消费市场还不能有效满足城乡居民多层次多样化消费需求，监管体制尚不适应消费新业态新模式的迅速发展，质量和标准体系仍滞后于消费提质扩容需要，信用体系和消费者权益保护机制还未能有效发挥作用，消费政策体系尚难以有效支撑居民消费能力提升和预期改善。为完善促进消费体制机制，进一步激发居民消费潜力，现提出以下意见。

一、总体要求

（一）指导思想

以习近平新时代中国特色社会主义思想为指导，全面贯彻党的十九大和十九届二中、三中全会精神，紧紧围绕统筹推进“五位一体”总体布局和协调推进“四个全面”战略布局，坚持新发展理念，紧扣我国社会主要矛盾变化，按照高质量发展的要求，坚持以供给侧结构性改革为主线，适应建设现代化经济体系，顺应居民消费提质转型升级新趋势，依靠改革创新破除体制机制障碍，实行鼓励和引导居民消费的政策，从供需两端发力，积极培育重点领域消费细分市场，全面营造良好消费环境，不断提升居民消费能力，引导形成合理消费预期，切实增强消费对经济发展的基础性作用，不断满足人民日益增长的美好生活需要。

（二）基本原则

——坚持消费引领，倡导消费者优先。顺应居民消费升级趋势，努力增加高品质产品和服务供给，切实满足基本消费，持续提升传统消费，大力培育新兴消费，不断激发潜在消费。增强消费者主体意识，尊重消费者自由选择权，加大消费者合法权益保护力度，实现消费者自由选择、自主消费，提升消费者获得感、幸福感、安全感。

——坚持市场主导，实现生产者平等。充分发挥市场在资源配置中的决定性作用，更好发挥政府作用。突出企业主体地位，引导企业以市场需求为导向推动技术创新、产品创新、模式创新，培育更加成熟的消费细分市场，激发企业培育品牌的内生动力。加快建设全国统一市场，营造有利于各类所有制企业公平提供消费产品和服务的市场环境。

——坚持审慎监管，推动新消费成长。深化“放管服”改革，实施包容审慎有效监管。加强消费产品和服务标准体系建设，强化信用在消费领域的激励约束作用。推动互联网与更多传统消费相互渗透融合，构建企业自治、行业自律、社会监督和政府监管相结合的消费共同治理机制，有力有序有效发展消费新业态新模式。

——坚持绿色发展，培育健康理性消费文化。提高全社会绿色消费意识，鼓励节约适度、绿色低碳、文明健康的现代生活方式和消费模式，力戒奢侈浪费型消费和不合理消费，推进可持续消费。大力推广绿色消费产品，推动实现绿色低碳循环发展，营造绿色消费良好社会氛围。

（三）总体目标

消费生产循环更加顺畅。以消费升级引领供给创新、以供给提升创造消费新增长点的循环动力持续增强，实现更高水平的供需平衡，居民消费率稳步提升。消费结构明显优化。居民消费结构持续优化升级，服务消费占比稳步提高，全国居民恩格尔系数逐步下降。消费环境更加安全放心。社会信用环境明显改善，市场监管进一步加强，消费者维权机制不断健全，重要消费产品和服务标准体系全面建立，消费产品和服务质量不断提升，消费者满意度显著提高。

二、构建更加成熟的消费细分市场，壮大消费新增长点

围绕居民吃穿用住行和服务消费升级方向，突破深层次体制机制障碍，适应居民分层次多样性消费需求，保证基本消费经济、实惠、安全，培育中高端消费市场，形成若干发展势头良好、带动力强的消费新增长点。

（一）促进实物消费不断提档升级

吃穿用消费。加强引导、强化监督，确保市场主体提供安全放心的吃穿用消费品。优化流通设施空间布局，大力发展便利店、社区菜店等社区商业，促进社区生活服务集聚式发展，鼓励建设社区生活综合服务中心。推动闲置的传统商业综合体加快创新转型，通过改造提升推动形成一批高品位步行街，促进商圈建设与繁荣。合理配置居住小区的健身、文化、养老等服务设施。

住行消费。大力发展住房租赁市场特别是长期租赁。总结推广住房租赁试点经验，在人口净流入的大中城市加快培育和发展住房租赁市场。加快推进住房租赁立法，保护租赁利益相关方合法权益。加强城市供水、污水和垃圾处理以及北方地区供暖等设施建设和改造，加大城市老旧小区加装电梯等适老化改造力度。促进汽车消费优化升级。严格汽车产品质量监管，健全质量责任追究机制。鼓励发展共享型、节约型、社会化的汽车流通体系，全面取消二手车限迁政策。实施好新能源汽车免征车辆购置税、购置补贴等财税优惠政策。积极发展汽车赛事等后市场。加强城市停车场和新能源汽车充电设施建设。

信息消费。加强核心技术研发，加快推动产品创新和产业化升级，提升产品质量和核心竞争力，鼓励和引导居民扩大相关产品消费。加快提升新型信息产品供给体系质量，积极拓展信息消费新产品、新业态、新模式。升级智能化、高端化、融合化信息产品，重点发展适应消费升级的中高端移动通信终端、可穿戴设备、超高清视频终端、智慧家庭产品等新型信息产品，以及虚拟现实、增强现实、智能汽车、服务机器人等前沿信息消费产品。创新发展满足人民群众生活需求的各类便民惠民生活类信息消费。推动基于网络平台的新型消费成长，优化线上线下协同互动的消费生态。

绿色消费。建立绿色产品多元化供给体系，丰富节能节水产品、资源再生产品、环境保护产品、绿色建材、新能源汽车等绿色消费品生产。鼓励创建绿色商场、绿色饭店、绿色电商等流通主体，开辟绿色产品销售专区。全面落实生产者责任延伸制度。鼓励有条件的地方探索开展绿色产品消费积分制度。推进绿色交通体系和绿色邮政发展，规范发展汽车、家电、电子产品回收利用行业。全面推进公共机构带头绿色消费，加强绿色消费宣传教育。

（二）推进服务消费持续提质扩容

文化旅游体育消费。稳妥把握和处理好文化消费商品属性与意识形态属性的关系，促进包容审慎监管与开放准入有效结合，努力提供更多优秀文化产品和优质文化服务。深化电影发行放映机制改革。加快发展数字出版等新兴数字内容产业，丰富数字内容供给。健全文物合法流通交易体制机制。完善国有文化文物单位文创产品开发试点成效评价和激励机制。总结推广引导城乡居民扩大文化消费试点工作经验和有效模式。推动非物质文化遗产传承发展、合理利用。健全文化、互联网等领域分类开放制度体系。开展全域旅游示范区创建工作。推动主题公园规范发展。加强对乡村旅游的政策指导，提升乡村旅游品质。支持邮轮、游艇、自驾车、旅居车、通用航空等消费大众化发展，加强相关公共配套基础设施建设。建立现代体育产业体系，推动体育与旅游、健康、养老等融合发展，积极培育潜在需求大的体育消费新业态。支持社会力量举办国际国内高水平体育赛事，积极创建地方、民间自主品牌体育赛事活动，大力发展体育职业联赛。推进体育行业协会改革，大幅削减相关审批事项，加强赛事审批取消后的服务管理。推动体育赛事电视转播市场化运作。

健康养老家政消费。在有效保障基本医疗和健康服务的前提下，支持社会力量提供多层次多样化的医疗健康服务。对社会力量举办的非营利性健康服务机构，在土地规划、市政配套、机构准入、人才引进、执业环境等方面与公办机构一视同仁。针对健康服务新业态新模式，及时制定新型机构准入标准和监管办法。大力发展中医药服务贸易。健全以居家为基础、以社区为依托、机构充分发展、医养相结合的多层次养老服务体系，为老年人提供治疗期住院、康复期护理、稳定期生活照料、安宁疗护一体化的健康养老服务。全面放开养老服务市场，进一步简化行政审批程序，推进养老服务机构申办“一站式”服务。鼓励社会力量参与公办养老服务机构改革。完善政府对养老服务机构运营补贴方式方法，由“补砖头”、“补床头”向“补人头”转变。大力发展老年护理和长期照护服务。引导家政服务业专业化、规模化、网络化、规范化发展。推动建立家政服务信用体系，健全家政服务标准和服务规范，鼓励制定地方标准和企业标准。加大家政服务业岗位培训实施力度，推动开展家政服务人员水平评价工作，实施上岗前健康体检制度。加快健康美容、家庭管家等高端生活服务业发展。

教育培训托幼消费。全面贯彻党的教育方针，坚持正确办学方向，深化教育办学体制改革，推动教育向社会开放、向产业开放。大力支持社会力量举办满足多样化教育需求、有利于个体身心全面健康发展的教育培训机构，开发研学旅行、实践营地、特色课程等教育服务产品。抓紧修订民办教育促进法实施条例，完善民办教育分类登记管理制度。严格落实城镇小区配建幼儿园政策，引导社会力量按照规范要求举办普惠性幼儿园和托幼机构，鼓励各地因地制宜多渠道增加供给，全面实施幼儿园教师持证上岗。鼓励有条件的地区探索开展职业学校股份制改革试点，允许企业以资本、技术、管理等要素依法参与办学并享有相应权利。坚持社会效益和经济效益相统一，纠正以功利性为目的、助长超前教育和应试教育倾向的各类教育培训活动。支持外商投资设立非学制类职业教育培训机构。

（三）引导消费新模式加快孕育成长

地方各级政府要适应平台型消费、共享经济等快速发展需要，加强制度供给，研究制定专门管理规定，明确运营规则和权责边界，提升相关主体整合资源、对接供需、协同创新功能。制定完善适应平台模式、共享经济等创新发展的法律法规，明确相关企业在知识产权保护、质量管理、信息内容管理、协助申报纳税、社会保障、网络安全等方面的责任和义务。加强风险控制，构建政府主管部门、行业组织、企业和消费者等多元主体共同治理的消费生态体系。积极培育网络消费、定制消费、体验消费、智能消费、时尚消费等消费新热点，鼓励与消费者体验、个性化设计、柔性制造等相关的产业加快发展。

（四）推动农村居民消费梯次升级

逐步缩小城乡居民消费差距。加快农村吃穿用住行等一般消费提质扩容，鼓励和引导农村居民增加交通通信、文化娱乐、汽车等消费。推动电子商务向广大农村地区延伸覆盖，畅通城乡双向联动销售渠道，促进线下产业发展平台和线上电商交易平台结合，鼓励和支持消费新业态新模式向农村市场拓展。推动具备条件的乡镇将商贸物流与休闲农业、乡村旅游、产品加工等有机结合。加大农村地区水电路气、信息、无障碍以及北方地区供暖等设施建设和改造力度。健全农村现代流通网络体系，优化整合存量设施资源，有效降低农村流通成本。

三、健全质量标准和信用体系，营造安全放心消费环境

加快建立健全高层次、广覆盖、强约束的质量标准和消费后评价体系，强化消费领域企业和个人信用体系建设，提高消费者主体意识和维权能力，创建安全放心的消费环境。

（一）强化产品和服务标准体系建设

产品标准。大力实施标准化战略，建立政府主导制定标准与市场主体自主制定标准协同发展、协调配套的新型标准体系。在移动通信、互联网等领域建立符合我国发展需要的标准。鼓励企业制定实施高于国家标准或行业标准的企业标准，全面实施企业标准自我声明公开和监督制度，实施企业标准领跑者制度。大力开展高端品质认证，推动品牌建设，培育一批能够展示中国产品优质形象的品牌和企业。推动国内优势、特色技术标准成为国际标准。

优化质量标准满足消费结构升级需求。围绕消费需求旺盛、与群众日常生活息息相关的新型消费品领域，充分发挥市场机制与企业主体作用，构建新型消费品标准体系，以标准实施促进质量提升。结合消费细分市场发展趋势，开展个性定制消费品标准化工作。引领智能家居、智慧家庭等领域消费品标准制定，加大新技术新产品等创新成果的标准转化力度。完善绿色产品标准体系，创新领跑者指标和相关技术标准的衔接机制，加大绿色产品标识认证制度实施和采信力度。

服务标准。推动服务业标准制定修订，加快制定基础和通用标准，带动行业提升标准水平。鼓励行业协会商会等组织制定并公布本行业相关产品和服务标准清单，指导企业完善服务标准，鼓励行业内企业开展企业服务标准自我声明公开。推动建立优质服务标识管理制度，在重点服务业制定优质服务规范，推动建立服务质量自我评估和公开承诺制度。在旅游、中医药、养老、家政、餐饮等重点领域遴选一批服务质量标杆单位，推动建设相关行业服务标准。选择部分服务业探索开展服务标准准入制试点。

（二）健全消费后评价制度

建立产品和服务消费后评价体系，完善全过程产品和服务安全防范机制，建立健全消费环境监测评价体系。构建完善的跟踪反馈评估体系，加强监测结果反馈和改进跟踪机制建设。开展消费品质量状况分析评价，建立健全消费品质量安全风险监测评估制度，建设全国消费品质量监督信息化服务平台，建立一批消费品质量安全风险信息监测点，构建全国统一的消费品质量安全风险监测网络和风险快速预警系统。研究制定电子商务产品质量监督管理办法，加强线上线下一体化监管，完善风险监测、网上抽查、源头追溯、属地查处、信用管理的电子商务产品质量监督管理制度。完善服务业质量监督管理制度，健全服务质量治理体系和顾客满意度测评体系，推行质量首负责任承诺制度，强化服务质量问题协同处理机制，分领域设立服务后评价标准体系。引导平台型企业建立餐饮、家政、互联网医疗等重点领域的服务后评价机制，实行评价信息公开。建立健全社会第三方认证认可制度。

（三）加强消费领域信用体系建设

加强消费领域信用信息采集。依托全国信用信息共享平台，建立跨地区跨部门跨行业信用信息共享共用机制。建立科学合理的信用评价体系，强化“信用中国”网站信息公开和国家企业信用信息公示系统依法公示功能，将行政许可、行政处罚、产品抽检结果等信息向社会公开，为公众提供公共信用信息“一站式”查询服务和消费预警提示。运用多种方式和载体，开展消费投诉信息公示工作，督促经营者诚信经营。引导企业主动发布综合信用承诺或产品和服务质量等专项承诺，鼓励信用服务机构开展消费领域企业信用评价，充分发挥行业协会商会的行业诚信自律作用。

完善守信激励和失信惩戒机制。建立健全守信“红名单”制度，为守信企业提供行政审批“绿色通道”、降低监管频次等激励措施，为守信个人提供住房、交通出行等多场景消费服务便利优惠。建立健全失信“黑名单”制度，对失信主体实施市场禁入或服务受限等联合惩戒措施。通过“信用中国”网站和国家企业信用信息公示系统向社会公布守信“红名单”和失信“黑名单”信息。推进信用风险分级分类监管，对信用风险等级高的市场主体，适当提高产品抽检、责任巡查等监管频次。在关系百姓生命财产安全的食品、药品等领域，加大对销售假冒伪劣产品行为的打击力度，对侵害消费者权益的市场主体依法实施惩罚性赔偿。

（四）健全消费者维权机制

健全消费者权益保护工作部门协作机制。进一步完善全国12315互联网平台功能，畅通消费者诉求渠道，强化对消费者权益的行政保护，建立常态化的消费者满意度调查评估机制。建立健全消费者信息保护、数据交易和共享相关制度。打击假冒伪劣和虚假广告宣传，充分发挥消费者协会等组织维护消费者权益的积极作用。强化消费者权益损害法律责任，坚持依法解决服务纠纷，扩大适用举证责任倒置服务范围。健全公益诉讼制度，适当扩大公益诉讼主体范围。探索建立纠纷多元化解决机制，完善诉讼、仲裁与调解对接机制。适应互联网时代发展要求，加大网络消费者权益司法保护力度，加强网上跨境消费者争议解决机制建设。提高消费者主体意识和维权能力。聚焦信息消费、预付式消费、网络购物、群体消费等领域出现的问题，传播科学文明的商品和服务知识等信息，通过各种平台的宣传及消费维权知识的普及，提高消费者的主体意识和依法维权能力，营造重视消费者权益保护的良好氛围。加快个人信息安全立法，进一步加大消费者个人信息保护力度。

四、强化政策配套和宣传引导，改善居民消费能力和预期

（一）深化收入分配制度改革

完善有利于提高居民消费能力的收入分配制度，增加低收入群体收入，扩大中等收入群体。完善企业工资分配的宏观指导制度，依法推进工资集体协商，建立反映人力资源市场供求关系和企业经济效益的工资决定机制和正常增长机制。完善机关事业单位工资和津补贴制度，落实以增加知识价值为导向的分配政策，扩大高校和科研院所收入分配自主权，建立公务员和企业相当人员工资水平调查比较制度，推进实施重点群体增收激励计划，拓宽居民劳动收入和财产性收入渠道。推进实施企业职工基本养老保险基金中央调剂制度。建立健全覆盖城乡居民的基本医疗卫生制度。鼓励有条件的地方探索建立低收入群体基本生活现金救助、实物救助和救助服务相结合的社会救助方式，按照满足基本生活需求的标准核定救助标准，并根据价格水平动态调整。

（二）构建公平开放的市场环境

积极培育和壮大各类消费供给主体，消除所有制歧视，实行包容审慎有效的准入制度，全面实施公平竞争审查制度，加快建立全国统一、开放、竞争、有序的市场体系，打破地域分割和市场分割。全面实施准入前国民待遇加负面清单管理制度，加大生活性服务领域有效有序开放力度，逐步放宽放开对外资的限制。建设若干国际消费中心城市，推进海南国际旅游消费中心建设。

（三）完善财税金融土地配套政策

健全消费政策体系，进一步研究制定鼓励和引导居民消费的政策。推动消费税立法。推进个人所得税改革，合理提高个人所得税基本减除费用标准，适当增加专项附加扣除，逐步建立综合和分类相结合的个人所得税制度。落实好健康、养老、家政等生活性服务业的税收优惠政策。进一步提升金融对促进消费的支持作用，鼓励消费金融创新，规范发展消费信贷，把握好保持居民合理杠杆水平与消费信贷合理增长的关系。鼓励保险公司在风险可控的前提下，为消费信贷提供融资增信支持。加大文化、旅游、体育、健康、养老、家政等领域用地政策落实力度。

（四）深化事业单位分类改革

合理区分基本公共服务与非基本公共服务，基本公共服务主要由政府保障，非基本公共服务主要由市场提供。加快推进教育、卫生、文化、体育等领域事业单位分类改革，将生产经营类事业单位转为企业。建立健全符合不同事业单位特点的管理体制机制，分类推进事业单位人事制度改革。完善民办机构参与公办机构改制细则。

（五）优化消费领域基础设施建设投入机制

积极发挥财政资金引导作用，进一步吸引社会投资，加快推进中西部地区、农村地区现代流通、信息网络、服务消费等短板领域基础设施建设，提高投资质量和效益。通过政府和社会资本合作（PPP）模式、社会领域产业企业专项债券等方式，鼓励支持社会力量参与文化、旅游、体育、健康、养老、家政、教育等领域基础设施建设。

（六）加强消费统计监测

研究制定服务消费和消费新业态新模式的统计分类，完善相关统计监测，有效反映文化、旅游、体育、健康、养老、家政、教育培训、托幼等服务消费发展水平，形成涵盖商品消费、服务消费的消费领域统计指标体系，更加全面反映居民消费发展情况。建立消费领域运用大数据等新技术开展形势分析和政策辅助决策的机制。健全消费政策评估机制。

（七）健全消费宣传推介和信息引导机制

加强对促进消费工作的舆论宣传，突出以人民为中心的发展思想，有效引导社会预期。积极培育健康理性的消费理念，大力宣传倡导丰俭有度、雅俗兼容的消费文化。用好各级各类媒体，构筑良好的消费宣传推介机制，客观真实向消费者推介商品和旅游、文化等服务，促进供需有效对接。建立针对涉嫌虚假宣传的惩罚惩戒机制。

各地区各部门要充分认识完善促进消费体制机制的重要意义，切实强化组织领导，逐项抓好改革任务和政策落实。要加大统筹协调力度，由国家发展改革委牵头会同有关部门建立完善促进消费体制机制的部门协调机制，统筹促进消费工作，制定整体战略、重要政策和措施。加强促进消费工作的监督考核。要积极推进本意见贯彻落实，抓紧制定实施完善促进消费体制机制的实施方案（2018～2020年）。有关部门要针对本行业本领域细分市场，完善促进消费的政策体系，形成释放消费潜力的政策合力。各地区要按照本意见和实施方案的要求，结合实际抓紧制定具体实施方案和细化政策措施，进一步激发居民消费潜力。

国务院办公厅关于印发完善促进消费体制机制实施方案（2018～2020年）的通知

国办发〔2018〕93号

各省、自治区、直辖市人民政府，国务院各部委、各直属机构：

《完善促进消费体制机制实施方案（2018～2020年）》已经国务院同意，现印发给你们，请认真贯彻执行。

国务院办公厅

2018年9月24日

完善促进消费体制机制实施方案（2018～2020年）

消费是最终需求，促进消费对释放内需潜力、推动经济转型升级、保障和改善民生具有重要意义。为加快破解制约居民消费最直接、最突出、最迫切的体制机制障碍，增强消费对经济发展的基础性作用，根据《中共中央国务院关于完善促进消费体制机制进一步激发居民消费潜力的若干意见》，制定本实施方案。

一、进一步放宽服务消费领域市场准入

（一）旅游领域。制定出台海南建设国际旅游消费中心实施方案。及时总结59国外国人海南入境旅游免签政策实施效果，加强出入境安全措施建设，为进一步扩大免签范围创造条件。制定出台自驾车、旅居车营地建设相关规范。逐步放开中外合资旅行社从事旅游业务范围，加强与国际旅游组织的合作。制定出台邮轮旅游发展规划、游艇旅游发展指导意见。出台实施进一步促进乡村旅游提质升级的政策措施。推进生态航道建设，研究开发京杭运河具备条件航段的航运旅游功能，促进交通与旅游融合发展。理顺出租汽车、汽车租赁等个性化、差异化出行价格机制。鼓励发展租赁式公寓、民宿客栈等旅游短租服务。落实带薪休假制度，鼓励错峰休假和弹性作息。（国家发展改革委、文化和旅游部、外交部、海关总署、公安部、农业农村部、商务部、人力资源社会保障部、交通运输部按职责分工负责）

（二）文化领域。在文化服务领域开展行政审批标准化试点。推进经营性文化事业单位转企改制、公益性文化事业单位改革和国有文化企业公司制股份制改造。制定实施深化电影院线制改革方案，推动“互联网＋电影”业务创新，完善规范电影票网络销售及服务相关政策，促进点播影院业务规范发展。拓展数字影音、动漫游戏、网络文学等数字文化内容。完善游戏游艺设备分类，严格设备类型与内容准入。总结推广引导城乡居民扩大文化消费试点工作经验和有效模式。扩大文化文物单位文化创意产品开发试点范围。清晰界定文物的所有权、保管权和收藏权，完善文物合法流通交易体制机制。（中央宣传部、文化和旅游部、国家文物局、广电总局、国家发展改革委、财政部按职责分工负责）

（三）体育领域。加快制定赛事审批取消后的服务管理办法，建立体育、公安、卫生等多部门对商业性和群众性大型赛事活动联合“一站式”服务机制。修订彩票公益金资助开展全民健身赛事和活动有关办法，研究制定向社会力量购买全民健身赛事活动服务的办法。推进体育赛事制播分离，积极打造国家体育传播平台，引导有条件的地方电视台创办体育频道。打破大型国际体育赛事转播垄断，引入体育赛事转播竞争机制，按市场化原则建立体育赛事转播收益分配机制。积极培育冰雪运动、山地户外运动、水上运动、航空运动、汽车摩托车运动、电竞运动等体育消费新业态。支持海南打造国家体育旅游示范区，引入一批国际一流赛事。开展全民运动健身模范市（县）创建。（体育总局、财政部、国家发展改革委、广电总局按职责分工负责）

（四）健康领域。落实医疗卫生服务体系规划、医疗机构设置规划、大型医用设备配置规划，凡符合规划条件和准入资质的，不得以任何理由限制。合理放宽社会办医疗机构配置大型医用设备规划预留空间。实施社会办医疗机构跨部门联合审批。制定新型健康服务机构准入标准和监管办法。加快推动贫困县县医院远程医疗全覆盖，并推动向乡村延伸。适应“互联网+医疗健康”发展，健全互联网诊疗收费政策，逐步将符合条件的互联网诊疗服务纳入医保支付范围。（国家卫生健康委、国家发展改革委、人力资源社会保障部、财政部、国家医保局、商务部按职责分工负责）

（五）养老领域。取消养老机构设立许可。建立养老机构分类管理制度，加快推进公办养老机构转制为企业或开展公建民营，建立健全养老领域公建民营相关规范，着力解决托底保障职能与公建民营不协调问题。编制实施国家积极应对人口老龄化中长期规划，支持各类市场主体增加养老服务供给。推动医养结合，研究出台医养结合机构服务和管理指南，深入开展长期护理保险试点。开展养老机构服务标准体系建设和养老机构服务质量专项行动。推动社区养老服务设施全覆盖。（民政部、国家卫生健康委、人力资源社会保障部、国家医保局、银保监会、国家发展改革委、商务部、市场监管总局按职责分工负责）

（六）家政领域。健全家政服务标准和服务规范，研究制定家政电商等新兴业态的服务标准和规范，开展家政服务标准化试点示范建设。强化家政服务从业人员岗前培训，育婴员、养老护理员等职业实行在岗继续培训制度。实行上岗前健康体检制度，家政服务从业人员上岗前按所从事家政服务类别进行体检。探索建立家政服务保险制度，鼓励家政服务从业人员投保人身意外伤害保险，支持商业保险机构开发家政服务雇主责任保险、职业责任保险、意外险等保险产品。支持家政服务知名品牌建设，引导家政企业做大做强。建立健全大中型城市与中西部地区国家级贫困县之间的家政服务劳务对接机制。（国家发展改革委、商务部、人力资源社会保障部、银保监会、市场监管总局按职责分工负责）

（七）教育培训领域。抓紧修订民办教育促进法实施条例。开展产教融合建设试点工作，鼓励有条件的地区探索职业学校股份制改革试点。大力发展普惠性学前教育，鼓励地方政府通过购买服务、减免租金、派驻公办教师等方式引导和支持民办幼儿园提供普惠性服务。制定实施大力发展 3 岁以下婴幼儿照护服务的政策措施。实施好关于规范校外培训机构发展的意见。鼓励有条件的地区引进境外优质高等教育、职业教育资源，举办高水平中外合作办学机构和项目，探索建立本科以上层次中外合作办学项目部省联合审批机制。（教育部、商务部、国家发展改革委按职责分工负责）

二、完善促进实物消费结构升级的政策体系

（八）大力发展住房租赁市场。总结推广住房租赁试点经验，加快研究建立住房租赁市场建设评估指标体系。发挥国有租赁企业对市场的引领、规范、激活和调控作用，支持专业化、机构化住房租赁企业发展。加快建设政府主导的住房租赁管理服务平台。鼓励有条件的城市结合实际探索发展共有产权住房，多渠道解决群众住房问题。加快出台城镇住房保障条例、住房租赁条例和住房销售管理条例。建立健全房地产信息发布机制，加强舆论引导，稳定市场预期。（住房城乡建设部、国家发展改革委按职责分工负责）

（九）促进汽车消费优化升级。继续实施新能源汽车车辆购置税优惠政策，完善新能源汽车积分管理制度，落实好乘用车企业平均燃料消耗量与新能源汽车积分并行管理办法，研究建立碳配额交易制度。完善新能源汽车充电设施标准规范，大力推动“互联网＋充电基础设施”，提高充电服务智能化水平。研究制定促进智能汽车创新发展的政策措施。实施汽车销售管理办法，打破品牌授权单一模式，鼓励发展共享型、节约型、社会化的汽车流通体系。深入推进汽车平行进口试点。全面取消二手车限迁政策，便利二手车交易。修订报废汽车回收管理办法。积极发展汽车赛事、旅游、文化、改装等相关产业，深挖汽车后市场潜力。综合运用发行城市停车场建设专项债券、调整完善车辆购置税分配政策等措施，加大停车设施建设资金支持力度。（商务部、工业和信息化部、国家发展改革委、交通运输部、财政部、税务总局、自然资源部、住房城乡建设部、海关总署、生态环境部按职责分工负责）

（十）发展壮大绿色消费。加大相关标准标识认证制度实施力度，完善政府采购制度，创新领跑者指标和相关技术标准的衔接机制。统一常用电子产品的电池、充电器标准。研究建立绿色产品消费积分制度。推动绿色流通发展，倡导流通环节减量包装、使用可降解包装。创建一批绿色商场，在继续做好绿色购物中心创建基础上，逐步向超市、专业店等业态延伸，引导流通企业增设绿色产品专区，扩大绿色产品销售，积极发挥绿色商场在促进绿色循环消费方面的示范作用。（国家发展改革委、生态环境部、商务部、市场监管总局按职责分工负责）

（十一）进一步扩大和升级信息消费。加大网络提速降费力度。加快推进第五代移动通信（5G）技术商用。支持企业加大技术研发投入，突破核心技术，带动产品创新，提升智能手机、计算机等产品中高端供给体系质量。支持可穿戴设备、消费级无人机、智能服务机器人等产品创新和产业化升级。利用物联网、大数据、云计算、人工智能等技术推动各类应用电子产品智能化升级。创新发展生活类信息消费，重点发展面向社区生活的线上线下融合服务、面向文化娱乐的数字创意内容和服务、面向便捷出行的交通旅游服务。推进网络游戏转型升级，规范网络游戏研发出版运营。培育形成一批拥有较强实力的数字创新企业。建立健全公共数据资源开放共享体系。

（中央网信办、中央宣传部、工业和信息化部、国家发展改革委、科技部、文化和旅游部、广电总局按职责分工负责）

（十二）推动传统商贸创新发展。高标准布局建设具有国际影响力的大型消费商圈，完善“互联网＋”消费生态体系，鼓励建设“智慧商店”、“智慧商圈”。支持具备条件的城市重点培育一批具有国际国内领先水平的高品位步行街，促进线上线下互动、服务体验融合、商旅文体协同、购物体验结合。提升城市配送车辆通行管理水平。优化商贸物流设施空间布局，大力发展便利店、社区菜店等社区商业。建设培育特色商贸小镇。推进经济型酒店连锁经营，鼓励发展各类生态、文化主题酒店和特色化、中小型家庭旅馆。（商务部、国家发展改革委按职责分工负责）

三、加快推进重点领域产品和服务标准建设

（十三）深入实施“同线同标同质”工程。将内外销产品“同线同标同质”工程实施范围逐步由食品农产品领域向消费品等其他领域拓展。（市场监管总局负责）

（十四）加强消费产品和服务标准制定。积极开展质量提升行动，加强质量基础设施建设与应用，开展国家质量基础设施协同服务及应用。开展新业态、新消费以及服务消费质量监测专项行动，瞄准智能产品、重点服务消费等领域，综合采取风险监测、质量分析、标准领航等措施提升质量水平。修订提高生鲜乳、灭菌乳等国家标准，建立全过程质量追溯体系。积极开展体育、旅游、家政、养老等服务消费领域和以信息技术为支撑的消费新业态新模式的国家标准制订工作，选择部分服务业探索开展服务标准准入制试点。开展健康、教育、体育、金融、电商等领域服务认证。完善绿色产品标准体系，重点加快制修订能源、涉挥发性有机物等产品相关标准，抓好标准实施。有序推动强制性国家标准立项工作，整合精简现行强制性国家标准、行业标准和地方标准。（市场监管总局、工业和信息化部、国家发展改革委、商务部、国家卫生健康委、生态环境部按职责分工负责）

（十五）打造有影响力的中国品牌。选择部分重点行业和重点产品，推动制定国内领先、国际一流的企业标准和行业标准，创建一批有世界影响力

的中国品牌。（市场监管总局、工业和信息化部、国家发展改革委、住房城乡建设部、商务部按职责分工负责）

四、建立健全消费领域信用体系

（十六）完善消费领域信用信息共享共用机制。依托全国信用信息共享平台，聚焦重点消费品和旅游、家政、养老、健康等服务消费，进一步归集市场监管、税务、海关等领域信用信息，建立健全企业信用档案和人员档案数据库。落实企业的信息共享共用主体责任，督促企业加大基本信息数据收集力度，实现产品生产信息和质量追溯信息互联互通，方便消费者集中查询。出台实施商务领域诚信体系建设指导意见。（国家发展改革委、商务部、人民银行、海关总署、税务总局、市场监管总局按职责分工负责）

（十七）加强信用信息公开。强化“信用中国”网站公开功能，逐步实现行政许可、行政处罚、产品抽检结果等不涉及个人隐私、企业和国家秘密的信息向社会全部公开，为公众提供信用信息“一站式”查询和消费预警提示服务。建立重大信息公告和违法违规记录公示制度。（国家发展改革委、市场监管总局、商务部按职责分工负责）

（十八）健全守信激励和失信惩戒机制。加快建立守信“红名单”和失信“黑名单”及管理办法，实施守信联合激励和失信联合惩戒措施。在部分地区试点建立失信企业惩罚性赔偿制度，在总结评估的基础上逐步扩大试点范围。建立完善信用分级分类监管机制，根据企业信用风险等级合理配置和调度监管资源。（国家发展改革委、市场监管总局、商务部按职责分工负责）

（十九）推进消费者维权机制改革。开展放心消费创建工作。加强金融消费维权，强化监督管理和社会监督，约束引导银行业和保险业金融机构诚信服务、规范经营，不断提升金融消费满意度。加强电商消费维权，针对电商销售重要时间节点，加强与电商平台、消费者协会等的协作，实现维权、处罚等信息互联互通。严厉打击假冒伪劣和虚假广告宣传。推动加快个人信息保护法立法进程，完善消费者个人隐私、消费数据保护法律法规，强化零售商、服务提供商、电信运营商、互联网平台经营者的主体责任，加大对侵

犯消费者隐私权行为的打击惩戒力度。（市场监管总局、人民银行、银保监会按职责分工负责）

（二十）加强重要产品质量追溯体系建设。统筹规划全国重要产品追溯体系建设，提高重要产品生产管理信息化、标准化、集约化水平，健全追溯大数据应用机制，逐步形成全国追溯数据统一共享交换机制，初步实现部门、地区和企业追溯体系互通共享。完善食品药品等重要消费品召回制度。扩大产品国家监督抽查覆盖面，增加抽查频次，加强联合监督执法。（商务部、市场监管总局、工业和信息化部、农业农村部按职责分工负责）

五、优化促进居民消费的配套保障

（二十一）完善有利于促进居民消费的财税支持措施。推动消费税立法。制定出台新个人所得税法相关配套制度和措施，明确专项附加扣除的具体范围、标准和操作办法。积极开展个人税收递延型商业养老保险试点工作。充分利用现有资金渠道对服务消费予以支持。（财政部、税务总局、银保监会、国家发展改革委、商务部按职责分工负责）

（二十二）进一步提升金融服务质效。在风险可控、商业可持续、保持居民合理杠杆水平的前提下，加快消费信贷管理模式和产品创新，加大对重点消费领域的支持力度，不断提升消费金融服务的质量和效率。引导商业保险机构加大产品创新力度，开发有针对性的保险产品。（人民银行、银保监会按职责分工负责）

（二十三）深化收入分配制度改革。进一步深化城乡居民增收综合配套政策试点、专项激励计划和收入监测试点。加快建立全国统一规范的企业薪酬调查和信息发布制度。加强和改进对企业工资分配的宏观指导。推进国有企业工资决定机制改革。完善机关事业单位工资和津补贴制度。合理确定社会救助、抚恤优待等标准。探索开展支出型贫困家庭救助工作。（人力资源社会保障部、财政部、民政部、国家发展改革委按职责分工负责）

六、加强消费宣传推介和信息引导

（二十四）加强消费领域统计监测。研究制定服务消费和消费新业态新模式的统计分类，完善旅游、文化、体育、健康、养老、家政、教育培训、广播电视等重点领域服务消费统计监测，研究建立较为全面反映服务消费发展水平的统计指标体系。建立并推行绿色产品市场占有率统计报表制度。健全消费政策评估机制，委托第三方机构开展重大消费政策评估。（国家统计局、商务部、生态环境部、市场监管总局、国家发展改革委按职责分工负责）

（二十五）加强消费领域大数据应用。依托国家数据共享交换平台体系等基础设施资源，加快推动各部门、各地区消费领域大数据应用并实现互联互通。推动社会组织、电商企业等建设相关领域大数据库，支持专业化大数据服务企业发展。加强政府与社会合作，建立消费领域大数据分析常态化机制，提升大数据运用能力。（国家发展改革委、工业和信息化部按职责分工负责）

（二十六）认真做好消费宣传引导工作。在重大消费政策出台前后，通过组织召开专题发布会、专家解读等方式，正确引导社会预期。定期组织召开消费形势或相关消费领域专题信息发布会，及时发布消费发展信息、增强社会信心。加强和改进新闻媒体关于消费文化的宣传报道。组织编制年度居民消费发展报告。倡导绿色消费理念，纳入全国节能宣传周、全国科普活动周、全国低碳日、世界环境日等主题宣传教育活动，通过新闻媒体、网络媒体开展公益宣传，营造绿色消费良好社会氛围。（中央宣传部、市场监管总局、广电总局、生态环境部、国家发展改革委、人民银行按职责分工负责）

中共中央　国务院关于打赢脱贫攻坚战三年行动的指导意见

（2018 年 6 月 15 日）

党的十八大以来，以习近平同志为核心的党中央把脱贫攻坚工作纳入“五位一体”总体布局和“四个全面”战略布局，作为实现第一个百年奋斗目标的重点任务，作出一系列重大部署和安排，全面打响脱贫攻坚战。过去 5 年，我们采取超常规举措，以前所未有的力度推进脱贫攻坚，农村贫困人口显著减少，贫困发生率持续下降，解决区域性整体贫困迈出坚实步伐，贫困地区农民生产生活条件显著改善，贫困群众获得感显著增强，脱贫攻坚取得决定性进展，创造了我国减贫史上的最好成绩。过去5年，我们充分发挥政治优势和制度优势，构筑了全社会扶贫的强大合力，建立了中国特色的脱贫攻坚制度体系，为全球减贫事业贡献了中国智慧和中国方案，谱写了人类反贫困史上的辉煌篇章。

党的十九大明确把精准脱贫作为决胜全面建成小康社会必须打好的三大攻坚战之一，作出了新的部署。从脱贫攻坚任务看，未来3年，还有3000万左右农村贫困人口需要脱贫，其中因病、因残致贫比例居高不下，在剩余3年时间内完成脱贫目标，任务十分艰巨。特别是西藏、四省藏区、南疆四地州和四川凉山州、云南怒江州、甘肃临夏州（以下简称“三区三州”）等深度贫困地区，不仅贫困发生率高、贫困程度深，而且基础条件薄弱、致贫原因复杂、发展严重滞后、公共服务不足，脱贫难度更大。从脱贫攻坚工作看，形式主义、官僚主义、弄虚作假、急躁和厌战情绪以及消极腐败现象仍然存在，有的还很严重，影响脱贫攻坚有效推进。必须清醒地把握打赢脱贫攻坚战的困难和挑战，切实增强责任感和紧迫感，一鼓作气、尽锐出战、精准施策，以更有力的行动、更扎实的工作，集中力量攻克贫困的难中之难、坚中之坚，确保坚决打赢脱贫这场对如期全面建成小康社会、实现第一个百年奋斗目标具有决定性意义的攻坚战。

按照党的十九大关于打赢脱贫攻坚战总体部署，根据各地区各部门贯彻落实《中共中央、国务院关于打赢脱贫攻坚战的决定》的进展和实践中存在的突出问题，现就完善顶层设计、强化政策措施、加强统筹协调，推动脱贫攻坚工作更加有效开展，制定以下指导意见。

一、全面把握打赢脱贫攻坚战三年行动的总体要求

（一）指导思想

全面贯彻党的十九大和十九届二中、三中全会精神，以习近平新时代中国特色社会主义思想为指导，充分发挥政治优势和制度优势，坚持精准扶贫精准脱贫基本方略，坚持中央统筹、省负总责、市县抓落实的工作机制，坚持大扶贫工作格局，坚持脱贫攻坚目标和现行扶贫标准，聚焦深度贫困地区和特殊贫困群体，突出问题导向，优化政策供给，下足绣花功夫，着力激发贫困人口内生动力，着力夯实贫困人口稳定脱贫基础，着力加强扶贫领域作风建设，切实提高贫困人口获得感，确保到2020年贫困地区和贫困群众同全国一道进入全面小康社会，为实施乡村振兴战略打好基础。

（二）任务目标

到2020年，巩固脱贫成果，通过发展生产脱贫一批，易地搬迁脱贫一批，生态补偿脱贫一批，发展教育脱贫一批，社会保障兜底一批，因地制宜综合施策，确保现行标准下农村贫困人口实现脱贫，消除绝对贫困；确保贫困县全部摘帽，解决区域性整体贫困。实现贫困地区农民人均可支配收入增长幅度高于全国平均水平。实现贫困地区基本公共服务主要领域指标接近全国平均水平，主要有：贫困地区具备条件的乡镇和建制村通硬化路，贫困村全部实现通动力电，全面解决贫困人口住房和饮水安全问题，贫困村达到人居环境干净整洁的基本要求，切实解决义务教育学生因贫失学辍学问题，基本养老保险和基本医疗保险、大病保险实现贫困人口全覆盖，最低生活保障实现应保尽保。集中连片特困地区和革命老区、民族地区、边疆地区发展环境明显改善，深度贫困地区如期完成全面脱贫任务。

（三）工作要求

坚持严格执行现行扶贫标准。严格按照“两不愁、三保障”要求，确保贫困人口不愁吃、不愁穿；保障贫困家庭孩子接受九年义务教育，确保有学上、上得起学；保障贫困人口基本医疗需求，确保大病和慢性病得到有效救治和保障；保障贫困人口基本居住条件，确保住上安全住房。要量力而行，既不能降低标准，也不能擅自拔高标准、提不切实际的目标，避免陷入“福利陷阱”，防止产生贫困村和非贫困村、贫困户和非贫困户待遇的“悬崖效应”，留下后遗症。

坚持精准扶贫精准脱贫基本方略。做到扶持对象精准、项目安排精准、资金使用精准、措施到户精准、因村派人（第一书记）精准、脱贫成效精准，因地制宜、从实际出发，解决好扶持谁、谁来扶、怎么扶、如何退问题，做到扶真贫、真扶贫，脱真贫、真脱贫。

坚持把提高脱贫质量放在首位。牢固树立正确政绩观，不急功近利，不好高骛远，更加注重帮扶的长期效果，夯实稳定脱贫、逐步致富的基础。要合理确定脱贫时序，不搞层层加码，不赶时间进度、搞冲刺，不搞拖延耽误，确保脱贫攻坚成果经得起历史和实践检验。

坚持扶贫同扶志扶智相结合。正确处理外部帮扶和贫困群众自身努力的关系，强化脱贫光荣导向，更加注重培养贫困群众依靠自力更生实现脱贫致富的意识，更加注重提高贫困地区和贫困人口自我发展能力。

坚持开发式扶贫和保障性扶贫相统筹。把开发式扶贫作为脱贫基本途径，针对致贫原因和贫困人口结构，加强和完善保障性扶贫措施，造血输血协同，发挥两种方式的综合脱贫效应。

坚持脱贫攻坚与锤炼作风、锻炼队伍相统一。把脱贫攻坚战场作为培养干部的重要阵地，强化基层帮扶力量，密切党同人民群众血肉联系，提高干部干事创业本领，培养了解国情和农村实际的干部队伍。

坚持调动全社会扶贫积极性。充分发挥政府和社会两方面力量作用，强化政府责任，引导市场、社会协同发力，构建专项扶贫、行业扶贫、社会扶贫互为补充的大扶贫格局。

二、集中力量支持深度贫困地区脱贫攻坚

（一）着力改善深度贫困地区发展条件

推进深度贫困地区交通建设攻坚，加快实施深度贫困地区具备条件的建制村通硬化路工程。加快实施深度贫困地区农村饮水安全巩固提升工程。加快深度贫困地区小型水利工程建设，推进深度贫困地区在建重大水利工程建设进度。推进深度贫困地区农村电网建设攻坚，实现农网动力电全覆盖。加强“三区三州”电网建设，加快解决网架结构薄弱、供电质量偏低等问题。加大深度贫困地区互联网基础设施建设投资力度，加快实现深度贫困地区贫困村网络全覆盖。推进深度贫困地区整合资金、统一规划、统筹实施农村土地综合整治和高标准农田建设。推进西藏、四省藏区、新疆南疆退耕还林还

草、退牧还草工程。加快岩溶地区石漠化综合治理、西藏生态安全屏障、青海三江源生态保护、祁连山生态保护和综合治理等重点工程建设。实施贫困村提升工程。

（二）着力解决深度贫困地区群众特殊困难

全面实施“三区三州”健康扶贫攻坚行动，重点做好包虫病、艾滋病、大骨节病、结核病等疾病综合防治。加强禁毒脱贫工作，分级分类落实禁毒脱贫举措。采取特殊措施和手段推动人口较少民族贫困人口精准脱贫。全面落实边民补助、住房保障等守边固边政策，改善抵边一线乡村交通、饮水等条件，启动实施抵边村寨电网升级改造攻坚计划，加快推进边境村镇宽带网络建设。稳妥推进新疆南疆土地清理再分配改革，建立土地经营与贫困户直接挂钩的利益分配机制。

（三）着力加大深度贫困地区政策倾斜力度

中央财政进一步增加对深度贫困地区专项扶贫资金、教育医疗保障等转移支付，加大重点生态功能区转移支付、农村危房改造补助资金、中央预算内投资、车购税收入补助地方资金、县级基本财力保障机制奖补资金等对深度贫困地区的倾斜力度，增加安排深度贫困地区一般债券限额。规范扶贫领域融资，依法发行地方政府债券，加大深度贫困地区扶贫投入。新增金融资金优先满足深度贫困地区，新增金融服务优先布局深度贫困地区，对深度贫困地区发放的精准扶贫贷款实行差异化贷款利率。保障深度贫困地区产业发展、基础设施建设、易地扶贫搬迁、民生发展等用地，对土地利用规划计划指标不足部分由中央协同所在省份解决。深度贫困地区开展城乡建设用地增减挂钩可不受指标规模限制，建立深度贫困地区城乡建设用地增减挂钩节余指标跨省域调剂使用机制。深度贫困地区建设用地涉及农用地转用和土地征收的，依法加快审批。在援藏援疆援青工作中，进一步加大对“三区三州”等深度贫困地区干部选派倾斜支持力度。

三、强化到村到户到人精准帮扶举措

（一）加大产业扶贫力度

深入实施贫困地区特色产业提升工程，因地制宜加快发展对贫困户增收带动作用明显的种植养殖业、林草业、农产品加工业、特色手工业、休闲农业和乡村旅游，积极培育和推广有市场、有品牌、有效益的特色产品。将贫困地区特色农业项目优先列入优势特色农业提质增效行动计划，加大扶持力度，建设一批特色种植养殖基地和良种繁育基地。支持有条件的贫困县创办一二三产业融合发展扶贫产业园。组织国家级龙头企业与贫困县合作创建绿色食品、有机农产品原料标准化基地。实施中药材产业扶贫行动计划，鼓励中医药企业到贫困地区建设中药材基地。多渠道拓宽农产品营销渠道，推动批发市场、电商企业、大型超市等市场主体与贫困村建立长期稳定的产销关系，支持供销、邮政及各类企业把服务网点延伸到贫困村，推广以购代捐的扶贫模式，组织开展贫困地区农产品定向直供直销学校、医院、机关食堂和交易市场活动。加快推进“快递下乡”工程，完善贫困地区农村物流配送体系，加强特色优势农产品生产基地冷链设施建设。推动邮政与快递、交通运输企业在农村地区扩展合作范围、合作领域和服务内容。完善新型农业经营主体与贫困户联动发展的利益联结机制，推广股份合作、订单帮扶、生产托管等有效做法，实现贫困户与现代农业发展有机衔接。建立贫困户产业发展指导员制度，明确到户帮扶干部承担产业发展指导职责，帮助贫困户协调解决生产经营中的问题。鼓励各地通过政府购买服务方式向贫困户提供便利高效的农业社会化服务。实施电商扶贫，优先在贫困县建设农村电子商务服务站点。继续实施电子商务进农村综合示范项目。动员大型电商企业和电商强县对口帮扶贫困县，推进电商扶贫网络频道建设。积极推动贫困地区农村资源变资产、资金变股金、农民变股东改革，制定实施贫困地区集体经济薄弱村发展提升计划，通过盘活集体资源、入股或参股、量化资产收益等渠道增加集体经济收入。在条件适宜地区，以贫困村村级光伏电站建设为重点，有序推进光伏扶贫。支持贫困县整合财政涉农资金发展特色产业。鼓励地方从实际出发利用扶贫资金发展短期难见效、未来能够持续发挥效益的产业。规范和推动资产收益扶贫工作，确保贫困户获得稳定收益。将产业扶贫纳入贫困县扶贫成效考核和党政一把手离任审计，引导各地发展长期稳定的脱贫产业项目。

（二）全力推进就业扶贫

实施就业扶贫行动计划，推动就业意愿、就业技能与就业岗位精准对接，提高劳务组织化程度和就业脱贫覆盖面。鼓励贫困地区发展生态友好型劳动密集型产业，通过岗位补贴、场租补贴、贷款支持等方式，扶持企业在贫困乡村发展一批扶贫车间，吸纳贫困家庭劳动力就近就业。推进贫困县农民工创业园建设，加大创业担保贷款、创业服务力度，推动创业带动就业。鼓励开发多种形式的公益岗位，通过以工代赈、以奖代补、劳务补助等方式，动员更多贫困群众参与小型基础设施、农村人居环境整治等项目建设，吸纳贫困家庭劳动力参与保洁、治安、护路、管水、扶残助残、养老护理等，增加劳务收入。深入推进扶贫劳务协作，加强劳务输出服务工作，在外出劳动力就业较多的城市建立服务机构，提高劳务对接的组织化程度和就业质量。东部地区要组织企业到西部地区建设产业园区，吸纳贫困人口稳定就业。西部地区要组织贫困人口到东部地区就业。实施家政和护工服务劳务对接扶贫行动，打造贫困地区家政和护工服务品牌，完善家政和护工就业保障机制。实施技能脱贫专项行动，统筹整合各类培训资源，组织有就业培训意愿的贫困家庭劳动力参加劳动预备制培训、岗前培训、订单培训和岗位技能提升培训，按规定落实职业培训补贴政策。推进职业教育东西协作行动，实现东西部职业院校结对帮扶全覆盖，深入实施技能脱贫千校行动，支持东部地区职业院校招收对口帮扶的西部地区贫困家庭学生，帮助有在东部地区就业意愿的毕业生实现就业。在人口集中和产业发展需要的贫困地区办好一批中等职业学校（含技工学校），建设一批职业技能实习实训基地。

（三）深入推动易地扶贫搬迁

全面落实国家易地扶贫搬迁政策要求和规范标准，结合推进新型城镇化，进一步提高集中安置比例，稳妥推进分散安置并强化跟踪监管，完善安置区配套基础设施和公共服务设施，严守贫困户住房建设面积和自筹资金底线，统筹各项扶贫和保障措施，确保完成剩余390万左右贫困人口搬迁建设任务，确保搬迁一户、稳定脱贫一户。按照以岗定搬、以业定迁原则，加强后续产业发展和转移就业工作，确保贫困搬迁家庭至少1个劳动力实现稳定就业。在自然条件和发展环境异常恶劣地区，结合行政村规划布局调整，鼓励实施整村整组搬迁。今后 3 年集中力量完成“十三五”规划的建档立卡贫困人口搬迁任务，确保具备搬迁安置条件的贫困人口应搬尽搬，逐步实施同步搬迁。对目前不具备搬迁安置条件的贫困人口，优先解决其“两不愁、三保障”问题，今后可结合实施乡村振兴战略压茬推进，通过实施生态宜居搬迁和有助于稳定脱贫、逐步致富的其他形式搬迁，继续稳步推进。加强安置区社区管理和服务，切实做好搬迁群众户口迁移、上学就医、社会保障、心理疏导等接续服务工作，引导搬迁群众培养良好生活习惯，尽快融入新环境新社区。强化易地扶贫搬迁督促检查，确保高质量完成易地扶贫搬迁目标任务。

（四）加强生态扶贫

创新生态扶贫机制，加大贫困地区生态保护修复力度，实现生态改善和脱贫双赢。推进生态保护扶贫行动，到 2020 年在有劳动能力的贫困人口中新增选聘生态护林员、草管员岗位 40 万个。加大对贫困地区天然林保护工程建设支持力度。探索天然林、集体公益林托管，推广“合作社 + 管护 + 贫困户”模式，吸纳贫困人口参与管护。建设生态扶贫专业合作社（队），吸纳贫困人口参与防沙治沙、石漠化治理、防护林建设和储备林营造。推进贫困地区低产低效林提质增效工程。加大贫困地区新一轮退耕还林还草支持力度，将新增退耕还林还草任务向贫困地区倾斜，在确保省级耕地保有量和基本农田保护任务前提下，将 25 度以上坡耕地、重要水源地 15 ~ 25 度坡耕地、陡坡梯田、严重石漠化耕地、严重污染耕地、移民搬迁撂荒耕地纳入新一轮退耕还林还草工程范围，对符合退耕政策的贫困村、贫困户实现全覆盖。结合建立国家公园体制，多渠道筹措资金，对生态核心区内的居民实施生态搬迁，带动贫困群众脱贫。深化贫困地区集体林权制度改革，鼓励贫困人口将林地经营权入股造林合作社，增加贫困人口资产性收入。完善横向生态保护补偿机制，让保护生态的贫困县、贫困村、贫困户更多受益。鼓励纳入碳排放权交易市场的重点排放单位购买贫困地区林业碳汇。

（五）着力实施教育脱贫攻坚行动

以保障义务教育为核心，全面落实教育扶贫政策，进一步降低贫困地区特别是深度贫困地区、民族地区义务教育辍学率，稳步提升贫困地区义务教育质量。强化义务教育控辍保学联保联控责任，在辍学高发区“一县一策”制定工作方案，实施贫困学生台账化精准控辍，确保贫困家庭适龄学生不因贫失学辍学。全面推进贫困地区义务教育薄弱学校改造工作，重点加强乡镇寄宿制学校和乡村小规模学校建设，确保所有义务教育学校达到基本办学条件。实施好农村义务教育学生营养改善计划。在贫困地区优先实施教育信息化2.0行动计划，加强学校网络教学环境建设，共享优质教育资源。改善贫困地区乡村教师待遇，落实教师生活补助政策，均衡配置城乡教师资源。加大贫困地区教师特岗计划实施力度，深入推进义务教育阶段教师校长交流轮岗和对口帮扶工作，国培计划、公费师范生培养、中小学教师信息技术应用能力提升工程等重点支持贫困地区。鼓励通过公益捐赠等方式，设立贫困地区优秀教师奖励基金，用于表彰长期扎根基层的优秀乡村教师。健全覆盖各级各类教育的资助政策体系，学生资助政策实现应助尽助。加大贫困地区推广普及国家通用语言文字工作力度。开展民族地区学前儿童学习普通话行动。

（六）深入实施健康扶贫工程

将贫困人口全部纳入城乡居民基本医疗保险、大病保险和医疗救助保障范围。落实贫困人口参加城乡居民基本医疗保险个人缴费财政补贴政策，实施扶贫医疗救助。切实降低贫困人口就医负担，在严格费用管控、确定诊疗方案、确定单病种收费标准、规范转诊和集中定点救治的基础上，对城乡居民基本医疗保险和大病保险支付后自负费用仍有困难的患者，加大医疗救助和其他保障政策的帮扶力度。全面落实农村贫困人口县域内定点医疗机构住院治疗先诊疗后付费，在定点医院设立综合服务窗口，实现各项医疗保障政策“一站式”信息交换和即时结算。在贫困地区加快推进县乡村三级卫生服务标准化建设，确保每个贫困县建好1～2所县级公立医院（含中医院），加强贫困地区乡镇卫生院和村卫生室能力建设。深入实施医院对口帮扶，全国963家三级医院与832个贫困县的1180家县级医院结对帮扶，为贫困县医院配置远程医疗设施设备，全面建成从三级医院到县医院互联互通的远程医疗服务网络。贫困地区每个乡镇卫生院至少设立1个全科医生特岗。支持地方免费培养农村高职（专科）医学生，经助理全科医生培训合格后，补充到贫困地区村卫生室和乡镇卫生院。贫困地区可在现有编制总量内直接面向人才市场选拔录用医技人员，选拔录用时优先考虑当地医疗卫生事业紧缺人才。全面实施贫困地区县乡村医疗卫生机构一体化管理，构建三级联动的医疗服务和健康管理平台，为贫困群众提供基本健康服务。加强对贫困地区慢性病、常见病的防治，开展专项行动，降低因病致贫返贫风险。开展地方病和重大传染病攻坚行动，实施预防、筛查、治疗、康复、管理的全过程综合防治。贫困地区妇女宫颈癌、乳腺癌检查和儿童营养改善、新生儿疾病筛查项目扩大到所有贫困县。开展和规范家庭医生（乡村医生）签约服务，落实签约服务政策，优先为妇幼、老人、残疾人等重点人群开展健康服务和慢性病综合防控，做好高血压、糖尿病、结核病、严重精神障碍等慢性病规范管理。实施贫困地区健康促进三年行动计划。将脱贫攻坚与落实生育政策紧密结合，倡导优生优育，利用基层计划生育服务力量，加强出生缺陷综合防治宣传教育。

（七）加快推进农村危房改造

允许各省（自治区、直辖市）根据国务院主管部门制定的原则，结合各自实际推广简便易行的危房鉴定程序，规范对象认定程序，建立危房台账并实施精准管理，改造一户、销档一户，确保完成建档立卡贫困户等4类重点对象危房改造任务。明确农村危房改造基本安全要求，保证正常使用安全和基本使用功能。因地制宜推广农房加固改造，在危房改造任务较重的省份开展农房加固改造示范，结合地方实际推广现代生土农房等改良型传统民居，鼓励通过闲置农房置换或长期租赁等方式，兜底解决特殊贫困群体基本住房安全问题。落实各级补助资金，完善分类分级补助标准。加强补助资金使用管理和监督检查，支付给农户的资金要及时足额直接拨付到户。建立完善危房改造信息公示制度。

（八）强化综合保障性扶贫

统筹各类保障措施，建立以社会保险、社会救助、社会福利制度为主体，以社会帮扶、社工助力为辅助的综合保障体系，为完全丧失劳动能力和部分丧失劳动能力且无法依靠产业就业帮扶脱贫的贫困人口提供兜底保障。完善城乡居民基本养老保险制度，对符合条件的贫困人口由地方政府代缴城乡居民养老保险费。继续实施社会服务兜底工程，加快建设为老年人、残疾人、精神障碍患者等特殊群体提供服务的设施。鼓励各地通过互助养老、设立孝善基金等途径，创新家庭养老方式。加快建立贫困家庭“三留守”关爱服务体系，落实家庭赡养、监护照料法定义务，探索建立信息台账和定期探访制度。完善农村低保制度，健全低保对象认定方法，将完全丧失劳动能力和部分丧失劳动能力且无法依靠产业就业帮扶脱贫的贫困人口纳入低保范围。对地广人稀的贫困地区适度降低国家救灾应急响应启动条件。加大临时救助力度，及时将符合条件的返贫人口纳入救助范围。

（九）开展贫困残疾人脱贫行动

将符合条件的建档立卡贫困残疾人纳入农村低保和城乡医疗救助范围。完善困难残疾人生活补贴和重度残疾人护理补贴制度，有条件的地方逐步扩大政策覆盖面。深入实施“福康工程”等残疾人精准康复服务项目，优先为贫困家庭有康复需求的残疾人提供基本康复服务和辅助器具适配服务。对16周岁以上有长期照料护理需求的贫困重度残疾人，符合特困人员救助供养条件的纳入特困人员救助供养；不符合救助供养条件的，鼓励地方通过政府补贴、购买服务、设立公益岗位、集中托养等多种方式，为贫困重度残疾人提供集中照料或日间照料、邻里照护服务。逐步推进农村贫困重度残疾人家庭无障碍改造。实施第二期特殊教育提升计划，帮助贫困家庭残疾儿童多种形式接受义务教育，加快发展非义务教育阶段特殊教育。资产收益扶贫项目要优先安排贫困残疾人家庭。

（十）开展扶贫扶志行动

加强教育引导，开展扶志教育活动，创办脱贫攻坚“农民夜校”、“讲习所”等，加强思想、文化、道德、法律、感恩教育，弘扬自尊、自爱、自强精神，防止政策养懒汉、助长不劳而获和“等靠要”等不良习气。加大以工代赈实施力度，动员更多贫困群众投工投劳。推广以表现换积分、以积分换物品的“爱心公益超市”等自助式帮扶做法，实现社会爱心捐赠与贫困群众个性化需求的精准对接。鼓励各地总结推广脱贫典型，宣传表彰自强不息、自力更生脱贫致富的先进事迹和先进典型，用身边人身边事示范带动贫困群众。大力开展移风易俗活动，选树一批文明村镇和星级文明户，推广“星级评比”等做法，引导贫困村修订完善村规民约，发挥村民议事会、道德评议会、红白理事会、禁毒禁赌会等群众组织作用，坚持自治、法治、德治相结合，教育引导贫困群众弘扬传统美德、树立文明新风。加强对高额彩礼、薄养厚葬、子女不赡养老人等问题的专项治理。深入推进文化扶贫工作，提升贫困群众的公共文化服务获得感。把扶贫领域诚信纳入国家信用监管体系，将不履行赡养义务、虚报冒领扶贫资金、严重违反公序良俗等行为人列入失信人员名单。

四、加快补齐贫困地区基础设施短板

（一）加快实施交通扶贫行动

在贫困地区加快建成外通内联、通村畅乡、客车到村、安全便捷的交通运输网络。尽快实现具备条件的乡镇、建制村通硬化路。以示范县为载体，推进贫困地区“四好农村路”建设。扩大农村客运覆盖范围，到2020年实现具备条件的建制村通客车目标。加快贫困地区农村公路安全生命防护工程建设，基本完成乡道及以上行政等级公路安全隐患治理。推进窄路基路面农村公路合理加宽改造和危桥改造。改造建设一批贫困乡村旅游路、产业路、资源路，优先改善自然人文、少数民族特色村寨和风情小镇等旅游景点景区交通设施。加大成品油税费改革转移支付用于贫困地区农村公路养护力度。推进国家铁路网、国家高速公路网连接贫困地区项目建设，加快贫困地区普通国省道改造和支线机场、通用机场、内河航道建设。

（二）大力推进水利扶贫行动

加快实施贫困地区农村饮水安全巩固提升工程，落实工程建设和管护责任，强化水源保护和水质保障，因地制宜加强供水工程建设与改造，显著提高农村集中供水率、自来水普及率、供水保证率和水质达标率，到2020年全面解决贫困人口饮水安全问题。加快贫困地区大中型灌区续建配套与节水改造、小型农田水利工程建设，实现灌溉水源、灌排骨干工程与田间工程协调配套。切实加强贫困地区防洪工程建设和运行管理。继续推进贫困地区水土保持和水生态建设工程。

（三）大力实施电力和网络扶贫行动

实施贫困地区农网改造升级，加强电力基础设施建设，建立贫困地区电力普遍服务监测评价体系，引导电网企业做好贫困地区农村电力建设管理和供电服务，到2020年实现大电网延伸覆盖至全部县城。大力推进贫困地区农村可再生能源开发利用。

深入实施网络扶贫行动，统筹推进网络覆盖、农村电商、网络扶智、信息服务、网络公益5大工程向纵深发展，创新“互联网+”扶贫模式。完善电信普遍服务补偿机制，引导基础电信企业加大投资力度，实现90%以上贫困村宽带网络覆盖。鼓励基础电信企业针对贫困地区和贫困群众推出资费优惠举措，鼓励企业开发有助精准脱贫的移动应用软件、智能终端。

（四）大力推进贫困地区农村人居环境整治

开展贫困地区农村人居环境整治三年行动，因地制宜确定贫困地区村庄人居环境整治目标，重点推进农村生活垃圾治理、卫生厕所改造。开展贫困地区农村生活垃圾治理专项行动，有条件的地方探索建立村庄保洁制度。因地制宜普及不同类型的卫生厕所，同步开展厕所粪污治理。有条件的地方逐步开展生活污水治理。加快推进通村组道路建设，基本解决村内道路泥泞、村民出行不便等问题。

五、加强精准脱贫攻坚行动支撑保障

（一）强化财政投入保障

坚持增加政府扶贫投入与提高资金使用效益并重，健全与脱贫攻坚任务相适应的投入保障机制，支持贫困地区围绕现行脱贫目标，尽快补齐脱贫攻坚短板。加大财政专项扶贫资金和教育、医疗保障等转移支付支持力度。规范扶贫领域融资，增强扶贫投入能力，疏堵并举防范化解扶贫领域融资风险。进一步加强资金整合，赋予贫困县更充分的资源配置权，确保整合资金围绕脱贫攻坚项目精准使用，提高使用效率和效益。全面加强各类扶贫资金项目绩效管理，落实资金使用者的绩效主体责任，明确绩效目标，加强执行监控，强化评价结果运用，提高扶贫资金使用效益。建立县级脱贫攻坚项目库，健全公告公示制度。加强扶贫资金项目常态化监管，强化主管部门监管责任，确保扶贫资金尤其是到户到人的资金落到实处。

（二）加大金融扶贫支持力度

加强扶贫再贷款使用管理，优化运用扶贫再贷款发放贷款定价机制，引导金融机构合理合规增加对带动贫困户就业的企业和贫困户生产经营的信贷投放。加强金融精准扶贫服务。支持国家开发银行和中国农业发展银行进一步发挥好扶贫金融事业部的作用，支持中国农业银行、中国邮政储蓄银行、农村信用社、村镇银行等金融机构增加扶贫信贷投放，推动大中型商业银行完善普惠金融事业部体制机制。创新产业扶贫信贷产品和模式，建立健全金融支持产业发展与带动贫困户脱贫的挂钩机制和扶持政策。规范扶贫小额信贷发放，在风险可控前提下可办理无还本续贷业务，对确因非主观因素不能到期偿还贷款的贫困户可协助其办理贷款展期业务。加强扶贫信贷风险防范，支持贫困地区完善风险补偿机制。推进贫困地区信用体系建设。支持贫困地区金融服务站建设，推广电子支付方式，逐步实现基础金融服务不出村。支持贫困地区开发特色农业险种，开展扶贫小额贷款保证保险等业务，探索发展价格保险、产值保险、“保险＋期货”等新型险种。扩大贫困地区涉农保险保障范围，开发物流仓储、设施农业、“互联网＋”等险种。鼓励上市公司、证券公司等市场主体依法依规设立或参与市场化运作的贫困地区产业投资基金和扶贫公益基金。贫困地区企业首次公开发行股票、在全国中小企业股份转让系统挂牌、发行公司债券等按规定实行“绿色通道”政策。

（三）加强土地政策支持

支持贫困地区编制村级土地利用规划，挖掘土地优化利用脱贫的潜力。贫困地区建设用地符合土地利用总体规划修改条件的，按规定及时审查批复。新增建设用地计划、增减挂钩节余指标调剂计划、工矿废弃地复垦利用计划向贫困地区倾斜。脱贫攻坚期内，国家每年对集中连片特困地区、国家扶贫开发工作重点县专项安排一定数量新增建设用地计划。贫困地区建设用地增减挂钩节余指标和工矿废弃地复垦利用节余指标，允许在省域内调剂使用。建立土地整治和高标准农田建设等新增耕地指标跨省域调剂机制。贫困地区符合条件的补充和改造耕地项目，优先用于跨省域补充耕地国家统筹，所得收益通过支出预算用于支持脱贫攻坚。优先安排贫困地区土地整治项目和高标准农田建设补助资金，指导和督促贫困地区完善县级土地整治规划。

（四）实施人才和科技扶贫计划

深入实施边远贫困地区、边疆民族地区、革命老区人才支持计划，扩大急需紧缺专业技术人才选派培养规模。贫困地区在县乡公务员考试录用中，从大学生村官、“三支一扶”等人员中定向招录公务员，从贫困地区优秀村干部中招录乡镇公务员。

动员全社会科技力量投入脱贫攻坚主战场，开展科技精准帮扶行动。以县为单位建立产业扶贫技术专家组，各类涉农院校和科研院所组建产业扶贫技术团队，重点为贫困村、贫困户提供技术服务。支持有条件的贫困县建设农业科技园和星创天地等载体，展示和推广农业先进科技成果。在贫困地区全面实施农技推广特聘计划，从农村乡土专家、种养能手等一线服务人员招聘一批特聘农技员，由县级政府聘为贫困村科技扶贫带头人。加强贫困村创业致富带头人培育培养，提升创业项目带贫减贫效果。建立科技特派员与贫困村结对服务关系，实现科技特派员对贫困村科技服务和创业带动全覆盖。

六、动员全社会力量参与脱贫攻坚

（一）加大东西部扶贫协作和对口支援力度

把人才支持、市场对接、劳务协作、资金支持等作为协作重点，深化东西部扶贫协作，推进携手奔小康行动贫困县全覆盖，并向贫困村延伸。强化东西部扶贫协作责任落实，加强组织协调、工作指导和督导检查，建立扶贫协作台账制度，每年对账考核。优化结对协作关系，实化细化县之间、乡镇之间、行政村之间结对帮扶措施，推广“闽宁示范村”模式。突出产业帮扶，鼓励合作建设承接产业转移的基地，引导企业精准结对帮扶。突出劳务协作，有组织地开展人岗对接，提高协作规模和质量。突出人才支援，加大力度推进干部双向挂职、人才双向交流，提高干部人才支持和培训培养精准性。突出资金支持，切实加强资金监管，确保东西部扶贫协作资金精准使用。将帮扶贫困残疾人脱贫纳入东西部扶贫协作范围。

实施好“十三五”对口支援新疆、西藏和四省藏区经济社会发展规划，严格落实中央确定的80%以上资金用于保障和改善民生、用于县及县以下基层的要求，进一步聚焦脱贫攻坚的重点和难点，确保更多资金、项目和工作精力投向贫困人口。

（二）深入开展定点扶贫工作

落实定点扶贫工作责任，把定点扶贫县脱贫工作纳入本单位工作重点，加强工作力量，出台具体帮扶措施。定点扶贫单位主要负责同志要承担第一责任人职责，定期研究帮扶工作。强化定点扶贫牵头单位责任。加强对定点扶贫县脱贫攻坚工作指导，督促落实脱贫主体责任。把定点扶贫县作为转变作风、调查研究的基地，通过解剖麻雀，总结定点扶贫县脱贫经验，完善本部门扶贫政策，推动脱贫攻坚工作。选派优秀中青年干部、后备干部到贫困地区挂职，落实艰苦地区挂职干部生活补助政策。

（三）扎实做好军队帮扶工作

加强军地脱贫攻坚工作协调，驻地部队要积极承担帮扶任务，参与扶贫行动，广泛开展扶贫济困活动。接续做好“八一爱民学校”援建工作，组织开展多种形式的结对助学活动。组织军队系统医院对口帮扶贫困县县级医院，深入贫困村送医送药、巡诊治病。帮助革命老区加强红色资源开发，培育壮大红色旅游产业，带动贫困人口脱贫。帮助培育退役军人和民兵预备役人员脱贫致富带头人。

（四）激励各类企业、社会组织扶贫

落实国有企业精准扶贫责任，通过发展产业、对接市场、安置就业等多种方式帮助贫困户脱贫。深入推进“万企帮万村”精准扶贫行动，引导民营企业积极开展产业扶贫、就业扶贫、公益扶贫，鼓励有条件的大型民营企业通过设立扶贫产业投资基金等方式参与脱贫攻坚。持续开展“光彩行”

活动，提高精准扶贫成效。

支持社会组织参与脱贫攻坚，加快建立社会组织帮扶项目与贫困地区需求信息对接机制，确保贫困人口发展需求与社会帮扶有效对接。鼓励引导社会各界使用贫困地区产品和服务，推动贫困地区和贫困户融入大市场。实施全国性社会组织参与“三区三州”深度贫困地区脱贫攻坚行动。实施社会工作“专业人才服务三区计划”、“服务机构牵手计划”、“教育对口扶贫计划”，为贫困人口提供生计发展、能力提升、心理支持等专业服务。加强对社会组织扶贫的引导和管理，优化环境、整合力量、创新方式，提高扶贫效能。落实社会扶贫资金所得税税前扣除政策。

（五）大力开展扶贫志愿服务活动

动员组织各类志愿服务团队、社会各界爱心人士开展扶贫志愿服务。实施社会工作专业人才服务贫困地区系列行动计划，支持引导专业社会工作和志愿服务力量积极参与精准扶贫。推进扶贫志愿服务制度化，建立扶贫志愿服务人员库，鼓励国家机关、企事业单位、人民团体、社会组织等组建常态化、专业化服务团队。制定落实扶贫志愿服务支持政策。

七、夯实精准扶贫精准脱贫基础性工作

（一）强化扶贫信息的精准和共享

进一步加强建档立卡工作，提高精准识别质量，完善动态管理机制，做到“脱贫即出、返贫即入”。剔除不合条件的人口，及时纳入符合条件但遗漏在外的贫困人口和返贫人口，确保应扶尽扶。抓紧完善扶贫开发大数据平台，通过端口对接、数据交换等方式，实现户籍、教育、健康、就业、社会保险、住房、银行、农村低保、残疾人等信息与贫困人口建档立卡信息有效对接。完善贫困人口统计监测体系，为脱贫攻坚提供科学依据。加强贫困人口建档立卡数据和农村贫困统计监测数据衔接，逐步形成指标统一、项目规范的贫困监测体系。强化扶贫开发大数据平台共享使用，拓展扶贫数据系统服务功能，为脱贫攻坚决策和工作指导等提供可靠手段和支撑。建立脱贫成效巩固提升监测机制，对脱贫户实施跟踪和动态监测，及时了解其生产生活情况。按照国家信息安全标准构建扶贫开发信息安全防护体系，确保系统和数据安全。开展建档立卡专项评估检查。

（二）健全贫困退出机制

严格执行贫困退出标准和程序，规范贫困县、贫困村、贫困人口退出组织实施工作。指导地方修订完善扶贫工作考核评估指标和贫困县验收指标，对超出“两不愁、三保障”标准的指标，予以剔除或不作为硬性指标，取消行业部门与扶贫无关的搭车任务。改进贫困县退出专项评估检查，由各省（自治区、直辖市）统一组织，因地制宜制定符合贫困地区实际的检查方案，并对退出贫困县的质量负责。中央结合脱贫攻坚督查巡查工作，对贫困县退出进行抽查。脱贫攻坚期内扶贫政策保持稳定，贫困县、贫困村、贫困户退出后，相关政策保持一段时间。

（三）开展国家脱贫攻坚普查

2020～2021年年初对脱贫摘帽县进行一次普查，全面了解贫困人口脱贫实现情况。普查工作由国务院统一部署实施，重点围绕脱贫结果的真实性和准确性，调查贫困人口“两不愁、三保障”实现情况、获得帮扶情况、贫困人口参与脱贫攻坚项目情况等。地方各级党委和政府要认真配合做好普查工作。

八、加强和改善党对脱贫攻坚工作的领导

（一）进一步落实脱贫攻坚责任制

强化中央统筹、省负总责、市县抓落实的工作机制。中央统筹，重在做好顶层设计，在政策、资金等方面为地方创造条件，加强脱贫效果监管；省负总责，重在把党中央大政方针转化为实施方案，加强指导和督导，促进工作落实；市县抓落实，重在从当地实际出发推动脱贫攻坚各项政策措施落地生根。各级党委和政府要把打赢脱贫攻坚战作为重大政治任务，增强政治担当、责任担当和行动自觉，层层传导压力，建立落实台账，压实脱贫责任，加大问责问效力度。健全脱贫攻坚工作机制，脱贫攻坚任务重的省（自治区、直辖市）党委和政府每季度至少专题研究一次脱贫攻坚工作，贫困县党委和政府每月至少专题研究一次脱贫攻坚工作。贫困县党政正职每个月至少要有5个工作日用于扶贫。实施五级书记遍访贫困对象行动，省（自治区、直辖市）党委书记遍访贫困县，市（地、州、盟）党委书记遍访脱贫攻坚任务重的乡镇，县（市、区、旗）党委书记遍访贫困村，乡镇党委书记和村党组织书记遍访贫困户。以遍访贫困对象行动带头转变作风，接地气、查实情，了解贫困群体实际需求，掌握第一手资料，发现突出矛盾，解决突出问题。

（二）压实中央部门扶贫责任

党中央、国务院各相关部门单位要按照中央脱贫攻坚系列重大决策部署要求制定完善配套政策举措，实化细化三年行动方案，并抓好组织实施工作。国务院扶贫开发领导小组要分解落实各地区脱贫目标任务，实化细化脱贫具体举措，分解到年、落实到人。国务院扶贫开发领导小组成员单位每年向中央报告本部门本单位脱贫攻坚工作情况。脱贫攻坚期内，国务院扶贫开发领导小组成员以及部门扶贫干部、定点扶贫干部要按政策规定保持稳定，不能胜任的要及时调整。

（三）完善脱贫攻坚考核监督评估机制

进一步完善扶贫考核评估工作，充分体现省负总责原则，切实解决基层疲于迎评迎检问题。改进对省级党委和政府扶贫开发工作成效第三方评估方式，缩小范围，简化程序，精简内容，重点评估“两不愁、三保障”实现情况，提高考核评估质量和水平。改进省市两级对县及县以下扶贫工作考核，原则上每年对县的考核不超过 2 次，加强对县委书记的工作考核，注重发挥考核的正向激励作用。未经省里批准，市级以下不得开展第三方评估。改进约谈省级领导的方式，开展常态化约谈，随时发现问题随时约谈。完善监督机制，国务院扶贫开发领导小组每年组织脱贫攻坚督查巡查，纪检监察机关和审计、扶贫等部门按照职能开展监督工作。充分发挥人大、政协、民主党派监督作用。

（四）建强贫困村党组织

深入推进抓党建促脱贫攻坚，全面强化贫困地区农村基层党组织领导核心地位，切实提升贫困村党组织的组织力。防止封建家族势力、地方黑恶势力、违法违规宗教活动侵蚀基层政权，干扰破坏村务。大力整顿贫困村软弱涣散党组织，以县为单位组织摸排，逐村分析研判，坚决撤换不胜任、不合格、不尽职的村党组织书记。重点从外出务工经商创业人员、大学生村官、本村致富能手中选配，本村没有合适人员的，从县乡机关公职人员中派任。建立健全回引本土大学生、高校培养培训、县乡统筹招聘机制，为每个贫困村储备1至2名后备干部。加大在贫困村青年农民、外出务工青年中发展党员力度。支持党员创办领办脱贫致富项目，完善贫困村党员结对帮扶机制。全面落实贫困村“两委”联席会议、“四议两公开”和村务监督等工作制度。派强用好第一书记和驻村工作队，从县以上党政机关选派过硬的优秀干部参加驻村帮扶。加强考核和工作指导，对不适应的及时召回调整。派出单位要严格落实项目、资金、责任捆绑要求，加大保障支持力度。强化贫困地区农村基层党建工作责任落实，将抓党建促脱贫攻坚情况作为县乡党委书记抓基层党建工作述职评议考核的重点内容。对不够重视贫困村党组织建设、措施不力的地方，上级党组织要及时约谈提醒相关责任人，后果严重的要问责追责。

（五）培养锻炼过硬的脱贫攻坚干部队伍

保持贫困县党政正职稳定，确需调整的，必须符合中央规定，对于不能胜任的要及时撤换，对于弄虚作假的要坚决问责。实施全国脱贫攻坚全面培训，落实分级培训责任，保证贫困地区主要负责同志和扶贫系统干部轮训一遍。对县级以上领导干部，重点是通过培训提高思想认识，引导树立正确政绩观，掌握精准脱贫方法论，提升研究攻坚问题、解决攻坚难题能力。对基层干部，重点是通过采取案例教学、现场教学等实战培训方法，提高实战能力，增强精准扶贫工作本领。加大对贫困村干部培训力度，每年对村党组织书记集中轮训一次，突出需求导向和实战化训练，着重提高落实党的扶贫政策、团结带领贫困群众脱贫致富的本领。加强对扶贫挂职干部跟踪管理和具体指导，采取“挂包结合”等方式，落实保障支持措施，激励干部人在心在、履职尽责。加强对脱贫一线干部的关爱激励，注重在脱贫攻坚一线考察识别干部，对如期完成任务且表现突出的贫困县党政正职应予以重用，对在脱贫攻坚中工作出色、表现优秀的扶贫干部、基层干部注重提拔使用。对奋战在脱贫攻坚一线的县乡干部要落实好津补贴、周转房等政策，改善工作条件。对在脱贫攻坚中因公牺牲的干部和基层党员的家属及时给予抚恤，长期帮扶慰问。全面落实贫困村干部报酬待遇和正常离任村干部生活补贴。

（六）营造良好舆论氛围

深入宣传习近平总书记关于扶贫工作的重要论述，宣传党中央关于精准扶贫精准脱贫的重大决策部署，宣传脱贫攻坚典型经验，宣传脱贫攻坚取得的伟大成就，为打赢脱贫攻坚战注入强大精神动力。组织广播电视、报刊杂志等媒体推出一批脱贫攻坚重点新闻报道。积极利用网站、微博、微信、移动客户端等新媒体平台开展宣传推广。推出一批反映扶贫脱贫感人事迹的优秀文艺作品，加大扶贫题材文化产品和服务的供给。继续开展全国脱贫攻坚奖和全国脱贫攻坚模范评选表彰，选树脱贫攻坚先进典型。按程序设立脱贫攻坚组织创新奖，鼓励各地从实际出发开展脱贫攻坚工作创新。每年组织报告团，分区域巡回宣讲脱贫先进典型。讲好中国脱贫攻坚故事，反映中国为全球减贫事业作出的重大贡献。加强减贫领域国际交流与合作，帮助受援国建好国际扶贫示范村，为全球减贫事业贡献中国方案。适时对脱贫攻坚精神进行总结。

（七）开展扶贫领域腐败和作风问题专项治理

把作风建设贯穿脱贫攻坚全过程，集中力量解决扶贫领域“四个意识”不强、责任落实不到位、工作措施不精准、资金管理使用不规范、工作作风不扎实、考核评估不严不实等突出问题，确保取得明显成效。改进调查研究，深入基层、深入群众，多层次、多方位、多渠道调查了解实际情况，注重发现并解决问题，力戒“走过场”。注重工作实效，减轻基层工作负担，减少村级填表报数，精简会议文件，让基层干部把精力放在办实事上。严格扶贫资金审计，加强扶贫事务公开。严肃查处贪污挪用、截留私分、虚报冒领、强占掠夺等行为。依纪依法坚决查处贯彻党中央脱贫攻坚决策部署不坚决不到位、弄虚作假问题，主体责任、监督责任和职能部门监管职责不落实问题，坚决纠正脱贫攻坚工作中的形式主义、官僚主义。把扶贫领域腐败和作风问题作为巡视巡察工作重点。中央巡视机构组织开展扶贫领域专项巡视。加强警示教育工作，集中曝光各级纪检监察机关查处的扶贫领域典型案例。

（八）做好脱贫攻坚风险防范工作

防范产业扶贫市场风险，防止产业项目盲目跟风、一刀切导致失败造成损失，各地要对扶贫主导产业面临的技术和市场等风险进行评估，制定防范和处置风险的应对措施。防范扶贫小额贷款还贷风险，纠正户贷企用、违规用款等问题。防范加重地方政府债务风险，防止地方政府以脱贫攻坚名义盲目举债，防止金融机构借支持脱贫攻坚名义违法违规提供融资，坚决遏制地方政府隐性债务增量。

（九）统筹衔接脱贫攻坚与乡村振兴

脱贫攻坚期内，贫困地区乡村振兴主要任务是脱贫攻坚。乡村振兴相关支持政策要优先向贫困地区倾斜，补齐基础设施和基本公共服务短板，以乡村振兴巩固脱贫成果。抓紧研究制定2020年后减贫战略。研究推进扶贫开发立法。

中共中央　国务院关于完善国有金融资本管理的指导意见

（2018年6月30日）

国有金融资本是推进国家现代化、维护国家金融安全的重要保障，是我们党和国家事业发展的重要物质基础和政治基础。国有金融机构是服务实体经济、防控金融风险、深化金融改革的重要支柱，是促进经济和金融良性循环健康发展的重要力量。近年来，我国国有金融资本规模稳步增长，实力日益壮大，管理体制机制不断健全，国有金融机构改革持续推进，运营效益明显提升，为促进社会主义市场经济平稳健康发展作出了重要贡献。但也要看到，当前国有金融资本管理还存在职责分散、权责不明、授权不清、布局不优，以及配置效率有待提高、法治建设不到位等矛盾和问题，需要进一步完善国有金融资本体制机制，优化管理制度。面向未来，在决胜全面建成小康社会、实现社会主义现代化和中华民族伟大复兴的进程中，要认真贯彻落实党中央、国务院决策部署，按照全国金融工作会议要求，继续发挥国有金融资本的重要作用，依法依规管住管好用好、坚定不移做强做优做大国有金融资本，不断增强国有经济的活力、控制力、影响力和抗风险能力。现就完善国有金融资本管理提出如下意见。

一、总体要求

（一）指导思想。高举中国特色社会主义伟大旗帜，以习近平新时代中国特色社会主义思想为指导，全面贯彻党的十九大和全国金融工作会议精神，坚持和完善社会主义基本经济制度，以依法保护各类产权为前提，以提高国有金融资本效益和国有金融机构活力、竞争力和可持续发展能力为中心，以尊重市场经济规律和企业发展规律为原则，以服务实体经济、防控金融风险、深化金融改革为导向，统筹国有金融资本战略布局，完善国有金融资本管理体制，优化国有金融资本管理制度，促进国有金融机构持续健康经营，为推动金融治理体系和治理能力现代化，保障国家金融安全，促进经济社会持续健康发展提供强大支撑。

（二）基本原则

——坚持服务大局。毫不动摇地巩固和发展公有制经济，保持国有金融资本在金融领域的主导地位，保持国家对重点金融机构的控制力，更好服务于我国社会主义市场经济的发展。

——坚持统一管理。通过法治思维和法治方式推动国有金融资本管理制度创新。加强国有金融资本的统一管理、穿透管理和统计监测，强化国有产权的全流程监管，落实全口径报告制度。

——坚持权责明晰。厘清金融监管部门、履行国有金融资本出资人职责的机构和国有金融机构的权责，完善授权经营体系，清晰委托代理关系。放管结合，健全激励约束机制，严防国有金融资本流失。

——坚持问题导向。聚焦制约国有金融资本管理的问题和障碍，加强协调，统筹施策，理顺管理体制机制，完善基本管理制度，促进国有金融资本布局优化、运作规范和保值增值，切实维护资本安全。

——坚持党的领导。落实全面从严治党要求，加强国有金融机构党的领导和党的建设，推动管资本与管党建相结合，保证党的路线方针政策和重大决策部署不折不扣贯彻落实。

（三）主要目标

建立健全国有金融资本管理的“四梁八柱”，优化国有金融资本战略布局，理顺国有金融资本管理体制，增强国有金融机构活力与控制力，促进国有金融资本保值增值，更好地实现服务实体经济、防控金融风险、深化金融改革三大基本任务。

——法律法规更加健全。制定出台国有金融资本管理法律法规，明晰出资人的法律地位，实现权由法授、权责法定。履行国有金融资本出资人职责的机构依法行使相关权利，按照权责匹配、权责对等原则，承担管理责任。

——资本布局更加合理。有进有退、突出重点，进一步提高国有金融资本配置效率，有效发挥国有金融资本在金融领域的主导作用，继续保持国家对重点国有金融机构的控制力，显著增强金融服务实体经济的能力。

——资本管理更加完善。以资本为纽带，以产权为基础，规范委托代理关系，完善国有金融资本管理方式，创新资本管理机制，强化资本管理手段，发挥激励约束作用，加强基础设施建设，进一步提高管理的科学性、有效性。

——党的建设更加强化。加强党对国有金融机构的领导，强化国有金融机构党的建设，巩固党委（党组）在公司治理中的法定地位，发挥党委（党组）的领导作用，为国有金融资本管理提供坚强有力的政治保证、组织保证和人才支撑。

二、完善国有金融资本管理体制

国有金融资本是指国家及其授权投资主体直接或间接对金融机构出资所形成的资本和应享有的权益。凭借国家权力和信用支持的金融机构所形成的资本和应享有的权益，纳入国有金融资本管理，法律另有规定的除外。

（四）优化国有金融资本配置格局。统筹规划国有金融资本战略布局，适应经济发展需要，有进有退、有所为有所不为，合理调整国有金融资本在银行、保险、证券等行业的比重，提高资本配置效率，实现战略性、安全性、效益性目标的统一。既要减少对国有金融资本的过度占用，又要确保国有金融资本在金融领域保持必要的控制力。对于开发性和政策性金融机构，保持国有独资或全资的性质。对于涉及国家金融安全、外溢性强的金融基础设施类机构，保持国家绝对控制力。对于在行业中具有重要影响的国有金融机构，保持国有金融资本控制力和主导作用。对于处于竞争领域的其他国有金融机构，积极引入各类资本，国有金融资本可以绝对控股、相对控股，也可以参股。继续按照市场化原则，稳妥推进国有金融机构混合所有制改革。

（五）明确国有金融资本出资人职责。国有金融资本属于国家所有即全民所有。国务院代表国家行使国有金融资本所有权。国务院和地方政府依照法律法规，分别代表国家履行出资人职责。按照权责匹配、权责对等、权责统一的原则，各级财政部门根据本级政府授权，集中统一履行国有金融资本出资人职责。国务院授权财政部履行国有金融资本出资人职责。地方政府授权地方财政部门履行地方国有金融资本出资人职责。履行出资人职责的各级财政部门对相关金融机构，依法依规享有参与重大决策、选择管理者、享有收益等出资人权利，并应当依照法律法规和企业章程等规定，履职尽责，保障出资人权益。

（六）加强国有金融资本统一管理。完善国有金融资本管理体制，根据统一规制、分级管理的原则，财政部负责制定全国统一的国有金融资本管理规章制度。各级财政部门依法依规履行国有金融资本管理职责，负责组织实施基础管理、经营预算、绩效考核、负责人薪酬管理等工作。严格规范金融综合经营和产融结合，国有金融资本管理应当与实业资本管理相隔离，建立风险防火墙，避免风险相互传递。各级财政部门根据需要，可以分级分类委托其他部门、机构管理国有金融资本。

（七）明晰国有金融机构的权利与责任。充分尊重企业法人财产权利，赋予国有金融机构更大经营自主权和风险责任。国有金融机构应当严格遵守有关法律法规，加强经营管理，提高经济效益，接受政府及其有关部门、机构依法实施的管理和监督。国有金融机构应当依照法律法规以及企业章程等规定，积极支持国家重大战略实施，建立和完善法人治理结构，健全绩效考核、激励约束、风险控制、利润分配和内部监督管理制度，完善重大决策、重要人事任免、重大项目安排和大额度资金运作决策制度。

（八）以管资本为主加强资产管理。履行国有金融资本出资人职责的机构应当准确把握自身职责定位，科学界定出资人管理边界，按照相关法律法规，逐步建立管理权力和责任清单，更好地实现以管资本为主加强国有资产管理的目标。遵循实质重于形式的原则，以公司治理为基础，以产权监管为手段，对国有金融机构股权出资实施资本穿透管理，防止出现内部人控制。按照市场经济理念，积极发挥国有金融资本投资、运营公司作用，着力创新管理方式和手段，不断完善激励约束机制，提高国有金融资本管理的科学性、有效性。

（九）防范国有金融资本流失。强化国有金融资本内外部监督，严格股东资质和资金来源审查，加快形成全面覆盖、制约有力的监督体系。坚持出资人管理和监督的有机统一，强化出资人监督，动态监测国有金融资本运营。加强对国有金融资本重大布局调整、产权流转和境外投资的监督。完善国有金融机构内部监督体系，明确相关部门监督职责，完善监事会监督制度，强化内部流程控制。加强审计、评估等外部监督和社会公众监督，依法依规、及时准确披露国有金融机构经营状况，提升国有金融资本运营透明度。

三、优化国有金融资本管理制度

（十）健全国有金融资本基础管理制度。建立健全全流程、全覆盖的国有金融资本基础管理体系，完善产权登记、产权评估、产权转让等管理制度，做好国有金融资本清产核资、资本金权属界定、统计分析等工作。加强金融企业国有产权流转管理，及时、全面、准确反映国有金融资本产权变动情况。规范金融企业产权进场交易流程，确保转让过程公开、透明。加强国有金融资本评估监管，独立、客观、公正地体现资产价值。整合金融行业投资者保险保障资源，完善国有重点金融机构恢复和处置机制，强化股东、实际控制人及债权人自我救助责任。

（十一）落实国有金融资本经营预算管理制度。按照统一政策、分级管理、全面覆盖的原则，加强金融机构国有资本收支管理。规范国家与国有金融机构的分配关系，全面完整反映国有金融资本经营收入，合理确定国有金融机构利润上缴比例，平衡好分红和资本补充。结合国有金融资本布局需要，不断优化国有金融资本经营预算支出结构，建立国有金融机构资本补充和动态调整机制，健全国有金融资本经营收益合理使用的有效机制。国有金融资本经营预算决算依法接受人大及其常委会的审查监督。

（十二）严格国有金融资本经营绩效考核制度。通过界定功能、划分类别，分行业明确差异化考核目标，实行分类定责、分类考核，提高考核的科学性、有效性，综合反映国有金融机构资产营运水平和社会贡献，推动金融机构加强经营管理，促进金融机构健康发展，有效服务国家战略。加强绩效考核结果运用，建立考核结果与企业负责人履职尽责情况、员工薪酬水平的奖惩联动机制。

（十三）健全国有金融机构薪酬管理制度。对国有金融机构领导人员实行与选任方式相匹配、与企业功能性质相适应、与绩效考核相挂钩的差异化薪酬分配办法。对党中央、国务院，地方党委和政府及相关机构任命的国有金融机构领导人员，建立正向激励机制，合理确定基本年薪、绩效年薪和任期激励收入。对市场化选聘的职业经理人，实行市场化薪酬分配机制。探索建立国有金融机构高管人员责任追究和薪酬追回制度。探索实施国有金融企业员工持股计划。

（十四）加强金融机构和金融管理部门财政财务监管。财政部门负责制定金融机构和金融管理部门财务预算制度，并监督执行。进一步完善金融企业财务规则，完善中国人民银行独立财务预算制度和其他金融监管部门财务制度，建立金融控股公司等金融集团和重点金融基础设施财务管理制度。各级财政部门依法对本级国有金融机构进行财务监管，规范企业财务行为，维护国有金融资本权益。继续加强银行、证券、保险、期货、信托等领域保障基金财政财务管理，健全财务风险监测与评价机制，防范和化解财务风险，保护相关各方合法权益。

四、促进国有金融机构持续健康经营

（十五）深化公司制股份制改革。加大国有金融机构公司制改革力度，推动具备条件的国有金融机构整体改制上市。推进凭借国家权力和信用支持的金融机构稳步实施公司制改革。根据不同金融机构的功能定位，逐步调整国有股权比例，形成股权结构多元、股东行为规范、内部约束有效、运行高效灵活的经营机制。

（十六）健全公司法人治理结构。规范股东（大）会、董事会、监事会与经营管理层关系，健全国有金融机构授权经营体系，出资人依法履行职责。推进董事会建设，完善决策机制，加强董事会在重大决策、选人用人和激励机制等方面的重要职责。按照市场监管与出资人职责相分离的原则，理顺国有金融机构管理体制。建立董事会与管理层制衡机制，规范董事长、总经理（总裁、行长）履职行为，建立健全权责对等、运转协调、有效制衡的国有金融机构决策执行监督机制，充分发挥股东（大）会的权力机构作用、董事会的决策机构作用、监事会的监督机构作用、高级管理层的执行机构作用、党委（党组）的领导作用。

（十七）建立国有金融机构领导人员分类分层管理制度。坚持党管干部原则与董事会依法产生、董事会依法选择经营管理者、经营管理者依法行使用人权相结合，不断创新实现形式。上级党组织和履行国有金融资本出资人职责的机构按照管理权限，加强对国有金融机构领导人员的管理，根据不同机构类别和层级，实行不同的选人用人方式。推行职业经理人制度，董事会按市场化方式选聘和管理职业经理人，并建立相应退出机制。

（十八）推动国有金融机构回归本源、专注主业。推动国有金融机构牢固树立与实体经济俱荣俱损理念，加强并改进对重点领域和薄弱环节的服务，围绕实体经济需要，开发新产品、开拓新业务。规范金融综合经营，依法合规开展股权投资，严禁国有金融企业凭借资金优势控制非金融企业。发挥好绩效目标的导向作用，引导国有金融机构把握好发展方向、战略定位、经营重点，突出主业、做精专业，提高稳健发展能力、服务能力与核心竞争力。

（十九）督促国有金融机构防范风险。强化国有金融机构防范风险的主体责任。推动国有金融机构细化完善内控体系，严守财务会计规则和金融监管要求，强化自身资本管理和偿付能力管理，保证充足的风险吸收能力。督促国有金融机构坚持审慎经营，加强风险源头控制，动态排查信用风险等各类风险隐患，健全风险防范和应急处置机制。规范产融结合，按照金融行业准入条件，严格限制和规范非金融企业投资参股国有金融企业，参股资金必须使用自有资金。各级财政部门、中央和国家机关有关部委以及地方政府不得干预金融监管部门依法监管。

五、加强党对国有金融机构的领导

（二十）充分发挥党委（党组）的领导作用。坚持党要管党、从严治党，坚持党对国有金融机构的领导不动摇，发挥党委（党组）的领导作用。坚持党的建设与国有金融机构改革同步谋划、党的组织及工作机构同步设置、党委（党组）负责人及党务工作人员同步配备、党建工作同步开展。国有金融机构党委（党组）把方向、管大局、保落实，重点管政治方向、领导班子、基本制度、重大决策和党的建设，切实承担好、落实好从严管党治党责任。把加强党的领导和完善公司治理统一起来，将党建工作总体要求纳入国有金融机构章程，明确国有金融机构党委（党组）在公司治理结构中的法定地位，规范党委（党组）参与重大决策的内容和程序规则，把党委（党组）会议研究讨论作为董事会决策重大问题的前置程序。合理确定党委（党组）领导班子成员和董事会、监事会、管理层双向进入、交叉任职比例。

（二十一）进一步加强领导班子和人才队伍建设。坚持党管干部原则，坚持好干部标准，建设高素质领导班子。按照对党忠诚、勇于创新、治企有方、兴企有为、清正廉洁的要求，选优配强国有金融机构一把手，认真落实“一岗双责”。把党委（党组）领导与董事会依法选聘管理层、管理层依法行使用人权有机结合起来，加大市场化选聘力度。健全领导班子考核制度。培养德才兼备的优秀管理人员，造就兼具经济金融理论与实践经验的复合型人才。制定金融高端人才计划，重视从一线发现人才，精准引进海外高层次人才，加快建立健全国有金融机构集聚人才的体制机制。

（二十二）切实落实全面从严治党“两个责任”。压紧压实国有金融机构党委（党组）主体责任和纪检监察机构监督责任。健全国有金融机构领导人员职业道德约束制度，加强党性教育、法治教育、警示教育，引导国有金融机构领导人员坚定理想信念，正确履职行权，廉洁从业，勤勉敬业。依法依规规范金融管理部门工作人员到金融机构从业行为，相关部门要制定实施细则，严格监督执行，限制金融管理部门工作人员离职后到原任职务管辖业务范围内的金融机构、原工作业务直接相关的金融机构工作，规范国有金融机构工作人员离职后到与原工作业务相关单位从业行为，完善国有金融管理部门和国有金融机构工作人员任职回避制度，杜绝里应外合、利益输送行为，防范道德风险。坚持运用法治思维和法治方式反腐败，完善标本兼治的制度体系，加强纪检监察、巡视监督和日常监管，严格落实中央八项规定及其实施细则精神，深入推进党风廉政建设和反腐败斗争，努力构筑国有金融机构领导人员不敢腐、不能腐、不想腐的有效机制。

六、协同推进强化落实

（二十三）加强法治建设。健全国有金融资本管理法律法规体系，做好相关法律法规的立改废释工作。按照法定程序，加快制定国有金融资本管理条例，明确授权经营体制，为完善国有金融资本管理体制机制夯实法律基础。研究建立统一的国有金融资本出资人制度，明确出资人的权利、义务和责任。完善和落实国有金融资本管理各项配套政策。

（二十四）加强协调配合。履行国有金融资本出资人职责的机构要与人民银行、金融监管部门加强沟通协调和信息共享，形成工作合力。履行国有金融资本出资人职责的机构在制定完善国有金融资本管理制度时，涉及其他金融管理部门有关监管职责的，应当主动征求有关部门意见。其他金融管理部门在制定发布相关监管政策时，要及时向履行国有金融资本出资人职责的机构通报相关情况。

（二十五）严格责任追究。建立健全国有金融机构重大决策失误和失职、渎职责任追究倒查机制，严厉查处侵吞、贪污、输送、挥霍国有金融资本的行为。建立健全国有金融资本管理的监督问责机制，对形成风险没有发现的失职行为，对发现风险没有及时提示和处置的渎职行为，加大惩戒力度。对重大违法违纪问题敷衍不追、隐匿不报、查处不力的，严格追究有关部门和相关人员责任，构成犯罪的，坚决依法追究刑事责任。

（二十六）加强信息披露。建立统一的国有金融资本统计监测和报告制度，完整反映国有金融资本的总量、投向、布局、处置、收益等内容，编制政府资产负债表，报告国有金融机构改革、资产监管、风险控制、高级管理人员薪酬等情况。国有金融资本情况要全口径向党中央报告，并按规定向全国人大常委会报告国有金融资产管理情况，具体报告责任由财政部承担。各级财政部门定期向同级政府报告国有金融资本管理情况。国务院和地方政府应当对履行出资人职责机构的履职情况进行监督，依法向社会公布国有金融资本状况，接受社会公众的监督。

各级党委和政府要统一思想，以高度的政治责任感和历史使命感，切实履行对完善国有金融资本管理工作的领导责任。要根据本意见，结合实际制定实施意见，加强统筹协调、明确责任分工、细化目标任务、强化督促落实，确保国有金融资本管理得到有效加强。

国务院关于建立残疾儿童康复救助制度的意见

国发〔2018〕20 号

党和政府高度重视残疾儿童康复工作，制定了一系列法规政策措施，实施了一系列残疾儿童康复项目，残疾儿童康复状况得到显著改善。同时，也有一些残疾儿童因家庭经济困难，未能得到及时康复，还有一些残疾儿童家庭因残致贫、陷入困境，成为全面建成小康社会亟待解决的突出问题。做好残疾儿童康复救助工作，关系残疾儿童切身利益和健康成长，关系千家万户安居乐业和美满幸福，关系社会稳定和文明进步，关系健康中国建设和全面建成小康社会大局。

为全面贯彻落实党的十九大关于“发展残疾人事业，加强残疾康复服务”的重要部署，改善残疾儿童康复状况、促进残疾儿童全面发展、减轻残疾儿童家庭负担，完善社会保障体系，根据《残疾预防和残疾人康复条例》，国务院决定建立残疾儿童康复救助制度。

一、总体要求

（一）指导思想。

以习近平新时代中国特色社会主义思想为指导，全面深入贯彻党的十九大和十九届二中、三中全会精神，认真落实党中央、国务院决策部署，统筹推进“五位一体”总体布局和协调推进“四个全面”战略布局，坚持以人民为中心的发展思想，牢固树立新发展理念，按照兜底线、织密网、建机制的要求，着力保障残疾儿童基本康复服务需求，努力实现残疾儿童“人人享有康复服务”，使残疾儿童家庭获得感、幸福感、安全感更加充实、更有保障、更可持续。

（二）基本原则。

坚持制度衔接、应救尽救。加强与基本医疗、临时救助等社会保障制度的有效衔接，确保残疾儿童家庭求助有门、救助及时。

坚持尽力而为、量力而行。坚守底线、突出重点、完善制度、引导预期，着力满足残疾儿童基本康复服务需求。

坚持规范有序、公开公正。建立科学规范、便民高效的运行机制，主动接受群众和社会监督，做到公开透明、结果公正。

坚持政府主导、社会参与。更好发挥政府“保基本”作用，不断推进基本康复服务均等化；更好发挥社会力量作用，不断扩大康复服务供给，提高康复服务质量。

（三）总体目标。

到2020年，建立与全面建成小康社会目标相适应的残疾儿童康复救助制度体系，形成党委领导、政府主导、残联牵头、部门配合、社会参与的残疾儿童康复救助工作格局，基本实现残疾儿童应救尽救。

到2025年，残疾儿童康复救助制度体系更加健全完善，残疾儿童康复服务供给能力显著增强，服务质量和保障水平明显提高，残疾儿童普遍享有基本康复服务，健康成长、全面发展权益得到有效保障。

二、制度内容

（一）救助对象。

救助对象为符合条件的0～6岁视力、听力、言语、肢体、智力等残疾儿童和孤独症儿童。包括城乡最低生活保障家庭、建档立卡贫困户家庭的残疾儿童和儿童福利机构收留抚养的残疾儿童；残疾孤儿、纳入特困人员供养范围的残疾儿童；其他经济困难家庭的残疾儿童。其他经济困难家庭的具体认定办法，由县级以上地方人民政府制定。

有条件的地区，可扩大残疾儿童康复救助年龄范围，也可放宽对救助对象家庭经济条件的限制。

（二）救助内容和标准。

县级以上地方人民政府根据本地实际确定残疾儿童康复救助基本服务项目和内容，包括以减轻功能障碍、改善功能状况、增强生活自理和社会参与能力为主要目的的手术、辅助器具配置和康复训练等。

县级以上地方人民政府依据本地财力状况、保障对象数量、残疾类别等，分类确定康复救助基本服务项目的经费保障标准，并建立动态调整机制。

（三）工作流程。

申请。残疾儿童监护人向残疾儿童户籍所在地（居住证发放地）县级残联组织提出申请。监护人也可委托他人、社会组织、社会救助经办机构等代为申请。

审核。对于城乡最低生活保障家庭、建档立卡贫困户家庭的残疾儿童和儿童福利机构收留抚养的残疾儿童的救助申请，以及残疾孤儿、纳入特困人员供养范围的残疾儿童的救助申请，由县级残联组织与民政、扶贫部门进行相关信息比对后作出决定；其他经济困难家庭的残疾儿童的救助申请的审核程序，由县级以上地方人民政府规定。

救助。经审核符合条件的，由残疾儿童监护人自主选择定点康复机构接受康复服务。必要时，由地级以上地方残联组织和卫生健康等部门指定的医疗、康复机构做进一步诊断、康复需求评估。定点康复机构由县级以上地方残联组织会同卫生健康、教育、民政等部门按照公开择优原则选择确定。

结算。在定点康复机构接受康复服务发生的费用，经县级残联组织审核后，由同级财政部门与定点康复机构直接结算，结算周期由县级残联组织商同级财政部门确定。经县级残联组织审核同意在非定点康复机构接受康复服务发生的费用，由县级残联组织商同级财政部门明确结算办法。

（四）经费保障。

县级以上地方人民政府应将残疾儿童康复救助资金纳入政府预算。中央财政对各地给予适当补助。

三、组织实施

（一）加强组织领导。

残疾儿童康复救助工作实行地方人民政府负责制。地方各级人民政府要将残疾儿童康复救助工作列入重要议事日程，作为政府目标管理和绩效考核重要内容，对不作为、慢作为、乱作为的单位和个人加大行政问责力度，对违纪违法的严肃追究责任。残联组织和教育、民政、人力资源社会保障、卫生健康、市场监管等有关部门要履职尽责、协作配合，加强工作衔接和信息共享，深化“放管服”改革，努力实现“最多跑一次”、“一站式结算”，切实提高便民服务水平。

（二）加强能力建设。

县级以上人民政府根据本行政区域残疾人数量、分布状况、康复需求等情况，制定康复机构设置规划，举办公益性康复机构，将康复机构设置纳入基本公共服务体系规划，支持社会力量投资康复机构建设，鼓励多种形式举办康复机构。社会力量举办的康复机构和政府举办的康复机构在准入、执业、专业技术人员职称评定、非营利组织财税扶持、政府购买服务等方面执行相同的政策。加强康复人才教育培训培养，不断提高康复服务从业人员能力素质。切实加强残疾儿童康复救助工作经办能力，确保事有人做、责有人负。推动建设残疾儿童康复救助服务管理综合信息平台。充分发挥村（居）民委员会、基层医疗卫生机构、公益慈善组织和残疾人专职委员、社会工作者、志愿服务人员等社会力量作用，做好发现告知、协助申请、志愿服务等工作。健全多渠道筹资机制，鼓励、引导社会捐赠。

（三）加强综合监管。

教育、民政、卫生健康、市场监管等有关部门要商残联组织完善残疾儿童康复机构管理相关政策，共同做好康复机构监督管理。残联组织要会同有关部门加强定点康复机构准入、退出等监管，建立定期检查、综合评估机制，指导定点康复机构规范内部管理、改善服务质量、加强风险防控，及时查处违法违规行为和安全责任事故，确保残疾儿童人身安全；探索建立科学合理的康复服务定价机制，加强价格监管；建立覆盖康复机构、从业人员和救助对象家庭的诚信评价和失信行为联合惩戒机制，建立黑名单制度，做好公共信用信息记录和归集，加强与全国信用信息共享平台、国家企业信用信息公示系统的信息交换共享；积极培育和发展康复服务行业协会，发挥行业自律作用。财政、审计等部门要加强对残疾儿童康复救助资金管理使用情况的监督检查，防止发生挤占、挪用、套取等违法违规现象。残疾儿童康复救助实施和资金筹集使用情况要定期向社会公开，接受社会监督。

（四）加强宣传动员。

地方各级人民政府及有关部门要充分运用传统媒体、新媒体等多种手段大力开展残疾儿童康复救助制度政策解读和宣传，使社会各界广泛了解党和政府的爱民之心、惠民之举，帮助残疾儿童监护人准确知晓残疾儿童康复救助制度相关内容，了解基本申请程序和要求。积极引导全社会强化残疾预防和康复意识，关心、支持残疾儿童康复工作，营造良好社会环境。

残疾儿童康复救助制度自 2018 年 10 月 1 日起全面实施。各省级人民政府要在 2018 年 9 月底前制定出台本地残疾儿童康复救助制度和配套政策措施。中国残联要会同相关部门督促指导各地做好贯彻落实各项工作，及时研究解决工作中发现的问题，重大情况向国务院报告。国务院将适时组织专项督查。

国务院

2018 年 6 月 21 日

中共中央办公厅　国务院办公厅
《关于提高技术工人待遇的意见》

中办发〔2018〕16号

为落实《新时期产业工人队伍建设改革方案》，创新技能导向的激励机制，进一步鼓励辛勤劳动、诚实劳动、创造性劳动，增强生产服务一线岗位对劳动者吸引力，建设知识型、技能型、创新型劳动者大军，营造劳动光荣的社会风尚和精益求精的敬业风气，现就提高技术工人待遇提出如下意见。

一、指导思想

全面贯彻党的十九大精神，以习近平新时代中国特色社会主义思想为指导，紧紧围绕统筹推进“五位一体”总体布局和协调推进“四个全面”战略布局，牢固树立和贯彻落实新发展理念，坚持以人民为中心的发展思想，坚持全心全意依靠工人阶级的方针，充分发挥政府、企业、社会的协同作用，完善技术工人培养、评价、使用、激励、保障等措施，实现技高者多得、多劳者多得，增强技术工人获得感、自豪感、荣誉感，激发技术工人积极性、主动性、创造性，为实施人才强国战略和创新驱动发展战略，实现“两个一百年”奋斗目标、实现中华民族伟大复兴的中国梦，提供坚实的人才保障。

二、基本原则

——加强领导，形成合力。坚持党管人才原则，充分发挥市场在资源配置中的决定性作用，更好发挥政府作用，进一步增强企业主体作用、工会监督作用、群团组织动员作用和社会支持作用，完善多方参与的工作体系，形成齐抓共促的工作格局。

——重点突破，多措并举。以为国家作出突出贡献的高技能领军人才为重点支持对象，着力提高技术工人收入水平，完善工资正常增长机制，拓宽收入渠道，加大培养培训力度，强化评价使用激励，优化社会环境，全面改善技术工人待遇水平。

——立足当前，着眼长远。加强政策引导，着力改变技术工人社会地位偏低现状，促进广大技术工人爱岗敬业；坚持长期稳定支持，不断营造良好社会氛围，让全体技术工人焕发劳动热情，释放创造潜能，创造更加美好的生活。

三、突出“高精尖缺”导向，大力提高高技能领军人才待遇水平

（一）全面加强对高技能领军人才的服务保障。对为国家经济发展和重大战略实施作出突出贡献，具有高超技艺技能和一流业绩水平，并长期坚守在生产服务一线岗位工作的高技能领军人才，全面采取措施，切实加强服务保障和提高待遇水平。高技能领军人才包括获得全国劳动模范、全国五一劳动奖章、中华技能大奖、全国技术能手等荣誉以及享受省级以上政府特殊津贴的人员，或各省（自治区、直辖市）政府认定的“高精尖缺”高技能人才。各地要设立高技能领军人才服务窗口，负责协调落实相关待遇政策，并结合实际制定支持政策。

（二）提高高技能领军人才的政治待遇。探索实行高技能领军人才在工会等群团组织中挂职和兼职，纳入党委联系专家范围。鼓励行业主管部门、群团组织、行业协会、企业及社会各方面力量，以多种方式对高技能领军人才进行特殊奖励。定期组织高技能领军人才国情研修考察、面向社会进行咨询服务等活动。鼓励企业吸纳高技能领军人才参与经营管理决策，适当提高其在职工代表大会中的比例。

（三）提高高技能领军人才的经济待遇。鼓励企业为高技能领军人才制定职业发展规划和年资（年功）工资制度，科学评价技能水平和业绩贡献，合理确定年资起加点和工资级差。试行高技能领军人才年薪制和股权期权激励，鼓励各类企业设立特聘岗位津贴、带徒津贴等，参照高级管理人员标准落实经济待遇。对于参与国家科技计划项目的高技能领军人才，鼓励所在单位根据其在项目中的实际贡献给予绩效奖励。落实中央财政科研项目资金管理等政策，制定间接费用统筹使用内部管理办法，对高技能领军人才进行绩效奖励，提高高技能领军人才创新创造的积极性。对于解决重大工艺技术难题和重大质量问题、技术创新成果获得省部级以上奖项、“师带徒”业绩突出的，取消学历、年限等限制，破格晋升技术等级。

（四）提高高技能领军人才的社会待遇。鼓励各地根据实际情况，研究探索对高技能领军人才在购（租）住房、安家补贴、子女接受义务教育等方面的支持政策，通过提供人才公寓和发放房租补贴等方式，解决引进高技能领军人才的住房问题。实施积分落户的城市，要重点考虑高技能领军人才落户需求并放宽落户条件限制。对经济结构调整中出现困难的企业，要保障高技能领军人才稳定就业，对他们的配偶、子女有就业愿望但未就业的，由有关部门积极提供职业指导和就业前培训，推荐就业岗位。

（五）发挥高技能领军人才在技术创新等方面的重要作用。鼓励高技能领军人才更多参与国家科研项目，开展科技攻关活动。增加高技能领军人才参与全国创新争先奖等奖项的推荐名额。支持高技能领军人才参加创新成果评选、展示和创业创新等活动，切实保护高技能领军人才的知识产权和技术创新成果转化权益。支持高技能领军人才参与所在企业（地区、集团、行业组织）的职工教育培训，在制定人才发展规划、高技能人才选拔、职称（技能等级）评审或认定、教学实践等工作中发挥骨干作用。多渠道组织高技能领军人才参与国际大型工业展、国际发明展等海外交流活动，海外交流活动可按程序报批列入政府出国培训团组计划。宣传高技能领军人才先进事迹，开展先进操作法总结、命名，推广绝招、绝技、绝活，制作教育纪录片，树立宣传典型。

四、实施工资激励计划，提高技术工人收入水平

（一）完善符合技术工人特点的企业工资分配制度。指导企业深化工资分配制度改革，建立基于岗位价值、能力素质、业绩贡献的工资分配机制，强化工资收入分配的技能价值激励导向。鼓励企业在工资结构中设置体现技术技能价值的工资单元，或对关键技术岗位、关键工序和紧缺急需的技术工人实行协议工资、项目工资、年薪制等分配形式，提高技术工人工资待遇。鼓励企业建立针对技术工人的补助性津贴制度，提高技术工人津贴水平。

（二）建立企业技术工人工资正常增长机制。推动企业建立健全反映劳动力市场供求关系和企业经济效益的工资决定及正常增长机制，积极推进工资集体协商，引导企业科学确定技术工人工资水平并实现合理增长。国有企业工资总额分配要向高技能人才倾斜，高技能人才人均工资增幅应不低于本单位管理人员人均工资增幅。

（三）探索技术工人长效激励机制。制定企业技术工人技能要素和创新成果按贡献参与分配的办法，推动技术工人享受促进科技成果转化的有关政策。鼓励企业对高技能人才实行技术创新成果入股、岗位分红等激励方式，促进长期稳定提高技术工人收入水平。

五、构建技能形成与提升体系，支持技术工人凭技能提高待遇

（一）加强终身职业技能培训。适应产业结构转型升级趋势，大力弘扬劳模精神和工匠精神，根据劳动者不同就业阶段特点，加强职业素质培养，开展就业技能培训、岗位技能提升培训、创业创新培训，着力缓解就业结构性矛盾。充分发挥企业在技术工人培训中的主体作用，引导企业结合生产经营和技术创新需要，制定技术工人培养规划和培训制度，发挥工会支持、监督和共青团动员、组织作用，确保企业职工教育培训资金落实到位，并向一线技术工人倾斜。加大政府支持力度，按规定对参加职业培训的技术工人提供职业培训补贴和职业技能鉴定补贴。发挥失业保险基金支持参保职工提升职业技能作用，按规定为参保职工提供技能提升补贴。探索“互联网＋”远程职业培训新模式。

（二）深入实施高技能人才振兴计划。紧密结合先进制造业、战略性新兴产业、现代服务业发展需要，重点实施高技能人才培训基地、技师培训等项目，推动具备条件的行业企业建立首席技师制度，加大技能大师工作室、劳模和工匠人才创新工作室、职工创新工作室、青创先锋工作室等建设力度。企业可从职工教育经费中列支相关工作室专项经费，支持高技能人才“师带徒”。

（三）加大校企合作培养技术工人力度。充分发挥国民教育对技术工人成长发展的支撑作用，促进职业院校（含技工院校）、本科高校与企业充分合作，改革人才培养模式，提高应用型和技术技能型人才培养培训能力。积极发展职工培训和学历继续教育。提高职业教育质量，促进产教融合。完善职业教育“文化素质＋职业技能”的考试招生方式。支持职业院校（含技工院校）、本科高校与企业共同开发教学资源和培训项目。统筹规范现代学徒制和企业新型学徒制。逐步扩大高等职业院校招收有实践经历人员的比例。鼓励企业、职业院校（含技工院校）、本科高校、职业培训机构合作建设现代化产业人才培养培训基地（中心），健全企业参与校企合作的成本补偿等政策，培养符合企业岗位需求的技术工人。鼓励各地根据实际打造具备实践经验的高素质职业教育师资队伍。

六、强化评价使用激励工作，畅通技术工人成长成才通道

（一）完善技术工人评价工作。健全技术工人评价选拔制度，突破年龄、学历、资历、身份等限制，促进优秀技术工人脱颖而出。完善职业技能等级认定政策，引导和支持企业自主开展技能评价并落实待遇。鼓励企业增加技术工人的技能等级层次，拓宽技术工人晋升通道，探索设立技能专家、首席技师、特级技师等岗位。

（二）加大劳动和技能竞赛培养选拔技术工人工作力度。制定出台全国职业技能竞赛管理办法，围绕重大战略、重大工程、重大项目、重点产业，组织开展劳动和技能竞赛。建立以企业岗位练兵和技术比武为基础、以国家和行业竞赛为主体、国内竞赛与国际竞赛相衔接的职业技能竞赛体系。积极参与世界技能大赛，对优秀选手给予奖励和荣誉激励。支持工会、共青团、妇联等群团组织、行业协会在职业技能竞赛工作中积极发挥作用。

（三）完善技术工人平等享受待遇政策。建立职业资格、职业技能等级与相应职称比照认定制度，制定高技能人才参加工程技术人才职称评审或认定的政策。鼓励企业对在聘的高级工、技师、高级技师在学习进修、岗位聘任、职务职级晋升等方面，比照相应层级工程技术人员享受同等待遇。

（四）落实好技术工人休息休假权利。落实《职工带薪年休假条例》和《企业职工带薪年休假实施办法》，加强劳动执法监察，确保技术工人休息休假权利。建立优秀技术工人休疗养制度，定期组织、分级实施休疗养活动。

（五）广泛宣传技术工人劳动成果和创造价值。大力弘扬工匠精神，组织形式多样的宣传活动，展示优秀技术工人风采。鼓励各地区各部门大力开展技术工人表彰活动。做好“五一”国际劳动节、世界青年技能日、职业教育活动周、高技能人才评选表彰等集中宣传工作，继续办好“技能中国行”、“中国大能手”等品牌活动和“大国工匠”系列专题宣传，引导社会各界创作更多反映技术工人时代风貌的优秀文艺作品，营造劳动光荣、技能宝贵、创造伟大的社会氛围，使技术工人获得更多职业荣誉感，不断提高技术工人社会地位。

国务院关于优化科研管理提升科研绩效若干措施的通知

国发〔2018〕25号

为了贯彻落实党中央、国务院关于推进科技领域“放管服”改革的要求，建立完善以信任为前提的科研管理机制，按照能放尽放的要求赋予科研人员更大的人财物自主支配权，减轻科研人员负担，充分释放创新活力，调动科研人员积极性，激励科研人员敬业报国、潜心研究、攻坚克难，大力提升原始创新能力和关键领域核心技术攻关能力，多出高水平成果，壮大经济发展新动能，为实现经济高质量发展、建设世界科技强国作出更大贡献，现就有关事项通知如下：

一、优化科研项目和经费管理

（一）简化科研项目申报和过程管理。聚焦国家重大战略任务，优化中央财政科技计划项目形成机制，合理确定项目数量。加快完善国家科技管理信息系统，2018年底前要将中央财政科技计划（专项、基金等）项目全部纳入。逐步实行国家科技计划年度指南定期发布制度，并将指南提前在网上公示，加强项目查重、避免重复申报，增加科研人员申报准备时间；精简科研项目申报要求，减少不必要的申报材料。针对关键节点实行“里程碑”式管理，减少科研项目实施周期内的各类评估、检查、抽查、审计等活动；自由探索类基础研究项目和实施周期三年以下的项目以承担单位自我管理为主，一般不开展过程检查。

（二）合并财务验收和技术验收。由项目管理专业机构严格依据任务书在项目实施期末进行一次性综合绩效评价，不再分别开展单独的财务验收和技术验收，项目承担单位自主选择具有资质的第三方中介机构进行结题财务审计，利用好单位内外部审计结果。

（三）推行“材料一次报送”制度。整合科技管理各项工作和计划管理的材料报送相关环节，实现一表多用。国家科技管理信息系统按权限向项目承担单位、项目管理专业机构、行业主管部门等相关主体开放，加强数据共享，凡是国家科技管理信息系统已有的材料或已要求提供过的材料，不得要求重复提供。项目管理专业机构和承担单位要简化报表及流程，加快建立健全学术助理和财务助理制度，允许通过购买财会等专业服务，把科研人员从报表、报销等具体事务中解脱出来。

（四）赋予科研人员更大技术路线决策权。科研人员具有自主选择和调整技术路线的权利，科研项目申报期间，以科研人员提出的技术路线为主进行论证，科研项目实施期间，科研人员可以在研究方向不变、不降低申报指标的前提下自主调整研究方案和技术路线，报项目管理专业机构备案。科研项目负责人可以根据项目需要，按规定自主组建科研团队，并结合项目实施进展情况进行相应调整。

（五）赋予科研单位科研项目经费管理使用自主权。直接费用中除设备费外，其他科目费用调剂权全部下放给项目承担单位。项目承担单位应完善管理制度，及时为科研人员办理调剂手续。对于接受企业或其他社会组织委托取得的项目经费，纳入单位财务统一管理，由项目承担单位按照委托方要求或合同约定管理使用。高校和科研院所要简化科研仪器设备采购流程，对科研急需的设备和耗材，采用特事特办、随到随办的采购机制，可不进行招投标程序，缩短采购周期；对于独家代理或生产的仪器设备，按程序确定采取单一来源采购等方式增强采购灵活性和便利性。

（六）避免重复多头检查。科技部、财政部要会同相关部门加强科研项目监督检查工作统筹，制定统一的年度监督检查计划，在相对集中时间开展联合检查，避免在同一年度对同一项目重复检查、多头检查。探索实行“双随机、一公开”检查方式，充分利用大数据等信息技术提高监督检查效率，实行监督检查结果信息共享和互认，最大限度降低对科研活动的干扰。

二、完善有利于创新的评价激励制度

（七）切实精简人才“帽子”。在中央人才工作协调小组的领导下，对科技领域人才计划进行优化整合。西部地区因政策倾斜获得人才计划支持的科研人员，在支持周期内离开相关岗位的，取消对其相应支持。开展科技人才计划申报查重工作，一个人只能获得一项相同层次的人才计划支持。科技人才计划突出人才培养和使用导向，明确支持周期，人才计划项目结束后不得再使用有关人才称号。主管部门、用人单位要逐步取消入选人才计划与薪酬待遇和职称评定等直接挂钩的做法。科研项目申报书中不得设置填写人才“帽子”等称号的栏目。不得将科研项目（基地、平台）负责人、项目评审专家等作为荣誉称号加以使用、宣传。

（八）开展“唯论文、唯职称、唯学历”问题集中清理。由科技部会同教育部、人力资源社会保障部、中科院、工程院及相关行业主管部门在2018年底前对项目、人才、学科、基地等科技评价活动中涉及简单量化的做法进行清理，建立以创新质量和贡献为导向的绩效评价体系，准确评价科研成果的科学价值、技术价值、经济价值、社会价值、文化价值。减少评价频次，对于评价结果连续优秀的，实行一定期限免评的制度。

（九）加大对承担国家关键领域核心技术攻关任务科研人员的薪酬激励。对全时全职承担任务的团队负责人（领衔科学家/首席科学家、技术总师、型号总师、总指挥、总负责人等）以及引进的高端人才，实行一项一策、清单式管理和年薪制。项目承担单位应在项目立项时与项目管理专业机构协商确定人员名单和年薪标准，并报科技部、人力资源社会保障部、财政部备案。年薪所需经费在项目经费中单独核定，在本单位绩效工资总量中单列，相应增加单位当年绩效工资总量。项目范围、年薪制具体操作办法由科技部、财政部、人力资源社会保障部细化制定。单位从国家关键领域核心技术攻关任务项目间接费用中提取的绩效支出，应向承担任务的中青年科研骨干倾斜。完善以科技成果为纽带的产学研深度融合机制，建立科研机构和企业等各方参与的创新联盟，落实相关政策，支持高校、科研院所科研人员到国有企业或民营企业兼职开展研发和成果转化，加大高校、科研院所和国有企业科研人员科技成果转化股权激励力度，科研人员获得的职务科技成果转化现金奖励计入当年本单位绩效工资总量，但不受总量限制，不纳入总量基数。

三、强化科研项目绩效评价

（十）推动项目管理从重数量、重过程向重质量、重结果转变。明确设定科研项目绩效目标，项目指南要按照分类评价要求提出项目绩效目标。目标导向类项目申报书和任务书要有科学、合理、具体的项目绩效目标和适用于考核的结果指标，并按照关键节点设定明确、细化的阶段性目标，用于判断实质性进展；立项评审应审核绩效目标、结果指标与指南要求的相符性，以及创新性、可行性、可考核性，实现项目绩效目标的能力和条件等；要加强项目关键环节考核，项目实施进度严重滞后或难以达到预期绩效目标的，及时予以调整或取消后续支持。

（十一）实行科研项目绩效分类评价。基础研究与应用基础研究类项目重点评价新发现新原理新方法新规律的重大原创性和科学价值、解决经济社会发展和国家安全重大需求中关键科学问题的效能、支撑技术和产品开发的效果、代表性论文等科研成果的质量和水平，以国际国内同行评议为主。技术和产品开发类项目重点评价新技术、新方法、新产品、关键部件等的创新性、成熟度、稳定性、可靠性，突出成果转化应用情况及其在解决经济社会发展关键问题、支撑引领行业产业发展中发挥的作用。应用示范类项目绩效评价以规模化应用、行业内推广为导向，重点评价集成性、先进性、经济适用性、辐射带动作用及产生的经济社会效益，更多采取应用推广相关方评价和市场评价方式。

（十二）严格依据任务书开展综合绩效评价。强化契约精神，严格按照任务书的约定逐项考核结果指标完成情况，对绩效目标实现程度作出明确结论，不得“走过场”，无正当理由不得延迟验收，应用研究和工程技术研究要突出技术指标刚性要求，严禁成果充抵等弄虚作假行为。突出代表性成果和项目实施效果评价，对提交评价的论文、专利等作出数量限制规定。目标导向类项目可在结束后2～3年内进行绩效跟踪评价，重点关注项目成果转移转化、应用推广以及产生的经济社会效益。有关单位和企业要如实客观开具科研项目经济社会效益证明，对虚开造假者严肃处理。

（十三）加强绩效评价结果的应用。绩效评价结果应作为项目调整、后续支持的重要依据，以及相关研发、管理人员和项目承担单位、项目管理专业机构业绩考核的参考依据。对绩效评价优秀的，在后续项目支持、表彰奖励等工作中给予倾斜。要区分因科研不确定性未能完成项目目标和因科研态度不端导致项目失败，鼓励大胆创新，严惩弄虚作假。项目承担单位在评定职称、制定收入分配制度等工作中，应更加注重科研项目绩效评价结果，不得简单计算获得科研项目的数量和经费规模。

四、完善分级责任担当机制

（十四）建立相关部门为高校和科研院所分担责任机制。项目管理部门应建立自由探索和颠覆性技术创新活动免责机制，对已履行勤勉尽责义务但因技术路线选择失误导致难以完成预定目标的单位和项目负责人予以免责，同时认真总结经验教训，为后续研究路径等提供借鉴。单位主管部门、项目管理部门和其他相关部门要支持高校和科研院所按照国家科技体制改革要求和科技创新规律进行改革创新，合理区分改革创新、探索性试验、推动发展的无意过失与明知故犯、失职渎职、谋取私利等违纪违法行为。对科研活动的审计和财务检查要尊重科研规律，减少频次，与工作对象对相关政策理解不一致时，要及时与政策制定部门沟通，调查澄清。

（十五）强化高校、科研院所和科研人员的主体责任。主管部门要在岗位设置、人员聘用、内部机构调整、绩效工资分配、评价考核、科研组织等方面充分尊重高校和科研院所管理权限。高校和科研院所要根据国家科技体制改革要求，制定完善本单位科研、人事、财务、成果转化、科研诚信等具体管理办法，强化服务意识，推行一站式服务，让科研人员少跑腿。强化科研人员主体地位，在充分信任基础上赋予更大的人财物支配权，强化责任和诚信意识，对严重违背科研诚信要求的，实行终身追究、联合惩戒。

（十六）完善鼓励法人担当负责的考核激励机制。以科研机构评估为统领，协调推进项目评审、人才评价、机构评估相关工作，形成合力，压实项目承担单位对科研项目和人才的管理责任。主管部门在对所属高校、科研院所开展考核时，应当将落实国家科技体制改革政策情况作为重要内容。对于落实国家科技体制改革政策到位、科技创新绩效突出的高校、科研院所，在申请国家科技计划和人才项目、核定绩效工资总量、布局建设国家科技创新基地、核定研究生招生指标等方面给予倾斜支持。

五、开展基于绩效、诚信和能力的科研管理改革试点

科技部、财政部会同教育部、中科院在教育部直属高校和中科院所属科研院所中选择部分创新能力和潜力突出、创新绩效显著、科研诚信状况良好的单位开展支持力度更大的“绿色通道”改革试点。

（十七）开展简化科研项目经费预算编制试点。项目直接费用中除设备费外，其他费用只提供基本测算说明，不提供明细。进一步精简合并其他直接费用科目。各项目管理专业机构要简化相关科研项目预算编制要求，精简说明和报表。

（十八）开展扩大科研经费使用自主权试点。允许试点单位从基本科研业务费、中科院战略性先导科技专项经费等稳定支持科研经费中提取不超过20%作为奖励经费，由单位探索完善科研项目资金的激励引导机制。奖励经费的使用范围和标准由试点单位在绩效工资总量内自主决定，在单位内部公示。对试验设备依赖程度低和实验材料耗费少的基础研究、软件开发、集成电路设计等智力密集型项目，提高间接经费比例，500万元以下的部分为不超过30%，500万元至1000万元的部分为不超过25%，1000万元以上的部分为不超过20%。对数学等纯理论基础研究项目，可进一步根据实际情况适当调整间接经费比例。间接经费的使用应向创新绩效突出的团队和个人倾斜。

（十九）开展科研机构分类支持试点。对从事基础前沿研究、公益性研究、应用技术研究开发等不同类型的科研机构实施差别化的经费保障机制，结合科研机构职责定位，完善稳定支持和竞争性经费支持相协调的保障机制。对基础前沿研究类机构，加大经常性经费等稳定支持力度，适当提高人员经费补助标准，保障合理的薪酬待遇，使科研人员潜心长期从事基础研究。

（二十）开展赋予科研人员职务科技成果所有权或长期使用权试点。对于接受企业、其他社会组织委托项目形成的职务科技成果，允许合同双方自主约定成果归属和使用、收益分配等事项；合同未约定的，职务科技成果由项目承担单位自主处置，允许赋予科研人员所有权或长期使用权。对利用财政资金形成的职务科技成果，由单位按照权利与责任对等、贡献与回报匹配的原则，在不影响国家安全、国家利益、社会公共利益的前提下，探索赋予科研人员所有权或长期使用权。

科技部、财政部、教育部、中科院等相关部门和单位要加快职能转变，优化管理与服务，加强事中事后监管，放出活力与效率，管好底线与秩序，为科研活动保驾护航。要开展对试点单位落实改革措施的跟踪指导和考核，对推进试点工作不力、无法达到预期目标的，及时取消试点资格、终止支持。对证明行之有效的经验和做法，及时总结提炼在全国推广。

国务院

2018 年 7 月 18 日

国务院关于改革国有企业工资决定机制的意见

国发〔2018〕16 号

国有企业工资决定机制改革是完善国有企业现代企业制度的重要内容，是深化收入分配制度改革的重要任务，事关国有企业健康发展，事关国有企业职工切身利益，事关收入分配合理有序。改革开放以来，国家对国有大中型企业实行工资总额同经济效益挂钩办法，对促进国有企业提高经济效益、调动广大职工积极性发挥了重要作用。随着社会主义市场经济体制逐步健全和国有企业改革不断深化，现行国有企业工资决定机制还存在市场化分配程度不高、分配秩序不够规范、监管体制尚不健全等问题，已难以适应改革发展需要。为改革国有企业工资决定机制，现提出以下意见。

一、总体要求

（一）指导思想。

全面贯彻党的十九大精神，以习近平新时代中国特色社会主义思想为指导，认真落实党中央、国务院决策部署，统筹推进“五位一体”总体布局和协调推进“四个全面”战略布局，坚持以人民为中心的发展思想，牢固树立和贯彻落实新发展理念，按照深化国有企业改革、完善国有资产管理体制和坚持按劳分配原则、完善按要素分配体制机制的要求，以增强国有企业活力、提升国有企业效率为中心，建立健全与劳动力市场基本适应、与国有企业经济效益和劳动生产率挂钩的工资决定和正常增长机制，完善国有企业工资分配监管体制，充分调动国有企业职工的积极性、主动性、创造性，进一步激发国有企业创造力和提高市场竞争力，推动国有资本做强做优做大，促进收入分配更合理、更有序。

（二）基本原则。

——坚持建立中国特色现代国有企业制度改革方向。坚持所有权和经营权相分离，进一步确立国有企业的市场主体地位，发挥企业党委（党组）领导作用，依法落实董事会的工资分配管理权，完善既符合企业一般规律又体现国有企业特点的工资分配机制，促进国有企业持续健康发展。

——坚持效益导向与维护公平相统一。国有企业工资分配要切实做到既有激励又有约束、既讲效率又讲公平。坚持按劳分配原则，健全国有企业职工工资与经济效益同向联动、能增能减的机制，在经济效益增长和劳动生产率提高的同时实现劳动报酬同步提高。统筹处理好不同行业、不同企业和企业内部不同职工之间的工资分配关系，调节过高收入。

——坚持市场决定与政府监管相结合。充分发挥市场在国有企业工资分配中的决定性作用，实现职工工资水平与劳动力市场价位相适应、与增强企业市场竞争力相匹配。更好发挥政府对国有企业工资分配的宏观指导和调控作用，改进和加强事前引导和事后监督，规范工资分配秩序。

——坚持分类分级管理。根据不同国有企业功能性质定位、行业特点和法人治理结构完善程度，实行工资总额分类管理。按照企业国有资产产权隶属关系，健全工资分配分级监管体制，落实各级政府职能部门和履行出资人职责机构（或其他企业主管部门，下同）的分级监管责任。

二、改革工资总额决定机制

（三）改革工资总额确定办法。按照国家工资收入分配宏观政策要求，根据企业发展战略和薪酬策略、年度生产经营目标和经济效益，综合考虑劳动生产率提高和人工成本投入产出率、职工工资水平市场对标等情况，结合政府职能部门发布的工资指导线，合理确定年度工资总额。

（四）完善工资与效益联动机制。企业经济效益增长的，当年工资总额增长幅度可在不超过经济效益增长幅度范围内确定。其中，当年劳动生产率未提高、上年人工成本投入产出率低于行业平均水平或者上年职工平均工资明显高于全国城镇单位就业人员平均工资的，当年工资总额增长幅度应低于同期经济效益增长幅度；对主业不处于充分竞争行业和领域的企业，上年职工平均工资达到政府职能部门规定的调控水平及以上的，当年工资总额增长幅度应低于同期经济效益增长幅度，且职工平均工资增长幅度不得超过政府职能部门规定的工资增长调控目标。

企业经济效益下降的，除受政策调整等非经营性因素影响外，当年工资总额原则上相应下降。其中，当年劳动生产率未下降、上年人工成本投入产出率明显优于行业平均水平或者上年职工平均工资明显低于全国城镇单位就业人员平均工资的，当年工资总额可适当少降。

企业未实现国有资产保值增值的，工资总额不得增长，或者适度下降。

企业按照工资与效益联动机制确定工资总额，原则上增人不增工资总额、减人不减工资总额，但发生兼并重组、新设企业或机构等情况的，可以合理增加或者减少工资总额。

（五）分类确定工资效益联动指标。根据企业功能性质定位、行业特点，科学设置联动指标，合理确定考核目标，突出不同考核重点。

对主业处于充分竞争行业和领域的商业类国有企业，应主要选取利润总额（或净利润）、经济增加值、净资产收益率等反映经济效益、国有资本保值增值和市场竞争能力的指标。对主业处于关系国家安全、国民经济命脉的重要行业和关键领域、主要承担重大专项任务的商业类国有企业，在主要选取反映经济效益和国有资本保值增值指标的同时，可根据实际情况增加营业收入、任务完成率等体现服务国家战略、保障国家安全和国民经济运行、发展前瞻性战略性产业以及完成特殊任务等情况的指标。对主业以保障民生、服务社会、提供公共产品和服务为主的公益类国有企业，应主要选取反映成本控制、产品服务质量、营运效率和保障能力等情况的指标，兼顾体现经济效益和国有资本保值增值的指标。对金融类国有企业，属于开发性、政策性的，应主要选取体现服务国家战略和风险控制的指标，兼顾反映经济效益的指标；属于商业性的，应主要选取反映经济效益、资产质量和偿付能力的指标。对文化类国有企业，应同时选取反映社会效益和经济效益、国有资本保值增值的指标。劳动生产率指标一般以人均增加值、人均利润为主，根据企业实际情况，可选取人均营业收入、人均工作量等指标。

三、改革工资总额管理方式

（六）全面实行工资总额预算管理。工资总额预算方案由国有企业自主编制，按规定履行内部决策程序后，根据企业功能性质定位、行业特点并结合法人治理结构完善程度，分别报履行出资人职责机构备案或核准后执行。

对主业处于充分竞争行业和领域的商业类国有企业，工资总额预算原则上实行备案制。其中，未建立规范董事会、法人治理结构不完善、内控机制不健全的企业，经履行出资人职责机构认定，其工资总额预算应实行核准制。

对其他国有企业，工资总额预算原则上实行核准制。其中，已建立规范董事会、法人治理结构完善、内控机制健全的企业，经履行出资人职责机构同意，其工资总额预算可实行备案制。

（七）合理确定工资总额预算周期。国有企业工资总额预算一般按年度进行管理。对行业周期性特征明显、经济效益年度间波动较大或存在其他特殊情况的企业，工资总额预算可探索按周期进行管理，周期最长不超过三年，周期内的工资总额增长应符合工资与效益联动的要求。

（八）强化工资总额预算执行。国有企业应严格执行经备案或核准的工资总额预算方案。执行过程中，因企业外部环境或自身生产经营等编制预算时所依据的情况发生重大变化，需要调整工资总额预算方案的，应按规定程序进行调整。

履行出资人职责机构应加强对所监管企业执行工资总额预算情况的动态监控和指导，并对预算执行结果进行清算。

四、完善企业内部工资分配管理

（九）完善企业内部工资总额管理制度。国有企业在经备案或核准的工资总额预算内，依法依规自主决定内部工资分配。企业应建立健全内部工资总额管理办法，根据所属企业功能性质定位、行业特点和生产经营等情况，指导所属企业科学编制工资总额预算方案，逐级落实预算执行责任，建立预算执行情况动态监控机制，确保实现工资总额预算目标。企业集团应合理确定总部工资总额预算，其职工平均工资增长幅度原则上应低于本企业全部职工平均工资增长幅度。

（十）深化企业内部分配制度改革。国有企业应建立健全以岗位工资为主的基本工资制度，以岗位价值为依据，以业绩为导向，参照劳动力市场工资价位并结合企业经济效益，通过集体协商等形式合理确定不同岗位的工资水平，向关键岗位、生产一线岗位和紧缺急需的高层次、高技能人才倾斜，合理拉开工资分配差距，调整不合理过高收入。加强全员绩效考核，使职工工资收入与其工作业绩和实际贡献紧密挂钩，切实做到能增能减。

（十一）规范企业工资列支渠道。国有企业应调整优化工资收入结构，逐步实现职工收入工资化、工资货币化、发放透明化。严格清理规范工资外收入，将所有工资性收入一律纳入工资总额管理，不得在工资总额之外以其他形式列支任何工资性支出。

五、健全工资分配监管体制机制

（十二）加强和改进政府对国有企业工资分配的宏观指导和调控。人力资源社会保障部门负责建立企业薪酬调查和信息发布制度，定期发布不同职业的劳动力市场工资价位和行业人工成本信息；会同财政、国资监管等部门完善工资指导线制度，定期制定和发布工资指导线、非竞争类国有企业职工平均工资调控水平和工资增长调控目标。

（十三）落实履行出资人职责机构的国有企业工资分配监管职责。履行出资人职责机构负责做好所监管企业工资总额预算方案的备案或核准工作，加强对所监管企业工资总额预算执行情况的动态监控和执行结果的清算，并按年度将所监管企业工资总额预算执行情况报同级人力资源社会保障部门，由人力资源社会保障部门汇总报告同级人民政府。同时，履行出资人职责机构可按规定将有关情况直接报告同级人民政府。

（十四）完善国有企业工资分配内部监督机制。国有企业董事会应依照法定程序决定工资分配事项，加强对工资分配决议执行情况的监督。落实企业监事会对工资分配的监督责任。将企业职工工资收入分配情况作为厂务公开的重要内容，定期向职工公开，接受职工监督。

（十五）建立国有企业工资分配信息公开制度。履行出资人职责机构、国有企业每年定期将企业工资总额和职工平均工资水平等相关信息向社会披露，接受社会公众监督。

（十六）健全国有企业工资内外收入监督检查制度。人力资源社会保障部门会同财政、国资监管等部门，定期对国有企业执行国家工资收入分配政策情况开展监督检查，及时查处违规发放工资、滥发工资外收入等行为。加强与出资人监管和审计、税务、纪检监察、巡视等监督的协同，建立工作会商和资源共享机制，提高监督效能，形成监督合力。

对企业存在超提、超发工资总额及其他违规行为的，扣回违规发放的工资总额，并视违规情形对企业负责人和相关责任人员依照有关规定给予经济处罚和纪律处分；构成犯罪的，由司法机关依法追究刑事责任。

六、做好组织实施工作

（十七）国有企业工资决定机制改革是一项涉及面广、政策性强的工作，各地区、各有关部门要统一思想认识，以高度的政治责任感和历史使命感，切实加强对改革工作的领导，做好统筹协调，细化目标任务，明确责任分工，强化督促检查，及时研究解决改革中出现的问题，推动改革顺利进行。各省（自治区、直辖市）要根据本意见，结合当地实际抓紧制定改革国有企业工资决定机制的实施意见，认真抓好贯彻落实。各级履行出资人职责机构要抓紧制定所监管企业的具体改革实施办法，由同级人力资源社会保障部门会同财政部门审核后实施。各级人力资源社会保障、财政、国资监管等部门和工会要各司其职，密切配合，共同做好改革工作，形成推进改革的合力。广大国有企业要自觉树立大局观念，认真执行国家有关改革规定，确保改革政策得到落实。要加强舆论宣传和政策解读，引导全社会正确理解和支持改革，营造良好社会环境。

（十八）本意见适用于国家出资的国有独资及国有控股企业。中央和地方有关部门或机构作为实际控制人的企业，参照本意见执行。

本意见所称工资总额，是指由企业在一个会计年度内直接支付给与本企业建立劳动关系的全部职工的劳动报酬总额，包括工资、奖金、津贴、补贴、加班加点工资、特殊情况下支付的工资等。

国务院

2018 年 5 月 13 日

人力资源社会保障部　财政部关于建立城乡居民基本养老保险待遇确定和基础养老金正常调整机制的指导意见

人社部发〔2018〕21 号

党中央、国务院高度重视城乡社会保障体系建设，2014 年在全国建立了统一的城乡居民基本养老保险制度，在保障城乡老年居民基本生活、调节收入分配、促进社会和谐稳定等方面发挥了积极作用。同时，还存在着保障水平较低、待遇确定和正常调整机制尚未健全、缴费激励约束机制不强等问题。根据中央关于改革和完善基本养老保险制度的要求，为进一步完善城乡居民基本养老保险制度，经党中央、国务院同意，现就建立城乡居民基本养老保险待遇确定和基础养老金正常调整机制提出以下意见。

一、总体要求

全面贯彻党的十九大精神，以习近平新时代中国特色社会主义思想为指导，紧紧围绕统筹推进“五位一体”总体布局和协调推进“四个全面”战略布局，牢固树立和贯彻落实新发展理念，坚持以人民为中心的发展思想，按照兜底线、织密网、建机制的要求，建立激励约束有效、筹资权责清晰、保障水平适度的城乡居民基本养老保险待遇确定和基础养老金正常调整机制，推动城乡居民基本养老保险待遇水平随经济发展而逐步提高，确保参保居民共享经济社会发展成果，促进城乡居民基本养老保险制度健康发展，不断增强参保居民的获得感、幸福感、安全感。

二、主要任务

（一）完善待遇确定机制。城乡居民基本养老保险待遇由基础养老金和个人账户养老金构成。基础养老金由中央和地方确定标准并全额支付给符合领取条件的参保人；个人账户养老金由个人账户全部储存额除以计发系数确定。明确各级人民政府、集体经济组织和参保居民等各方面的责任。中央根据全国城乡居民人均可支配收入和财力状况等因素，合理确定全国基础养老金最低标准。地方应当根据当地实际提高基础养老金标准，对65岁及以上参保城乡老年居民予以适当倾斜；对长期缴费、超过最低缴费年限的，应适当加发年限基础养老金。各地提高基础养老金和加发年限基础养老金标准所需资金由地方负担。引导激励符合条件的城乡居民早参保、多缴费，增加个人账户资金积累，优化养老保险待遇结构，提高待遇水平。

（二）建立基础养老金正常调整机制。人力资源社会保障部会同财政部，统筹考虑城乡居民收入增长、物价变动和职工基本养老保险等其他社会保障标准调整情况，适时提出城乡居民全国基础养老金最低标准调整方案，报请党中央和国务院确定。地方基础养老金的调整，应由当地人力资源社会保障部门会同财政部门提出方案，报请同级党委和政府确定。

（三）建立个人缴费档次标准调整机制。各地要根据城乡居民收入增长情况，合理确定和调整城乡居民基本养老保险缴费档次标准，供城乡居民选择。最高缴费档次标准原则上不超过当地灵活就业人员参加职工基本养老保险的年缴费额。对重度残疾人等缴费困难群体，可保留现行最低缴费档次标准。

（四）建立缴费补贴调整机制。各地要建立城乡居民基本养老保险缴费补贴动态调整机制，根据经济发展、个人缴费标准提高和财力状况，合理调整缴费补贴水平，对选择较高档次缴费的人员可适当增加缴费补贴，引导城乡居民选择高档次标准缴费。鼓励集体经济组织提高缴费补助，鼓励其他社会组织、公益慈善组织、个人为参保人缴费加大资助。

（五）实现个人账户基金保值增值。各地要按照《国务院关于印发基本养老保险基金投资管理办法的通知》（国发〔2015〕48 号）要求和规定，开展城乡居民基本养老保险基金委托投资，实现基金保值增值，提高个人账户养老金水平和基金支付能力。

三、工作要求

（一）加强组织领导。建立城乡居民基本养老保险待遇确定和基础养老金正常调整机制是党中央、国务院部署的重要任务，是基本养老保险制度改革的重要内容，关系到广大城乡居民的切身利益，各级人力资源社会保障部门、财政部门要高度重视，加强组织领导，明确部门责任，切实把政策落实到位。

（二）完善机制建设。各地要根据本指导意见的精神，逐项落实各项政策，尽力而为，量力而行，建立和完善适合本地区情况的城乡居民基本养老保险待遇确定和基础养老金调整机制。

（三）强化部门协同。各地人力资源社会保障部门、财政部门要切实履行职责，加强协调配合，精心制定工作方案，共同做好基础养老金、个人缴费档次标准、政府补贴标准等测算和调整工作，相关标准和政策报上级人力资源社会保障部门和财政部门备案。

（四）做好政策宣传。要采取多种方式全面准确解读政策，正确引导社会舆论，让参保居民形成合理的预期。

人力资源社会保障部　财政部

2018 年 3 月 26 日

国务院办公厅关于印发基本公共服务领域中央与地方共同财政事权和支出责任划分改革方案的通知

国办发〔2018〕6 号

各省、自治区、直辖市人民政府，国务院各部委、各直属机构：

《基本公共服务领域中央与地方共同财政事权和支出责任划分改革方案》已经党中央、国务院同意，现印发给你们，请结合实际认真贯彻落实。

国务院办公厅

2018 年 1 月 27 日

基本公共服务领域中央与地方共同财政事权和支出责任划分改革方案

为全面贯彻落实党的十九大精神，进一步提高各级政府提供基本公共服务的能力和水平，按照党中央、国务院关于推进中央与地方财政事权和支出责任划分改革的决策部署，现就基本公共服务领域中央与地方共同财政事权和支出责任划分改革制定如下方案：

一、总体要求

（一）指导思想。

高举中国特色社会主义伟大旗帜，全面贯彻落实党的十九大精神，以习近平新时代中国特色社会主义思想为指导，坚持稳中求进工作总基调，坚持新发展理念，紧扣我国社会主要矛盾变化，按照高质量发展的要求，统筹推进“五位一体”总体布局和协调推进“四个全面”战略布局，充分发挥中央统一领导、地方组织落实的制度优势，按照加快建立现代财政制度，建立权责清晰、财力协调、区域均衡的中央和地方财政关系的要求，遵循相关法律法规规定，科学界定中央与地方权责，确定基本公共服务领域共同财政事权范围，制定基本公共服务保障国家基础标准，规范中央与地方支出责任分担方式，加大基本公共服务投入，加快推进基本公共服务均等化，织密扎牢民生保障网，不断满足人民日益增长的美好生活需要。

（二）基本原则。

——坚持以人民为中心。从解决人民最关心最直接最现实的利益问题入手，首先将教育、医疗卫生、社会保障等领域中与人直接相关的主要基本公共服务事项明确为中央与地方共同财政事权，并合理划分支出责任，同时完善相关转移支付制度，确保更好地为人民群众提供基本公共服务。

——坚持财政事权划分由中央决定。完善中央决策、地方落实的机制。基本公共服务领域共同财政事权范围、支出责任分担方式、国家基础标准由中央确定；明确地方政府职责，充分发挥地方政府区域管理优势和积极性，保障政策落实。

——坚持保障标准合理适度。既要尽力而为，加快推进基本公共服务均等化，适时调整国家基础标准，逐步提高保障水平；又要量力而行，兼顾各级财政承受能力，不超越经济社会发展阶段，兜牢基本民生保障底线。

——坚持差别化分担。充分考虑我国各地经济社会发展不平衡、基本公共服务成本和财力差异较大的国情，中央承担的支出责任要有所区别，体现向困难地区倾斜，并逐步规范、适当简化基本公共服务领域共同财政事权支出责任的分担方式。

——坚持积极稳妥推进。基本公共服务领域中央与地方共同财政事权和支出责任划分是一个动态调整、不断完善的过程，既要加强顶层设计，明确改革路径和方式，又要加强与各领域管理体制改革的衔接，在管理体制和相关政策比较明确、支出责任分担机制相对稳定的民生领域首先实现突破。

（三）主要目标。

通过基本公共服务领域中央与地方共同财政事权和支出责任划分改革，力争到2020年，逐步建立起权责清晰、财力协调、标准合理、保障有力的基本公共服务制度体系和保障机制。

二、主要内容

（一）明确基本公共服务领域中央与地方共同财政事权范围。

根据《国务院关于推进中央与地方财政事权和支出责任划分改革的指导意见》（国发〔2016〕49号），结合《国务院关于印发“十三五”推进基本公共服务均等化规划的通知》（国发〔2017〕9号），将涉及人民群众基本生活和发展需要、现有管理体制和政策比较清晰、由中央与地方共同承担支出责任、以人员或家庭为补助对象或分配依据、需要优先和重点保障的主要基本公共服务事项，首先纳入中央与地方共同财政事权范围，目前暂定为八大类18项：一是义务教育，包括公用经费保障、免费提供教科书、家庭经济困难学生生活补助、贫困地区学生营养膳食补助4项；二是学生资助，包括中等职业教育国家助学金、中等职业教育免学费补助、普通高中教育国家助学金、普通高中教育免学杂费补助4项；三是基本就业服务，包括基本公共就业服务1项；四是基本养老保险，包括城乡居民基本养老保险补助1项；五是基本医疗保障，包括城乡居民基本医疗保险补助、医疗救助2项；六是基本卫生计生，包括基本公共卫生服务、计划生育扶助保障2项；七是基本生活救助，包括困难群众救助、受灾人员救助、残疾人服务3项；八是基本住房保障，包括城乡保障性安居工程1项。

已在国发〔2016〕49号和国发〔2017〕9号文件中明确但暂未纳入上述范围的基本公共文化服务等事项，在分领域中央与地方财政事权和支出责任划分改革中，根据事权属性分别明确为中央财政事权、地方财政事权或中央与地方共同财政事权。基本公共服务领域共同财政事权范围，随着经济社会发展和相关领域管理体制改革相应进行调整。

（二）制定基本公共服务保障国家基础标准。

国家基础标准由中央制定和调整，要保障人民群众基本生活和发展需要，兼顾财力可能，并根据经济社会发展逐步提高，所需资金按中央确定的支出责任分担方式负担。参照现行财政保障或中央补助标准，制定义务教育公用经费保障、免费提供教科书、家庭经济困难学生生活补助、贫困地区学生营养膳食补助、中等职业教育国家助学金、城乡居民基本养老保险补助、城乡居民基本医疗保险补助、基本公共卫生服务、计划生育扶助保障 9 项基本公共服务保障的国家基础标准。地方在确保国家基础标准落实到位的前提下，因地制宜制定高于国家基础标准的地区标准，应事先按程序报上级备案后执行，高出部分所需资金自行负担。对困难群众救助等其余 9 项不易或暂不具备条件制定国家基础标准的事项，地方可结合实际制定地区标准，待具备条件后，由中央制定国家基础标准。法律法规或党中央、国务院另有规定的，从其规定。

（三）规范基本公共服务领域中央与地方共同财政事权的支出责任分担方式。

根据地区经济社会发展总体格局、各项基本公共服务的不同属性以及财力实际状况，基本公共服务领域中央与地方共同财政事权的支出责任主要实行中央与地方按比例分担，并保持基本稳定。具体明确和规范如下：

一是中等职业教育国家助学金、中等职业教育免学费补助、普通高中教育国家助学金、普通高中教育免学杂费补助、城乡居民基本医疗保险补助、基本公共卫生服务、计划生育扶助保障 7 个事项，实行中央分档分担办法：第一档包括内蒙古、广西、重庆、四川、贵州、云南、西藏、陕西、甘肃、青海、宁夏、新疆 12 个省（区、市），中央分担 80%；第二档包括河北、山西、吉林、黑龙江、安徽、江西、河南、湖北、湖南、海南 10 个省，中央分担 60%；第三档包括辽宁、福建、山东 3 个省，中央分担 50%；第四档包括天津、江苏、浙江、广东 4 个省（市）和大连、宁波、厦门、青岛、深圳 5 个计划单列市，中央分担 30%；第五档包括北京、上海 2 个直辖市，中央分担 10%。按照保持现有中央与地方财力格局总体稳定的原则，上述分担比例调整涉及的中央与地方支出基数划转，按预算管理有关规定办理。

二是义务教育公用经费保障等6个按比例分担、按项目分担或按标准定额补助的事项，暂按现行政策执行，具体如下：义务教育公用经费保障，中央与地方按比例分担支出责任，第一档为8∶2，第二档为6∶4，其他为5∶5。家庭经济困难学生生活补助，中央与地方按比例分担支出责任，各地区均为5∶5，对人口较少民族寄宿生增加安排生活补助所需经费，由中央财政承担。城乡居民基本养老保险补助，中央确定的基础养老金标准部分，中央与地方按比例分担支出责任，中央对第一档和第二档承担全部支出责任，其他为5∶5。免费提供教科书，免费提供国家规定课程教科书和免费为小学一年级新生提供正版学生字典所需经费，由中央财政承担；免费提供地方课程教科书所需经费，由地方财政承担。贫困地区学生营养膳食补助，国家试点所需经费，由中央财政承担；地方试点所需经费，由地方财政统筹安排，中央财政给予生均定额奖补。受灾人员救助，对遭受重特大自然灾害的省份，中央财政按规定的补助标准给予适当补助，灾害救助所需其余资金由地方财政承担。

三是基本公共就业服务、医疗救助、困难群众救助、残疾人服务、城乡保障性安居工程5个事项，中央分担比例主要依据地方财力状况、保障对象数量等因素确定。

对上述共同财政事权支出责任地方承担部分，由地方通过自有财力和中央转移支付统筹安排。中央加大均衡性转移支付力度，促进地区间财力均衡。党中央、国务院明确规定比照享受相关区域政策的地区继续按相关规定执行。中央与新疆生产建设兵团财政事权和支出责任划分，参照中央与地方划分原则执行；财政支持政策原则上参照新疆维吾尔自治区执行，并适当考虑兵团的特殊因素。

（四）调整完善转移支付制度。

在一般性转移支付下设立共同财政事权分类分档转移支付，原则上将改革前一般性转移支付和专项转移支付安排的基本公共服务领域共同财政事权事项，统一纳入共同财政事权分类分档转移支付，完整反映和切实履行中央承担的基本公共服务领域共同财政事权的支出责任。

（五）推进省以下支出责任划分改革。

中央财政要加强对省以下共同财政事权和支出责任划分改革的指导。对地方承担的基本公共服务领域共同财政事权的支出责任，省级政府要考虑本地区实际，根据各项基本公共服务事项的重要性、受益范围和均等化程度等因素，结合省以下财政体制，合理划分省以下各级政府的支出责任，加强省级统筹，适当增加和上移省级支出责任。县级政府要将自有财力和上级转移支付优先用于基本公共服务，承担提供基本公共服务的组织落实责任；上级政府要通过调整收入划分、加大转移支付力度，增强县级政府基本公共服务保障能力。

三、配套措施

（一）明确部门管理职责。中央财政在落实中央承担的支出责任、做好资金保障的同时，要切实加强对地方财政履行支出责任的指导和监督。中央有关部门要积极推动相关基本公共服务领域管理体制改革，调整完善制度政策，指导和督促地方落实相关服务标准。地方财政要确保地方承担的支出责任落实到位。地方有关部门要认真执行相关政策，履行好提供基本公共服务的职责。

（二）加强基本公共服务项目预算管理。中央财政要根据国家基础标准、分担比例等因素，优先足额安排并提前下达、及时拨付共同财政事权分类分档转移支付。地方财政要完整、规范、合理编制基本公共服务项目预算，保证资金及时下达和拨付，完善基本公共服务项目预算管理流程，加大预算公开力度。

（三）推进基本公共服务大数据平台建设。财政及相关部门要建立规范的数据采集制度，统一数据标准，加快基本公共服务大数据平台建设，收集汇总各项基本公共服务相关数据，实现信息共享，为测算分配转移支付资金、落实各方责任、实现基本公共服务便利可及提供技术支撑。

（四）强化监督检查和绩效管理。加强对基本公共服务事项基础标准落实、基础数据真实性、资金管理使用规范性、服务便利可及性等方面的监督检查，保证支出责任落实。按照“谁使用、谁负责”的原则，对基本公共服务项目全面实施绩效管理，不断提高资金使用效益和基本公共服务质量。

附件：基本公共服务领域中央与地方共同财政事权清单及基础标准、支出责任划分情况表

共同财政事权事项		基础标准	支出责任及分担方式
义务教育	1. 公用经费保障	中央统一制定基准定额。在此基础上，继续按规定提高寄宿制学校等公用经费水平，并单独核定义务教育阶段特殊教育学校和随班就读残疾学生公用经费等。	中央与地方按比例分担。第一档为8∶2，第二档为6∶4，其他为5∶5。
	2. 免费提供教科书	中央制定免费提供国家规定课程教科书和免费为小学一年级新生提供正版学生字典补助标准，地方制定免费提供地方课程教科书补助标准。	免费提供国家规定课程教科书和免费为小学一年级新生提供正版学生字典所需经费，由中央财政承担；免费提供地方课程教科书所需经费，由地方财政承担。
	3. 家庭经济困难学生生活补助	中央制定家庭经济困难寄宿生和人口较少民族寄宿生生活补助国家基础标准。中央按国家基础标准的一定比例核定家庭经济困难非寄宿生生活补助标准，各地可以结合实际分档确定非寄宿生具体生活补助标准。	中央与地方按比例分担，各地区均为5∶5，对人口较少民族寄宿生增加安排生活补助所需经费，由中央财政承担。
	4. 贫困地区学生营养膳食补助	中央统一制定膳食补助国家基础标准。	国家试点所需经费，由中央财政承担；地方试点所需经费，由地方财政统筹安排，中央财政给予生均定额奖补。
学生资助	5. 中等职业教育国家助学金	中央制定资助标准。	中央与地方分档按比例分担。第一档分担比例统一为8∶2；第二档，生源地为第一档地区的，分担比例为8∶2，生源地为其他地区的，分担比例为6∶4；第三档、第四档、第五档，生源地为第一档地区的，分担比例为8∶2，生源地为第二档地区的，分担比例为6∶4，生源地为其他地区的，与就读地区分担比例一致，分别为5∶5、3∶7、1∶9。

续表

共同财政事权事项		基础标准	支出责任及分担方式
	6. 中等职业教育免学费补助	中央制定测算补助标准，地方可以结合实际确定具体补助标准。	中央统一实施的免学费补助所需经费，由中央与地方分档按比例分担。第一档分担比例统一为8:2；第二档，生源地为第一档地区的，分担比例为8:2，生源地为其他地区的，分担比例为6:4；第三档、第四档、第五档，生源地为第一档地区的，分担比例为8:2，生源地为第二档地区的，分担比例为6:4，生源地为其他地区的，与就读地区分担比例一致，分别为5:5、3:7、1:9。
	7. 普通高中教育国家助学金	中央制定平均资助标准，地方可以按规定结合实际确定分档资助标准。	所需经费由中央与地方分档按比例分担。第一档为8:2，第二档为6:4，第三档为5:5，第四档为3:7，第五档为1:9。
	8. 普通高中教育免学杂费补助	中央逐省核定补助标准，地方可以结合实际确定具体补助标准。	中央统一实施的免学杂费补助所需经费，由中央与地方分档按比例分担。第一档为8:2，第二档为6:4，第三档为5:5，第四档为3:7，第五档为1:9。
基本就业服务	9. 基本公共就业服务	由地方结合实际制定标准。	主要依据地方财力状况、保障对象数量等因素确定。
基本养老保险	10. 城乡居民基本养老保险补助	由中央制定基础标准。	中央确定的基础养老金标准部分，中央与地方按比例分担。中央对第一档和第二档承担全部支出责任，其他为5:5。
基本医疗保障	11. 城乡居民基本医疗保险补助	由中央制定指导性补助标准，地方结合实际确定具体补助标准。	中央与地方分档按比例分担。第一档为8:2，第二档为6:4，第三档为5:5，第四档为3:7，第五档为1:9。
	12. 医疗救助	由地方结合实际制定标准。	主要依据地方财力状况、保障对象数量等因素确定。
基本卫生计生	13. 基本公共卫生服务	由中央制定基础标准。	中央与地方分档按比例分担。第一档为8:2，第二档为6:4，第三档为5:5，第四档为3:7，第五档为1:9。
	14. 计划生育扶助保障	由中央制定基础标准。	中央与地方分档按比例分担。第一档为8:2，第二档为6:4，第三档为5:5，第四档为3:7，第五档为1:9。

续表

共同财政事权事项		基础标准	支出责任及分担方式
基本生活救助	15. 困难群众救助	由地方结合实际制定标准。	主要依据地方财政困难程度、保障对象数量等因素确定。
	16. 受灾人员救助	中央制定补助标准，地方可以结合实际确定具体救助标准。	对遭受重特大自然灾害的省份，中央财政按规定的补助标准给予适当补助，灾害救助所需其余资金由地方财政承担。
	17. 残疾人服务	由地方结合实际制定标准。	主要依据地方财力状况、保障对象数量等因素确定。
基本住房保障	18. 城乡保障性安居工程（包括城镇保障性安居工程和农村危房改造等）	由地方结合实际制定标准。	主要依据地方财力状况度、年度任务量等因素确定。

附录二

2018年收入分配统计资料

表1　1978～2018年我国国内生产总值

单位：亿元，元（按当年价格计算）

年份	国民总收入	国内生产总值	第一产业增加值	第二产业增加值	第三产业增加值	人均国内生产总值
1978	3678.7	3678.7	1018.5	1755.2	905.1	385
1979	4100.5	4100.5	1259	1925.4	916.1	423
1980	4587.6	4587.6	1359.5	2204.7	1023.4	468
1981	4933.7	4935.8	1545.7	2269.1	1121.1	497
1982	5380.5	5373.4	1761.7	2397.7	1214	533
1983	6043.8	6020.9	1960.9	2663	1397	588
1984	7314.2	7278.5	2295.6	3124.8	1858.1	702
1985	9123.6	9098.9	2541.7	3886.5	2670.7	866
1986	10375.4	10376.2	2764.1	4515.2	3096.9	973
1987	12166.6	12174.6	3204.5	5274	3696.2	1123
1988	15174.4	15180.4	3831.2	6607.4	4741.8	1378
1989	17188.4	17179.7	4228.2	7300.9	5650.6	1536
1990	18923.3	18872.9	5017.2	7744.3	6111.4	1663
1991	22050.3	22005.6	5288.8	9129.8	7587	1912
1992	27208.2	27194.5	5800.3	11725.3	9668.9	2334
1993	35599.2	35673.2	6887.6	16473.1	12312.6	3027
1994	48548.2	48637.5	9471.8	22453.1	16712.5	4081
1995	60356.6	61339.9	12020.5	28677.5	20641.9	5091
1996	70779.6	71813.6	13878.3	33828.1	24107.2	5898
1997	78802.9	79715	14265.2	37546	27903.8	6481
1998	83817.6	85195.5	14618.7	39018.5	31558.3	6860
1999	89366.5	90564.4	14549	41080.9	34934.5	7229
2000	99066.1	100280.1	14717.4	45664.8	39897.9	7942

续表

年份	国民 总收入	国内生产 总值	第一产业 增加值	第二产业 增加值	第三产业 增加值	人均国内 生产总值
2001	109276.2	110863.1	15502.5	49660.7	45700	8717
2002	120480.4	121717.4	16190.2	54105.5	51421.7	9506
2003	136576.3	137422	16970.2	62697.4	57754.4	10666
2004	161415.4	161840.2	20904.3	74286.9	66648.9	12487
2005	185998.9	187318.9	21806.7	88084.4	77427.8	14368
2006	219028.5	219438.5	23317	104361.8	91759.7	16738
2007	270704	270092.3	27674.1	126633.6	115784.6	20494
2008	321229.5	319244.6	32464.1	149956.6	136823.9	24100
2009	347934.9	348517.7	33583.8	160171.7	154762.2	26180
2010	410354.1	412119.3	38430.8	191629.8	182058.6	30808
2011	483392.8	487940.2	44781.4	227038.8	216120	36302
2012	537329	538580	49084.5	244643.3	244852.2	39874
2013	588141.2	592963.2	53028.1	261956.1	277979.1	43684
2014	642097.6	641280.6	55626.3	277571.8	308082.5	47005
2015	683390.5	685992.9	57774.6	282040.3	346178	50028
2016	737074	740060.8	60139.2	296547.7	383373.9	53680
2017	820099.5	820754.3	62099.5	332742.7	425912.1	59201
2018	896915.6	900309.5	64734	366000.9	469574.6	64644

注：1. 1980年以后国民总收入（原称国民生产总值）与国内生产总值的差额为国外净要素收入。

2. 三次产业分类依据国家统计局2012年制定的《三次产业划分规定》。第一产业是指农、林、牧、渔业（不含农、林、牧、渔服务业）；第二产业是指采矿业（不含开采辅助活动），制造业（不含金属制品、机械和设备修理业），电力、热力、燃气及水生产和供应业，建筑业；第三产业即服务业，是指除第一产业、第二产业以外的其他行业。

3. 按照我国国内生产总值（GDP）数据修订制度和国际通行做法，在实施研发支出核算方法改革后，对2016年及以前年度的GDP历史数据进行了系统修订。

表2　1978～2018年我国各种价格指数（以上年为100）

年份	居民消费 价格指数	城市居民消费 价格指数	农村居民消费 价格指数	商品零售 价格指数
1978	100.7	100.7		100.7
1980	107.5	107.5		106.0
1985	109.3	111.9	107.6	108.8
1990	103.1	101.3	104.5	102.1
1995	117.1	116.8	117.5	114.8
1996	108.3	108.8	107.9	106.1
1997	102.8	103.1	102.5	100.8

续表

年份	居民消费价格指数	城市居民消费价格指数	农村居民消费价格指数	商品零售价格指数
1998	99.2	99.4	99.0	97.4
1999	98.6	98.7	98.5	97.0
2000	100.4	100.8	99.9	98.5
2001	100.7	100.7	100.8	99.2
2002	99.2	99.0	99.6	98.7
2003	101.2	100.9	101.6	99.9
2004	103.9	103.3	104.8	102.8
2005	101.8	101.6	102.2	100.8
2006	101.5	101.5	101.5	101.0
2007	104.8	104.5	105.4	103.8
2008	105.9	105.6	106.5	105.9
2009	99.3	99.1	99.7	98.8
2010	103.3	103.2	103.6	103.1
2011	105.4	105.3	105.8	104.9
2012	102.6	102.7	102.5	102.0
2013	102.6	102.6	102.8	101.4
2014	102.0	102.1	101.8	101.0
2015	101.4	101.5	101.3	100.1
2016	102.0	102.1	101.9	100.7
2017	101.6	101.7	101.3	101.1
2018	102.1	102.1	102.1	101.9

表3　1978～2018年国家财政收支总额及增长速度

单位：亿元，%

年份	财政收入	财政支出	增长速度		财政收入占GDP的比重
			财政收入	财政支出	
1978	1132.26	1122.09	29.5	33.0	31.1
1979	1146.38	1281.79	1.2	14.2	28.2
1980	1159.93	1228.83	1.2	-4.1	25.5
1981	1175.79	1138.41	1.4	-7.5	24.0
1982	1212.33	1229.98	3.1	8.0	22.8
1983	1366.95	1409.52	12.8	14.6	22.9
1984	1642.86	1701.02	20.2	20.7	22.8
1985	2004.82	2004.25	22.0	17.8	22.2
1986	2122.01	2204.91	5.8	10.0	20.7
1987	2199.35	2262.18	3.6	2.6	18.2

续表

年份	财政收入	财政支出	增长速度		财政收入占GDP的比重
			财政收入	财政支出	
1988	2357.24	2491.21	7.2	10.1	15.7
1989	2664.90	2823.78	13.1	13.3	15.7
1990	2937.10	3083.59	10.2	9.2	15.7
1991	3149.48	3386.62	7.2	9.8	14.5
1992	3483.37	3742.20	10.6	10.5	12.9
1993	4348.95	4642.30	24.8	24.1	12.3
1994	5218.10	5792.62	20.0	24.8	10.8
1995	6242.20	6823.72	19.6	17.8	10.3
1996	7407.99	7937.55	18.7	16.3	10.4
1997	8651.14	9233.56	16.8	16.3	11.0
1998	9875.95	10798.18	14.2	16.9	11.7
1999	11444.08	13187.67	15.9	22.1	12.8
2000	13395.23	15886.50	17.0	20.5	13.5
2001	16386.04	18902.58	22.3	19.0	14.9
2002	18903.64	22053.15	15.4	16.7	15.7
2003	21715.25	24649.95	14.9	11.8	16.0
2004	26396.47	28486.89	21.6	15.6	16.5
2005	31649.29	33930.28	19.9	19.1	17.1
2006	38760.20	40422.73	22.5	19.1	17.9
2007	51321.78	49781.35	32.4	23.2	19.3
2008	61330.35	62592.66	19.5	25.7	19.5
2009	68518.30	76299.93	11.7	21.9	20.1
2010	83101.51	89874.16	21.3	17.8	20.7
2011	103874.43	109247.79	25.0	21.6	22.0
2012	117253.52	125952.97	12.9	15.3	22.6
2013	129209.64	140212.10	10.2	11.3	22.7
2014	140370.03	151785.56	8.6	8.3	22.1
2015	152269.23	175877.77	5.8	13.2	22.2
2016	159604.97	187755.21	4.5	6.3	21.5
2017	172592.77	203085.49	7.4	7.6	20.9
2018	183359.84	220904.13	6.2	8.8	20.4

注：1. 在国家财政收支中，价格补贴1985年以前冲减财政收入，1986年以后列为财政支出。为了可比，本表将1985年以前冲减财政收入的价格补贴改列在财政支出中。

2. 财政收入中不包括国内外债务收入。

3. 从2000年起，财政支出中包括国内外债务付息支出。

4. 与以往年份相比，2007年财政收支科目实施了较大改革，特别是财政支出项目口径变化很大，与往年数据不可比。2007年起财政支出采用新的分类指标。

表 4　1978～2018 年各项税收

单位：亿元

年份	合计	国内增值税	国内消费税	营业税	企业所得税	个人所得税	关税
1978	519.28						28.76
1979	537.82						26.00
1980	571.70						33.53
1981	629.89						54.04
1982	700.02						47.46
1983	775.59						53.88
1984	947.35						103.07
1985	2040.79	147.70		211.07	696.06		205.21
1986	2090.73	232.19		261.07	692.40		151.62
1987	2140.36	254.20		302.00	664.71		142.67
1988	2390.47	384.37		397.92	676.04		155.02
1989	2727.40	430.83		487.30	700.43		181.54
1990	2821.86	400.00		515.75	716.00		159.01
1991	2990.17	406.36		564.00	731.13		187.28
1992	3296.91	705.93		658.67	720.78		212.75
1993	4255.30	1081.48		966.09	678.60		256.47
1994	5126.88	2308.34	487.40	670.02	708.49		272.68
1995	6038.04	2602.33	541.48	865.56	878.44		291.83
1996	6909.82	2962.81	620.23	1052.57	968.48		301.84
1997	8234.04	3283.92	678.70	1324.27	963.18		319.49
1998	9262.80	3628.46	814.93	1575.08	925.54		313.04
1999	10682.58	3881.87	820.66	1668.56	811.41	413.66	562.23
2000	12581.51	4553.17	858.29	1868.78	999.63	659.64	750.48
2001	15301.38	5357.13	929.99	2064.09	2630.87	995.26	840.52
2002	17636.45	6178.39	1046.32	2450.33	3082.79	1211.78	704.27
2003	20017.31	7236.54	1182.26	2844.45	2919.51	1418.03	923.13
2004	24165.68	9017.94	1501.90	3581.97	3957.33	1737.06	1043.77
2005	28778.54	10792.11	1633.81	4232.46	5343.92	2094.91	1066.17
2006	34804.35	12784.81	1885.69	5128.71	7039.60	2453.71	1141.78
2007	45621.97	15470.23	2206.83	6582.17	8779.25	3185.58	1432.57
2008	54223.79	17996.94	2568.27	7626.39	11175.63	3722.31	1769.95
2009	59521.59	18481.22	4761.22	9013.98	11536.84	3949.35	1483.81
2010	73210.79	21093.48	6071.55	11157.91	12843.54	4837.27	2027.83

续表

年份	合计	国内增值税	国内消费税	营业税	企业所得税	个人所得税	关税
2011	89738.39	24266.63	6936.21	13679.00	16769.64	6054.11	2559.12
2012	100614.28	26415.51	7875.58	15747.64	19654.53	5820.28	2783.93
2013	110530.70	28810.13	8231.32	17233.02	22427.20	6531.36	2630.61
2014	119175.31	30856.35	8907.12	17781.73	24642.19	7376.61	2843.41
2015	124922.20	31109.47	10542.16	19132.84	27133.87	8617.27	2560.84
2016	130360.73	40712.08	10217.23	11501.88	28851.36	10088.98	2603.75
2017	144369.87	56378.18	10225.09	/	32117.29	11966.37	2997.85
2018	156402.86	61530.77	10631.75	/	35323.71	13871.97	2847.78

注：1. 企业所得税2001年以前只包括国有及集体企业所得税，从2001年起，企业所得税还包括除国有企业和集体企业外的其他所有制企业所得税。

2. 国内增值税不包括进口产品增值税，国内消费税不包括进口产品消费税。

3. 自2017年开始营业税改增值税改革后，没有营业税种类。

表5 1995～2018年城镇单位就业人员工资总额和指数

年份	工资总额(亿元)				指数(上年=100)			
	合计	国有单位	城镇集体单位	其他单位	合计	国有单位	城镇集体单位	其他单位
1995	8055.8	6172.6	1210.6	672.6	119.0	117.4	115.6	142.2
1996	8964.4	6893.3	1269.4	801.7	111.3	111.7	104.9	119.2
1997	9602.4	7323.9	1283.9	994.5	107.1	106.2	101.1	124.0
1998	9540.2	6934.6	1054.9	1550.7	99.4	94.7	82.2	155.9
1999	10155.9	7289.9	995.8	1870.1	106.5	105.1	94.4	120.6
2000	10954.7	7744.9	950.7	2259.1	107.9	106.2	95.5	120.8
2001	12205.4	8515.2	898.5	2791.7	111.4	109.9	94.5	123.6
2002	13638.1	9138.0	863.9	3636.2	111.7	107.3	96.1	130.3
2003	15329.6	9911.9	867.1	4550.6	112.4	108.5	100.4	125.1
2004	17615.0	11038.2	876.2	5700.6	114.9	111.4	101.0	125.3
2005	20627.1	12291.7	906.4	7429.0	117.1	111.4	103.4	130.3
2006	24262.3	13920.6	983.8	9357.9	117.6	113.3	108.5	126.0
2007	29471.5	16689.1	1108.1	11674.3	121.5	119.9	112.6	124.8
2008	35289.5	19487.9	1203.2	14598.4	119.7	116.8	108.6	125.0
2009	40288.2	21862.7	1273.3	17152.1	114.2	112.2	105.8	117.5
2010	47269.9	24886.4	1433.7	20949.7	117.3	113.8	112.6	122.1
2011	59954.7	28954.8	1737.4	29262.4	126.8	116.3	121.2	139.7
2012	70914.2	32950.0	1990.4	35973.8	118.3	113.8	114.6	122.9
2013	93064.3	33359.6	2195.8	57508.9	131.2	101.2	110.3	159.9
2014	102817.2	36106.6	2302.7	64408.0	110.5	108.2	104.9	112.0

续表

年份	工资总额（亿元）				指数（上年＝100）			
	合计	国有单位	城镇集体单位	其他单位	合计	国有单位	城镇集体单位	其他单位
2015	112007.8	40387.9	2239.4	69380.5	108.9	111.9	97.3	107.7
2016	120074.8	44462.9	2268.6	73343.3	107.2	110.1	101.3	105.7
2017	129889.1	48884.1	2215.6	78789.3	108.2	109.9	97.7	107.4
2018	141692.2	51126.6	2082.3	88483.3	109.1	104.6	94.0	112.3

注：1995～2008 年的城镇单位就业人员工资总额即为原来的城镇单位就业人员劳动报酬总额。

表 6　1995～2018 年城镇单位就业人员平均工资和指数

年份	平均工资（元）				平均货币工资指数（上年＝100）				平均实际工资指数（上年＝100）			
	合计	国有单位	城镇集体单位	其他单位	合计	国有单位	城镇集体单位	其他单位	合计	国有单位	城镇集体单位	其他单位
1995	5348	5553	3934	7728	118.9	117.3	121.1	119.9	101.8	100.4	103.7	102.6
1996	5980	6207	4312	8521	111.8	111.8	109.6	110.3	102.8	102.7	100.7	101.3
1997	6444	6679	4516	9092	107.8	107.6	104.7	106.7	104.5	104.4	101.6	103.5
1998	7446	7579	5314	9241	115.5	113.5	117.7	101.6	116.2	114.2	118.4	102.3
1999	8319	8443	5758	10142	111.7	111.4	108.4	109.8	113.2	112.9	109.8	111.2
2000	9333	9441	6241	11238	112.2	111.8	108.4	110.8	111.3	110.9	107.5	109.9
2001	10834	11045	6851	12437	116.1	117.0	109.8	110.7	115.3	116.2	109.0	109.9
2002	12373	12701	7636	13486	114.2	115.0	111.5	108.4	115.4	116.2	112.6	109.5
2003	13969	14358	8627	14843	112.9	113.0	113.0	110.1	111.9	112.0	112.0	109.1
2004	15920	16445	9723	16519	114.0	114.5	112.7	111.3	110.3	110.9	109.1	107.7
2005	18200	18978	11176	18362	114.3	115.4	114.9	111.2	112.5	113.6	113.1	109.4
2006	20856	21706	12866	21004	114.6	114.4	115.1	114.4	112.9	112.7	113.4	112.7
2007	24721	26100	15444	24271	118.5	120.2	120.0	115.6	113.4	115.0	114.8	110.6
2008	28898	30287	18103	28552	116.9	116.0	117.2	117.6	110.7	109.8	111.0	111.4
2009	32244	34130	20607	31350	111.6	112.7	113.8	109.8	112.6	113.7	114.8	110.8
2010	36539	38359	24010	35801	113.3	112.4	116.5	114.2	109.8	108.9	112.9	110.7
2011	41799	43483	28791	41323	114.4	113.4	119.9	115.4	108.6	107.7	113.9	109.6
2012	46769	48357	33784	46360	111.9	111.2	117.3	112.2	109.0	108.3	114.3	109.2
2013	51483	52657	38905	51453	110.1	108.9	115.2	111.0	107.3	106.1	112.2	108.2
2014	56360	57296	42742	56485	109.5	108.8	109.9	109.8	107.2	106.6	107.6	107.5
2015	62029	65296	46607	60906	101.1	114.0	109.0	107.8	108.5	112.3	107.4	106.2
2016	67569	72538	50527	65531	108.9	111.1	108.4	107.6	106.7	108.8	106.2	105.4
2017	74318	81114	55243	71304	110.0	111.8	109.3	108.8	108.2	110.0	107.5	107.0
2018	82461	89474	60664	79532	111.0	110.3	109.8	111.5	108.7	108.0	107.6	109.2

表7　2010~2018年按行业分城镇单位就业人员平均工资

单位：2017年元

指标	2018年	2017年	2016年	2015年	2014年	2013年	2012年	2011年	2010年
城镇单位就业人员	82413	74318	67569	62029	56339	51483	46769	41799	36539
农、林、牧、渔业	36466	36504	33612	31947	28356	25820	22687	19469	16717
采矿业	81429	69500	60544	59404	61677	60138	56946	52230	44196
制造业	72088	64452	59470	55324	51369	46431	41650	36665	30916
电力、燃气及水的生产和供应业	100162	90348	83863	78886	73339	67085	58202	52723	47309
建筑业	60501	55568	52082	48886	45804	42072	36483	32103	27529
交通运输、仓储和邮政业	88508	80225	73650	68822	63416	57993	53391	47078	40466
信息传输、计算机服务和软件业	147678	133150	122478	112042	100797	90915	80510	70918	64436
批发和零售业	80551	71201	65061	60328	55820	50308	46340	40654	33635
住宿和餐饮业	48260	45751	43382	40806	37264	34044	31267	27486	23382
金融业	129837	122851	117418	114777	108273	99653	89743	81109	70146
房地产业	75281	69277	65497	60244	55554	51048	46764	42837	35870
租赁和商务服务业	85147	81393	76782	72489	66475	62538	53162	46976	39566
科学研究、技术服务和地质勘查业	123343	107815	96638	89410	82220	76602	69254	64252	56376
水利、环境和公共设施管理业	56670	52229	47750	43528	39198	36123	32343	28868	25544
居民服务和其他服务业	55343	50552	47577	44802	41882	38429	35135	33169	28206
教育	92383	83412	74498	66592	56580	51950	47734	43194	38968
卫生、社会保障和社会福利业	98118	89648	80026	71624	63267	57979	52564	46206	40232
文化、体育和娱乐业	98621	87803	79875	72764	64150	59336	53558	47878	41428
公共管理和社会组织	87932	80372	70959	62323	53110	49259	46074	42062	38242

表8　1978~2018年城乡居民家庭人均收入及恩格尔系数

年份	城镇居民家庭人均可支配收入（元）	农村居民家庭人均纯收入/人均可支配收入	城乡居民收入倍差	城镇居民家庭恩格尔系数（%）	农村居民家庭恩格尔系数（%）
1978	343.4	133.6	2.57	57.5	67.7
1980	477.6	191.3	2.5	56.9	61.8
1985	739.1	397.6	1.86	53.3	57.8

续表

年份	城镇居民家庭人均可支配收入（元）	农村居民家庭人均纯收入/人均可支配收入	城乡居民收入倍差	城镇居民家庭恩格尔系数（%）	农村居民家庭恩格尔系数（%）
1990	1510. 2	686. 3	2. 2	54. 2	58. 8
1991	1700. 6	708. 6	2. 4	53. 8	57. 6
1992	2026. 6	784	2. 58	53	57. 6
1993	2577. 4	921. 6	2. 8	50. 3	58. 1
1994	3496. 2	1221	2. 86	50	58. 9
1995	4283	1577. 7	2. 71	50. 1	58. 6
1996	4838. 9	1926. 1	2. 51	48. 8	56. 3
1997	5160. 3	2090. 1	2. 47	46. 6	55. 1
1998	5425. 1	2162	2. 51	44. 7	53. 4
1999	5854	2210. 3	2. 65	42. 1	52. 6
2000	6280	2253. 4	2. 79	39. 4	49. 1
2001	6859. 6	2366. 4	2. 9	38. 2	47. 7
2002	7702. 8	2475. 6	3. 11	37. 7	46. 2
2003	8472. 2	2622. 2	3. 23	37. 1	45. 6
2004	9421. 6	2936. 4	3. 21	37. 7	47. 2
2005	10493	3254. 9	3. 22	36. 7	45. 5
2006	11759. 5	3587	3. 28	35. 8	43
2007	13785. 8	4140. 4	3. 33	36. 3	43. 1
2008	15780. 8	4760. 6	3. 31	37. 9	43. 7
2009	17174. 7	5153. 2	3. 33	36. 5	41
2010	19109. 4	5919	3. 23	35. 7	41. 1
2011	21809. 8	6977. 3	3. 13	36. 3	40. 4
2012	24564. 7	7916. 6	3. 1	36. 2	39. 3
2013	26955. 1	8895. 9	3. 03	35	37. 7
2014	29381	9892	2. 75	30	33. 6
2015	31790. 3	10772	2. 95	29. 7	33. 1
2016	34257. 6	11600. 1	2. 95	29. 3	32. 2
2017	36396. 2	13432. 4	2. 71	28. 6	31. 2
2018	39250. 84	14617. 03	2. 69	27. 7	30. 1

注：2013 年起，农村居民人均纯收入改变为人均可支配收入，而且从 2013 年起城乡居民可支配收入的指数不再统计。根据城乡一体化住户收支与生活状况调查数据，按可比口径推算获得。2016 年起不再推算，本表中 2016 年数据根据 2015 年趋势推算。

表9　2018年各省（自治区、直辖市）居民人均可支配收入

单位：元

地区	城镇人均可支配收入	农村人均可支配收入	地区	城镇人均可支配收入	农村人均可支配收入
北京	67990	26490	湖北	34455	14978
天津	42976	23065	湖南	36698	14093
河北	32977	14031	广东	44341	17168
山西	31035	11750	广西	32436	12435
内蒙古	38305	13803	海南	33349	13989
辽宁	37342	14656	重庆	34889	13781
吉林	30172	13748	四川	33216	13331
黑龙江	29191	13804	贵州	31592	9716
上海	68034	30375	云南	33488	10768
江苏	47200	20845	西藏	33797	11450
浙江	55574	27302	陕西	33319	11213
安徽	34393	13996	甘肃	29957	8804
福建	42121	17821	青海	31515	10393
江西	33819	14460	宁夏	31895	11708
山东	39549	16297	新疆	32764	11975
河南	31874	13831	合计	39251	14617

表格索引

图形索引

统计名词解释

家庭人口	指居住在一起,经济上合在一起共同生活的家庭成员。
常住人口	全年经常在家或在家居住 6 个月以上,而且经济和生活与本户连成一体的人口。外出从业人员在外居住时间虽然在 6 个月以上,但收入主要带回家中,经济与本户连为一体,仍视为家庭常住人口。
劳动力	指调查期内常住人口中 16 周岁到 60 周岁的劳动力,虽然在劳动年龄之内,但已丧失劳动能力的人,不应算为劳动力。
转移劳动力	指举家外出住户的劳动力和常住人口中外出从业 6 个月以上,或未外出从业,但在本地非农产业从业 6 个月以上的劳动力。
总收入	住户和住户成员从各种来源渠道得到的收入总和。按收入的性质划分为工资性收入、家庭经营收入、财产性收入和转移性收入,不包括出售财物和借贷收入。
工资性收入	农村中,指住户成员受雇于单位或个人,靠出卖劳动而获得的收入,包括在非企业组织中劳动得到的收入,在本地劳动得到的收入,常住人口外出从业得到的收入。城镇中,是指就业人员通过各种途径得到的全部劳动报酬,包括从事主要职业的工资以及从事第二职业、其他兼职和零星劳动得到的其他劳动收入。
家庭经营收入	住户以家庭为生产经营单位进行生产筹划和管理而获得的收入。是全部生产经营收入中扣除生产成本和税金后所得的收入。
财产性收入	指金融资产或有形非生产性资产的所有者向其他机构单位提供资金或将有形非生产性资产供其支配,作为回报而从中获得的收入。
转移性收入	指住户和住户成员无须付出任何对应物而获得的货物、服务、资金或资产所有权等,不包括无偿提供的用于固定资本形成的资金。一般是指国家、单位、社会团体对居民家庭的各种转移支付和居民家庭间的收入转移。
总支出	住户用于生产、生活和再分配的全部支出。家庭经营费用支出、购置生产性固定资产支出、生产性固定资产折旧、税费支出、生活消费支出、财产性支出和转移性支出。
农村居民家庭人均可支配收入	指住户当年从各个来源得到的总收入相应地扣除所发生的费用后的收入总和。可支配收入主要用于再生产投入和当年生活消费支出,也可用于储蓄和各种非义务性支出。计算方法:可支配收入 = 总收入 - 家庭经营费用支出 - 税费支出 - 生产性固定资产折旧 - 赠送农村内部亲友支出。
居民家庭人均可支配收入	指调查户可用于最终消费支出和其他非义务性支出以及储蓄的总和,即居民家庭可以用来自由支配的收入。它是家庭总收入扣除经营性支出、缴纳的个人所得税、个人缴纳的社会保障费以及调查户的记账补贴后的收入。

续表

现金收入	指农村住户和住户成员在调查期内得到以现金形态表现的收入。按来源分成工资性收入、家庭经营现金收入、财产性收入、转移性收入。
非收入所得	指住户和成员得到的不具收入特性的款项。非收入所得也可用于住户和成员的消费支出，包括：支取的储蓄存款、出卖财产得到的款项、借款、贷款和其他款项。

图书在版编目(CIP)数据

中国居民收入分配年度报告.2019 / 国家发展和改革委员会就业收入分配和消费司，北京师范大学中国收入分配研究院编著. -- 北京：社会科学文献出版社，2020.6

ISBN 978-7-5201-6643-0

Ⅰ.①中… Ⅱ.①国… ②北… Ⅲ.①国民收入分配-研究报告-中国-2019 Ⅳ.①F126.2

中国版本图书馆CIP数据核字（2020）第076896号

中国居民收入分配年度报告（2019）

顾　　问 / 胡祖才　宋晓梧

编　　著 / 国家发展和改革委员会就业收入分配和消费司
北京师范大学中国收入分配研究院

出 版 人 / 谢寿光
组稿编辑 / 任文武
责任编辑 / 张丽丽
文稿编辑 / 刘如东

出　　版 / 社会科学文献出版社·城市和绿色发展分社（010）59367143
地址：北京市北三环中路甲29号院华龙大厦　邮编：100029
网址：www.ssap.com.cn

发　　行 / 市场营销中心（010）59367081　59367083

印　　装 / 三河市龙林印务有限公司

规　　格 / 开 本：787mm×1092mm　1/16
印 张：27　字 数：410千字

版　　次 / 2020年6月第1版　2020年6月第1次印刷

书　　号 / ISBN 978-7-5201-6643-0

定　　价 / 98.00元